西方哲学漫行记

林牧茵 —— 著

復旦大學出版社

图书在版编目(CIP)数据

西方哲学漫行记/林牧茵著.—上海:复旦大学出版社,2025.1
ISBN 978-7-309-16912-6

Ⅰ.①西… Ⅱ.①林… Ⅲ.①西方哲学 Ⅳ.①B5

中国国家版本馆 CIP 数据核字(2023)第 125874 号

西方哲学漫行记
林牧茵 著
责任编辑/邵 丹
复旦大学出版社有限公司出版发行
上海市国权路 579 号 邮编:200433
网址:fupnet@fudanpress.com http://www.fudanpress.com
门市零售:86-21-65102580 团体订购:86-21-65104505
出版部电话:86-21-65642845
上海四维数字图文有限公司

开本 890 毫米×1240 毫米 1/32 印张 14.875 字数 358 千字
2025 年 1 月第 1 版
2025 年 1 月第 1 版第 1 次印刷

ISBN 978-7-309-16912-6/B·787
定价:68.00 元

如有印装质量问题,请向复旦大学出版社有限公司出版部调换。
版权所有 侵权必究

序:为"林版"哲学史写几句话

我向人推荐希尔贝克等著《西方哲学史》的时候,总要强调两点:这本书已经被译成了二十种文字;这本书是可以同时作为哲学概论来读的。但从今以后,我在向人推荐这本书的时候,或许还要加上一点:有人读了这本哲学史以后,居然在它基础上又写了一本哲学史,一本有关历代哲学家的生平和思想的简洁明了、图文并茂的生动叙述!

是的,我不仅要推荐"希版"哲学史,而且要推荐"林版"哲学史,因为读哲学史好比读哲学王国的游记,可根据自己口味选择不同的游记来读。游记有各种类型,其区别首先取决于其作者是不是专业地理学家或专业旅行家。林牧茵的这本哲学史小书,有点像一位独具慧眼的普通旅行者写的游记;她说某景某物很美很有意境,是因为她真心觉得那景那物很美很有意境。林牧茵是段位很高的摄影爱好者,每年年底都会跟亲朋好友分享一本用自己摄影作品做的新年台历。她在写这本哲学史时的情形,有点像她在各处游玩时捕捉镜头的情形;留在照片上的,不仅是镜头瞄准着的景色,而且是抓着相机那人的心情。所以,我们才会在书中读到这样的文字:

"毕达哥拉斯这个名字令人联想到初中几何学过的毕达哥拉斯定理,$c^2=a^2+b^2$。想当年,几何是我初中时的最爱,可惜眼下已想不起毕达哥拉斯定理是如何证明的了。"

但哲学是说理的学问，哲学史是说"说理"之理的历史，林牧茵写这本书，我觉得，不仅是要分享她所体会的说理之乐，而且是要让读者与她一起来探寻，让她快乐的这种说理活动是怎么一回事，这种说理传统是怎样形成的。作者在此书中并不满足于罗列一些哲学体系和哲学人格，并不满足于面对哲学王国的美丽景色连连赞叹。这位做过哲学博士后的传播学博士和电视节目主持人，是不仅知道为什么要把哲学命题的层层意思说清楚，而且也知道如何把对这些命题的步步论证讲明白的。

读了林牧茵的这本书，可以对孔夫子的那句话，"知之者不如好之者，好之者不如乐之者"，有更深理解："好之"和"乐之"不仅有助于实现"知之"的价值，而且有助于提升"知之"的品位。"哲学"的希腊文原意是"爱智慧"；唯有"好之"乃至"乐之"而不仅仅"知之"者，才有幸领略这智慧王国的无限风光。

童世骏

2022 年 10 月于苏河湾

前　　言

2012 至 2014 年间，我在华东师范大学哲学系追随童世骏先生做博士后研究，课题聚焦"媒体理性与公众理性"。研究中我发现，人们在对话交流中很难彼此倾听，更难自我反省，尤其在网络空间，充斥着各种语言暴力和非理性的争论。尽管我们生活在现代，但语言和思想上的暴力，意味着我们仍未远离蛮荒。

对话该如何进行？对话的目的是什么？苏格拉底两千四百多年前就告诉人们：对话需要聆听，需要尊重，需要不断地修正彼此观点，一步步接近真理、真知和真正的智慧。其前提是承认自己的无知。苏格拉底被认为是古希腊最高贵和最富有智慧的人，他说："我唯一知道的就是我一无所知。"

挪威哲学家奎纳尔·希尔贝克先生在《多元现代性》一书中呼应了苏格拉底的这一观点："我们需要倾听对方，承认自己是可错的，向更好的论据敞开。"这样不仅是尊重讨论者，在寻求真理的道路上，这也是发现更好洞见的最有效方式。尽管我们的观点不同，但是我愿意聆听你表达观点，当你拿出更好的证据时，我愿意承认你可能更接近真理。

远离蛮荒，做理性、文明的现代人，对外需要给予更多的尊重和包容，向内需要滋养心灵、提升灵性，这正是哲学将会给予我们的帮助，因此具备一定的哲学修养对现代人而言非常重要。

哲学看似远离普通人，其实不然。每个人都有过哲学思考，比如生死问题、善恶问题、价值问题、宇宙规律问题等，都属于哲学问题。从古希腊到中世纪，再到近现代，哲学家不胜枚举，他们也在以自己的方式思考宇宙、社会和人生。

这样的思考无法带来看得见、摸得着的实际用处，用美国哲学家詹姆士的话来说："哲学不能烤面包"，也就是说，哲学思考并无功利之用。但"哲学"这个词在希腊语中的原意是"爱智慧"，智慧本身就熠熠发光，就是价值所在。拥抱哲学，领略智慧的魅力，这本身就能为追求智慧者带来快乐。在知识大爆炸而智慧相对贫乏的时代，除了获取有用的知识，我们还很有必要花些时间走进哲学，触摸那些"无用"的智慧，在自我完善中，体会精神的丰富和愉悦，感受心灵的通透和豁达。

我的哲学阅读起步于《西方哲学史——从古希腊到当下》，通过这本书我仿佛推开一扇窗，发现一个极富魅力的世界。该书作者希尔贝克先生是译者童世骏先生的导师，而童世骏先生是我的导师，因此，这次阅读便成为弟子追寻师门的一次精神旅程。这是一次美妙的旅程，从人类理性之火微光摇曳处一路走来，与世上最聪明、最智慧的哲学家们相伴而行，倾听他们讲述对自然本源、宇宙奥秘、人类认知的思考。时而震惊不已，时而茅塞顿开，体会到一种精神上从未有过的心旷神怡的幸福感。

我把阅读中生出的那些不吐不快的分享渴望用文字记录下来，发布到个人微信订阅号上，与同好的朋友们分享。日积月累，这些读书笔记终于成书。

现有的优秀哲学史著作已为数众多，但本书拥有独特之处。作为哲学爱好者，而不是哲学专家，我更能体会普通人接近哲学时的感受，特别是遇到的那些困惑和障碍，它们很可能会让我们对哲学望而却步，或者阻碍我们深入。因此，我想要做的首先是消除距离

感,帮助人们迈出了解西方哲学的第一步,因此本书适合作为哲学入门读物,其特点包括:

首先,内容更接地气。哲学为什么容易给人距离感?一个重要原因是哲学家们所处的时代距离我们越来越遥远,他们那些高深理论产生的背景我们并不熟悉,他们本人的面目也越来越模糊。如果说历史是灰色的,哲学家群体恐怕是深灰色的。但其实,无论是多么伟大的哲学家,也都和你我一样,是有血有肉的人。我想还原这些伟大哲学家的血肉和神采,因此本书在介绍哲学理论的同时,聚焦于哲学家本身,不仅仅关心理论结果,更关心理论产生的原因。为什么他会这样想?他都经历了什么?从我个人的学习经验来看,在领略了他们的人生经历后,仿佛结识了新朋友,对他们崇敬之外又多了一份共情,更容易对他们的思想心领神会。当然,你可以不认同他的思想观点,但对其来由已经有了更深刻的把握。

其次,表达方式更为浅显易懂。尽可能用简单的语言,而不是哲学术语把问题说清楚。一个热爱哲学的人,应该学会从简单的生活中发掘深刻的道理,同时也应该学会把深刻的道理用简单的方式表达出来。所以,我尽可能用通俗浅显的方式来介绍深刻的思想,增加哲学理论的亲切感,降低哲学阅读的难度,帮助读者拾级而上,一步步接近哲学的核心要义,领略其中精髓。笔者的父母是普通的退休老人,他们能读懂这些哲学文章,还读得津津有味,令笔者欣慰。虽然语言上的亲切感可以部分消解哲学理论的艰涩,但文章最吸引人的一定是语言背后闪光的哲学思想。

此外,"跑题"是本书的一大特色。为什么要跑题?因为这是阅读过程中自然生发出的思想过程,是一个互动的、有趣的过程。你会发现,《黑客帝国》的数字幻想早在毕达哥拉斯的理论中就有涉及;两千六百年前普罗泰戈拉提出的"人是万物的尺度"与当代宇宙学的"人择原理"与遥相呼应；《权力的游戏》设置权力隶属关系体现的正是中世纪欧洲的封建权力关系；霍布斯几百年前就已经讨论过了刘慈欣《三体》中描绘的黑暗森林法则。当抽象的哲学理论与我们熟悉的故事之间建立起联系，各种中西对比、思想跳跃，便会时不时出现在篇章各处。这种跨越时空的"跑题"不受限于文字，让思想生出翅膀，使阅读成为一种升维体验，妙不可言。

本书共涉及三十二位各历史阶段的重要哲学家，从公元前约600年的史上第一位哲学家泰勒斯，到18世纪英国经验论终结者大卫·休谟。而在探寻西方哲学史的道路上，这只是行至半途，前路还有许许多多宝藏，如法国的启蒙运动思想家伏尔泰、卢梭，德国古典哲学的代表人物康德、黑格尔，中国人非常熟悉的马克思、恩格斯，还有尼采、弗洛伊德、维特根斯坦、罗尔斯、海德格尔、哈贝马斯等，这一座座西哲高峰都有无数风景，等待我们去领略。作为哲学爱好者，我个人的哲学探索之旅还远没有结束，所见、所感、所获仍将化作文字与朋友们分享，期待更多朋友加入，让我们共同追寻着人类的理性之光前行。

在此，我要真诚地感谢希尔贝克先生和童世骏先生的精神引领；感谢复旦出版社的大力支持；感谢父母、亲人们做我的第一读者和把关人；感谢每一位给予我认可和鼓励的朋友们！

最后，祝愿读者朋友在阅读本书的过程中拥有独特而美好的精神体验。

林牧茵
2024年5月

目 录

Contents

序：为"林版"哲学史写几句话	1
前　言	1
泰勒斯：江湖上只留下你的传说	1
赫拉克利特：不爱江山，不爱美人	6
德谟克利特：原子的世界	15
毕达哥拉斯：数的世界很迷幻	22
高尔吉亚：智者派的成与败	29
普罗泰戈拉：人是万物的尺度	36
苏格拉底：西方也有圣人	43
柏拉图：回归灵魂家园的渴望	52
亚里士多德：脱离城邦者，非神即兽	74
伊壁鸠鲁的快乐哲学	108
塞涅卡：幸福不依赖外在的一切	120
第欧根尼：哲学江湖上的丐帮帮主	136
西塞罗：自然法的理性之光	148
马可·奥勒留：沉思的力量	167
皮浪：怀疑也是智慧	180
普罗提诺：古代伟大哲学家中的最后一位	192

希波克拉底：医者誓言，一诺千年	202
修昔底德：关于战争，历史有话要说	214
希帕蒂亚：坠落人间的智慧女神	227
奥古斯丁：理性与信仰	239
托马斯·阿奎那：通过理性认识上帝	258
奥卡姆的威廉：挥舞着一把剃刀的人	276
马丁·路德：人心直面上帝	287
马基雅维利与《君主论》	306
霍布斯与《利维坦》	327
弗兰西斯·培根：知识就是力量	348
笛卡儿：我思故我在	361
斯宾诺莎的镜片	379
莱布尼茨：最好的世界	396
约翰·洛克：知识道路上的清扫工	412
贝克莱：假如一棵树在森林中倒下	430
大卫·休谟：经验论终结者	440
主要参考文献	459

泰勒斯：江湖上只留下你的传说

泰勒斯（Thales of Miletus，约公元前624—约前546），一个值得记住的名字，点燃人类理性之火的第一人。公元前6世纪古希腊德尔斐城中阿波罗神庙的门廊上镌刻着一条箴言——"认识你自己"，据说就来自泰勒斯。认识你自己，也是后世哲学探究的最高目标。

传说一：金字塔有多高

泰勒斯，被尊为哲学之父，史上第一位哲学家，希腊七贤之一。他并没有留下著述，有关他的一切都来自传说和他人的记述。

泰勒斯：世界的本源是水（AI图）

不借助任何仪器设备，如何测量金字塔的高度？在泰勒斯的年代，不借助任何仪器设备来做这件事，并非不想，而是不能。泰勒斯生活在距今两千六百年前，大约公元前624至前546年。当时的中原大地在周天子的统治之下，诸侯争霸日益激烈，春秋五霸即将登场。

泰勒斯并不关心打打杀杀、称王称霸之类的事，他喜欢思考，喜欢旅行。泰勒斯出生于古希腊城邦米利都。早年间，他游历过古波斯、古埃及、美索不达米亚等地，留下许多传说，"测量金字塔"就是其中之一。

不借助仪器设备测量金字塔的高度，对泰勒斯来说并不难，他的办法很简单，叫"影子测量法"：一天中，当自己的影子和身长相等时，测量金字塔的影子。

早在泰勒斯来到埃及之前，那里的人们就已经积累了一定的测量知识。因为在古代埃及，尼罗河水时常泛滥，冲毁两岸土地的界限，水退后就需要重新测量地界。"几何学"这个词的本义就是"测量土地的学问"。尽管发端于埃及，但几何学是由古希腊人逐步发展完善的，这其中就应该有泰勒斯的贡献。

中国没有金字塔，但也有和测量有关的机智故事，比如"曹冲称象"。这个故事发生在东汉末年，比泰勒斯测量金字塔晚了约八百年。

几何学的真正确立始于欧几里得（Euclid）的《几何原本》。该书成书的时间大约是公元前300年，其中明确了五条公理、五条公设、一百一十九个定义和四百六十五个命题。这些公理、命题直到今天，仍然是几何学的基础内容。

中国最早的数学著作《周髀算经》成书约公元前1世纪，相较《几何原本》晚了两个多世纪。几何学在地球东西两线独立发展，逐渐形成学科体系。《几何原本》最早介绍到中国已是明代。1607年，徐光启和利玛窦合作完成了《几何原本》的翻译工作。中西几何学在此交汇。

传说二：预言日食

泰勒斯不仅掌握了几何学知识，传说中，他还正确预言了一次日食。

据古希腊历史学家希罗多德的记述，泰勒斯正确预言了据认为发生在公元前585年的日食。用现代天文学知识推算，那次日食发生在公元前585年5月28日。

传说中更为戏剧性的是泰勒斯利用这次日食阻止了一场战争。公元前590年，伊朗高原的米底王国和土耳其安纳托利亚高原的吕底亚王国展开了一场大战。战争持续数年，民不聊生，仍不见息战的迹象。泰勒斯预测到日食将于公元前585年发生，便放出话来说，这年某日，太阳将隐曜以示警告，双方务必休战，以免激怒上天。果然，那年那日，天黑了，白昼变成黑夜。人们极为惊恐，认定这是上天发怒，于是休战讲和。

泰勒斯是如何预言日食的呢？后世猜测他利用了"沙罗周期"进行推演。公元前7世纪，波斯王国的天文学家根据长期观测，发现每过223个朔望月，也就是6585.32天，地球、太阳和月球的相对位置就会与原先基本相同，因而前一周期内的日食和月食等现象会重新出现。这个周期就叫"沙罗周期"。泰勒斯去过波斯，善于学习的他很可能从波斯人那里了解并掌握了这一规律。

聪明智慧的中国古人也很早就观测到了日食现象。《诗经》记载了公元前776年9月6日的日食："十月之交，朔日辛卯，日有食之。"观测并不难，想要准确预测可就难多了。在中国科学院网站上，有一条敦煌研究院文献，即《北魏太平真君十一年历日至十二年历日》，其中记载了两次月食预测，分别发生于公元451年

4月2日和公元451年9月27日。这是我国最早的月食预测，而且相当精确。

传说三：被婢女嘲笑

泰勒斯喜欢观天象。某天，他一边散步，一边仰望夜空，结果掉进了一个坑里。此时，刚好一个色雷斯婢女路过，说了一句流传千古的话："连地上的事情都没有搞清楚，就去关心天上的事情。"后来柏拉图评价这位婢女："凡哲学者，总会被这般取笑。"海德格尔也说："哲学就是人们本质上无所取用，而婢女必予取笑的那样一种思想。"

被婢女嘲笑当然很没面子，泰勒斯想要用行动证明哲学家并非只会空想。据说有一年，他预见到橄榄会大丰收，于是提前低价租下了当地所有的榨油机，果然那年橄榄大丰收，所有人只能高价租他的榨油机，泰勒斯因此大赚了一笔。

按照现在的学科分类，泰勒斯的成功是运用了经济学知识，或许还有农业、天文等方面知识，这些是哲学吗？其实，在古代希腊，哲学无所不包，上至宇宙的起源、世界的规律，下至人类社会的正义、善的问题等。泰勒斯的哲学很有用，帮他发财致富，但他研究哲学绝不是为了有用，比如他日思夜想的重要问题就很"无用"——世界的本源是什么？

传说四：世界的本源是水

据说泰勒斯声称"万物是水"（亚里士多德《形而上学》）。这个命题乍一听，有悖常识。万物怎么可能是水呢？山石大地不是水，花草树木不是水，飞禽走兽更不是水。泰勒斯这话究竟是什么意思呢？

希尔贝克先生帮我们做了解读：泰勒斯大概是在思考变化中不变的东西是什么，多样性中统一的东西是什么。那个不变的和统一的东西叫作"始基"，而泰勒斯断言"始基"就是水。这样一来，万物的变化就可以被解释为一个永恒的循环，从水到其他物质，再从其他物质到水。

为什么是水呢？也许泰勒斯曾在尼罗河边驻足，看洪水退去后岸边新生的植物在风中摇荡；也许他看到气温变化，冰融为水，水化为气；也许他发现只要有水，哪怕一汪小池塘也会有蛙鸣、虫吟。只要有水，就有生命。水是生命之源，是万物之源。

泰勒斯还可能从古希腊神话中获得灵感。在赫西俄德的《神谱》、荷马史诗《伊利亚特》和《奥德赛》中，都强调了与水有关的海洋之神、河流之神的重要地位，他们的辈分在神界都很古老。宙斯的妻子赫拉就把河神俄克阿诺斯称为自己的始祖。

尽管很快就有后来者质疑泰勒斯的主张，但是，无论如何世界在泰勒斯的眼中已不再是神秘的、不可理解的。世界源于水，而水看得见、摸得着、可感知、可观察。世界并非全部由神灵鬼怪掌控。

泰勒斯用逻辑思维代替神话思维，开启了人类运用理智征服宇宙的漫长旅程。泰勒斯是人类历史上第一位哲学家，实至名归。

赫拉克利特：不爱江山，不爱美人

公元前500年左右，古希腊城邦爱菲斯（又译以弗所）王室遇到了头疼的事。王位继承人满脑子都是各种莫名其妙的想法，跟自己较劲，跟别人较劲，跟整个世界较劲，后来干脆抛下一生的荣华富贵，把王位让给弟弟，离家出走了。据说他跑到阿耳忒弥斯神庙附近隐居起来，过着苦行僧般的生活。

这位王位继承人就是赫拉克利特（Heraclitus of Ephesus，约公元前535—约前475），他那些奇奇怪怪的想法尽管晦涩难懂，但载入史册，被无数后世贤哲研读解析，成为人类思想史的一份重要滋养。

《雅典学院》，拉斐尔作品，创作于1509年至1510年，右为画中的赫拉克利特

文艺复兴"三杰"之一拉斐尔的名作《雅典学院》是一幅场景开阔的巨幅壁画，它位于圣彼得大教堂梵蒂冈教皇宫签字厅。古希腊先哲们跨越时空济济一堂，正在开一场学术派对。前景中央偏左就是赫拉克利特，一个孤独的身影。画中的赫拉克利特头发胡子乱蓬蓬的，穿着没一点王室贵族的样子，应是隐居状态。但外表并不重要，重要的是他在思考、在书写。

幸福：与灵魂相关

赫拉克利特孤傲、愤世嫉俗。这种人通常不受待见，不被理解，所以他没朋友并不出乎意料，当然也没有女朋友。他说："女人始终处于和男人的斗争之中。"此话从何说起已无从考证，但在赫拉克利特的残篇中，我们能感受到，相对于物质的、肉体的、易逝的，赫拉克利特更向往精神的、灵魂的、永恒的。

想要摆脱外在的诱惑，如肉体、物质、权力等，并不容易，一定伴随着艰苦的内心斗争。赫拉克利特承认："与心作斗争是很困难的，因为每一个愿望都是以灵魂为代价换来的。"（赫拉克利特《论自然》残篇）

尽管艰难，但赫拉克利特的选择仍然清晰、决绝："最优秀的人宁愿取一件东西而不要其他的一切，这就是：宁取永恒的光荣而不要变灭的事物。可是多数人却在那里像牲畜一样狼吞虎咽。"看得出，赫拉克利特对多数人不太友好。事实上，他经常用牲畜比喻多数人，比如他曾说："如果幸福在于肉体快乐，那应当说，牛找到草吃时是最幸福的了。"

多数人：如同聋子，他们"在场又不在场"

在赫拉克利特看来，多数人有点不堪。他从不掩饰对多数人的蔑视，说他们的意见就像儿戏。他还认为，"多数人自以为是地活着，好像有自己的见解似的。""他们即便听到了它［逻各斯（logos），变化的规律］，也不理解它，就像聋子。常言道，'在场如不在'，正是他们的写照。"

像聋子的说法让人联想到李普曼在《幻影公众》开篇中的描述："当今的普通公民就像坐在剧院后排的一位聋人观众，他本该关注舞台上展开的故事情节，但却实在无法使自己保持清醒……"赫拉克利特不会想到，自己留存于世的只言片语会对20世纪美国著名记者沃尔特·李普曼产生重要影响。李普曼酷爱哲学，在哈佛读书时，用三年时间读完了四年的课程（包括七门哲学课），第四年专攻哲学。果然，思想是可以传承的，不受时空阻隔。

至于大众是否真的如赫拉克利特和李普曼所说的那样不堪，是个有争议的话题，并触及民主理论的基石，即大众是否是理性的，是否能基于理性做出正确的选择。对此，哲学家约翰·杜威的观点比较有代表性：即使大众不完美，即使民主制度的设计不完美，民主制度仍然是至今人类智慧所设计出的适应历史上一个特殊时期的最好手段。也就是说，民主并非没有缺点，只是最不坏。

人类民主制度的源头可以追溯到古希腊。然而，公元前399年，雅典公民对民主的滥用导致了"最高贵和最富有智慧"的苏格拉底被判死刑。柏拉图对此痛心疾首，反思大众民主的弊端，构想出"理想国"。假若赫拉克利特有关大众的洞见被更多地倾听，后世两千多年间，由大众民主的疯狂和非理性制造的悲剧是否会少一些？

世界：是一团火

泰勒斯，作为史上第一位哲学家，"睁开双眼"看见了自然，并思考世界的本源(始基),认为万物生于水。泰勒斯的学生阿纳克西曼德主张,始基不是某种特定的东西,而是不定者。阿纳克西曼德的学生阿纳克西米尼提出,始基是气。泰勒斯、阿纳克西曼德和阿纳克西米尼,这师徒三人被称为第一代哲学家。

赫拉克利特:世界是一团永恒的活火(AI图)

由于都活跃于米利都,他们也被称为米利都学派的自然哲学家。

变化的世界中,不变的东西是什么?对于米利都学派的这一追问,赫拉克利特给出了新的答案——火。"这个世界,它过去、现在、未来永远是一团永恒的火。在一定分寸上燃烧,在一定分寸上熄灭。"赫拉克利特进一步阐释:"一切事物都换成火,火也换成一切事物,正像货物换成黄金,黄金换成货物一样。"

这样一来,火的熄灭和燃烧形成了两条路径:一条向下,即火的熄灭形成了万事万物;另一条向上,万事万物燃烧复归为火。

米利都学派三位哲学家所主张的始基——水、不定者和气,同理也可以被比喻为黄金,即万物转化中的恒定者,有点像卡尔·马克思《资本论》中"一般等价物"的概念。自然哲学和经济学之间似乎也存在着某种内在关联。

世界的始基究竟是什么?讨论还远未结束。恩培多克勒(Empedocles of Acragas,约公元前493—约前432)考虑了四种元素——火、气、水、土。阿那克萨戈拉(Anaxagoras of Clazomenae,约公元前500—约前428)将组成世界的基本元素扩充为"无数的"。自然界的形象在早期哲学家们的想象与描述中正逐渐丰满起来。

中国古人也曾思考过世界本源的问题。他们用原始的阴阳说和五行说来解释世界，是为中国哲学思维的开始。

阴阳说可以追溯到《易经》，但《易经》成书年份众说纷纭，大约是在由殷到周初（约公元前11世纪）积累的卜筮记录基础上加工整理成书。书中的八卦由"--"和"—"两种符号排列组合而成。这两种符号代表着一种对立关系，后世解读为阴和阳。阴阳就是万事万物之间相互对立、相互消长的法则，"一阴一阳之谓道"（《易经·系辞》）。

五行说可以追溯到《尚书·洪范》，成书约公元前5世纪，正值战国时期。这个时间与西方哲学家思考世界由水、气、火、土等元素构成的时间基本相当。中国的五行，即水、火、木、金、土，"水曰润下，火曰炎上，木曰曲直，金曰从革，土爱稼穑"。五行说把世界万物用五个范畴进行归类，从而把握自然现象之网。

原始时期，东西方智者们思考世界的出发点很类似，认为水、火、土、气等是构成世界的基本物质。但很快，东西方思想脉络分道扬镳，一条道路重思辨，强调知识、逻辑；另一条道路重实践、实用，具有神秘主义和整体论特点。

变与不变：一切皆流 vs 根本不动

对于第一代哲学家（米利都学派）而言，世界是变化的，这似乎是无需证明的。但是第二代哲学家（以赫拉克利特和巴门尼德为代表）则在这一问题上有了分歧，赫拉克利特认为，一切皆流，万物常新；而巴门尼德则主张，没有任何东西是处于变化状态之中的。

"我们不能两次踏进同一条河里",这是赫拉克利特最为人熟知的一句话。意思是万物处于不断的变化或流动之中。这与人们的生活经验基本一致,比较好理解。无论变化是快是慢,人们总是能观察到事物的变化。

赫拉克利特还强调,变化遵循着一种不变的规律,即逻各斯。他说,世界是一团永恒的火,"在一定分寸上燃烧,在一定分寸上熄灭"。所谓"一定分寸",指的就是火燃烧和熄灭遵循的某种规律,火与万物的转化过程都是由这种规律决定的。逻各斯,是赫拉克利特提出的一个非常重要的哲学概念,意味着西方哲学史上的一个重大突破。逻各斯看不见、摸不着,只能通过抽象的逻辑思维来把握,因此这个概念已经有了西方形而上学的基本特点。相对于米利都学派的自然哲学家们,赫拉克利特的哲学有所突破。

在东方,老子也提出过与逻各斯相似的概念——"道",即多样性中隐藏的统一性。

关于赫拉克利特的逻各斯,还有一种解读:世界变化中不变的东西——始基。始基在赫拉克利特这里已经不是某种实体了,而是逻各斯。将规律,而不是具体的事物,作为世界变化的根本遵循,是一种全新的主张。

巴门尼德(Parmenides),是赫拉克利特的同时代人,但是他们好像生活在平行世界里。巴门尼德主张,世界上"没有任何东西是处于变化之中"。尽管这一主张完全违背我们的生活经验,但是值得我们认真对待。

希尔贝克先生在《西方哲学史》中帮助我们梳理了巴门尼德的逻辑链条:

凡是存在的,可以被思想。比如,绿苹果。

凡是不存在的,不可以被思想。比如,绿苹果可以变成红苹果，但红苹果此时并不存在，所以红苹果不可以被思想。

所以，变化在逻辑上是不可能的。

尽管巴门尼德和所有人一样，能感知到苹果由绿变红，但是理性告诉他，变化在逻辑上是不可能的。作为一个典型的古希腊人，他选择相信理性。完全遵从于逻辑判断，哪怕感官证据刚好相反也毫不动摇。巴门尼德因此被称为第一个理性主义者。

巴门尼德有个学生，叫芝诺。古希腊叫芝诺的人很多，史书上常以他们的故乡作前缀加以区别，这个芝诺被称为"埃利亚的芝诺"（Zeno from Elea）。埃利亚的芝诺为了给老师的学说辩护，讲了一个阿基里斯和乌龟赛跑的故事。意在说明如果变化是可能的，则会导致逻辑悖论。这就是著名的阿基里斯悖论，也称芝诺悖论。在芝诺的故事里，短跑健将阿基里斯与乌龟同时出发，但乌龟在空间上稍微靠前，阿基里斯要想追上乌龟，必须先到达乌龟刚才出发的地方；而当他到达那个地方时，乌龟已经向前爬了一小段；于是，阿基里斯又必须先到达乌龟现在所在的地方，而在这一段时间里，乌龟又向前爬了一小段；以此类推，阿基里斯只能无限地接近乌龟，却永远也追不上乌龟。

该怎样反驳阿基里斯悖论呢？黑格尔在《哲学史讲演录》中讲了一个故事，犬儒学派的代表人物第欧根尼曾用一个十分简单的方法来反驳。运动果真是不存在的吗？第欧根尼站起来，在学生面前一言不发，走来走去，用行动进行反驳。有趣的是，当学生们对第欧根尼的反驳表示赞赏时，第欧根尼却批评了他们，理由是：用行动来反驳逻辑论证是无效的，既然对方用逻辑推理来论证，你就必须同样用逻辑推理，而不是用行动，来反驳。

列宁在《哲学笔记》中也摘录了第欧根尼反驳芝诺的这段轶事，并且批注如下："问题不在于有没有运动，而在于如何在概念的逻辑中表达它。"

破解阿基里斯悖论，问题关键在于距离虽然可以无限再分，但时间在不停流逝。阿基里斯总会跨过那个在距离上无限接近乌龟的时间点。公元4世纪，亚历山大港的女数学家希帕蒂亚一针见血地指出："他限制了赛跑的时间。"

战争：万物之父，万物之王

赫拉克利特有关战争的表述，不应该只从字面上理解。那句"战争是万物之父，也是万物之王"，很容易让人误解为他在为战争做辩护。

关于战争，他还说过："战争是普遍的，一切都是通过斗争和必然性而产生的。"还有："女人始终处于和男人的斗争之中。"看得出，赫拉克利特更像是用战争作比喻，比喻世界上各种力量之间的紧张关系。在赫拉克利特的眼中，各种紧张关系的角力形成万物，万物或在角力中分出胜负，或在角力中和谐共生。因此，战争（宇宙论紧张关系）是万物之父，也是万物之王。

宇宙正义原则：物极必反

"物极必反"这个词听来耳熟，是道家哲学的一个重要内容，即"祸兮福之所倚，福兮祸之所伏"。老子与赫拉克利特几乎处于同一历史时期，老子可能略微年长。他们预设的宇宙正义原则惊人的相似——物极必反。

赫拉克利特的表述是这样的："太阳不越出它的极限；否则那些爱林尼神——正义之神的女使——就会把它找出来。""如果一个人的愿望都得到了满足，这对他是不好的。""疾病使健康成为愉快，坏事使好事成为愉快，饿使饱成为愉快，疲劳使安息成为愉快。""相反的东西结合在一起,不同的音调构成最美的和谐,一切都是通过斗争而产生的。""在圆周上,终点就是起点。"

赫拉克利特还强调了事物的相对性,他说:"最美的猴子同人类相比也是丑的。最智慧的人同神相比,无论在智慧、美丽或其他方面,都像一只猴子。"

这令人联想到庄子《齐物论》中的一个故事:"毛嫱、丽姬,人之所美也,鱼见之深入,鸟见之高飞,麋鹿见之决骤;四者孰知天下之正色哉?"意思是毛嫱、丽姬,天下人都认为美极了,可是鱼儿见到她们就潜入水底,鸟儿看到她们高飞而去,麋鹿见了她们撒腿飞奔。人、鱼、鸟、麋鹿,这四者的审美,哪一个才算正确呢?这就是"沉鱼落雁"一词的由来。后来"沉鱼落雁"被用于形容女子之美,其实是偏离了庄子审美相对性的原义。

赫拉克利特和老庄的相对哲学,类似于黑格尔和马克思主义的辩证法,即强调事物的运动变化、相互转化和对立面的统一等,所以列宁认为赫拉克利特是古代辩证法的创始人。

德谟克利特：原子的世界

将目光聚焦于肉眼不可见的原子，凭借理性而不是感性，来细分物质世界，这在古希腊是一种极为超前的见解。提出原子论的德谟克利特也绝非等闲之人，他好学善思，是一位百科全书式的博学之士。

一位真正的博士

很多人有博士头衔，但现代博士的学问其实跟"博"关系不大，正相反，博士是在某一专业领域有所建树，因此称为"专士"

德谟克利特：原子的世界（AI 图）

更确切。德谟克利特的博学名副其实，堪比百科全书。

《宇宙大系统》《宇宙小系统》《宇宙结构学》《论行星》《论自然》《论人性》《论智慧》《论幸福》《论感官》《论死后的生命》《论味道》《论颜色》《论原子运动》《论形状改变》《论磁》《论种子、植物与水果起源》《论动物》《天空的描述》《论世界秩序和思维规则》《地理学》《论农业》《极点的描述》《论几何》《几何实在》《论圆与球面的切线》《论数论》《论无理的线与固体》《投影》《天文学》《天文表》《论光线》《论反射图像》《论诗》《论荷马》《论节奏与和谐》《论乐音与噪音》《论歌曲之美》《论绘画》《医药学》《论疾病发热与咳嗽》《论词语》《论名字》《论正确的语言和含糊的语言》《论价值》《论智者》《论策略》《论海洋航行》《卡尔迪亚王国思想》《弗里吉亚人思想》《论波斯神圣著作》《论梅罗伊神圣著作》《论历史》《论毕达哥拉斯》《论难题》《论法律问题》《论逻辑》《论证据》《伦理学要点》……

以上列举了德谟克利特的五十八部著作，光看题目就已经眼花缭乱，但这只是德谟克利特存世残篇中的一小部分，而这些存世残篇也只是他一生大量著述中的一小部分。

博学能带来什么：快乐、长寿、被崇拜

德谟克利特（Democritus of Abdera，约公元前460—约前370）留在世人心中的是一副笑模样。存世的画像中，他回眸一笑，带着几分俏皮，颠覆了人们心中哲学家呆板木讷的刻板印象。

有人说他因博学而豁达，历尽世事，看破红尘，这世上没有什么烦恼值得挂怀。也有人说他在笑世人之痴，笑那些浑浑噩噩之辈。他的确说过："蠢人活着却尝不到人生的快乐。"（德谟克利特著作残篇）德谟克利特所指的幸福快乐并不是肉体或物质方面的，他说："使人幸福的并不是体力和金钱，而是正直和公允。"

德谟克利特的笑容里究竟隐藏着什么高深内涵，见仁见智，但这位爱笑的哲学家很长寿，却是个不争的事实。

德谟克利特大约活了九十岁。杜甫在诗中感慨："人生七十古来稀。"但九十岁在两千五百年前的希腊并不罕见，特别是在哲学家群体中。出生在西西里岛的智者高尔吉亚（约前483—约前374）活了约一百零九岁。巴门尼德的老师爱利亚学派的第一位哲学家克赛诺芬尼（Xenophanes）据说也有百岁的寿命。

《德谟克利特》，安托万·科伊佩尔凭想象创作，1692年作

德谟克利特的故乡是希腊北部城邦阿布德拉，一座繁华的滨海工业城。他出生于一个富商家庭，从小接受良好的教育，成年后到雅典学习哲学。后来游历埃及、波斯、印度等地。他在埃及学习数学、几何学、灌溉技术；在波斯，学习观测星辰；在印度学习医药，研究印度哲学；路遇吟游诗人，和他们讨论诗歌，讨论语言、节奏之美；乘船航行时，向水手们学习航海知识……走到哪学到哪，遇到什么学什么。他信奉："不学习是得不到任何技艺、任何学问的。"他一边学习，一边思考，还一边写作，学问就这样一点点丰盈起来。

然而十几年后，当德谟克利特回到故乡阿布德拉时，等待他的却是一场官司。有人控告他挥霍祖产游山玩水。根据该城的法律，这一罪名如果成立就要被剥夺公民权，并被驱逐出城。德谟克利特在法庭上为自己辩护，还当庭朗读了他游历中写就的《宇宙大系统》。他的好学、博学彻底征服了法官，法官不仅判他无罪，还决定奖励他五倍于他"挥霍"掉的财产。这就是所谓的实力圈粉。

智慧者的涌现、思想的活跃，与爱智、惜才的大环境密不可分。阿布德拉城在德谟克利特在世时就为他塑了铜像，奉他为城市楷模。他去世时，全城为他举行了盛大的葬礼。

此原子，非彼原子

"原子"（atom），古希腊语意为"不可分割"。德谟克利特用"原子"指不可再分割的最小微粒。不同于物理学中的原子概念，德谟克利特的原子是一个纯粹的哲学概念。

原子构成分子，分子构成物质。近代原子理论由英国人约翰·道尔顿于1804年提出。我们熟悉的物质基础微粒——原子，沿用了古希腊语的"不可分割"之意，但是伴随着科技发展，人们发现原子并非"不可分割"，它是由原子核和绕核运动的电子构成的。因此，就这个词的古希腊原意而言，此原子已非彼原子。

德谟克利特提出原子论距今有约两千四百年，而人们在实验室中发现原子是由原子核和绕核电子构成的，已是19世纪末、20世纪初，距今约一百二十年。在漫长的两千多年的岁月中，原子都名副其实，是人类认知中构成万物的最小微粒。

话说一个无风的、惬意的傍晚，德谟克利特正在准备晚餐——烤土豆。这颗土豆有点大，需要切成小块。切着切着，一个念头涌上心头：一直切下去，直到无法再切，会怎样？在我们凡夫俗子看来，那肯定是土豆变成了土豆泥，但在德谟克利特的眼中，世界显露出了真相——原子。

在德谟克利特的描述中，原子极小，以至于无法被感知，只能通过理性认识到原子的存在。所有原子属于同一质料，没有性质上的差别，只是形状、大小各不相同。无数原子在虚空中做机械运动，碰撞后形成漩涡，凝聚成团，构成了万事万物；彼此分离，物体就消散了。

德谟克利特的原子论过于超前，当时的绝大多数人更愿意接受世界是由火、气、水、土等可感知的物质构成的，这样的状况一直延续到文艺复兴时期。德谟克利特提出原子论之后大约两千年，他的理论才在古典物理学的建立中发挥了重要作用。

上帝：无需出场

德谟克利特不仅把原子论运用于物质世界，还延伸到精神世界。"德谟克利特认为，灵魂也是由原子构成的，只是构成灵魂的原子是球形的，更为精细，这种形状最容易自己运动，并带动其他的一切运动。"（亚里士多德《论灵魂》）

这样一来，精神和物质就被原子统一起来了，精神在德谟克利特这里被归为物质。这种思想影响了后世的许多唯物主义者，包括卡尔·马克思。马克思的博士论文题目就是《德谟克利特的自然哲学和伊壁鸠鲁的自然哲学的差别》。

既然德谟克利特认为精神和物质都归于原子，原子遵循机械运动规则，那么一切就都只遵从其内在的必然性（没有偶然性），而不需要外在的必然性存在。也就是说，不需要上帝。在德谟克利特的世界里，上帝无需出场。

可是感官告诉我们，外部世界充满了偶然性。德谟克利特说，那只是因为你没有运用理性深入世界的本源，不了解原子的本质。德谟克利特和古希腊的许多哲学家一样，强调理性，贬抑感性。他们或多或少都有"眼见为虚，理性为实"的形而上学的倾向。传说德谟克利特晚年为了避免受蒙蔽，弄瞎了自己的双眼，只专注于理性思考。此传言的可信度并不高，对于高龄老人，眼盲更可能的原因是老年白内障。

原子的世界：有点不对劲儿

我们跟随德谟克利特一起漫游他神奇的原子世界。

在这个神奇世界里，请注意，我们不能相信自己的眼睛，看到的不一定是真实的。我们接过德谟克利特递过来的"理性"，这是一台显微镜。运用理性，我们看到了无数原子在做机械运动。我们看到"起高楼"，我们看到"楼塌了"，一切都只是原子的分分合合。

渐渐地，好像有点不对劲儿。我们发现，这个世界里没有颜色、没有味道、没有触感、没有喜怒哀乐，没有和"属性"相关的一切。我们向德谟克利特求教。他沉吟片刻，支支吾吾："哦，可能，也许，大概，我们还需要一些'居间原子'。""居间原子？"我们一脸疑惑。"嗯，就是把颜色、气味什么的送到你感官里的居于中间的原子……"

尽管没太听懂，可我们已经没办法再追问下去了，因为德谟克利特已陷入沉思。

女人：最好少说话

女人，在德谟克利特的世界里，会有一种压迫感。他说："说话，对女人来说是一种装饰，而装饰简朴，在她是一种美德。"（《古希腊罗马哲学》）看得出，在德谟克利特的心灵深处，有唠叨女人留下的阴影。他还说："女人不应该动口舌，这很危险。"看到这，我有点后悔了，不该在漫游他原子世界的时候，提那么多问题。

关于男人和女人之间的关系，他认为："接受一个女人的命令，对一个男人来说是最大的侮辱。"要理解这句话，需要联系德谟克利特所处的时代。在古希腊各城邦中，公民群体并不包括女人，她们和奴隶一样没有政治权利，智力上也被认为是低等的。

在德谟克利特面前，我想为女人做最后的辩护："您再怎么瞧不起女人，也得承认女人在生儿育女方面的重要性吧。"德谟克利特回答："生儿育女也是不必要的，因为有儿女的人往往有很大的危险和麻烦，而好处却很少，很不足道，很微弱。"好在德谟克利特的这个观点没有被人们普遍接受，否则人类怕是无法繁衍到今天了。

对于女人、婚姻、家庭、爱情，哲学家们有各自的思考，这是他们思想中非主流但很有趣的问题。这方面的见解往往与他们自身的生活体验紧密相连。纵观哲学史，我们发现，许多哲学家远离婚姻生活，选择独身，如赫拉克利特、柏拉图、笛卡儿、斯宾诺莎、大卫·休谟、康德、叔本华等。这是为什么？柏拉图也许道出了许多哲学家的心声："美好的理念比美人更加可爱。"

毕达哥拉斯：数的世界很迷幻

毕达哥拉斯定理、百牛定理、勾股定理

毕达哥拉斯（Pythagoras of Samos，约公元前570—约前495）这个名字令人联想到初中几何学过的毕达哥拉斯定理，$c^2=a^2+b^2$。想当年，几何是我初中时的最爱，可惜眼下已想不起毕达哥拉斯定理是如何证明的了。公元前6世纪，毕达哥拉斯完成了它的证明。据说，为了感谢神的启示，他让门徒杀了一百头牛来祭祀缪斯女神（主司艺术、灵感、科学），毕达哥拉斯定理也因此被称为"百牛定理"。

毕达哥拉斯定理，还有一个我们熟悉的名字——勾股定理。勾股定理在中国最早见于《周髀算经》。书中记载，大约公元前11世纪，商高与周公聊天，说起"勾三股四弦五"。但遗憾的是，这只是个特例描述，没有普遍性表述，也没有证明。到了三国时期，吴国赵爽（约182—250）完成了证明，且方法简洁。

据说爱因斯坦十一岁时就用相似三角形的方法证明了毕达哥拉斯定理。该定理有四百多种证明方法，这里就不赘述了，毕竟毕达哥拉斯这个名字可不仅仅与一个定理相关。

数，万物的本源

构成世界的基本元素是什么？这是古希腊自然哲学家们追寻的

毕达哥拉斯：数是万物的本源（AI 图）

老问题了。毕达哥拉斯的答案不同于米利都学派，也不同于赫拉克利特和德谟克利特。他认为，数是万物的本源。这一判断，实在是太过超现实了，让人不禁联想到电影《黑客帝国》。

数是万物的本源，这相当于宣称世界是"数学建模"，宣称世界是"黑客帝国"。1999 年首映的电影《黑客帝国》中，当尼奥从机器的控制中苏醒过来，为了让他认清世界的本质，墨菲斯带他进入虚拟世界，并提出那个经典的问题——"什么是真实？如何定义真实？"我们感受到的一切，只不过是数字模拟信号向我们的大脑发送的相应讯息而已。那块多汁的牛排其实根本不存在，闻到它，吃到它，都只是某种特定的大脑刺激，是算法在控制一切。这真的只是科幻电影中虚构的情节吗？

2018 年，以色列天才历史学家尤瓦尔·赫拉利在《今日简史》中写道："从目前的技术和科学革命来看，我们该担心的不是算法控制了真实的个人和真正的现实，而是'真实'本身也是虚幻。"看到这里，我不禁环视周遭，想确认周围的一切是否是真实的，想知道自己是不是在做梦，可不知怎的，好像总有那么一点不确定……

数，并非有形之物

毕达哥拉斯所说的数，指数字、数学关系。约公元前500年，毕达哥拉斯学派相信，自然之门是可以用"数"打开的。数是万物的基础，或者说，数是始基。

数，并非有形之物。有形之物会生会灭，数永远存在，它是自然中的不变者，是可变事物和现象背后的规则。由于无形，数只能通过抽象思维来把握，人类已走上了运用抽象思维把握世界本质的哲学道路。

数，拥有神秘的力量

毕达哥拉斯是一位数学家、一位哲学家。没错，但这并不是全部。他还是一位教主，甚至被神化。他对数学的痴迷，很大程度上出于宗教神秘主义的信仰。

约公元前580年，毕达哥拉斯生于小亚细亚萨摩斯岛，与米利都一水之隔。据说，他曾师从于泰勒斯和阿那克西曼德。从地理位置和出生年份上看，这是有可能的。毕达哥拉斯还曾游历波斯、印度和埃及，他的数学知识和宗教情怀在游历中逐渐积累。古希腊哲学家似乎都喜欢旅行，不畏千山万水，行万里路，脱去尘浊，丘壑内营。

约公元前540年，毕达哥拉斯在意大利南部扎根，建立起一个宗教派别，广收门徒，甚至不拒绝女性（这在当时是罕见的）。

拉斐尔《雅典学院》画作左下角，中间那位手捧厚书写写画画

《雅典学院》局部

的就是毕达哥拉斯。虽然只是个侧影,但看得出,他神情专注。他身边还围绕着一众门徒,个个求知探问的神情。请特别留意那个手执小黑板的长发姑娘。毕达哥拉斯教派里是有等级区分的,只有那些懂得数学、几何学的人才能与他当面交流,其他人只能在外围慢慢修炼。画中的姑娘应是有相当数学造诣的,她手中黑板上的线条结构清晰可见。女性在古希腊哲学史上第一次闪耀光芒。

毕达哥拉斯创立的宗教派别把数神秘化,认为数是万事万物背后起决定性作用的原则,就像悲剧英雄背后起决定性作用的神秘命运一样,连神也无法逃脱宿命,如俄狄浦斯。

数字在毕达哥拉斯的眼中被赋予了特定的意义:

1,象征理智,是万物之母,因为它是最基本的数;

2,象征意见,因为它摇摆不定,有二心;

4和9，象征正义，因为它们是第一个偶数2和第一个奇数3的平方，方方正正；

5，象征婚姻，因为它是第一个偶数与第一个奇数之和；

8，象征爱情和友谊，因为八度音阶最为和谐；

10，象征完满，它是1、2、3、4之和，被认为是拥有最高秩序的数字。

将数字人格化，尽管听起来有那么一点道理，但基本上与科学不相干，更接近占星、卜卦、算命之类。不过，其中关于"1"的表述，让人读出一点道家辩证法的味道。由此可见，在古代最初的抽象思维中，哲学、宗教，甚至巫术，是水乳交融的。

《老子》（四十二章）有云："道生一，一生二，二生三，三生万物。""道"在道家哲学中被认为是形成天地万物的根本遵循，类似赫拉克利特的"逻各斯"。道，先于天地而生，是万物的源起和复归。老子曾用"天地母"来比喻"道"，即天下万物的出发点，所以"道生一，一生二，二生三，三生万物……"

"道生一"，是由抽象规则向具体事物的转化。这里的"一"，指具体事物的起始状态。所以老子的"一"不同于毕达哥拉斯的"1"。与毕达哥拉斯的"1"（万物之母）相对应的是老子的"道"（天地母），也对应普罗提诺的"太一"。老子（约公元前571—约前471）和毕达哥拉斯（约公元前570—约前495）几乎在同一时期共存于地球东西两端，普罗提诺则是八百多年后的小字辈了。

数，有时很无理

毕达哥拉斯学派的数学造诣很深，但他们对数的认识并没有超越有理数的范畴。有理数，是指整数（1、2、3……）或可以用整数之比来表达的数（1/2、4/7、8/11、…）。很快，问题来了。一个边长为 1 的等腰直角三角形，斜边长是多少呢？

我们现在知道这个斜边长是个无理数——$\sqrt{2}$，但是毕达哥拉斯和他的弟子们却无法理解，不能接受！怎么可能存在一个数，它既不是整数，也无法用整数之比来表达，绝对不可能！它动摇了毕达哥拉斯学派所追求的逻辑完美。这可不是一个小事件，史称"第一次数学危机"。

这一危机是如何解决的呢？毕达哥拉斯选择了现在看来是最愚蠢的一种危机处理方式——掩盖真相，杀人灭口。发现这一问题的门派弟子希帕索斯被教主毕达哥拉斯逐出学派，据说被投入了大海。希帕索斯发现的这类数后来被命名为"无理数"，或许正是人们在谴责毕达哥拉斯的无理行径。

其实，无理数的发现，毕达哥拉斯本人也有份。据说他发现了黄金分割比例，即约为 0.618，准确的表达为 $(\sqrt{5}-1)/2$，就是一个无理数。话说有一天，毕达哥拉斯路过一个铁匠铺，里面传出打铁声。他立刻被这清脆悦耳的声音吸引，认定这里面藏有"玄机"。于是他观察铁锤下落的位置，发现下落点位于铁器约三分之一处时，声音最美。经过仔细测量，得到 0.618∶1，称其为最美、最巧妙、最和谐的比例。这只是个传说，很可能后人从毕达哥拉斯学派研究过正五边形和正十边形的绘图方法，推断他们掌握了黄金分割比例。

哲人王：毕达哥拉斯的政治诉求

在南部意大利，毕达哥拉斯学派逐步壮大，信徒众多。如前所述，该学派是有等级差别的，他们认为，社会秩序同样需要用等级形式来维护。那些有洞见的人应当居于统治地位，并获得治理社会的荣誉和特权。有洞见的人，是指那些经过常年训练，拥有特殊智力能力和道德能力的出类拔萃的哲学家。

伴随着学派的影响力不断壮大，他们的政治主张开始渗透城邦。毕达哥拉斯为南意大利的许多城邦制定法律，他的一些门徒也参与城邦政治并掌握实权。这也许就是柏拉图"哲人王"理想的最早实践。

然而，毕达哥拉斯学派在常人眼中不太正常，或者说，太不正常。入会者需要上交财产，过集体生活。他们统一着装，严格保守教派秘密，绝对服从和尊重权威。教会还有很多禁忌，比如严禁吃豆子、不许碰白公鸡、面包不许掰着吃、不许吃动物心脏、不许在大路上行走……

遮天的权势，加上毕达哥拉斯学派的邪教做派，再加上毕达哥拉斯本人被神化（被视作阿波罗神的化身），这一切引起了城邦公民的警惕。在一场意欲推翻他的暴乱中，毕达哥拉斯丧命。后来，他的弟子散落各地重建学派，毕达哥拉斯学派延绵八百年，而毕达哥拉斯定理和他神奇的数的世界，至今仍令人着迷。

高尔吉亚：智者派的成与败

1983年4月8日晚，大卫·科波菲尔在众多现场观众和五千多万电视观众的瞩目下，让自由女神像消失得无影无踪，被奉为"世界上最伟大的魔术师"。大约两千四百年前，古希腊有一位智者派"魔术师"，在我看来比大卫更厉害，他用三句话让世界上的一切消失。他就是古希腊智者派代表人

高尔吉亚：无物存在（AI图）

物——高尔吉亚（Gorgias of Leontini，约公元前483—约前374）。

三句话让世界上的一切消失，这听起来不可思议，但魔术师的魔力就在于让不可思议的事情发生在你的眼前。尽管人们知道那不是真的，自由女神像一定还在，世界上的一切也仍旧存在，他们只是耍了一些把戏而已。但高尔吉亚使用的把戏不同于大卫·科波菲尔，他运用的是诡辩术。

高尔吉亚的诡辩术：三个命题

1. 无物存在；

2. 如果有物存在，也不可知；

3. 即使可知，也不能把这样的知识告诉别人。

这三个命题看起来有点玄妙，有一种抓人的力量，让人很想一探究竟，想知道这么不可思议的命题高尔吉亚是如何论证的。在《论非存在，或论自然》中，高尔吉亚详细论证了他的这三个命题。

无物存在

为了证明无物存在，高尔吉亚假设了三种情况："非存在者存在""存在者存在""非存在者和存在者都存在"。他分别证明了这三种情况都不可能成立，因而断言无物存在。

第一，非存在者存在。这个命题自然是不成立的，无需反驳。

第二，存在者存在。为了反驳这个命题，他又假设了三种情况，并分别进行了否证：A. 存在者是永恒的；B. 存在者是派生的；C. 存在者既是永恒的又是派生的。其中的永恒，指时间和空间上都是无限的。

A. 存在者是永恒的，又有三种情况：

a. 存在者小于存在的场所。如果它小于存在的场所，它就不可能是无限的，因为没有东西会比无限大，a 被否定了。

b. 存在者等于存在的场所。意味着它是一个东西，又是这个东西所在的场所，也是一种矛盾，因此 b 被否定了。

c. 存在者大于存在的场所。如果大于它所存在的场所，则表示它无处存在，这也是不可能的，c 也被否定了。

abc 都被否定了，则 A 存在者是永恒的，就被否证了。

B. 存在者是派生的。巴门尼德和他的老师克赛诺芬尼都论证过"存在者不可能是派生的"，因为，如果它是派生的，它是从哪里派生出来的呢？一种情况是它生出它自己，这不可能；另一种情况是其他的东西生出它，它是"存在者"，其他的东西就是"非存在者"，这意味"非存在者"生出了"存在者"，就是"无中生有"，这也是不可能的。B 就这样被否证了。

C. 存在者既是永恒的又是派生的。这个命题本身就自相矛盾，无需反驳。

所以，ABC 都被否证了，因此"存在者存在"被否证了。

第三，非存在者和存在者都存在。这一说法自相矛盾，不可能成立。

就这样，三种情况都被否证了。以上的证明过程让人看了头疼，这很正常，学界普遍认为此论证本身陷入了逻辑矛盾，属诡辩范畴。但无论如何，高尔吉亚用自认为无可辩驳的论证得出结论：世界上的一切都不存在，即无物存在。

这个结论是骇人听闻的。此前的哲学家，泰勒斯、赫拉克利特、巴门尼德、德谟克利特、毕达哥拉斯等，都聚焦于世界的本源问题，他们只是对世界的本源是什么持不同看法。高尔吉亚带着魔幻般的气质亮相历史舞台，压根不讨论万物的本源是什么，直接否定万物的存在。无物存在，何来本源？

高尔吉亚的"无物存在"，不禁令人联想到佛教哲学"万事皆空，万物皆无"的主张。《般若波罗蜜多心经》就以空性为核心，表达为"五蕴皆空""诸法空相"，换句话说就是"无物存在"。佛教的另一部重要经典《金刚经》中也有四句话："一切有为法，如梦幻泡影。如露亦如电，应作如是观。"意为世上的一切都是暂时的，如梦幻泡影般不真实。

《心经》和《金刚经》都是佛陀（即释迦牟尼，Siddhartha Gautama，前563—前483）与众弟子的对话记录。高尔吉亚（约前483—约前374）略晚于佛陀时代。佛家思想与高尔吉亚的主张在此处交汇，不谋而合。不同之处在于，高尔吉亚给出了详尽论证，也就是思想过程。

如果有物存在，也不可知

承接第一个命题的证明，高尔吉亚指出，我们已经穷尽思维，仍然不能发现有物存在。所以即使有物存在，它也在我们的认知范围之外，即不可知。

即使可知，也不能把这样的知识告诉别人

这第三个命题，涉及语言的有限性。

我们看到一只可爱的鸟，听到它婉转的叫声。我们无法用语言还原这一切，告知别人。我们经验到的事物和我们用语言表达出来的事物，是两回事。

高尔吉亚的这个观点是深刻而富有洞见的。日常生活中，我们时常能感受到语言表达的无力和苍白。内心的波澜壮阔化为语言则大打折扣，甚至无以言表。对语言有限性的探讨不仅归入哲学认识论范畴，也属传播学研究领域，至今仍为学者们热烈讨论。

高尔吉亚的三个命题，结论尽管荒谬，但其论证方式对后世哲学家有重要启示。罗素曾说："要想做一个哲学家，就必须锻炼得不怕荒谬。"(《哲学问题》)

哲学史在高尔吉亚这里做了一次重大转向，人类关心的问题从自然界转到了人类自身。人不再简单地观察事物而后下断言，人类自身也成了怀疑和研究的对象。人类开始了反思，什么是获取知识的条件？人类有能力获得确定性的知识吗？高尔吉亚的答案是否定的。

高尔吉亚的修辞术：说服的手段

在高尔吉亚看来，尽管语言无法传递知识，但它可以用于说服别人。这方面，高尔吉亚是高手，堪称修辞学的鼻祖。他的家乡意大利西西里岛的莱昂蒂尼（Leontini），因他的缘故被誉为修辞学的发源地。

约公元前 450 年，雅典民主还是新生事物，公民参与社会治理，需要有良好的政治素养。一群职业教师应运而生，他们收费纳徒，教授修辞术和辩论术，为年轻人从事城邦民主政治做准备。这群职业教师自称"智者"，被称为"智者派"，承担起公民政治启蒙的任务。但遗憾的是，"公民政治启蒙"这副担子对于他们来说过重了。因为智者们自身对世界的认识尚不完善，特别是到了后期，他们中的许多人对道德伦理、公平正义、城邦政治等观点过于偏激，比如特拉叙马库斯（Thrasymachus）否认普遍有效的道德伦理，认为所谓的正义和公平只是强权的表达，有强权才有正义；再比如高尔吉亚用三句话否定了万物的存在，否定了人的认知能力。

"人无法获得真知，即使获得也无法告诉别人"，既然如此，语言就只剩下了一种功能，那就是说服的手段。运用语言的目的不是通过理性辩论获得真知，而仅仅是让听者改变他们的观点和态度。这样一来，智者派就沦为了诡辩家。

不过，单纯从语言表达和修辞学的角度来看，高尔吉亚的技艺在当时可谓登峰造极。他被后世智者尊为"智者技艺之父"。公元 2 至 3 世纪的罗马智者弗洛斯特拉图斯称赞高尔吉亚的演说表达新颖，充满灵感，追求宏大风格，语言动听、富有感染力。

出使雅典，一举成名

高尔吉亚的出生地——意大利西西里岛的莱昂蒂尼与雅典交好。公元前 427 年，莱昂蒂尼遭叙拉古人入侵，高尔吉亚被派往雅典求援。据古希腊历史学家狄奥多洛斯（Diodorus）记载，高尔吉亚来到雅典，就结盟问题用"诗性的语言"向雅典人发表演讲。人们惊叹于他独特的演讲风格："此前，从未有人如此大量地使用修辞技巧，对比、对偶、押韵、排比等。这种具有感染力的演讲方式，一下子就征服了人们并被接受。"(《古代智者》，Hackett Publishing Company, Inc., 2001）高尔吉亚就此声名远扬，受邀参加希腊诸邦的各种庆典，发表演说，留下了"战胜野蛮人值得庆贺，而战胜希腊人应该悲伤"（雅典《葬礼演说》）等名句。

名师收徒，学费高昂。高尔吉亚的学生伊索格拉底（Isocrates）说："关于智者我们应该记住，莱昂蒂尼的高尔吉亚收费是最高的。他在贴撒利这个希腊最富有的地方生活很长时间，且一直致力于赚钱。"高尔吉亚收费纳徒，积累了大量财富，据说他用黄金为自己塑像，置于德尔斐的阿波罗神庙内。

《海伦颂》：一篇精彩的辩护词

海伦，《荷马史诗》中希腊最美丽的女人，是希腊国王墨涅拉奥斯（Menelaus）的妻子。因其无与伦比的美丽，特洛伊王子帕里斯将其掠走，就此引发了希腊与特洛伊之间长达十年的大战，史称特洛伊战争。海伦因此被认为是红颜祸水，遭世人谴责。但也有人认为，对海伦的谴责是不公平的，高尔吉亚就是其中之一。

高尔吉亚为海伦写下辩护词，名为《海伦颂》，是他流传于世的演讲词中最著名的一篇，其核心观点是海伦不应该被谴责，他指出海伦被掳掠有四种可能的原因：

1. 命运之神的意愿。神意既然如此，海伦自然无法抗拒，因此她是无辜的。

2. 受强力挟持。一个弱女子被强力挟持，她是受害者，理应获得同情，而不是谴责。

3. 被说服。受意见的影响就像受暴力胁迫一样，劝说者是恶

《绑架海伦》，加文·汉弥尔顿作品，1784年

的，海伦不该承担责任。

4. 受爱欲激情的驱使。为爱出走，这是不可抗拒的人的内在欲求，海伦没有错。

除了神意之外，人类自身最强大的力量：身体力量、语言力量、情感力量，在这里都成为高尔吉亚为海伦辩护的理由，很有说服力。

修辞术尽管让人们领略到了语言的魅力和力量，但仍被归入机巧把戏，甚至被后世哲学家鄙视。据说，苏格拉底也曾求教于高尔吉亚，但苏格拉底却不认同修辞术，认为修辞术并不产生知识，只是通过言辞技巧说服别人。它不仅不指示正义反而将之掩盖，把神圣的善当作皮球抛来掷去。所以苏格拉底说："追求正义和善的人不需要修辞术。"在苏格拉底的哲学中，始终把驳斥智者派的伦理—政治观作为自己的任务。需要指出的是，苏格拉底也从智者派这里汲取营养，从诡辩术中发展出一种对话的辩证法。

普罗泰戈拉：人是万物的尺度

认识你自己

在漫长的人类思想史进程中，认识自我，是哲学探究的最高目标。公元前6世纪，古希腊德尔斐城中阿波罗神庙的门廊上镌刻着一条箴言——认识你自己。追寻着这一主题，一代又一代哲学家开始了不懈的求索。

第一个明确回应德尔斐箴言的哲学家是赫拉克利特，他说："每一个人都能认识自己，都能明智。"（赫拉克利特《论自然》残篇）随后，著名智者普罗泰戈拉提出了一个"伟大的命题"（黑格尔的评价）——人是万物的尺度。就此，告别了早期自然哲学，人类关心的问题转向了人类自身。毕竟认识世界，首先需要认识自我。

回归家园：人本主义之根

黑格尔曾说，在研究古希腊哲学的时候会产生"回归家园"的感觉。古希腊哲学思想中似乎包含着极富生命力的种子，不断给后人启示和力量，成为取之不尽的思想源泉。比如，西方文化的内核——人本主义，就可以追溯到普罗泰戈拉。

什么是人本主义？人是个体动物，也是群体动物。那么"个体"和"群体"，哪一个优先级更高呢？也就是说，以什么为"本位"呢？中西方文化在源头上给出了不同的答案。西方指向个体本位,也就是个人优先于群体;而中华文化倾向于群体本位,即群体优先于个体。

古希腊城邦,是以地域性为特征的国家形态;与之相对应的是西周以来以血亲关系为纽带的分封制产生的邦国。城邦内的公民关系,对应邦国内的族人关系。西方的个体本位,对应中华的群体本位。人是万物的尺度,就是西方人本主义思想的最初哲学表达。

人是万物的尺度:普罗泰戈拉的伟大命题

普罗泰戈拉(Protagoras of Abdera,约公元前481—约前411),生于色雷斯的阿布德拉,与德谟克利特是同乡。与德谟克利特一样,普罗泰戈拉也是一位著名的智者,在希腊各城邦讲学。

普罗泰戈拉:人是万物的尺度(AI 图)

普罗泰戈拉的存世残篇非常有限,后世对他的研究主要依据柏拉图《对话录》中的记载。《对话录》中的《普罗泰戈拉篇》和《泰阿泰德篇》记述并解读了普罗泰戈拉的伟大命题——人是万物的尺度。这一命题看似简单,却给后世留下了无穷解读和想象的空间。

人是万物的尺度:是人,不是神

古希腊时代,神至高无上,"神是万物的尺度"是主流意识形态。但是,已经有一些善于独立思考的哲人开始怀疑这一神学传统。关于神,普罗泰戈拉认为:"至于神,我既无法真切感受他们是否存在,也不知道他们长什么样子;有许多东西是我们认识不了的,人生是短暂的。"(《西方哲学原著选读》)

普罗泰戈拉并没有否认神的存在,他只是说人生短暂,无法感知神的存在。这最多算是对神的轻微质疑,但是后果很严重,雅典法庭因此判他死罪。普罗泰戈拉逃出雅典。据说,他在乘船逃往西西里的途中,遭遇风暴,船沉命殒。雅典的主政者本着"除恶务尽"的原则,下令焚烧普罗泰戈拉的著作,所以他的存世残篇非常少。

这一古希腊版的"焚书坑儒"比起两百年后的秦始皇版本并不逊色。两千多年后,言论自由才作为一项基本的公民权利被写入人类宪法(1776年美国《弗吉尼亚州宪法》最早规定了保障言论自由)。而《世界人权宣言》明确"人人享有主张和发表意见的自由,包括不受干涉的自由和通过任何媒介和不论国界寻求、接受和传递消息和思想的自由"已是1948年。

在古希腊因言获罪,普罗泰戈拉不是第一人,也不是最后一人。此前阿那克萨戈拉因主张"太阳并不是神祇,只是一团炙热的火球"被判死罪,幸而逃出雅典。普罗泰戈拉之后,苏格拉底被判死罪,"不敬神"也是原因之一。然而,帮助人们逐步摆脱蒙昧、认识世界的,不正是这些有智慧、有勇气挑战既有认知的人们吗?

既然万物的尺度是人,不是神,那么以神为本位的诸多社会规范、城邦法律就同样是可被质疑的,可以以"人"为原则进行修订。普罗泰戈拉曾为意大利南部城邦图里翁制定法律。他主张,法律也应因地制宜,以适应当地人们的社会价值规范。这是实证法的立法理念。普罗泰戈拉并不接受放之四海皆准的自然法。

人是万物的尺度:何为尺度?

赫拉克利特曾表达过和尺度类似的概念——分寸,"世界是一团永恒的活火,在一定分寸上燃烧,在一定分寸上熄灭"(赫拉克利特残篇)。这里的分寸是指事物背后隐藏的规律——逻各斯。逻各斯是唯一的客观存在。

普罗泰戈拉认为,人是万物的尺度,有多少人就有多少个尺度。这样一来,尺度的性质就发生了变化,由客观的转变为主观的,由一转变为多。单一的逻各斯,被普罗泰戈拉撕成无数碎片。在普罗泰戈拉看来,"事物对于你就是它向你显现的那样,对于我就是它向我显现的那样。"(柏拉图《泰阿泰德篇》)

我妈10月份要从东北来上海,问我上海冷不冷。我说:"20到25度。"她接着问:"我该穿啥衣服?"对这个问题,普罗泰戈拉恐怕不会像我一样痛痛快快地回答:"一件长袖。"他会说:"同样的温度有人觉得热,有人觉得冷。那是每个人自己的感受。我不知道20到25度你的感觉,也不知道你该穿啥。"如果我这样回答,铁定会挨骂。

人是万物的尺度:世界是多元的、相对的

每个人都有自己的尺度,那么世界究竟是什么样子的呢?普罗泰戈拉的答案是:世界取决于它在你眼中是什么样子。不同的人观察世界的方式不同,于是就有了多元的世界。比如,一只铁锤,在铁匠的眼中,衡量它价值的标准是打铁好不好用,它是一件工具;在商人眼中,卖它能赚多少钱,它是一件商品;在古代将士眼中,掂掂它的分量,判断是否能成为一件趁手的兵器。在不同人的眼中,同一事物被赋予了多元的价值。

人们也可以赋予同一个世界多元的属性,因为不同的人对世界的认识取决于他们各自的生活情境,于是有了相对的世界。《庄子·秋水》对此有精辟的表述:"井蛙不可以语于海者,拘于虚也;夏虫不可以语于冰者,笃于时也;曲士不可以语于道者,束于教也。"井蛙、夏虫、曲士都只局限于自己特定的生活情境中,他们眼中的世界是相对的。处于不同地域、阶层、年龄、性别、种族、文化的人们,他们眼中的世界又怎么可能是一样的呢?

人是万物的尺度:群体会如何?

如果人对世界的认识受制于生活情境,人的政治地位和经济状况很难改变,那么问题来了,处于不同阶层的人们该如何相互理解和沟通呢?除了冲突,多层级社会难道无法拥有开放包容的政治生态吗?国与国之间呢?民族与民族之间呢?还有不同的年龄、性别、种族、文化,难道这些都会成为壁垒,限制群体的认知与沟通吗?

不知不觉,普罗泰戈拉的命题延伸到了社会学领域。上述问题是希尔贝克先生提出的,想要解答并不容易。当给出一个答案时,必定会有一个相反的例证等着你。这也许就是社会学研究的复杂性。

每个问题都有两个相互对立的说法

普罗泰戈拉或许也曾思考至此,他给出了另一个著名命题:每个问题都有两个相互对立的说法。比如,有人相信"命运是注定的",也有人认为"命运掌握在自己手中";有人说"兼听则明",也有人说"兼听则乱";有人坚信"上帝存在",也有人坚持"上帝不存在"。

普罗泰戈拉有个学生,对这个命题活学活用,跟老师打了一场官司。据说普罗泰戈拉收学生先收一半学费，学成后打赢第一场官司再收剩下的一半。有个学生学成后迟迟不交学费，理由是还没打赢官司。普罗泰戈拉把他告上法庭并对他说："这场官司我赢了，你就得按判决给我学费；你赢了，你也得按照我们的约定给我学费。"学生反驳道："你赢了，按照约定我不用给你学费；我赢了，按照判决我也不用给你学费。"

"每个问题都有两个相互对立的说法"，师徒追讨学费的这桩案子还真是这个命题的有力注脚。但是，如果这个命题成立，那么这个命题本身也应该有一个对立的说法，即"并非每个问题都有两个相互对立的说法"。那么，原命题还成立吗？这就离怀疑论的自我消解不远了。正如柏拉图所言，普罗泰戈拉的这个命题既摧毁了其他理论，也摧毁了它自身。

人择原理：人是宇宙的尺度

人择原理，是现代宇宙学的一个假说，它是用人的存在来解释宇宙的存在，或者说，人是宇宙的尺度。人择原理诞生于20世纪，由美国宇宙物理学家罗伯特·迪克于1961年提出，澳大利亚天体物理学家布兰登·卡特加以完善。

20世纪30年代，英国物理学家保罗·狄拉克发现，当把宏观宇宙领域与微观粒子领域联系起来的时候，会出现令人惊异的"大数巧合"。大数巧合是什么意思呢？宇宙的年龄、电磁力与引力之比、质子量表示的宇宙总质量、宇宙中光子与重子数之比等，在数量级上都是一致的，即大数，10的39次幂（10^{39}）。

迪克认为，这不仅仅是一种巧合。宇宙演化出人，需要相当苛刻的条件。比如，周围空间必须有较老恒星的超新星爆发，以产生构成生命的原料，还要等待特定时机，一切都必须恰到好处。以宇宙能演化出人的条件来看，大数只能是现在的这个值。卡特进一步证明，从宇宙天体到原子的不同结构尺度，基本常数稍有偏差，都将危及人类存在，危及业已形成的宇宙结构。

人类和宇宙，都是奇迹！它们之间到底是什么关系呢？

关于这个问题，人择原理用人的存在来解释宇宙的存在。

大爆炸之后，宇宙难道不是已经在无人状态下存在一百多亿年了吗？基于人择原理的回答是：宇宙之所以存在这么久，就是为了演化出人类这样的智慧生命来观察它。没有人类观察的宇宙（平行宇宙）也许存在，但对人类来说毫无意义。我们的宇宙是有观测者参与的宇宙。有了人，宇宙才从仅仅具有实在性的"自在之物"，成为了智慧生命的"认识对象"。

人择原理还可以从量子理论的视角来解读。我们曾经认为恒久存在的那个宇宙，实际上只源于前不久观察者的一次测量，以及该测量引起的塌缩，塌缩形成现实世界，而此前宇宙的状态只能称为"可能性"。因此，被观察的宇宙和作为观察者的人紧密相连。

人择原理，创造了一种"天人合一"的新境界。回过头来，我们再看"人是万物尺度"，普罗泰戈拉的这一命题似乎已披上了超现实色彩，妙不可言。

苏格拉底：西方也有圣人

雅典广场：一个其貌不扬的对话者

公元前四百多年的某一天，雅典广场一如往常，人影摇动。圆形廊柱下，人们三五成群，其中一人样貌奇特，令人印象深刻。他鼻扁上翻，眼睛突出，胡须蓬乱，双颊丰满，目光炯炯有神。他就是苏格拉底。他喜欢游走于在雅典的广场市集、大街小巷，与人们就各种问题展开对话。

苏格拉底：对话辩证法（AI 图）

古希腊人通常认为，高尚的灵魂寄居于美丽的肉体中，甚至将完美的肉体奉若神明。19世纪法国艺术史家丹纳曾说："古希腊人竭力以美丽的人体为模范，结果竟奉为偶像。在地上颂之为英雄，在天上敬之如神明。"（丹纳《艺术哲学》）

苏格拉底被尼采称为"丑陋的希腊人"，但是他灵魂高尚，散发出的智慧魅力令人折服，被尊为古希腊最高贵和最富有智慧的人。"美"与"丑"并存于苏格拉底一身，这是对希腊美学的一种挑战。尼采就此断言，苏格拉底是最早的"现代人"，他的容貌与灵魂的关系象征着"现代"与"反抗"，出人意料地体现出一种和谐之美。

苏格拉底（Socrates，公元前470—前399），雅典人。他之前的希腊哲学被称为"前苏格拉底哲学"，也就是说，苏格拉底是希腊哲学的一道分水岭。他创造了一种论证方法，即对话辩证法，从无可争辩的、简单的经验陈述开始，运用清晰的逻辑推理，建立起复杂的陈述，最后形成关于事物的普遍性定义。沿着这条路径，他的弟子们，如柏拉图，倾向于采用抽象的、形而上的方式探究自然真理。

苏格拉底与智者派处于同一个时代，他曾向智者求教，也曾与智者辩论，但他更多的是对智者进行批判，批判他们的怀疑论调。智者派怀疑真知的存在，怀疑人认识真知的能力，不承认存在普遍的道德或伦理，而苏格拉底坚信，世间存在着普遍的善与正义。

苏格拉底可谓西方哲学史上最神秘难解的人物，因为他没有留下任何文字，却成为对西方精神产生最重大影响和鼓舞的人物之一。他的生平及思想，人们大多是从他的弟子柏拉图的《对话录》中了解到的。但《对话录》中，柏拉图是真实还原了苏格拉底的思想，还是借苏格拉底之口表达自己的观点，就不得而知了，所以后世很难把苏格拉底和柏拉图的思想区分开来。类似的还有耶稣。马太福音、马可福音、路加福音、约翰福音等都是由耶稣门徒撰写的,是否真实还原了耶稣的言行,也是历史谜题。

对话辩证法:一位思想的接生婆

苏格拉底出身平民之家,父亲是石匠,母亲是接生婆。苏格拉底常说,接生婆不是自己生孩子,而是帮助他人生孩子。他与人们的对话也像接生一样,通过对话帮助人们形成属于自己的知识,获得属于自己的观点,生出真知、真理和真正的智慧。

苏格拉底并不像收费纳徒的智者们那样,以师者自居。对话时,他总是聆听对方的观点,即使听出谬误之处,也不会直接批评,而是表明其中有几处不明了,

《苏格拉底》,博德曼·罗宾逊作品,2007年,置于华盛顿特区司法部会堂

提出问题请对方进一步解释,从而引导对方不断修正意见,一步步接近真理。对话的意义并不在于得出最终的结论,而在于教会人如何思考,如何探求真理。

如同父兄,苏格拉底不遗余力地帮助人们修身进德,然而不知不觉中,他也得罪了一些人。毕竟在公共场合被追问到词穷是令人难堪的事情。有人把这看作是对自己能力的贬损、人格的侮辱、权威的不敬,于是怀恨在心,甚至发起复仇行动。

向死而生：一位真理的殉道者

公元前 399 年，苏格拉底被控"腐蚀青年、危害社会、宣扬新神"。在雅典陪审法院，五百名陪审团成员投票，将苏格拉底判为死罪。这是雅典民主史上最大的耻辱，民主光鲜外衣下隐藏的暴政显露无遗。

20 世纪的美国记者沃尔特·李普曼认为，多数人的民主与正义无关，只与数字有关，往往会导致多数人的暴政："多数人的权力趋向于专横和绝对……我们不能说百分之五十一的人比百分之四十九的人拥有更多的正义，那只意味着一方的人数更多而已。多数人的选票不能决定任何事情，而且丝毫也不值得尊敬。"（《幻影公众》）

尽管苏格拉底可以选择逃出雅典或用钱赎罪，但是他认为偷生是怯懦的行为，法律的判决是必须执行的，不管判决本身是否正确，个人都不能以错误的方法去破坏它，因为法律代表着普遍正义，是指导雅典政治生活的最高准则。普遍正义，正是苏格拉底的信仰。

最终，苏格拉底饮下毒酒，从容赴死，成为殉道的西方圣贤。令人欣慰的是，苏格拉底相信灵魂不灭。他以平静的，甚至喜悦的心情迎接死亡的到来。他相信，人死后可以到达另一个世界，那里是充满希望的开始，能够掌握更多的真理。死亡不是终点，而是另一种生命状态的起点。

苏格拉底一生致力于追求灵魂的尽善尽美，希望死后到达自由的永生世界。苏格拉底有关灵魂不灭、以死为乐的思想开启了西方唯灵主义的源流，也为基督教神学奠定了重要的理论基础。苏格拉底为捍卫真理而死，也被基督徒看作历史上仅次于耶稣殉道的伟大事件。

新古典主义画派的奠基者、法国画家雅克-路易·大卫，用画笔还原了苏格拉底赴死的那一刻，留下传世名作《苏格拉底之死》，该

《苏格拉底之死》，雅克-路易·大卫作品，创作于1787年

画作现藏于美国大都会博物馆。画作中，苏格拉底身着白色长袍笔直地坐在床上，镇定自若，右手伸向盛着毒酒的杯子，左手向上指天，表明信仰不变，或意指将去往美好的天堂。一众弟子围绕在他身边，无不悲痛，就连送毒酒的狱卒也转头掩面，无法正视。苏格拉底坚忍、平静，把自己的死当作给学生们上的最后一课："我不能为目前的处境放弃一直坚守的原则，唯有理性最可贵，我必须尊重它，为它献出生命也在所不惜。"（柏拉图《对话录·斐德罗篇》）

苏格拉底和耶稣基督，有许多相似之处。

1. 都没有留下著作，有关他们的一切都是弟子、门徒的记述，因此都是谜一样的人物。

2. 都能言善辩，且富有说服力，因此得罪了不少人。

3. 都充满自信，相信自己是一种更高力量的代言人，是播撒真理和正义的使者。

4. 批评不公不义，不惧强权，且不肯妥协，都认为不取义成仁就无法完成自己的使命，无法面对内心的信仰。

5. 都有一众忠实的追随者，在他们死后仍然传播他们的思想，深刻影响了西方文化。

对雅典人来说，苏格拉底之死只是一个异端者被处死，但对于人类而言，这却是迈向一个新的思想高度的起点。人类存在的意义是什么？什么是高于生活本身的"更好的生活"，即灵性的生活？与灵性生活相关的勇气、正义、真理、德性、幸福……又是什么？

唤醒人们：一只萦绕的马虻

苏格拉底向人们提问，试图使他们考虑自身情境，并反思指导他们言行的基本观点是否正确。苏格拉底想要唤醒人们。在受审时，他曾在法庭上自我申诉："你们如果判我死刑，很难再找到像我这样与本邦结下不解之缘的人了。良马懒惰会变得迟钝，需要马虻的刺激，我就像马虻一样到处追随着你们，不停地提醒，屡加劝诫。我是神派给你们的礼物。就像把睡眠中的人唤醒那样，你们也许会恼怒，甚至打我，轻易地处死我，但是从此，你们的余生将浑浑噩噩，除非神关切你们，另派一个人来。"

苏格拉底希望唤醒人们认识到自己的无知。我们应该认识到人是容易犯错的，而且对很多事情都不了解。苏格拉底有一句名言："我唯一知道的，就是我一无所知。"只有意识到自己的无知，才能在对话中聆听不同的观点，接纳更新更好的观点。

孔子也有过类似的表达：知之为知之，不知为不知，是知也（《论语·为政》）。东西方两位圣人在对待知识的态度上高度一致——坦承自己的无知。但孔子善于针对问题给出答案，而苏格拉底则始终针对问题提出问题，面对确定性答案用问题击穿答案。正因为如此，苏格拉底开启了一种哲学观，即把哲学看作是承认思考者本身是可错的、开放性的，是不断进行自我批评和自我修正的思想探索过程。

这绝对不是一件容易的事,因为几乎没有人愿意承认自己是无知的。人总是更倾向于相信自己真理在握,世界上唯一不会出错的人就是我自己。但稍微运用理性,我们就会意识到那不是事实。而现实中,在人与人的交流中,承认自己是可错的,很难。即使知道自己犯了错,也拒不认错,甚至用新的、更大的错误掩盖旧的、相对小的错误,以证明自己从来没有犯过错的,也大有人在。结果错上加错,欲罢不能。

苏格拉底有个叫凯勒丰的朋友曾前往德尔菲阿波罗神庙,向女祭司庇提亚求取神谕:世上谁最有智慧?庇提亚接收到阿波罗的启示:"苏格拉底最有智慧。"看来,神也认为,"无知之知"是最高的智慧。

美德即知识:一位爱智者的幸福观

苏格拉底的智慧也被凡人感知,那些尊敬他的人自愿跟在他身后,成为他的学生。尽管一贫如洗,但苏格拉底从不向学生收取任何费用,他更愿意把学生当作共同探讨问题的朋友。将自己知道的与朋友们分享,他认为是对彼此都有帮助的事。这与智者有了明显的分别。

此外,"智者"这个名称,表明智者们不仅没有意识到自己的无知,反而以有智慧自居。为了与智者划清界限,苏格拉底自称"爱智者"。"哲学"一词的本意是"爱智慧",是毕达哥拉斯最早提出的,而"爱智者",即"哲学家",最早的使用者是苏格拉底。

爱智者苏格拉底与智者普罗泰戈拉也有相似之处,他们不约而同地将探究的主题由自然界转向人类自身。苏格拉底首先探问的是人类自身的根本性问题,也就是道德问题。苏格拉底的道德哲学希望通过道德认知建立一种具有普遍性的人性本质。他提出，美德即知识。

在苏格拉底的眼中，美德并非单纯的"不作恶"，美德更接近"优秀"，包括道德上不作恶，以及行动上履行好自己的社会职责，比如优秀的铁匠打造出好的铁器，优秀的教师教出好的学生。因此美德在于尽其所能，实现人之为人的真正潜能。

苏格拉底将知识分为三类。

第一类，事实知识（是什么）：苏格拉底并不是通过经验，而是通过分析来澄清一些既有的模糊概念，如正义、勇敢、美德、幸福、好的生活等。

第二类，规范性洞见（应当如何）：它包含了目的或价值的知识，通过对第一类事实知识的认知，洞见到事实知识背后存在的普遍性知识，什么是正当的、善的，什么是我们应当做的。这也是对智者派"不存在普遍的正义与善"观点的回应。

第三类，自我洞见（认识自我）：人最重要的是"认识你自己"，一方面通过理性洞见善，另一方面通过直觉洞见内心的良知。

苏格拉底进一步指出，一切善的是有益的，一切恶的是有害的。既然有害，为什么会有人作恶呢？这正是因为人对善恶的无知。只有首先知道了什么是善，人才会行善，同时也获得了幸福。

对于苏格拉底来说，幸福有三个要点：心灵的平静、良知与自尊。幸福与人的完善有关。人作为一个完善的人类而优秀，那才是幸福，而其他的一切，诸如肉体的折磨和死亡都不能妨碍一个完善的人获得幸福。

说服 or 信服：一位理性主义者的选择

苏格拉底认为，人必须为自己的知识奠定坚实的基础，而这个基础就是人的理性。苏格拉底对理性所持的坚定信念表明他是一个理性主义者。我们可以从苏格拉底所主张的对话方式上感受这位理性主义者的选择。

关于对话和讨论问题的方式，苏格拉底引入了两个概念：说服和信服。这两个概念有本质上的区别，帮助我们把真实的权威和虚假的权威区分开来。

说服，利用手段或技巧以先入为主的观点努力说服别人，而不是讨论论题的正确性。比如利用权威或优势，强迫对方接受自己的观点。说服，不是双向的交流，而是单向的灌输和宣传。使用说服术的权威是虚假的权威。

信服，强调的是公开讨论，讨论的目的是增长知识。这就要求讨论中，每个人都对论题本身有充分的了解，每个人的观点都要符合他在任何时候都认为是正确的东西。对话中，所有参与者都是平等的，相互尊重，相互合作，尽可能使讨论的主题变得明晰，目的是追求真知。对话的参与者在这一过程中都获得了认知的提升。

非理性对话是如何产生的呢？第一，受教育程度或智力水平的限制；第二，社会声望使然，比如强权者的观点拥有天然优势；第三，物质利益受到威胁。在以上三种情况下，理性对话很难实现。问题的关键是排除这些非理性因素，创造自由对话的条件。

苏格拉底的理性选择，深深触动了生活在21世纪、作为媒体从业者的作者本人。本人2012至2014年在华东师范大学哲学系从事博士后研究时，以《媒体理性与公众理性》为题，探讨舆论空间的理性建设。今人探究的问题，先哲们早已给出了答案。作为当代人，我们都应该补上苏格拉底理性选择这一课。

柏拉图：回归灵魂家园的渴望

柏拉图：理念的世界（AI 图）

　　柏拉图、苏格拉底（柏拉图的老师）、亚里士多德（柏拉图的学生）并称为"古希腊三贤"，代表古希腊哲学的最高成就。尽管知道柏拉图很了不起，但是看到怀特海的这句话："所有西方哲学都只是柏拉图的注脚"，我仍然倍感震惊，这意味着柏拉图是西方哲学的万源之源。这么高的评价是否言过其实了呢？

　　很快我发现，尼采也说过类似的话，他曾发问："为什么柏拉图以来，欧洲的每一位哲学建构者都徒劳无功？"（《朝霞》序言）再后来我发现，卡尔·波普尔也说过："柏拉图的影响（无论好坏）是无可估量的，可以说，西方思想不是柏拉图哲学的，就是反柏拉图哲学的，很少是非柏拉图哲学的。"（《社会科学国际百科全书》"柏拉图"条目）

　　可见，两千四百多年来，在西方思想史进程中，柏拉图的影响从未消失。拉斐尔的画作《雅典学院》也印证了柏拉图在哲学史上的重要地位。他把画作的中心位置留给柏拉图和亚里士多德。他们

拉斐尔《雅典学院》画作中心部分

似从远景穿过拱门一路走来,一边走一边在讨论问题,柏拉图右手指天,亚里士多德掌心朝下,二人的观点显然是有分歧的。随后两千多年的人类思想史正是由他们的争论展开。巧合的是,这幅画中,柏拉图的手势跟大卫画作中苏格拉底赴死前的手势一模一样,区别只在于左右手。不知大卫在创作《苏格拉底之死》时是否参考了拉斐尔的《雅典学院》,或暗示师徒传承关系(他们都努力探寻超越"可感事物"的"普遍定义",或称"理念"),但又有"左右"之分(苏格拉底倾向众人平等,柏拉图主张阶级有别)。

师徒传承:贯穿整个人生的内心感动

柏拉图(Plato,公元前427—前347)出身贵族家庭。父系族谱可上溯到雅典王忒修斯家族,父亲是雅典三百人寡头政治委员会成员,母亲是雅典立法者梭伦的后裔,叔父是著名的三十僭主领导者之一。少年柏拉图聪慧好学,曾经非常渴望成为诗人或剧作家,也曾跟随智者学习。遇到苏格拉底时，他大约二十岁。

据公元前3世纪希腊传记作家第欧根尼·拉尔修的记载，苏格拉底见到柏拉图的前夜做了一个梦，梦见一只白天鹅飞来停在他的膝头，转瞬间羽翼丰满，飞向天空，唱出嘹亮的歌。想必二人的相遇是上天的安排。优秀的人一相见，就会认出彼此。柏拉图被苏格拉底的智慧深深吸引，终于找到了内心期盼已久的精神导师。"苏格拉底给他带来了一种贯穿他整个人生的内心感动，正是透过这种内心感动，柏拉图才揭示给我们真实的苏格拉底及其真理。"（卡尔·雅斯贝尔斯《大哲学家》）

苏格拉底遭受不公正审判饮鸩赴死的那一年，柏拉图二十九岁。他密切关注着苏格拉底受审的全过程，对雅典公民以民主之名处死了"当世最高贵的人"备感痛心。这对柏拉图的后续思想产生了重大影响，他开始着手建设"理想国"。在理想国里，苏格拉底这样伟大的哲人不仅要好好地活着，而且还将担负重要使命——启迪民智，领导国家。

苏格拉底死后，作为嫡传弟子，柏拉图也被迫流亡。他游历希腊各城邦，去过埃及，在南意大利与毕达哥拉斯学派有过交流。路过西西里岛的叙拉古王国时，刚好国王狄奥尼修斯一世摆出招贤纳士的姿态，柏拉图欣然前往，想要实践自己的政治理想。但柏拉图的政治热情令当权者生疑，担心引狼入室，篡位夺权。柏拉图很快被遣送回国，路上还被贩卖为奴，幸好有朋友路过市场解救了他，把他送回雅典。柏拉图在雅典创建了一所学校，潜心构思并撰写他的《理想国》。狄奥尼修斯一世死后，柏拉图又被请回去做狄奥尼修斯二世的老师。柏拉图再次怀揣着满满的希望，想要实践他的政治哲学主张，建立"理想国"。可这一次又失败了，他的学生不争气，只爱美色，长于宫斗，柏拉图的政治理想再度破灭。

阿卡德米学园

约公元前 388 年，柏拉图创建了一所学校，选址在雅典的一片树林里。这片树林以希腊神话中的英雄阿卡德莫斯（Academus）的名字命名，因此柏拉图的学园命名为阿卡德米学园（the Academy）。Academy 这个词作为"学院"之意沿用至今。

不懂几何者莫入

阿卡德米学园是一座爱智者的乐园，这里的教学以讲座和讨论为主。在这里不仅可以探讨哲学，还能学到几何学、天文学、地理学、动物学和植物学等相关知识，而政治学是主修课。此外，据说学生们每天还要训练体操。（参见希尔贝克《西方哲学史》）

这样看起来，相比专业性较强的"学院"，阿卡德米学园更像一座"综合大学"。这里似乎没有知识的禁区，凡可增长智慧者皆包罗其中，为学生所学。两千四百多年前，柏拉图校长就注重通识教育，注重学生的德智体全面发展，这无疑是教育史上的创举。不仅如此，他还继承了苏格拉底的师风传统，鼓励学生们大胆质疑，因而他培养出的弟子中不乏勇于挑战师道权威者，如哲学宗师级人物——亚里士多德。

想进入这所学园并非易事，门槛很高。据说阿卡德米学园入口上方悬挂着一块匾额——不懂几何者莫入。这让人联想到了毕达哥拉斯，他的众多信徒弟子并非都有资格向其当面讨教，只有学好几何者可以。柏拉图游历到意大利南部时遇到了毕达哥拉斯学派的学者，受其学派影响匪浅。柏拉图也视"数"为万物的本源，相信灵魂不朽，有宗教神秘主义和道德禁欲主义的倾向。

尽管"不懂几何者莫入"的传说是柏拉图去世近千年后才开始流传的，可信度存疑，但柏拉图确实重视数学。在《理想国》中，

镶嵌画《阿卡德米学园》(左三为柏拉图),发掘自被火山灰掩埋的古罗马庞贝城,收藏于那不勒斯国家考古博物馆

他将算术、几何、天文等列为哲学家的必备知识,而哲学家又是他心中最理想的治国者。由此可见,在柏拉图看来,数学是治国者的必修课。柏拉图对数学重要性的认识甚至超越了许多当代人。数学能力说到底是逻辑思维能力,也就是理性思维能力。非但治国者需要具备这种能力,每一位政治参与者,也就是每一位公民,都应该具备这种能力。

阿卡德米学园 vs 稷下学宫

与阿卡德米学园几乎处于同一时期,公元前374年,战国时期的齐国都城临淄也设立了一所学府——稷下学宫,因位于稷门附近而得名。统治者修建学校,优待师生,招贤纳士。文士们在此辩论,展示各自的学说主张,可谓千人汇聚,百家争鸣。稷下学宫存在约一百五十年,是当时的一大学术盛景。

《稷下学宫》，韦辛夷作品

阿卡德米学园和稷下学宫同处于人类文明的轴心时代，汇聚了东西方最优秀的知识分子，但他们的所思所想所为各不相同。稷下学宫的文士们本着务实的态度，期待自己的主张被统治者采纳，实现身为士大夫"治国平天下"的最高理想；而阿卡德米学园的师生们则探讨哲学、研究科学，追求超越现实世界的永恒的真善美，构思"理想国"。"学以致用"与"学以致知"，数千年来始终是东西方知识分子各自遵循的思维主线。智慧的发力点不同，推动文明前进的方向也各不相同。

人类文明的轴心时代，大约在公元前800年至公元前200年之间，尤其是在公元前600年至前300年之间，各文明集中出现了伟大的精神导师。西方有"古希腊三贤"，以色列有犹太教先知，古印度有释迦牟尼，中国有老子、孔子等，是人类文明的重大突破时期。

据说，柏拉图八十岁生日那天在睡梦中安详地死去。他被安葬在阿卡德米学园，这里是他追寻理念、创建理想国的地方，是他的哲学精神家园。阿卡德米学园在柏拉图弟子手中代代传承，延续九百多年。

理念：永恒不变

柏拉图关心的问题很多，其中最重要的是寻找流动事物背后永恒不变的事物，也就是寻找现象世界背后的抽象实在，他称其为理念。

古往今来的哲学家们似乎都喜欢寻找永恒的、不变的东西，喜欢探究普遍的、绝对的真理。柏拉图之前的希腊哲学家，如赫拉克利特找到了"逻各斯"，毕达哥拉斯找到了"数"，这些都构成了柏拉图理念论的思想来源。而苏格拉底探究美德、正义、善等的"普遍定义"则成为柏拉图理念论的直接来源。不同的是，苏格拉底探究的美德、正义、善等都属于主观世界的道德范畴，而柏拉图的理念则具有客观独立性，每一种事物都有其存在所依据的理念，这样一来，柏拉图把对事物本质的追问拓展到了世间的万事万物。

柏拉图认为，理念不仅独立于具体事物而存在，而且是具体事物存在的依据。也就是说，先有理念，后有具体事物。这就好比先有模具，再有糕点。糕点被吃掉了，消失了，而模具始终完美，永久存在。理念就是那个模具，可感事物就是糕点。

由此，世界被柏拉图分割为两部分：永恒不变的理念世界和流动易变的可感世界。理念看不见摸不着，无法感知，必须依靠理性才能触及。理念世界也是分等级的，不同的理念被分为六个等级，由低到高依次为：

1. 自然物的理念：山川河流、花草树木等的理念；
2. 人造物的理念：桌椅板凳、房屋器具等的理念；
3. 数理的理念：长方形、三角形、圆形等的理念；
4. 哲学范畴的理念：存在与非存在、动与静等的理念；
5. 道德和审美的理念：勇敢、正义、美等的理念；

6."善"的理念。

这样柏拉图造就了一个井然有序的世界模型和本体论体系——可感事物趋向于自己的理念，较低级的理念趋向于较高级的理念，所有事物和理念都趋向于"善"的理念。

善的理念是整个世界的最高实在和终极依据，若对其进行人格化渲染，基督教的上帝就隐约可见了。但在柏拉图这里，人格化的上帝是缺席的，要等到罗马帝国时代，上帝的形象才被早期的基督教教父们描绘出来。

善的理念是不变的，不管人们是否认识它，是否遵循它。同样，道德和政治也必有其不变的基础，这个基础完全独立于不同地域、不同风俗、不同见解的人而存在。因此，理念论为伦理—政治规范确保了一个绝对的、普遍有效的基础。承接苏格拉底，柏拉图继续对智者派的相对主义和怀疑论进行驳斥。

希尔贝克先生在《西方哲学史》一书中指出，在柏拉图看来，与可感世界相比，理念世界的地位更高，也更有价值，更值得追求。理念指向的是理想。这给了世人极大的精神鼓舞，努力去追求那个完美的世界。"柏拉图式的爱"就是对真、善、美不断的渴望。

然而，柏拉图的理念论也有令人不解之处。既然每一样事物都有其相对应的理念，那么，假、恶、丑也应该有相对应的理念才对。但是，理念又是人们值得追求的理想，是美好的、完美的。这里似乎存在着无法自圆其说的矛盾。

灵魂：永远不朽

理念世界独立于可感世界而存在，有关理念世界的知识也独立于对可感事物的认知，而且在时间上，理念的知识先于可感事物的知识而存在。那么，这些有关理念的知识是从哪儿来的呢？柏拉图说，它们是人的灵魂从理念世界中通过人的肉体带到可感世界里来的。这个说法很有意思。人的灵魂属于理念世界,肉体属于可感世界。

在柏拉图看来,人的一生是这样的:灵魂,居住在理念世界里。有一天,灵魂"跳水",来到了可感世界,于是一个人出生了。灵魂在"水下"的日子就是人生。一段时间后,灵魂从肉体中释放出来,肉体死亡。肉体的死亡并不意味着灵魂消失,灵魂仍在,它们回归了理念世界,所以灵魂不朽。

曾震惊世界考古界的《跳水者之墓》壁画,位于意大利南部古城帕埃斯图姆,其中很可能蕴含着生死轮回的象征意义。该壁画创作于约公元前470年,早于柏拉图生活的年代。由此推论,柏拉图的"灵魂跳水说"很可能是受到了前人轮回思想的影响。该壁画曾于2019年5月来到北京,在"彩绘地中海:一座古城的文明与幻想"主题展中与中国公众见面。

需要说明的是,在柏拉图的理论中,灵魂跳水是一项奇妙的运

修复后的《跳水者之墓》壁画

动。跳水前，灵魂已经获得了各种理念的知识。但跳水后，当灵魂在肉体中醒来，它就忘记了先前知道的一切。人生活在可感世界中，看到人间万象，于是依稀回忆起从前所拥有的完美理念。此时，灵魂体验到了一种回归本源的欲望，它渴望更清晰地洞见隐藏在可感事物背后的理念，于是一步步地回归灵魂家园。人，从生到死，就是一个再认识的过程，然而这一过程十分艰辛。

并不是所有的灵魂都有能力重新洞见理念。绝大多数灵魂始终无法冲破认识的黑暗，只有极少数才智出众的人经过艰苦训练才能回归灵魂家园。而这些极少数人，在柏拉图看来，就是哲学家，是最优秀的人。对于哲学人生，柏拉图感慨道："人生是艰苦的旅程，通往哲学洞见的道路崎岖而漫长，需要耐心和辛勤的工作，而且永无止境。"(希尔贝克《西方哲学史》)

关于灵魂回归理念世界的挣扎，柏拉图在《费德鲁斯篇》中有一个精彩的比喻。两匹长着翅膀的马拉着一辆战车，一匹马是凡间的黑马，另一匹是不朽的白马。黑马执拗倔强，白马高贵雄壮。驾车人（灵魂）想把战车拉进理念的天堂，这是一项极为艰难的任务——白马想要翱翔，黑马试图沉降。两马角力，战车在空中隆隆作响，上升、下降、再上升、再下降……这一过程中，真理不时显现。若灵魂向往真理，白马则一往无前，获得优势；若对真理视而不见，任由两匹马相互碰撞，翅膀折断，战车就会坠落大地；重见真理时，马儿还会长出新的翅膀，再次飞翔。

哲学家：解释世界，还是改变世界？

在柏拉图的理念论中，有一个隐含的逻辑，即可感世界和理念世界之间不存在固定的、不可逾越的障碍。通过教育，人们可以运用理性获得并不断完善有关理念的洞见。而人们不断接近理念世界的同时，也在不断深化对可感世界的认识，这是一个交替的、辩证的认识过程。因此，一个对理念已经获得充足洞见的人会转而运用这一洞见照亮生活。这就是哲学家的社会使命——认识世界，解释世界，进而改变世界。

在这一点上，柏拉图的理念论穿越两千两百多年，回应了卡尔·马克思的那句话——哲学家们只是用不同的方式解释世界，但问题的关键在于改变世界。

柏拉图式的爱：爱情与性别无关

在古希腊，特别是在雅典的文化中，"爱"这个词，用于两个男人之间的关系优于男人和女人之间的关系，因为女人通常被认为是低等的、不具有理性思维能力的。男人和女人之间的爱更多指向生育，而不是关于情感的、浪漫的爱。同性之爱如此正常，以至于希腊语中没有同性恋、异性恋这样的区分。因此，当我们在柏拉图对话集中看到对话者们对爱的称颂时，要明白他们所赞美的是两个男人之间的爱，而且往往是导师和学生之间的爱。尽管如此，柏拉图式的爱情原则适用于各种爱情关系。

柏拉图式的爱，通常被称为精神恋爱，指单纯追求心灵沟通、排斥肉体欲望之爱。这种解读出自 15 世纪意大利哲学家、美学家马尔西利奥·费奇诺（Marsilio Ficino）。这种爱，超越性别，是精神层面的，对另一个灵魂所表达的崇敬和向往。

在柏拉图《对话录·会饮篇》中，苏格拉底说：爱神是一个精神的守护神，使人的灵魂充满对神圣完美的渴望，其目的是引导一个人的灵魂洞见理念。一个人帮助他所爱的人看见他头顶的世界，在爱的帮助下，帮助他登上"美丽的阶梯"，一步步抵达理念的天堂。柏拉图认为，爱情是自我完善的力量。更重要的是，一个真诚

《柏拉图的精神》,威廉·布莱克作品,1816年至1820年作,依据弥尔顿诗作《沉思者》所作,坐在椅子上的是弥尔顿,柏拉图站在左侧展示他的理念世界

的爱人会尽其所能帮助他的爱人改善其灵魂状态。这就是只涉及精神，不涉及肉体的"柏拉图式的爱"。两个人（无论性别）因共同的精神追求彼此吸引，彼此提升，这无论如何是一件美好的事情。

希尔贝克先生在《西方哲学史》中对"柏拉图式的爱"有另一种解读，那就是对真、善、美不断的渴望。那些对真善美有了深刻洞见之人，在柏拉图看来，担负着反观现实世界、治理国家、引领大众拥有幸福生活的使命。这种爱，已超越了个体的人与人之间的爱，拓展到个体与群体之间，归入哲学家之大爱。

洞穴囚徒：走出洞穴看见太阳

在《理想国》中，柏拉图用"洞穴囚徒之喻"进一步说明认知上升的过程。他将这一过程分为四个阶段：猜测、信念、仔细推理、洞见。

图解"洞穴囚徒之喻"

囚徒们生于山洞，始终被缚手脚、背对着洞口，只能看到洞穴后壁。他们身后有一堆火，在火与囚徒之间，各种物体在移动。物体的影子映在洞穴的后壁上。囚徒们以为影子就是世界的全部。此时，囚徒们处于认知的第一个层次——猜测，他们只了解有关影子的知识。

有一天，他们中的一个人挣脱了枷锁，回过头，尽管火光暂时晃花了他的眼睛，但是他很快看到了火与囚徒之间的真实事物。此时，他明白了，以往自己认识的全部世界只是真实事物投射的影子。这个人，现已处于认识的第二个阶段——信念，他迈出了认识世界的重要的一步，对世界有了感性认知。

已经感知到了真实事物的这个人，在好奇心的驱使下，想看看火焰背后还有些什么。但是这意味着他需要翻过高墙，走上一条前人从未走过的路。这条路不仅崎岖难行，而且充满未知。他鼓起勇气迈出了第一步，走向洞口。此时，他已经达到了认识的第三个阶段——仔细推理，渴望探究比客观世界更加本质的理念世界。

这个人走出洞口，站在了阳光下。当他的眼睛能够适应太阳光的时候，他发现世间的一切都是通过阳光显现出来的，太阳才是最真实的东西。柏拉图的"太阳"具有重要的象征意义，象征"善"的理念。此时，他已经达到了第四个阶段——洞见了最高的知识，即善的理念。

这个人再也不愿意回到洞中了，哪怕在阳光下受苦，也不愿意再回去过囚徒生活，不愿意再和囚徒们拥有同样的意见了，因为他意识到洞中的人们过着"未经审视的生活"，而这样的生活不值得过。这就是苏格拉底那句名言"未经审视的生活是不值得过的"的出处。

这个故事在柏拉图《理想国》第七卷中，是由苏格拉底以他和格劳孔对话的形式讲述的。如果这个人回到洞中会怎样呢？苏格拉底回答：他将自己看到的一切讲给那些从没有见过太阳的人们听。人们不相信他，嘲笑他，甚至杀害了他。这分明就是苏格拉底之死的隐喻。探寻真理之路不仅崎岖难行，甚至要付出生命的代价。

从洞穴中走出来，需要沉思和审视。柏拉图认为，沉思的生活，即灵魂的生活，是一个人能够奉献给自己的最重要的东西。一个人应该紧紧抓住智慧的生命去寻求完善的真理，即使这意味着拒绝投降而选择死亡，正如苏格拉底那样。他感慨道：如果生命是在幻影的世界中摸索，活着又有什么意义呢？这样的生命不是已经死了吗？

理想国：理想世界

柏拉图出身贵族，身处强大的上层社会，他怀疑民主，特别是激进的民主形式。苏格拉底之死更是让柏拉图对民主政治彻底失望，他放弃从政的家族传统，决心投身哲学，并花了很长时间思考一个理想的城邦政治结构应该是什么样子的。他把自己的思考写进了《理想国》。

城邦的秩序与正义

柏拉图认为，大多数人没有能力抵达理念的天堂，要过上幸福的善的生活必须依靠极少数人的引领。这些极少数人对善的理念有着最好的洞见，因此也拥有最高的美德。健康的城邦中，掌握权力的人不应是大众，不应是无能者，不应是专制者，权力应该掌握在极少数胜任者，也就是哲学家的手中。这就是柏拉图的"哲人王"思想，是西方精英政治的思想源头。

柏拉图认为，一个国家就是一个放大了的人。人的灵魂由理性、意志和欲望组成，分别对应智慧、勇敢和节制的美德。如果一个人的灵魂拥有了相应的美德，就具有了"正义"，国家也是如此，理想国据此分为三个阶级：

统治者——哲学家，代表理性，对应的美德是智慧。他们能够洞见善的理念，拥有最好的德性，有能力代表人民做出明智的决定。

管理者——武士，代表意志，对应的美德是勇敢。他们要接受训练，善于作战，负责保卫城市。

生产者——劳动人民，代表欲望，对应的美德是节制。他们是体力劳动者、工匠、商人等，接受适当的教育，胜任自己的工作。

理想国中各阶级之间界限分明，不可逾越。为了捍卫这种壁垒森严的阶级关系，柏拉图劳动了神的大驾，请神用不同的材料造人。他说神造人的时候，造统治者用的是金子，造管理者用的是银子，造生产者用的是铁和铜。因此各阶级要守好自己的本分，如果人人都能遵循自己的美德，统治者智慧，管理者勇敢，劳动者节制，各阶级功能互补，和谐相处，那么这个国家就是一个正义的国家，也就是理想国了。

为了建立这样一个幸福、正义的理想国，柏拉图主张拥有权力的两个阶级，即统治者和管理者应该放弃私有财产和家庭生活，因为在他看来，财产和家庭生活是自利的根源，与社会的共同利益相冲突。在柏拉图后期的《法律篇》和《政治篇》中，他修正了这一观点，赋予每个人拥有私人财产和过家庭生活的权利。做这样的修正是为了使理想国更有可能实现，他称之为"次最好的国家"。然而，私有财产是社会罪恶根源的这一思想，时不时在后世思想家的头脑中复活，如16世纪英国空想社会主义者托马斯·莫尔的《乌托邦》、18世纪法国启蒙运动思想家卢梭的《社会契约论》，这一思想也并非仅停留在理论层面，它也指导了法国大革命以及遍布全球的一系列社会革命。

城邦的教育

为了确保城邦人民更好地适应未来的社会角色，巩固对国家的忠诚，柏拉图主张，儿童应离开父母，由政府统一抚养教育。对此，现代人无法接受，但在古希腊城邦这种教育模式曾真实存在过。公元前8世纪，斯巴达城邦的儿童七岁起就由国家接手教育和抚养，接受体育、军事训练，最终成长为优秀的城邦战士。柏拉图

设想的城邦教育体系,很大程度上以斯巴达为样板。理想国中,所有的儿童都将被平等对待,不论出身和性别:

十至二十岁,接受相同的教育,包括体操、音乐、宗教等。

二十至三十岁,挑选优秀者,继续学习,特别是数学。

三十至三十五岁,挑选更优秀者,学习哲学。

三十五至五十岁,挑选最优秀者,实践管理和处理政治事务。

经过精挑细选走到最后,完成了理想国四十年义务教育的最优秀的人才已经获得了事实知识、善的理念和实践经验。他们将被赋予统治国家的权力。哲人王诞生!

城邦教育要确保每个人都能找到最适合自己的位置,发挥最胜任的职能。柏拉图在《理想国》中对教育问题的思考系统、深刻,卢梭在《爱弥儿》中评价《理想国》:"根本不是一部政治著作,而是前所未有的讨论教育问题的最伟大作品。"

男女平等

在柏拉图生活的时代,女性的社会地位低下。而柏拉图却倡导广泛的男女平等。在柏拉图看来,人类的生物属性是次要的,精神属性是首要的。作为城邦的社会成员,女性和男性一样有能力治国,只要接受相同的训练。因此,他主张男女应拥有平等的权利,包括受教育的平等权利、职业分配的平等权利、参与社会交往的平等权利、享有法律和政治的平等权利。

这应该是人类最早的为女性争取权利的宣言书,柏拉图也因此被看作是女权的早期捍卫者。然而时至今日,柏拉图的这一理想在各国法律层面虽已有了普遍体现,但在社会现实层面仍然难以真正落实。柏拉图男女平等的理想在世界范围内实现得最好的地方,本人认为是中国上海。

然而,有人对柏拉图的男女平等观提出了另一种见解,认为柏拉图主张男女平等恰恰是要消灭女性的传统优势领域。所谓的女性传统优势领域，是指生儿育女和家庭事务，这些都属于私人生活领域。柏拉图希望推行的是公共生活，于是致力于消除私人生活。在他看来，女性是一股不可控制的力量，要设法把女性纳入社会公共生活的范畴中来。这只是诸多柏拉图男女平等观解读中的一种，但可以确定的是，柏拉图将公共生活置于私人生活之上，将理智和教育置于人的生物性之上。

艺术：需要承担伦理责任

在柏拉图的理想国中，艺术是要被审查的。尽管柏拉图自己是一位造诣颇深的诗人，但他对诗歌怀有戒心，他认为诗歌会干扰人的情绪，转移他们对理性的关注。但这并不意味着他要消除诗歌，他只是想用诗歌强化人们对理念的认知。他强调"只有歌颂神明和赞美好人的颂诗才允许进入我们的城邦。"艺术在理想国中的功能，被限定为培养灵魂和提高道德品质。

《理想国》包含的内容极为丰富，涉及哲学、政治、伦理道德、教育、正义、艺术等诸多领域。该书的中文版译者朱光潜先生视其为一部希腊哲学的百科全书，他说："与其读千卷万卷希腊哲学书，不如读一部柏拉图的《理想国》。"

哲人王：哲人为王可行吗？

柏拉图明确表示，理想国的国王应该是哲学家："除非哲学家变成我们这些国家的国王，或者我们目前称之为国王和统治者的那些人物，能严肃认真地追求智慧，使政治权力与聪明才智合而为一；那些得此失彼，不能兼有的庸庸碌碌之徒，必须排除出去。否则的话，对国家，甚至我想对全人类，都将祸害无穷，永无宁日。"（《理想国》第五卷）

哲人王：与现实的距离究竟有多远？

历史经验表明，哲学家和政治家这两种身份很难合而为一。相反，他们通常各行其道，甚至背道而驰。在西方历史上，已知唯一践行了"哲人王"的是罗马皇帝马可·奥勒留（121—180），在位二十年（161—180），是一位斯多葛派哲学家，著有《沉思录》。

罗马卡比托利欧广场上的马可·奥勒留雕像

然而，奥勒留并不是以哲学家的身份登上帝位的，他是被哈德良皇帝看中，十六岁时以"嗣子的嗣子"的身份被确立为储君。也就是说，奥勒留封帝因循的是罗马帝国的子嗣继承原则，而非柏拉图主张的让拥有最高智慧和品德的人为王的原则。当然，他之所以被哈德良看中，立为储君，也与他博学多才有关。

在奥勒留的政治实践中，罗马帝国并没有走向新的辉煌，相反在他的统治下，罗马帝国终结了"五贤帝时代"，启动了衰落的引擎。这唯一的一位"哲人王"并没有成为柏拉图哲人王理论的成功实践者。尽管如此，柏拉图的哲人王理论仍对后世产生了重要影响。

"哲人王"与"圣人之治":相信制度,还是相信人?

"圣人之治"是孔子的理想。孔子生活的年代早于柏拉图约一百三十年,面对社会秩序失范,孔子和柏拉图不约而同地为治理国家开出药方。孔子治国方略的核心是在现有秩序的基础上,培养圣贤君子,实现仁礼之道,恢复西周的礼乐制度,建立天下大同的世界。而柏拉图"哲人王"治下的国家则抛开既有的一切城邦治理模式,构建出一个全新的正义之国。可以说,孔子的"圣人"扎根于现实大地,而柏拉图的"哲人王"行走于理念的天空。

孔子和柏拉图都将目光聚焦于极少数的社会精英,寄望于他们的智慧和德性重塑社会秩序。然而,无论是圣人还是哲人,无论圣人、哲人有多么高的智慧和德性,国民幸福可以全盘寄托于某个个体的人的身上吗?这是一个值得深思的问题。

鉴于人类历史上从未出现过道德和智慧都完美的人(除了耶稣),所以合乎现实的理性假设是:人无法拥有完美的道德和智慧,无论圣人还是哲人,概莫能外。基于此,美国的建国先父们在制定宪法时,首先把治国者预设为智慧和道德都不完美的人,随后设计出一套制度来防范他们因道德缺陷所作之恶,纠偏他们因智慧缺陷产生的错误。毕竟,人拥有无上权力时,作恶和犯错的后果都是极为严重的,甚至是整个社会、整个国家、整个世界所不能承受的灾难。即使一个人的道德和智慧水准都很高,也需要制度的制约。

也许有人会问,既然相较于不完美的人,制度更可靠,那么,借助圣人和哲人的智慧和道德可以设计出一套更为合理的社会制度,这难道不是推崇他们的理由吗?对此,王小波回答:"众所周知,哲人王降临人世,是要带来一套新的价值观、伦理准则和生活方式。假如他来了的话,我就没有理由想象自己可以置身于事外。这就意味着我要发生一种脱胎换骨的变化,而要变成个什么,自己

却一无所知。如果说还有比死更可怕的事,恐怕就是这个。"(王小波《理想国与哲人王》)

"乌托邦":绝对的完美只是一个神话

柏拉图的哲人王政治理想鼓舞了许多后世哲学家,他们希望设计出一整套制度、价值观、生活方式,让民众过上幸福生活,其中最著名的当数托马斯·莫尔的《乌托邦》。

《乌托邦》成书于1516年,当时的英国正处于资本主义萌芽时期,道德堕落,拜金盛行,农民在专制重压下痛苦地生活。空想社会主义者们将这一切罪恶归因于私有制,认为消除私有制,就能根除罪恶。于是,在莫尔描绘的美好社会里,人人自由平等,一切生产资料归全民所有,生活用品按需分配,人人从事生产劳动,而且有充足的时间从事科学研究和娱乐。最重要的是那里没有堕落和罪恶。

莫尔的"乌托邦"是一个极具诱惑的构想。进入天堂是彼岸的事,还要经过肉体和心性上的许多磨炼,而乌托邦今世就可能实现,一切都心想事成、顺意完美,还有什么比这更令人向往的呢?问题就出在乌托邦太过完美。请问一切都顺意完美,人类社会的发展动力何来?一切都顺意完美,人口增长必然发生,在自然资源有限的前提下,如何确保人人拥有幸福生活的必需品呢?当人口与资源的矛盾无法平衡时,战争和杀戮将不可避免。

1968年,美国生态学家约翰·卡尔洪在马里兰做了一个实验,名为"25号宇宙"。他将四对小白鼠放入一个边长二点七米、高一点四米的方形金属围栏系统里。这个系统有投食和喂水装置,有隧道、洞穴,有充足的筑窝材料,并保证温度适宜、清洁卫生,这里就是小白鼠的乌托邦。只不过这个乌托邦最高承载量是三千八百四十只老鼠。不到两年时间,四对小白鼠及其后代全部死亡，无一幸存。原因是老鼠繁衍达到一定数量时，它们不再挖隧道和建设家园，而是变得烦躁、焦虑，甚至相互争斗撕咬。随之而来的是小白鼠数量急剧下降，直至整个鼠群社会彻底崩塌。而在这期间，25号宇宙的环境和资源从未改变。人类为老鼠创造了一个乌托邦，但老鼠们自己将乌托邦变成了地狱。

尽管乌托邦的最初设想是为民众开启天堂之门，但很可能事与愿违，结果是打开了潘多拉魔盒，引导人们走向地狱。正如伏尔泰所言："高举圣旗满面红光走向地狱。"

除了人口与资源的矛盾外，也有人从社会学的角度设想乌托邦建成后的种种可能。俄罗斯叶·扎米亚京的《我们》、英国阿道司·赫胥黎的《美丽新世界》、乔治·奥威尔的《1984》《动物庄园》等都是反乌托邦的作品。可悲的是，他们作品中的许多可怕情形在现实世界中真实上演。乌托邦（Utopia），确如它的原意，是一个不存在的地方，更接近于神话。

从公元前4世纪柏拉图的《理想国》，到5世纪陶渊明的《桃花源记》，到16世纪托马斯·莫尔的《乌托邦》，再到18世纪席勒和贝多芬的《欢乐颂》，古今中外，人们总是在憧憬一个理想的世界。其实，我们每个人的灵魂都需要理想作为精神支撑，从而超越个体的无力和无助，与崇高永恒的价值建立联系。

对美好和理想的憧憬，本身没有错，只是人类需要保持清醒的头脑，认识到绝对完美只是一个神话，毕竟我们身处的不是天堂，只是苦乐人间，"参差多态才是幸福的本源"（罗素）。《美丽新世界》中野蛮人的呐喊此时回荡在耳边："我要上帝，我要诗歌，我要真正的危险，我要自由，我要善良，我要罪恶。"

亚里士多德：脱离城邦者，非神即兽

亚里士多德（Aristotle，公元前384—前322）是个天才，被誉为"古希腊哲学的集大成者"；他的老师柏拉图也是个天才，其哲学体系几乎囊括了两千多年来哲学研究的全部领域，后世哲学家无不沿着他指引的方向前进；而他的老师的老师苏格拉底也是个天才，他用对话的方式勇敢质疑、去伪存真，开创了一种对话辩证法，被后世尊为西方哲学的奠基人。这师徒三人并称为"古希腊三贤"，代表着古希腊哲学的最高成就。

亚里士多德：古希腊哲学集大成者（AI图）

亚里士多德与亚历山大

亚里士多德的学生也非同小可,其中最有名的是亚历山大大帝——古代西方世界最伟大的征服者。这对师生的成就可谓震古烁今,亚历山大用金戈铁马建立起帝国新秩序,而亚里士多德则求真思辨,建立起哲学新秩序。认识亚里士多德,让我们从认识他的学生亚历山大大帝(Alexander the Great,公元前356—前323)开始。

亚历山大大帝:所到之处皆归入帝国版图

作为弹丸城邦马其顿的国王,亚历山大统一希腊,横扫小亚细亚,以解放者的姿态进驻埃及并被尊为法老,以少胜多瓦解波斯大军,触角延伸至印度河流域。征服领域达五百多万平方公里。若没有喜马拉雅山阻隔,保不齐会涉足中华大地。成就这前无古人、后无来者的伟业,亚历山大只用了约十年时间,出征时年仅二十岁。不禁让人感叹"自古英雄出少年"。

亚历山大御驾亲征,开疆拓土,建立起横跨欧亚非三大洲的大帝国,把地中海变成帝国的内海。

在马其顿崛起之前,希腊城邦各自为政,常年的战争令希腊文明危机四伏。亚历山大好似顺势而生,在城邦制走到尽头之时横空出世,给希腊人带来"世界一家"的观念。对此,罗素的观点是:"已往对于城邦的忠诚以及(在较小的程度上)对于希腊种族的忠诚看来是不合时宜了。在哲学方面,这种世界一家的观念是从斯多葛派开始的;但是在实践方面它要开始得更早些,是从亚历山大开始的。"(罗素《西方哲学史》)

亚历山大远征的战略目标不是单纯的领土占有和财富掠夺,他渴望统一整个地中海世界,并赢得当地人民的爱戴。拿破仑曾不无羡慕地说:"对于亚历山大,我在意的不是他的那些战役,而是他的政治意识,他具有一种能赢得人民好感的能力。"亚历山大的这种能力似乎是天生的,一踏上战场,士卒们就会追随他去任何地方。据玛丽·瑞瑙特在《亚历山大三部曲》中的记述,他跟大伙一起流汗、受冻、挨饿,不见众人饱餐,不见伤兵受到看护,他绝不肯安坐;他尽可能记住每一个士兵的名字;他的寝处永远不比士兵的干爽;他的胜利都是冒险得来的。

亚历山大的军事才华、他无畏无惧、闯荡四方的自由,以及他高贵的品格,都令人着迷,赢得人们的追随与尊敬。值得一提的是,亚历山大的老师亚里士多德认为,政治生活中,最高的善是荣誉,最高的荣誉是赢得共同体的尊敬,也就是赢得全体人民的尊

庞贝古城的亚历山大镶嵌画复原前后对比图,原图创作于约公元前100年,描绘了伊苏斯战役中亚历山大率骑兵直取大流士的场景

敬，因此政治家最大的幸福是赢得人民的尊敬。以这一标准来衡量，亚历山大不仅是个好学生，还是个成功的实践者。

亚历山大的功业突然之间改变了希腊世界。亚历山大帝国的诞生标志着"希腊时代"的结束，同时也标志着"希腊化时代"的开始。公元前334年至前324年的十年间，他征服了小亚细亚、叙利亚、埃及、波斯、萨马尔干、大夏和旁遮普。波斯大帝国也在三次战役里被彻底摧毁。

亚历山大是希腊文明的崇拜者，也为地中海世界的"希腊化"做出了重要贡献。亚历山大在所到之处建立起希腊式城邦，建立自治政府，努力推行希腊的政治制度。他还在当地建设图书馆、博物馆，招揽学者，弘扬学术，传播希腊文化，同时巩固和提升自己的政治权威。有人评价亚历山大是"推动世界文明发展的最伟大力量之一"。伴随着亚历山大的征服日益扩大，他扮演了希腊文化传播者的角色。他在极短的时间内为东西方世界架起桥梁，促使东西方在经济、文化、教育、贸易等多领域逐渐融合，世界进入历史新纪元。

亚历山大为什么会如此与众不同呢？他的老师是古希腊最博学、最深邃的思想巨擘，必定是原因之一。

师生结缘：彼此的影响到底有多深？

对于亚里士多德与亚历山大，这对极富传奇色彩的师生之间的关系，哲学史上有两种截然不同的看法。黑格尔相信，这是人类历史上的一段佳话，是天作之合，在亚历山大的丰功伟绩中，毫无疑问留下了亚里士多德的深深烙印。罗素则认为，亚里士多德对亚历山大的影响几乎为零，亚历山大身上体现出的是北方蛮族的执拗、野蛮和迷信思想。哪一种观点更有道理呢？多了解一些他们之间的故事，会有助于判断。

亚里士多德与亚历山大师生结缘，要从他们的父辈说起。亚历山大的父亲是马其顿国王腓力二世（Philip Ⅱ of Macedon）。腓力与亚里士多德有发小之谊，因为亚里士多德的父亲尼各马可是马其顿的御医，亚里士多德小时候就经常跟随父亲出入王宫，跟比他小一岁的腓力是儿时的玩伴。亚历山大十三岁那年，腓力邀请亚里士多德做儿子的家庭教师。王位继承人的教育问题向来是国家大事，除了深厚的情谊和信任之外，亚里士多德成为帝师，博学是更为重要的原因。

从公元前343年成为师生，到公元前336年亚历山大继承马其顿王位挥师南下统一希腊，亚里士多德与亚历山大朝夕相处。此时的亚历山大是十几岁的少年，正值世界观和思想体系建立形成的关键时期，有一位博学之士言传身教，想必其影响是深刻和深远的。公元前335年，亚历山大向被征服的雅典派代表时，亚里士多德随之回到雅典，创建了自己的学园。然而，他们的师生缘还远未结束。

在东征途中，师生间始终保持着通信联络。从亚里士多德那学来的知识常常在亚历山大的实践中派上用场。医术，让亚历山大救治了不少伤员；观察大自然的方法，让他丰富了生活和阅历；灵魂不死的理念，帮助他慰藉失去战友、面对死亡时的孤寂。每到一处发现稀罕的动植物、兽皮、有价值的书等，亚历山大也不远万里派人运去雅典给亚里士多德做研究。

尽管伟大的亚里士多德曾向亚历山大描绘过东西临海、周洋环绕的世界版图，但他自己并没有亲眼看到过，甚至他自己的政治主张也只涉及城邦政治，没有构想过庞大的世界帝国，但这一切在伟大的亚历山大的头脑中好似一颗被施了魔法的种子，他要用脚去丈量世界："我一定要看到世界的尽头，不是为了占有，甚至不是为了威名,就是为了到那里看看……"亚历山大的心中燃烧着渴求的烈焰,驱使他永远向前,决心走到世界的尽头。这或许可被称为"探险家的快乐",他曾对身边的同伴说:"什么是快乐?……当人把整个心智和身体延展到极限,当人把思虑全部用于下一瞬间要做的事,这样的时候,回想起来就是快乐。"(《亚历山大三部曲》)这令人联想到苏格拉底将幸福与美德联系在一起,而美德就是尽其所能,实现人之为人的真正潜能。亚历山大岂不正是苏格拉底幸福哲学的最好继承者吗?从苏格拉底到柏拉图,到亚里士多德,到亚历山大,这条师徒传承的思想线没有断。

亚历山大的东征并非一场心血来潮、说走就走的旅行,他的军队组织严密,纪律严明,充满了学术氛围和科学精神。他的征服之旅也是城邦的建设之旅,所到之处建立起政治制度和经济体系,传播文化,从事科学探索。他曾在给亚里士多德的信中说:"我更愿意在对善的认识上取得胜利,而不是权力和领土。"有史学家将亚历山大的这一说法视为笑谈,认为他只是说说而已,但我更愿意相信,亚历山大骨子里将"对善的认识和实践"视为他征服之旅的终点。他不仅要做领土的征服者,更要做人心的征服者,这已经体现在他的行动中。或者说,领土征服只是他真正的帝国征服的前奏。若果真如此,"哲人帝国"将会是怎样的一番壮观图景呢?可惜亚历山大没有活到这一图景成真的那一天。

亚历山大对科学和知识的热爱是有史实依据的。他在征服埃及后,建立了亚历山大城(也称亚历山大港),并修建起一座宏伟的图书馆。他的目的是"征服一切已知的世界,并收藏人类一切能发现的书籍"。据说,亚历山大图书馆长达六公里,是一座巨无霸建筑,与金字塔一起被誉为世界七大奇迹之一。每一艘经过亚历山大港的船只都要被检查。只要发现了亚历山大图书馆里还没有的书,

亚里士多德:脱离城邦者,非神即兽 | 79

就会被"充公"一年，待誊抄完毕后再归还。这样经年累月，亚历山大图书馆收藏了五十万卷档案图书资源，馆藏之丰堪称当时的世界之最，其中包括荷马的全部诗稿、《几何原本》在内的欧几里得的许多真迹原件、阿里斯塔克的日心说理论著作、古希腊三大悲剧作家的手稿真迹、希波克拉底的许多著述手稿、第一本希腊文《圣经》旧约摩西五经的译稿，还有亚里士多德和阿基米德的著作手记等无数典籍宝藏。亚历山大图书馆被历史学家誉为"人类文明世界的太阳"。这颗太阳吸引了当时世界上无数优秀学者慕名而来，满载而归。公元640年，阿拉伯人占领亚历山大城，将该馆典籍和图书全部焚毁。

就在亚历山大大举东征为帝国开疆拓土之时，亚里士多德在雅典研究他的政治学，并且在研究中对亚历山大只字未提。后代哲学家和史学家对这一现象颇感困惑：为什么亚里士多德会对眼前发生的历史巨变视若无睹，没有预见到帝国时代已经近在咫尺，城邦时代即将化为历史云烟呢？罗素认为，这是令人难以置信的。有观点认为，身处雅典，亚里士多德为了避免被怀疑为马其顿间谍，故意赞美城邦生活，弱化帝国前景。这种避嫌的假设有一定道理。事实上，亚历山大去世后，亚里士多德的确受到牵连，他被判有罪，随后逃亡。也有学者认为，亚里士多德赞美城邦仅仅是出于他的理论信仰，相信只有在城邦里，人才能过上幸福的生活。此观点也很有说服力。本人还设想了第三种可能，亚里士多德骨子里认同和热爱希腊的城邦政治，对可能带来独裁的帝国统治心存疑虑。亚历山大东征途中仿效希腊建立起一个个城邦，说明小城邦以相对独立的政治姿态存在于帝国之中也是有可能的，即使帝国政治势不可挡，城邦政治仍是基础，不可或缺。亚里士多德仍然在雅典潜心研究他的城邦政治，而对亚历山大正在开创的帝国伟业不予置评，静观其变。

真凶是谁：一只改变了世界历史走向的蚊子？

亚历山大完成了帝国征服的伟业，却在返程途中去世，年仅三十二岁。据记载，他在波斯高烧十天后不治身亡，后世推测他得了疟疾，但也有人怀疑这是谋害。亚里士多德也被列入怀疑名单，因为他曾表达过对亚历山大的不满。亚历山大与蛮人为友，要求自由的希腊人学习蛮族风俗向他行跪拜礼，对此，亚里士多德的确表达过不满，认为这种事会使国家陷于暴君之手，败坏希腊的良俗，需要采取措施加以制止："无人可以自由地忍受如此统治。"但这似乎有些过虑了，因为亚历山大本人就痛恨暴君统治，他为东征途中建立起来的城邦——委任总督，回程途中，对那些有暴君统治倾向的总督全部予以撤换。还有传言，导致亚历山大致病的纯酒里添加了毒药，而这毒药就是亚里士多德的配方。

我个人认为，谋害学生的指控，对于这位哲学家来说是不公平的，至少证据不足。首先，从动机上来讲，即使表达过对亚历山大的不满，也并不代表要杀害他；其次，从传言的可靠性来看，"毒酒之说"源自希腊历史学家阿里安的《亚历山大远征记》。在叙述了毒酒传言后，阿里安补充道："我知道有这些说法，并不是说这些说法一定可靠。"而阿里安写书时，距离事发已经过去了四百七十年；第三，从亚历山大发病的症状来看，考虑到高烧的症状和当时的医疗条件，疟疾致死的推测可信度更高。疟疾的三大传播途径是蚊虫叮咬、血液传播、母婴传播，都跟毒酒扯不上干系；第四，从后果来看，亚历山大之死对亚里士多德没有任何好处，相反，亚历山大去世后，亚里士多德被判死罪，境遇悲惨，被迫流亡，离开雅典。在亚历山大去世后的第二年，即公元前322年，亚里士多德在流亡途中因病去世。

亚历山大之死的罪魁祸首很有可能是一只带有疟原虫的蚊子。若果真如此，它便是一只阻挡了亚历山大帝国扩张脚步的蚊子，也是一只改变了世界历史走向的蚊子。

死因猜测还有其他的版本。

如肺炎说。玛丽·瑞瑙特的肺炎说是一种靠谱的猜测，因为高烧也是肺炎的典型症状。加之此前亚历山大的肺部曾受过箭伤，造成肺穿孔，进行过紧急的战地手术。尽管度过了最危险的早期感染，但经历艰苦的沙漠长途行军，又经历了最好的朋友赫菲斯提昂之死的打击，亚历山大肺部箭伤复发，引发肋膜炎，是无法被排除掉的死因可能性。

如严重酗酒说。尽管马其顿人以善于豪饮著称，但据亚历山大时期的皇家建筑师阿瑞斯托布拉斯的记载，他习惯饮酒夜谈，但从不喝醉。况且酗酒会严重影响工作能力，这对于领兵打仗的人来说是不能被接受的。亚历山大偶尔醉饮是可能的，严重酗酒的可能性不大。此外，还有近人毒杀、水源不洁等各种说法，皆随历史远去，无从详查。

比柏拉图更幸运：成为帝师

亚里士多德的老师柏拉图曾远赴叙拉古王国，先后辅佐两任国王，特别是第二次，成为狄奥尼修斯二世的老师，希望通过教育国王，灌输自己的政治主张，实现"哲人王"的政治理想，但都惨淡终局，令人扼腕。柏拉图去世的那一年，亚历山大大约九岁。如果成为亚历山大老师的是柏拉图，而不是亚里士多德，世界史将如何改写？真可谓"一部悲剧……其悲哀在于主角们从未相遇"（玛丽·瑞瑙特《阿波罗面具》）。

现实中，与亚历山大相遇的是柏拉图的学生亚里士多德。尽管亚里士多德认为柏拉图的"哲人王"政治主张实现的可能性不大，但他并不否认明君政体是最理想的政体。尽管亚历山大大帝并没有被冠以"哲人王"的名号,但本人认为,那主要是因其战绩太过辉煌,"战神"的光辉遮蔽了政治家、战略家、文化传播者,甚至哲学家的应有之名。

比苏格拉底更务实:求生,不求死

亚历山大死后,雅典掀起反侵略者马其顿的狂潮,亚里士多德受到牵连和攻击。人们怀疑他是马其顿的支持者,以"不敬神"的罪名判他死罪,跟苏格拉底的罪名一样。

面临雅典民主法庭的审判,苏格拉底的悲剧是前车之鉴,亚里士多德可不是苏格拉底,他无心成为殉道者,不愿效仿苏格拉底从容赴死,他决定躲避雅典民主的魔爪:"绝不给雅典人再次犯下反哲学罪的机会。"他远走加尔西斯,于公元前 322 年病逝。

亚里士多德与柏拉图

公元前 384 年,亚里士多德生于马其顿沿岸的斯塔吉拉城。大约十七岁时来到雅典阿卡德米学园,成为柏拉图的学生。他聪慧博学,被柏拉图称为"学园之灵"。

"学园之灵"为何出走?

柏拉图并没有把阿卡德米学园传给亚里士多德这位"学园之灵",而是传给了自己的侄子。有人认为,亚里士多德正是对此失望,才在柏拉图去世后离开学园;也有人认为,亚里士多德在雅典是外邦人,不具有完整意义上的公民身份,没有政治权利;加之雅典与马其顿两国关系紧张,处于敌对状态,敌国公民的身份令亚里士多德无法继承柏拉图的学园遗产。

亚里士多德离开学园,还有一个不应被忽视的原因,那就是亚里士多德在学术上与柏拉图已分道扬镳。自立门户建立学园,开辟一片学术新天地，正是亚里士多德的日后选择。

吾爱吾师，吾更爱真理

亚里士多德追随柏拉图二十年，直到公元前347年柏拉图逝世。在悼念柏拉图的诗文中亚里士多德写道："对于这样一个奇特的人，坏人连赞扬他的权利也没有，他们的嘴里道不出他的名字。正是他，第一次用语言和行动证明，有德性的人就是幸福的人，我们之中无人能与他媲美。"

尽管亚里士多德在悼词中对老师的人格大加赞扬，但据说在阿卡德米学园的日常学习中，他缺乏对老师的尊敬和感激。柏拉图欣赏他的才华，但也认为他"需要约制"。可是天赋异禀的学生很难被约制，亚里士多德无法做一个听命、依附、服从于老师的"好学生"。他体现出的批判精神常常令资质平庸的同学们感到惊诧，或许也令柏拉图感到头痛。

正如拉斐尔在《雅典学院》中所示：柏拉图右手指天，指向他高悬于上的理念世界；而亚里士多德掌心朝下，示意人类身处的现实世界才是真知的来源。两人目光交汇，于无声处迸溅出思想交锋的火花。亚里士多德在许多方面不认同柏拉图的主张，甚至观点对

《雅典学院》中的柏拉图（左）与亚里士多德

立,如本体论、认识论、城邦政治等方面。但亚里士多德的对立是以柏拉图为参照系的,因此也可以说,"亚里士多德是对柏拉图思想的一种理性继承"。(希尔贝克《西方哲学史》)

亚里士多德有句名言:"吾爱吾师,吾更爱真理。"古希腊师生之间的情谊被看得很重,常被赞颂为至高境界的精神之爱(参见本书《柏拉图篇》),这更加突出了这句话的后半句"吾更爱真理"的分量。一方面,作为哲人,亚里士多德把对真理的追求看得高于一切,"求真"拥有至高无上的优先权;另一方面,批判精神是自苏格拉底以来,爱智者的重要特征,只要与真理相悖,一切都可以作为批判的对象,没有例外,哪怕是吾所爱之师。那么,他们的分歧主要体现在哪些方面呢?

分歧一:理念世界 vs 现实世界

柏拉图执着于对完美理念的追求,对于他身边的现实世界不太感兴趣,或者说,他一心想逃离洞穴,向往阳光下的理念世界。亚里士多德对此表示不理解:如此丰富多彩的现实世界您视而不见,偏要提出一个看不见摸不着的理念世界,还把理念当作具体事物的原因。那么,请您解释一下,现实世界到底是怎样模仿理念世界的呢?尽管对这个问题感到头疼,但柏拉图还是勉强回答:在理念世界和现实世界之间架起桥梁,人只需要运用理性。通过现实世界的感官刺激,人就有可能运用内省和思考回忆起在灵魂跳水之后消失了的理念世界的记忆。

柏拉图的诗意学说显然不能让他所有的学生信服,亚里士多德就表示无法接受,认为这其中充满矛盾,只是一种倾向于主观描述的假说,而不是有理有据的学说,更不是逻辑严谨的哲学,而理性、灵魂、理念等抽象概念,也使人如坠云里雾里,让人无从把握。

亚里士多德另辟蹊径，主张认识世界需要从我们熟悉的感官世界开始。观察一匹马在先，然后才能洞察它的理念。马的理念，在亚里士多德看来，并非理念世界里的先验存在，只是马这一类生物的共同特征而已。于是衍生出"种"的概念，即一类拥有共同特征的事物的总称。

很自然，在先后顺序的问题上，他们也有分歧。柏拉图认为，理念先于具体事物而存在；亚里士多德主张，具体事物先于它们的特征而存在，因为这些特征来自对具体事物的观察，对于未曾感知的东西，我们不会对它有认知。也许有人会反驳，我们可以想象长着翅膀的马，而这样的马在现实中并不存在。对此，亚里士多德回答：长着翅膀的马也只是人通过观察生活中的马和飞鸟，并将二者组合在一起的想象，终究源于现实世界。

分歧二：关于城邦政治

在二十年的师生相处中，针对城邦政治主张，师生二人一定有过许多深入的讨论。从结果来看，柏拉图深刻影响了亚里士多德，但并没有说服这个学生全盘接受和认同自己的理论。事实上，亚里士多德说服柏拉图对自己的政治学说做出了修正，比如柏拉图在晚期著作《法律篇》和《政治篇》中就对"理想国"进行了修正，引入"次最好的国家"的概念，允许每个人拥有私人财产和过家庭生活，以及依法治国，而不是仅仅服从于哲人王的统治。柏拉图为了使自己的政治主张更有可能实现，从现实出发修正了自己的浪漫主义倾向，而"政治现实主义"正是亚里士多德的标签。

务虚，还是务实？

柏拉图务虚，他的理想国，超越所有的现存国家形态，是凭空构建出来的。这说明，柏拉图对所有现存的政治秩序都不满意。尽管他并没有停留在不满的层面上，他构建理想国，为城邦政治树立典范，他也曾努力实践，可惜一再受挫，以哲人王为核心的理想国终究没有成为现实。亚里士多德务实，他从已有的国家形态入手，收集不同的城邦政治结构信息，并进行归类分析，试图从现有的秩序中寻找最可行的、最好的秩序。相对于"理想国"，这显然更具可操作性。

公有制，还是私有制？

柏拉图倾向公有制。他明显区分了私人领域和公共领域，主张处于城邦上层的两个阶级，即统治者和管理者，放弃私有财产和家庭生活，共产共妻共子。为了确保理想国的共同利益，柏拉图企图把私人生活一笔勾销。亚里士多德捍卫私有制。他反对柏拉图这种无差别的一致性，认为这样的做法是违反自然的。城邦的本性就是多样化，如果整齐划一，整个城邦岂不成了千人一面？他认为，即使可以做到，也不应该那样做。这不是建设城邦，而是毁灭城邦。

民众是无条件服从，还是有权利表达个人主张？

在柏拉图的理想国中，哲学家居于统治地位。民众只要听从最智慧、最有德性的哲学家的领导，守好自己的本分就好了。亚里士多德则认为，民众的意见是值得尊重的。他们有能力表达令人信服的、深思熟虑的洞见。有德性的和有尊严的生活是让我们按照自己选择的方式去生活。这已经具有了现代民主理论的基本特征。

是否要依法治国？

柏拉图的理想国强调的不是法律，而是哲学家个人的智慧和品德。然而，柏拉图晚年在《法律篇》中对此作了修正，主张哲人王也离不开法律的帮助。完善的法律设计可以避免政治的腐化堕落。亚里士多德认为，专制统治无法取代宪政社会。服从他人是不自由的，是被奴役的。如果有共同的法律，那么我们就可以在法律的保障下，以最好的方式实现我们的能力。法律对避免政治专断堕落的重要性在亚里士多德这里得到强化。宪政社会虽然不再有哲人王英雄时代的激动人心，却有了更可预期、更可靠的法律规则。他还主张，"一个国家的子民从小就要接受行为习惯的培养和宪法精神的教育，否则最好的法律也无用武之地"。

遗憾的是亚里士多德的法律并非保护城邦中的所有人，奴隶和外邦人是不受法律保护的。雅典城邦鼎盛时期，总人口约二十五到三十万，其中奴隶八至九万，外邦人两万多。也就是说，约三分之一的人被排斥于法律保护的范围之外。此外，在他看来，女人也是低等的。

分歧三：男女平等

柏拉图主张"男女平等"，认为女人和男人一样有能力治理国家。男女应拥有接受教育、就业、社交、法律、政治等领域的平等权利。这在当时属于非主流观点。亚里士多德更倾向于希腊的主流观点，认为女人较男人低等，她们是"未完成的男人"。他甚至用生物学为自己的理论辩护。当时的人们认为，体温高的生物比体温低的生物更高等。而亚里士多德以此为依据，认为女人的体温通常比男人低，所以女人比男人低等。

在生育方面，亚里士多德认为，女性只提供土壤，而男人则决定孩子的一切特征。不知善于观察的亚里士多德有没有注意到，很多孩子长得父亲，同样多的孩子长得像母亲，这又该如何解释呢？此外，他认为男人和女人的节制力是不同的，勇敢、正义感等也都不一样，至于政治决断力，他认为，"奴隶完全不具备决断能力，女人只有微弱的决断能力，儿童的决断能力是不健全的"，因此男人发号施令，女人服从。

亚里士多德对女性的偏见造成很大的负面影响。在亚里士多德理论被奉为圭臬的整个中世纪，教会都奉行歧视女性的观点。

柏拉图与亚里士多德：热情与审慎

罗素曾把柏拉图与亚里士多德这对师生的差异概括为"热情与审慎的冲突"。柏拉图主义带有浪漫色彩和神秘倾向，而亚里士多德更为严谨和理性。罗素甚至认为，他们所代表的"热情与审慎的冲突"是贯穿于整个西方哲学史的基本冲突。

相对于柏拉图，亚里士多德的确更为谨慎和理性。只是用"体温说"来解释男女不平等，在今人看来未免可笑，不过它终究是一种解释，给出了看似有点"道理"的"依据"，与当时普遍地、想当然地将女人归入低劣相比，算得上更为"理性"。此外，在女性、奴隶和外邦人的政治权利问题上，亚里士多德也体现出明显的历史局限性。伟大如亚里士多德者，也无法跳脱时空的制约，但毫无疑问，他是那个时空维度里最了不起的思想者。

政治主张：脱离城邦者，非神即兽

亚里士多德认为，人天生是一种政治动物。"政治动物"比"群居动物"的含义更为丰富。自然界中的群居动物有很多，蚂蚁、蜜蜂、海豚、大雁、羚羊等都是群居，但只有人类会建立起复杂的社会结构，并通过习俗和法律寻求更为安全、幸福的生活。

城邦共同体，是一个人自我实现的必要条件。亚里士多德认为，人必须生活在共同体中，通过理智和政治活动，才能实现人的真正潜能，完成人性化。在《政治学》中他写道："孤立的一个人，是无法自给自足的；所以他就像整体的一部分；一个人如果不见容于城邦，或自身过于完善而不需加入城邦，那他只能是一头野兽或是一尊神灵。"这一表述被简化为——脱离城邦者，非神即兽。

家国有别 vs 家国同构

"家国有别"是亚里士多德的主张。他在《政治学》的开篇写道:"有些人认为,政治家、君王、家族首领和奴隶主的本质都是相同的,差别在于他们统治人数的多少……这样看来,仿佛一个大家族和一个小城邦也没什么差别……这种观点是全盘错误的。"被亚里士多德评价为"全盘错误的观点"与中国传统的"家国同构"极为相似。"家是最小国,国是千万家"的观念在中国绵延了两千多年。

在亚里士多德看来,家与国是两种不同类型的共同体,有着各自不同的使命。家庭满足人的基本需求,如饮食、繁育,而城邦可以使公民在政治上和智力上完成自我实现。也就是说,家庭的目的只是为了"生活",而城邦的目的则是"好的生活"。与亚里士多德的观点不同,先秦儒家认为"家国同构",家与国是一个同心圆结构。孔子的理想社会政治结构就是周制"家天下"的结构。为君要爱民如子,做官要做父母官。君臣之间亦同父子,孟子曰:"内则为父子,外则为君臣,人之大伦。"(《孟子·公孙丑下》)总之,君、臣、民之间如家庭成员般相待。

"家国有别"与"家国同构"区别的关键在于"国"。亚里士多德的"国"是民主制,城邦政治的参与者是平等的自由公民。而中国古代的"国"是君主制,君君臣臣,父父子子,等级差别显而易见。君主制的"国"在结构上对等于亚里士多德的"家"。家庭内,妻服从于夫、子听从于父、奴隶服从于主人。一家之主如同君主,拥有绝对权威。所以古代君主制"家国同构",而古代民主制"家国有别"。

在亚里士多德的城邦中,人人(男性公民)有机会参与政治、砥砺德性。只有在城邦中,通过参与政治活动,人的政治性,也就是理性言说的能力,才能充分运用,人的德性才能在理性沟通中圆满实现。在亚里士多德的政治体系中,家庭是最初的社会组织形态，随后若干家庭形成村落，最后若干村落组成国家。人的自我实现与这一过程紧密相连：出生→家庭→村落→城邦→人性的实现。既然人必须在城邦中生活，那么什么样的城邦在亚里士多德看来是最好的，而且是最有可能实现的呢？

有限民主制：最佳的城邦政体

亚里士多德指导他的学生搜集了一百五十八个希腊城邦的信息，并进行了归纳和分类。这是一种社会学研究方法——调查研究法。据说古希腊全盛时期有上百座城邦，这样看来，一百五十八个城邦样本基本做到了全覆盖，堪称全样本调查。依据统治者人数的多少，亚里士多德将城邦政体分为六类，如下表：

	一人统治	少数人统治	多数人统治
好的政体	君主制	贵族制	有限民主制
坏的政体	僭主制	寡头制	极端民主制

值得注意的是，亚里士多德并不认为统治者人数越多越好，统治者自身的德性和目的才是决定政体优劣的关键性因素。比如，一个人统治的政体，如果统治者贤明就是好的君主制，如果统治者邪恶就是坏的僭主制。僭主制可以由君主制蜕变而来。同样，由少数人统治的贤明的贵族制也可能蜕变为坏的寡头制，由多数人统治的有限民主制也可能蜕变为极端民主制。苏格拉底之死就是极端民主制犯下的一桩罪行。

现实中，苏格拉底、柏拉图、亚里士多德三代师生都目睹了每一种健全政体的蜕变：君主制沦为僭主制，贵族制沦为寡头制，民主制沦为极端民粹。他们观察发现，改变寡头政治需要权谋与铁腕，会摧毁人的灵魂；改变民粹政治，必须自己先变成民粹者，同样丧失心智；而改良一个君主政体只需要塑造一个人，因此成为帝师，是许多哲学家的梦想。

在亚里士多德看来，最理想的政体是君主制，公民作为自由人，被一个在各方面都最卓越的人统治。可见，在理论上，亚里士多德是认可柏拉图"哲人王"的政治主张的，但他进一步认为，这种最理想的政体只存在于理论层面，一个人的统治总是难免蜕变为僭主制。当然，在历史机遇面前，他仍然愿意继柏拉图的后尘，欣然赴任帝师之职。

若无法实现最理想的君主制，退而求其次的是贵族制，但贵族制在大多数的城邦政治中依然只是理想，因为很难保证贵族制不蜕变为寡头制。在仔细研究并比较了各种城邦制度之后，亚里士多德的结论是，现实中最佳的政体是有限民主制，因为它接近理想化的贵族制，又很有可能实现，是贵族制和极端民主制之间的中间道路。

中产阶级：确保城邦稳定

有限民主制城邦需要一个强大的中产阶级来维持，通过立宪获得城邦政治的稳定和持久。亚里士多德认为："这个阶层的公民也是城邦中最安分的阶层，因为他们既不像穷人那样去觊觎他人的东西，而别人也不会觊觎他们的，就像穷人会觊觎富人的财产那样；而且，因为他们既不会谋害他人，也不会被他人谋害，所以他们会平安一生。"（《政治学》）

相比之下，富人傲慢自大，不肯接受别人的统治，只想专横地统治别人；穷人不知统治为何物，只能被奴役。如果城邦让这两类人掌权，那一定会乱套。由为数众多的中产阶级掌权将确保城邦稳定，不走极端，防止社会动荡和革命。亚里士多德不赞成用革命的手段改变政体，认为革命是坏政体的极端做法，其结果会是相反的极端，永远不会达到符合中道的好政体。

伦理主张:《尼各马可伦理学》

亚里士多德的伦理学主张主要体现在《尼各马可伦理学》一书中。这本书也是他所有著作中最有趣、最好看的一部。尼各马可,是亚里士多德父亲的名字。亚里士多德应该很爱他的父亲,给自己的小儿子也起名叫尼各马可。所以这本书可能是为了纪念他的父亲,也可能是以本书编辑者、亚里士多德的小儿子来命名。

善的生活:有很多种

亚里士多德与柏拉图一样,把善作为人类生活的终极目的。善的生活意味着幸福。首先,柏拉图和苏格拉底认为,幸福只与人的内在德性相关,哪怕肉体上遭受痛苦也不会影响一个有德性的人拥有幸福。但亚里士多德坚信,遭受肉体折磨的人是不会感到幸福的。其次,亚里士多德认为,善不是独立于人而存在的高悬于天上的理念,善存在于人类的生活中。幸福生活,需要经历家庭、村落、城邦三个阶段,在共同体中实现。这样,每一个人都能在社会中找到最适合自己的位置,拥有德性。由于不同的人拥有不同能力,因此对个体的人来说,善的生活不只有一种。

古希腊有一种英雄主义的生活观:"要么成为完整的自己,要么就变为碎片。"也就是说,全部精力集中于某一种能力,充分实现它,即使以牺牲其他能力为代价也在所不惜。亚里士多德不认同这种生活观,他认为善的生活应该是和谐的,各种能力(智力、运动、政治、个性、艺术)都应按照每个人的禀赋以适中的方式培养和实现(希尔贝克《西方哲学史》)。那么,"适中的方式"是什么意思呢?

中道与中庸:无过,无不及

"适中的方式",亚里士多德称之为"中道"。他在《尼各马可伦理学》中解释说,"中道"的"中"并非数学意义上的"中间值",在作为衡量伦理道德标准时,它是指相对于人的情感和行为而言的适中,既不"过度",也不"不及"。

奢侈就是一种过度。2020年上海有这样一个真实的案例,一女孩在KTV消费十二万元过生日,事后不付钱,店家报警。警方调查得知,该女孩没有稳定工作,父母都是普通务工者,家庭经济能力无法负担她的高额消费。最终她以欺诈罪被处罚款,并获刑两年。这是亚里士多德批判的一种典型的过度之恶,叫"奢侈"。而与之相反的是守财奴、吝啬鬼。

亚里士多德用"中道"作为德性的衡量标准。德性的对立面是两个极端:"过度"和"不及",过度是"主动的恶",不及是"被动的恶",只有合乎中道才是良好的德性,比如,鲁莽与怯懦的中道是勇敢,奢侈与吝啬的中道是慷慨,放纵与拘谨的中道是节制,骄傲与自卑的中道是自信,易怒与麻木的中道是义愤,虚荣与自卑的中道是自重,戏谑与木讷的中道是机智,奉承与怠慢的中道是好客……亚里士多德认为,"要在所有的事情中都找到中道是困难的",需要我们"在恰当的场合、关于恰当的人、出于恰当的原因、用恰当的方式"做出选择,这才是中道的和最好的。

亚里士多德的中道伦理观令人感到些许困惑。因为"恰当与否"是由行为人自己把握的一个主观判断,一千个人可以有一千种中道伦理的衡量标准。换言之,跟着感觉走,只要自认为是恰当的,就可以去做,甚至恶人可以据此为自己作恶做辩护。亚里士多德的"中道伦理"似乎与他善用的逻辑思维和科学严谨的风格不太匹配,并没有为我们提供一个普遍性的伦理准则,更接近儒家的"中庸之道"。

子曰:"执其两端,用其中于民。"(《礼记·中庸》)这在行动上是一种不走极端的中间路线。对于内心的道德尺度,孔子还有言:"人心惟危,道心惟微,唯精唯一,允执厥中。"(《尚书·大禹谟》)意思是人心是难测的,道心是难明的,唯有一心一意,秉行中正之道。

亚里士多德的"中道"与孔子的"中庸"具有相同的内核,在道德伦理上都强调"度",强调"无过,无不及",恰当地处理自己的情感与行为。

尽管"中道"和"中庸"无法给出放诸四海皆准的统一伦理标准,但不可否认,它们都凝聚着东西方的实践智慧。实践中,成功的往往是符合中道的。谈判中的妥协,小可以是商业智慧,大可以是外交智慧。经济发展与环境保护问题、区域发展不平衡问题、贫富差距过大问题等的处理都需要对"度"的良好把握与平衡。

美德:需要行动起来,养成习惯

亚里士多德的实践智慧贯穿于他的整个思想体系。关于人如何获得美德?柏拉图认为依靠理性获得善的理念,自然就拥有了美德。亚里士多德获得美德的路径不同,他认为实践和行动最重要,人获得美德要靠习惯,而不是理性。习惯是途径,理性是目标。

在《政治学》一书中,亚里士多德写道:"有三种事物可以让一个人善良而且拥有美德,它们是天赋、习惯和理性。"天赋与生俱来,那么,习惯和理性哪一个是决定性因素呢?他认为是日常生活习惯:"斯巴达人通过训练如何面对危险,赢得了伟大的力量……实践一种能力或技艺,必须有前期的训练和习惯才能养成,显然对于美德的实践也有同样的要求……习惯可以造就一个好人,一个适合做政治家或君主的人。"可见,在亚里士多德看来,人的美德可以通过行动和习惯来培养。

良好的习惯不仅是获得美德的重要手段,也为理性目标的实现打下坚实基础。生活经验告诉我们，用大道理去说服别人通常是困难的。亚里士多德也有同感，他写道："在教育中，实践应该先行于理论，而身体的训练也应先于精神的训练。"想要实现理性的目的，并非通过理性的反思和研究，而是行动起来。那些符合理性的、有德性的行为应是"习惯成自然"，在不经意间、无意识的状态下养成的习惯性行为。

友谊：如何维系？

友谊，在亚里士多德看来是不可或缺的美德。友谊包含相互间公开的善意，这其中有三个关键词：相互、公开、善意。首先，友谊是一种人际互动。我们喜爱明星，但明星不认识我们。我们与明星之间不存在友谊，因为友谊是双向的。其次，友谊需要彼此表达。如果都暗自喜欢对方，而没有表达，这只能算作内在好感，不是友谊。友谊需要时间去发展，它是一种情感，也是一种行动。友谊在行动中生长。第三，善意是友谊的本质属性。如果发现一个被当成朋友的人背后说坏话、捅刀子，友谊的小船必定翻沉。

此外，友谊自身就是目的，在孤独的人生旅程中给予彼此温暖和鼓励，足矣。如果把友谊作为工具和手段，用以谋求其他利益，则偏离了友谊的本义，蜕变为功利。亚里士多德的友谊观仍具有极强的现实参照意义。

学科分类的鼻祖

毫不夸张地说，每个受过教育的现代人都是亚里士多德的传人，学生时代的课程表就是证明，数学、语文、物理、政治、地理、历史、生物……不知是否有人想过：学科课程为什么要这样分类呢？

公元前4世纪，亚里士多德发明了学科的概念。不仅有上述我们熟悉的学科，还有伦理学、美学、逻辑学、宇宙学、诗学、修辞学、形而上学、气象学、神学等，而所有这些学科的分类和体系建设都是由亚里士多德一人完成的。此外，他首创的一些专业名词也沿用至今，包括能量、动因、归纳、证明、实质、属性、本质、范畴、论题、命题等。

亚里士多德存世的著作有很多，中文版《亚里士多德全集》共十卷三百万字，涉及的学科内容很广，按照现代学科分类大致可分为五类：

1. 自然哲学：《物理学》《论灵魂》《论天》《论生灭》《气象学》《动物史》《论动物的部分》《论动物的行进》《论动物的繁殖》《自然小著作》。

2. 形而上学：《形而上学》。

3. 逻辑学：《工具篇》。

4. 伦理学：《大伦理学》《尼各马可伦理学》《优苔谟伦理学》《政治学》《城邦政制总汇》。

5. 美学：《修辞学》《诗学》。

《形而上学》开篇第一句："每个人在本性上都想求知。"这道出了哲学的初心。最早的哲学家正是对自然充满了好奇，想知其然，还想知其所以然，于是不断追问现象背后的本质，最终建立起一门思辨的学科——哲学。"形而上学"希腊文的原意是"物理学之后"。《形而上学》因亚里士多德的学生将其编排在物理学著作之后而得名。中文译名则来自《周易·系辞》，"形而上者谓之道，形而下者谓之器"，最早由日本明治时期的著名哲学家井上哲次郎翻译。形而下者，就是有形的、看得见摸得着的东西，称为器物；形而上者，就是超越形体的、无形的、感官无从把握的东西。因此，形而上者虚无缥缈、不可言说，也就是老子说的"道"，"道可道，非常道"。道和哲学都是说不清、道不明的学问。

我国已故哲学家陈修斋先生晚年提出"哲学无定论"的观点。他认为，哲学与其他学科的最大不同在于其他任何学科在探索过程中都能获得一些有定论的、真理性的答案，唯独哲学在两千多年的历史过程中，在最基本的一些哲学问题上始终没有形成确定性的答案。但也正是因为"无定论"使哲学充满魅力。

不同于现代的学科分类，亚里士多德有自己的学科分类方式。他把学问分为三种：理论科学、实践科学、创制科学。理论科学，包括自然哲学、数学和形而上学，抽象程度由低到高，对应人的认知过程。实践科学，这些知识不能光靠语言交流，还要靠人们自己去参与和体验才能获得，与现在的"默会知识"类似，伦理学和政治学被纳入其中。创制科学，具有创造性的知识，各种技艺，以及诗和修辞学被归入此类。

此外，逻辑学是亚里士多德的首创，被归入工具类，贯穿于一切科学之中，亚里士多德并没有将其设立为一门独立的学科。逻辑学是一种非常有用的思维工具，通过合乎逻辑的有效推理，我们可以从一些正确的命题推导出新的正确的命题。这就意味着产生了新的知识。两千多年来，研究逻辑学几乎就意味着研究亚里士多德的逻辑学。

亚里士多德著名的逻辑三段论包含两个前提和一个结论。两个前提必须正确，才能确保结论正确。

前提1：所有人都会死；前提2：苏格拉底是人；结论：苏格拉底会死。

前提1：钱在钱包里；前提2：钱包在你的口袋里；结论：钱在你的口袋里。

亚里士多德是一个高明的知识收纳和分类大师。相信生活中他也是一个有条理的人，会合理安排时间，有序排布空间，因为他可以把庞杂的思想理得井井有条，这并非易事。他还运用自己强大的分类知识和搜集能力，建立起一座图书馆和一座博物馆。

吕克昂学园：丰富的文献、自由的氛围

公元前335年，当亚历山大继承王位开启征服之旅时，亚里士多德从马其顿返回雅典，创办了吕克昂学园，与柏拉图的阿卡德米学园并立打擂台，持续了八百六十年。据说亚历山大大力支持老师办学，先后提供了八百金塔兰（每塔兰重约合黄金二十六千克）的经费。

亚里士多德白天给学生上课，晚上给大众讲座。他的著作也就此分为两类，秘传的和公开的。秘传的是给学生授课时使用的，风格上趋于严谨专业；公开的是给大众讲座时使用的，文风更为精巧

4世纪壁画，据信是亚里士多德带着学生上解剖课

优美。亚里士多德留存于世的著作都属前者，由他的学生整理而成，读来较为枯燥烧脑。那些写给公众的文章据说更好地体现了亚里士多德的文学才华，被古代评论家誉为"一条金色的雄辩之河"，可惜没有留存于世。

吕克昂学园拥有自由的学术氛围，鼓励学生独立思考，提出质疑，同时为他们提供丰富的资源。亚里士多德将自己收藏的各类文献带到雅典，在吕克昂学园建起一座图书馆。这些资料成为学园图书馆的馆藏基础，达数百卷。丰富的文献为学生们治学研究提供保障。公元前66年，罗马攻陷雅典时洗劫了吕克昂图书馆，据说馆藏书籍被作为战利品运回罗马。罗马是希腊文化的掠夺者，也是受益者。除了图书，罗马人在图书馆的管理方式和建筑结构等方面也都继承了希腊的衣钵。吕克昂学园里还有世界上第一座自然历史博物馆，里面收藏了各种动植物标本，其中有不少是亚历山大从世界各地搜集来赠送给老师的。

亚里士多德对动物的兴趣不局限于收藏，更注重研究。这很可能是受到了父亲的影响。他的父亲尼各马可曾夸耀自己是阿斯克勒庇俄斯（Asclepius）的后裔，阿斯克勒庇俄斯是希腊的治疗和医学之神。尼各马可医术精湛，是马其顿国王的御医，也研究博物学，并撰写了几部相关著作。从留存于世的古希腊医药处方来看，其中大多数处方都拒绝对疾病进行超自然的和推测性的解释，而将重点聚焦于观察，如病史和诊治史（《希波克拉底文集》收录了公元前5至4世纪的一些古希腊医药处方）。亚里士多德很可能沿袭了父亲的风格，注重细节观察，同时善于总结归纳。

亚里士多德的相关著作涉及五百多种动物、鱼类和昆虫。在《论动物的部分》一书中，他写道："我们理应毫无愧色地研究各种动物，因为每一种动物都将向我们展示出某种自然和优美的东西。

把握不住机会就无法达到目的。"也许正是通过细致的观察和解剖,亚里士多德得以瞥见现实的深层次结构,从而将自然研究与更宏大的哲学研究联系在一起。

逍遥派:散步与哲学到底是什么关系?

在吕克昂学园里,亚里士多德喜欢一边散步一边和学生讨论问题,他的学派因此得名"逍遥派"。

散步是许多哲学家的爱好。人类历史上的第一位哲学家泰勒斯就喜欢散步,而且喜欢一边散步一边思考,以至于掉进坑里。后继的哲人们也大都喜欢一边散步一边思考,康德、黑格尔、尼采、海德格尔等,不胜枚举。《林中路》就是海德格尔一本文集的名字;据说庄子也喜欢在山野间散步,他的《逍遥游》极富浪漫主义色彩,想必正是在大自然的漫步中有所感,进而达到了超脱万物的自由境界;屈原写下"路漫漫其修远兮,吾将上下而求索",也是路途中的明证;孔子带着学生们周游列国,一路讲学,此间散步必是常态。

宗白华先生在《美学散步》中这样描述散步的状态:"散步是自由自在、无拘无束的行动……偶尔在路旁折到一枝桃花,拾起自己感兴趣的燕石……"散步的状态也是人与自然交融的状态,山川草木,落叶星辰,一枝桃花、一块燕石,都有可能激发散步者内在的情感与思绪的波动。也许正是在这种松弛、闲适的状态下,人的思想可以冲破束缚,带给散步者灵感和惊喜。尼采也曾说:"我有时候花几个小时散步。散步时潦草写下的东西,往往是我最好的作品,有我最精彩的思想。"(欧文·亚隆《当尼采哭泣》)

世界各地遍布着风景各异的"哲学家小路",这一条条或曲折、或幽深、或见山、或临水的小路,不知孕育了多少人类闪光的思想。"世界上本没有路,走的人多了,也便成了路。"(鲁迅语)这些思想者从混沌荒芜中踏出一条条路来,人类文明史循迹绵延向前。

宇宙观:谁为万物指引方向?

有人问米开朗基罗,如此完美的《大卫》是如何雕塑出来的。米开朗基罗回答:"我看到了石头中的大卫,我只凿掉多余的部分,让大卫显现。"

四因说:世界从哪里来?

古希腊哲学家都执着于对自然的探索。亚里士多德认为,以往哲学家们对于自然的探索主要是寻求事物的原因,也就是寻求一切事物存在和生成的根据和条件,但是他们都不全面,只说出了其中的某一种原因。事物形成的原因其实有四种:目的因、动力因、质料因和形式因。这就是亚里士多德的"四因说"。为了追问原因,亚里士多德首先提出问题。

问题一:事物为什么要运动?因为它们都要朝向自己的目的运动,即目的因。大卫雕像的最终呈现,就是它的目的因。

问题二:事物为什么会开始或停止运动?因为它们受到外在机

《大卫》,米开朗基罗·博纳罗蒂,创作于1501年至1504年,收藏于意大利佛罗伦萨美术学院

械力的作用，机械力的作用者即动力因。米开朗基罗的雕凿就是大卫雕像的动力因。亚里士多德的"动力因"主张，对应的是恩培多克勒的"爱"（统一的力量）和"恨"（分裂的力量），以及阿那克萨戈拉的"心灵"（驱动事物运动的力量）。

问题三：事物为什么在运动中持续存在？因为它们由不变的原材料构成，即质料因。大卫雕像形成的质料因是大理石。"质料因"对应的是泰勒斯、赫拉克利特、阿纳克西米尼等哲学家对水、火、土、气等物质本源的思考。

问题四：事物为什么会具有某种特定的形式？因为它们有特定的外在属性，即形式因。大卫的样貌，也就是雕像形态的依据，是形式因。毕达哥拉斯学派最早涉及形式因，柏拉图的理念也与形式因相关联。

四因说中，前人唯一没有提及的是"目的因"，亚里士多德视之为自己的创见。人造物是有目的的，这比较好理解，比如种庄稼是为了吃，纺织为了穿，打铁为了用，盖房子为了住，但是亚里士多德认为非人造物也是有目的的，这就有点匪夷所思了。

非人造物也有目的？

亚里士多德倾向于把自然界的一切运动变化都看作是有目的的："自然绝不会做无用或无目的之事"。这并不意味着自然像人一样，有意识地拥有自己的目的，亚里士多德所谓的"自然的目的"是指事物的自然倾向。

自然物的变化主要有四种：实体性的变化，指事物的产生或消失，如一匹马出生或死亡；性质上的变化，指事物的特性变化，如水变成了气；数量上的变化，指增加或减少，如一只猫变得滚圆或瘦小；位置上的变化，指事物改变了空间位置，如一块石头掉落或一支箭射出。

无机物：自然运动与强制运动

无机物的变化主要是指位移，也就是上述第四种变化，即位置上的变化。无机物有自己的自然位置，火居于最上层，往下依次是气、水、土。所有的自然物都以含有四种元素比例的多少"寻找"各自的自然位置。为什么山石总是向下滚落，而点燃一堆篝火，火苗却蹿升向上？因为它们都在寻找自己的自然位置，这样的运动就是自然运动。一支水平射出的箭呢？由于被施加了外力，这支箭不像其他物体那样直接自然下落，它所做的是强制运动。

有机物：潜能与现实

有机物的运动，亚里士多德将其表述为"潜能的现实化"。一粒葵花籽，它天生拥有开出一朵向日葵的潜能。在生长过程中，它的这一潜能逐渐变为现实。潜能和现实，是同一事物的两种不同状态。从一粒种子到花开，就是一个潜能现实化的过程。亚里士多德将这一过程称为"实在"。实在是一个趋向现实化的、不断深化的过程。我们评价一个事物，不能只看它当前的静止状态（现实），还应该以前瞻性的眼光洞察它未来可能发生的变化（实在）。

从潜能到现实的转化，对于人类而言，则是自我成长的历程。从襁褓中的婴儿到垂暮的老者，我们是否能够拥有足够的智慧和自我意识，不断发掘出自身好的潜能，遏制那些不良的潜能，最大限度地实现自我呢？若能做到，就拥有了苏格拉底所说的美德——尽其所能，实现人之为人的真正潜能。

宇宙的结构：地球是宇宙的中心

在亚里士多德的世界观中，地球是宇宙的中心。这并不是因为他相信"人类是至高无上的，应该居于宇宙的中心"，而是以经验为基础，通过观察得出结论——地球不仅位于宇宙中心，地球也是静止的。尽管我们现在借助强大的天文望远镜得知这些判断是错误的，但想象我们身处没有任何设备的年代，只要望向窗外就会得出和亚里士多德一样的结论——地球是完美静止的，其他星球都围绕着地球转。

与中国古代"天圆地方"的宇宙观不同，亚里士多德认为地球是球体。宇宙由地球、月亮、行星、太阳、恒星构成。月亮距离地球最近，月

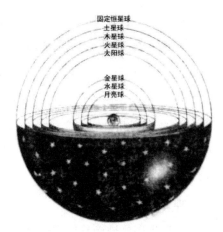

亚里士多德的宇宙结构

球以外，依次分布着水星、金星、太阳、火星、木星、土星以及所有恒星。所有恒星与地球之间的距离相等，而且都镶嵌在一个球体中。球体转动带动镶嵌其上的恒星一起转动，转一圈大约二十四小时，这就解释了为什么它们看起来每二十四小时沿圆形轨道围绕地球转一圈。

亚里士多德的宇宙模型中有两个区域，月上区域和月下区域，两个区域中的物体是由不同元素构成的。月下区域，也就是地球和月球之间，包括地球本身，由四种基本元素构成，即土、水、气和火。土元素有一种向宇宙中心运动的天然趋势，石头往下掉落就是因为地球就是宇宙的中心。水元素也有向宇宙中心运动的天然趋势，但是这一趋势比土元素弱，所以水土混合，水在土之上。气元素的天然位置在水和火之间，所以水中的气泡会向上冒出来。火元素有一种向远离宇宙中心方向运动的天然趋势，所以火苗向上蹿。月上区，也就是月亮以外的区域，包括月亮、太阳、行星和恒星，所有物体都是由"以太"构成的。以太，有一种进行完美圆周运动的天然趋势。这就是为什么行星和恒星持续围绕地球（宇宙中心）

做圆周运动。直到 19 世纪，以太学说才被物理学彻底抛弃。

亚里士多德的宇宙结构影响了整个中世纪，并延续到文艺复兴时期。尽管亚里士多德的观点不断被后人修正，但西方主流世界观始终没有偏离亚里士多德世界观的核心，包括"地球是宇宙的中心""物体都有其自然位置""天体都沿着正圆形的轨道做匀速运动"等，直到 17 世纪初望远镜问世，带来了新的天文学依据，"地心说"才被"日心说"取代。

神：为万物指引方向

亚里士多德遵循着他构想出的宇宙结构，创造出了一个有等级的宇宙模型。由最低等到最高等依次为：纯潜能——无机物——植物——动物——人类——纯现实，纯现实也可以理解为非人格化的神，是不动的推动者，运动的根源。

纯潜能：处于这一宇宙模型的最底端，指纯质料，它们是一堆没有任何形式，也缺乏任何动力和目的的惰性材料。可以想象为德谟克利特的原子。德谟克利特的原子在构成万物之前就是没有任何形式的纯质料。

无机物：如石头、泥土等，由纯质料构成。

植物：比无生命的东西更高级，它们有营养、繁殖的灵魂。亚里士多德认为所有有生命的东西都有灵魂。

动物：不仅有营养、繁殖的灵魂，还有感觉和运动的灵魂。

人类：不仅有营养、繁殖的灵魂，感觉和运动的灵魂，还有理性的能力。理性是人类特有的"灵魂"。

纯现实：居于人类之上，处于这个宇宙模型的最顶端，是世界上一切事物趋向的最高目的和终极动力。亚里士多德把它称为"第一推动者"或者"神"。由于神是纯现实，不拥有潜能，所以也不会变化。尽管它自身不动，却推动（严格地说是吸引）万物向其运动。

　　亚里士多德的等级宇宙模型指引了万物运动的方向,从简单到复杂,从低等到高等。纵观地球生命的发展进化历程,它的确揭示了宇宙的某些奥秘。从单细胞到多细胞,从水生到陆路,从猿到人,而不是相反,这一切难道只是偶然吗?如果并非偶然,到底是什么力量设定了这样的发展方向呢?

　　亚里士多德的"神"不是人格化的、创世的神,但它距离宗教顶礼膜拜的神只有一步之遥,呼之欲出。整个世界不断向纯现实运动,它向所有的存在者发出了一种不可抗拒的召唤,呼唤所有事物向着更高层次转化,它就是那个"不动的推动者",稍加人格化修饰,犹太教、基督教、伊斯兰教的神就将诞生。

伊壁鸠鲁的快乐哲学

2018年8月的某一天,我在洛杉矶自驾游,错把柴油当汽油加进油箱,汽车抛锚。我坐在路边等待救援,当时一定是一副垂头丧气的模样。一个黑人流浪者踏着节奏路过,问我:"Are you happy?"我指了指车,无奈地笑笑。他又说:"Be Happy, no matter what happens."随后踏着节拍走远了。

伊壁鸠鲁:快乐不等于享乐(AI图)

"无论发生什么都要快乐哦!"一个流浪者拥有的快乐远超我的想象,而且他还试图用快乐感染身边的人。什么是快乐?快乐需要哪些条件?如何获得快乐?走进伊壁鸠鲁的快乐哲学,这些问题重新被唤醒。

伊壁鸠鲁的花园

公元前4世纪末,希腊化帝国取代了希腊城邦。帝国在地理和人口上都很庞大,帝国内各民族在文化、宗教和语言上差异很大,权力集中的倾向日益明显。这意味着个人的参政空间被削弱,"政治上越来越无能为力"（希尔贝克语）的人们便转而发掘个人领域，追求个人幸福。哲学家们关心的问题不再是怎样才能构建完美城邦，而是人在苦难的世界里如何才能拥有幸福。伊壁鸠鲁的快乐哲学就是在这样的背景下应运而生。

伊壁鸠鲁（Epicurus，公元前341—前270）生于萨摩斯岛。他的名字和我们熟悉的许多词联系在一起，如美食家（epicure）、享乐主义（epicureanism）、享乐主义者（epicurean）。是不是感觉已经从这些词中窥见了伊壁鸠鲁快乐哲学的要义了呢？千万不要被误导，伊壁鸠鲁的快乐哲学绝不等同于享乐、奢侈、肉欲和饕餮。

拉斐尔《雅典学院》画作中的伊壁鸠鲁，头戴叶冠，面带微笑，眉目清秀，一张娃娃脸。这与伊壁鸠鲁的真实样貌相去甚远。伊壁鸠鲁的半身塑像直到1742年才被发现，二百三十多年前的拉

拉斐尔《雅典学院》中的伊壁鸠鲁，创作于1509年至1511年

斐尔只能靠想象创作伊壁鸠鲁的形象。也有传说他参照自己的样子画出伊壁鸠鲁。《雅典学院》中的伊壁鸠鲁形象可视为一种隐喻：广为流传的信息可能与真相相距甚远。关于真实的伊壁鸠鲁，我们需要回看历史。

伊壁鸠鲁十八岁时来到雅典服兵役。之后在外邦游历多年。大约三十六岁再次来到雅典。他在离雅典市中心几里处，找到一所大房子，安顿下来，开办了一所学校。这所学校以其宜人精致的环境著称，人称"花园"，伊壁鸠鲁学派也被称为"花园派"。

伊壁鸠鲁说自己是自学成才的哲学家。西塞罗曾讥讽他："伊壁鸠鲁像只拥有蓬门荜户的屋主，既然没法说自己的房子是琼楼玉宇，就只能吹嘘它是自己亲手所建了。"(《论神性》)蓬门荜户不要紧，刘禹锡的《陋室铭》已经为伊壁鸠鲁做了辩解："山不在高，有仙则名。水不在深，有龙则灵。斯是陋室，惟吾德馨。"花园里聚集着伊壁鸠鲁的朋友们，也吸引了不少学生，甚至还接纳妇女和奴隶，这在当时的希腊是不寻常的。传说伊壁鸠鲁一生撰写了三百多卷著作，但如今仅留存三封书信和两部残篇《格言集》和《学说要点》。

伊壁鸠鲁的快乐：身体无痛苦，灵魂无纷扰

伊壁鸠鲁说："快乐是幸福生活的起点和目标，一切善的根源来自口腹之乐，就是智慧和文化也与此相关。"

快乐：需要精打细算

如何获得幸福？他的回答是：享受生活，去寻求快乐，但要寻求的是经过深思熟虑的快乐。也就是说，要在生活中获得最大的幸福、最小的痛苦，我们必须精打细算。比如，你喜欢吃奶油蛋糕，可以一口气吃下一个十二寸的大蛋糕，但如果真的这样做了，很快

就会有痛苦接踵而至，肠胃不适，血糖血脂升高，体重增加。有了这样的体验，你会更容易接受伊壁鸠鲁的观点："为了寻求短暂的快乐，以更多的痛苦为代价，得不偿失。"

我们应该权衡各种可选方案，选择性价比最高的那一个，也就是痛苦最小、快乐最多的方案。所以说，伊壁鸠鲁的快乐哲学是一种有教养的、自觉的快乐主义，是一种把快乐当作最高的、唯一的善的哲学。

快乐：不等于享乐

他认为，并不是每一种快乐都值得选择。什么样的快乐是值得选择的呢？伊壁鸠鲁区分了三种不同的快乐：

第一种是自然的和必需的，如食欲的满足。伊壁鸠鲁说："面包和清水，当放进饥渴的嘴唇，就能产生最大的快乐。"这样的快乐是自然的，也是生存所必需的。

第二种是自然的但不必需的，如食不厌精。不但要吃饱，还要吃大餐，这就属于自然但不必需的了。

第三种是既不自然又不必需的，如权力欲、虚荣心的满足。这种快乐更多存在于城邦政治生活中，柏拉图和亚里士多德称其为"统治"和"荣誉"。柏拉图的哲人统治和亚里士多德的外在的善（即荣誉），都被他们认为是值得追求的。而在伊壁鸠鲁看来，却都是既不自然又不必需的。这意味着伊壁鸠鲁彻底放弃了政治生活，退守私人领地。"穷则独善其身，达则兼济天下"，伊壁鸠鲁开启了出世模式：世界是不好的，让我们学会遗世而独立吧。

快乐：其实是规避痛苦

伊壁鸠鲁又区分了强烈但不能持久的快乐与平静而长久的快乐。前者是动态的快乐，是欲望的满足，如娱乐和纵欲；后者是静态的快乐，是痛苦的消除，如无饥无渴、无欲无求的轻松状态。伊伊壁鸠鲁认为，静态的快乐高于动态的快乐，理由是："最高的幸福是不可增减的，人们感受到的动态快乐总是或强或弱，只有在静态快乐中人们才能处于平稳不变的幸福状态之中。"

静态的快乐包括身体免遭痛苦和心灵不受干扰两个方面，也就是身体健康和心灵宁静。这两个方面相互影响，身体遭受痛苦时心灵无法宁静；反之，心灵受到干扰时身体健康也会受损。伊壁鸠鲁更倾向心灵的快乐，认为宁静的心态是静态快乐的主要特征。由此可见，伊壁鸠鲁所说的追求快乐，实则为规避痛苦。他定义的幸福快乐就是身体无痛苦，灵魂无纷扰。因此，伊壁鸠鲁的快乐哲学绝不等同于一时的享乐、奢侈、肉欲和饕餮。他强调的是那些更精致、更稳定的快乐形式，如友谊、文采。快乐是清晰的推理，排除那些使灵魂不得安宁的东西。这种生活才是他所指的"最高的善"。

伊壁鸠鲁临终前写信给朋友："今天是我生命最后的日子，我感到非常幸福和安宁。只要回忆起和你进行思想讨论时感到的心灵

伊壁鸠鲁半身像，那不勒斯国家图书馆

快乐，我就能抵抗所有痛苦。"

伊壁鸠鲁的劝告：远离政治

亚里士多德认为，"人是政治动物"，人只有在城邦中参与政治生活才能实现人性化。然而伊壁鸠鲁却轻视政治，认为政治生活会带来诸多烦恼，带来的快乐却很少，所以他奉劝人们，远离政治。

晚清四大名臣之一的曾国藩在家书中曾叮嘱儿子："惟当一意读书，不可从军，亦不必做官。"这位一生在宦海中沉浮的政治家劝诫自己的后人远离政治，原因何在？尽管在信中没有明言，但这寥寥数语想必是几十年深刻感悟，用以警醒后人。明代状元、理学家罗伦也曾把官场比作长江瞿塘峡中的滟滪堆。滟滪堆，江心的一堆乱石，于20世纪50年代被炸掉。此前，所有长江上的船夫都视之为鬼门关，好似死亡信号。罗伦把官场比作滟滪堆，恐怕也是遭遇政治挫折后的幡然醒悟。

在伊壁鸠鲁看来，政治也分善政和恶政。只有当国家和社会促进个人快乐、防止个人痛苦的时候，它们才是善的。法律和道德的价值也仅仅是促进个人利益的手段，是帮助个人快乐最大化的东西，否则它们的存在就失去了基础。

伊壁鸠鲁的快乐清单：友谊、自由、哲学

伊壁鸠鲁的快乐清单里排除了"财富"。他认为，如果我们只有钱而没有朋友、自由、哲学（思想），以及经过剖析的生活，就决不可能真正拥有快乐。而如果我们有了这些，只缺财富，就绝不会不快乐了。

友谊：帮助人获得终身幸福，友谊远超一切

伊壁鸠鲁把"友谊"排在快乐清单的首位。一小群真正的朋友

可以给予我们的关爱与尊敬是任何财富所不能及的。他认为，良朋相伴是最主要的、最高的快乐，朋友不仅能相互帮助，而且能带来终生快乐。"除非有人看见我们存在，否则我们是不存在的；有人能听到我们的话之前，我们说什么都没有意义；经常有朋友围绕身旁，我们才能确认自我在世界上占有一席之地。"

伊壁鸠鲁为人亲切、温和，他的花园里住着许多朋友，包括梅特多鲁斯和他的妹妹、数学家波利埃努、埃马尔库斯、雷奥修夫妇，还有一名商人伊多门纽（他不久就和梅特多鲁斯的妹妹结了婚）。这个大花园就像一个美满的大家庭，充满了友爱与温馨。

伊壁鸠鲁还建议不要独自进餐，因为和谁一起吃饭，比吃什么重要得多。没有朋友共餐，生活无异于狮子或野狼。真正的朋友不以世俗的标准来衡量我们，他们看重的是我们的本质，就像父母一样，对我们的爱无关我们的外貌和社会地位。

现代社会，要获得伊壁鸠鲁式的友谊难度很大，别的不说，"一所带花园的大宅子"就是极高的门槛。而和朋友们朝夕相处，还隐含着个体差异引发的矛盾。为朋友留出足够的个人空间，有恰当的分寸感，有善意和真诚，君子之交淡如水，我更欣赏上海人的友谊观。

自由：从日常事务和政治牢笼中解脱出来

伊壁鸠鲁的物理学见解深受德谟克利特原子论的影响。他认同原子论学说，还在此基础上有所发展。他认为，组成人灵魂的原子有可能脱离直线运动，做偏斜运动。而德谟克利特的原子世界是严格受必然性控制的，原子只能在虚空中做直线运动，不会偏斜。在此，伊壁鸠鲁有了理论突破，赋予原子运动以偶然性。而偶然性的背后潜藏着一种更重要的东西，那就是自由意志。这意味着人的行为有可能脱离命定的必然性，获得意志和行动的自由。

伊壁鸠鲁和他的朋友们就是自由的实践者，他们脱离了亚里士多德为人们设定的"政治动物"的必然轨迹，远离城邦政治。他们为了摆脱束缚获得自由，辞去雅典政商界的工作，过起了俭朴的生活。这有一些陶渊明田园归隐的味道。陶渊明也曾把官场政治比作樊笼，向往回归自然："久在樊笼里，复得返自然。"伊壁鸠鲁和朋友们自力更生种菜，饭食不必丰盛，只要有味道、有营养就好。如果没有锦衣玉食，我们也可以从箪食瓢饮中获得满足。伊壁鸠鲁说："我确信，那些不依赖于财富获得满足的人，才能获得最大的享受。"（第欧根尼·拉尔修《名哲言行录》）追求自由，而不是财富，让他们与雅典的世俗价值观拉开了距离。这样，伊壁鸠鲁和他的朋友们即使遭遇人生的艰难，也可以免受其扰，这在纷扰的世俗社会中是难以做到的。

哲学：医治灵魂疾病的良药

伊壁鸠鲁认为，就像医术治疗身体的疾病一样，哲学治疗的是灵魂的疾病。灵魂的疾病来自虚假的或错误的观念，对症下药就需要用观念来治疗观念。把我们的恐惧写下来，或者说出来，让其实质毕现，那么即便不能根除它，也可以消减它带来的迷茫与错愕。

最使人灵魂不得安宁的是对死亡的恐惧，因此对于那些真正懂得死亡没什么可怕的人来说，生命中就没有什么可怕的事情了。那么，为什么人会恐惧死亡呢？因为死亡对我们来说是一种未知的状态，我们恐惧的是它的不确定性。也就是说，对死亡的恐惧源自对死亡的未知。对此，伊壁鸠鲁开出了两剂药方。

一是"唯物论"：人死后，身体就会分解为原子，而原子是不会有任何感觉的，所以"死对我们毫无影响"。如果能合乎理性地思考生命有限性的问题，就会意识到人生一死，物我两忘，复归于无。

二是"当下论":我们活着的时候,死亡尚未来临;死亡来临的时候,我们已经不在了。要来的自然会来,为此而预先焦虑纯属庸人自扰。有智慧的人既不厌恶生,也不惧怕死。

这两剂药方的疗效如何呢?罗马诗人卢克莱修(Titus Lucretius Carus)曾在诗中赞美伊壁鸠鲁:"只要你那出于神的智性推理,开始它关于物性的响亮宣言,我们心中的恐惧就飞散不见……"(《物性论》第三卷)卢克莱修和其他伊壁鸠鲁的追随者一样,将他的教导铭记于心,并引以为荣。

伊壁鸠鲁以"四种药剂"总结他的哲学:"神不足惧,死不足忧,乐于行善,安于忍恶。"他主张人们应该拥有一个"哲学医药箱",储存以上四种药剂。

摆脱痛苦、获得幸福,难道不应该仰赖于神吗?在伊壁鸠鲁看来,神虽然存在,但生活在人的世界之外,不会干预人的生活,也不关心人世的喜怒哀乐。因此要想获得幸福,不能求助于神,只能靠自己。伊壁鸠鲁是德谟克利特原子论的继承者,认为世界是由原子和虚空构成的,宇宙是一个遵循机械论的物质宇宙。既然万物都是物质的,包括灵魂和那些不相干的神祇,那么我们就不应该被对现世与来世的迷信所产生的恐惧所困扰。尽情享受生命中转瞬即逝的时光,设法在这短暂的一生中得到最大的快乐,就是哲学的任务。

亚里士多德以前的时代,希腊哲学家们追求知识并非为了实用,知识本身就是追求的目的。而到了伊壁鸠鲁时代,求知与生活实践密不可分,求知的实用性目的很强,就是为了获得幸福。这是希腊哲学的一种蜕变,不再关心终极真理问题,不再关心形而上学问题,退居伦理学一隅。哲学由引导人们追求真理的火炬,变成了救死扶伤的医药箱。有人认为这种蜕变是可悲的,也有人认为这正是伊壁鸠鲁的贡献所在，他聚焦于活生生的人和人的幸福，因此完善了西方古典哲学。

极端快乐主义：痛苦大于快乐的生活不值得过

与伊壁鸠鲁规避痛苦的快乐哲学不同，极端快乐主义认为，肉体快乐和物质享受是生活中唯一重要的事情，痛苦大于快乐的生活是不值得过的。尽管这是一种很有吸引力的主张，但古代大多数人的生活在这一标准的衡量下，便都是不值过的了，因为多数人拥有的痛苦总量要多于快乐总量。所以这种主张可能会带来致命的后果。公元前3世纪的极端快乐主义哲学家赫格西亚（Hegesias）著有《劝死篇》，依据的就是上述理论。据说他在亚历山大城的讲演导致许多听众失去生活的信心。他因此被逐出亚历山大城，并获得"劝死者"的别名。

幸福快乐：玻璃天花板是否能突破？

人类追求幸福快乐，由古至今从未改变，改变的只是对它的认知和实现它的途径。对伊壁鸠鲁来说，追求快乐是一件很个人的事。但近代思想家则认为单纯的个人追求快乐并不会有太大的成效，需要有政府规划、经济资源和科学研究共同介入。18世纪末英国哲学家边沁就主张，所谓至善就是"为最多的人带来最大的快乐"，国家、市场和科学界的一切努力并不是为了荣耀国王、国家或神，而是为了让所有人都享有更快乐的生活。治理国家、发展生产、科学研究之所以重要，是因为能够为幸福提供基础和创造条件，但这些都只是手段，不是目的。21世纪的绝大多数人类正经历着前所未有的和平与繁荣，预期寿命显著增加。人类是否已经过上了幸福快乐的生活呢？事情并没有看起来这么简单。伊壁鸠鲁把幸福快乐定义为至善的时候,就曾告诫弟子,快乐来之不易。仅有物质上的富足,并不能让我们长久地感到幸福。事实上,盲目追求金钱、名誉和欢愉,只会让我们陷入痛苦而无法自拔。

《未来简史》的作者尤瓦尔·赫拉利认为,尽管人类已经取得了前所未有的经济成就,但幸福感却停滞不前。好像存在一个神秘的玻璃天花板,幸福感无法超越。他进一步指出,支撑这一天花板的有两大支柱,一是心理层面,二是生理层面。心理层面,幸福与否取决于预期。现实符合预期才能产生幸福感,但随着条件的改善,预期也会不断膨胀,幸福感则原地踏步,因此无论生活条件如何改善,人类永远无法真正满足。那么,寻求幸福快乐,人类是否可以从生理层面找到突破口呢?生理层面,幸福感只是由人类的生化机制控制的,只是某种感觉。加班、离婚、股票被套牢,这些本身不会让人痛苦,让人痛苦的是身体里不愉快的感觉。同理,加薪、得子、彩票中奖,真正让人快乐的也只是身体里的愉悦感觉而已。不幸的是,愉悦感会很快消失,这要归功于生物的进化。设想有一只携带快乐基因的松鼠,一粒松子就可以使它永远快乐,结果它的一生快乐却短暂,因为它已经足够快乐了,不会努力去找更多的坚果,也不会求偶交配,携带快乐基因的松鼠势必灭绝。而其他有饥饿感的松鼠则有更多的机会把基因传给下一代。因此,想要获得幸福快乐并不能像《美丽新世界》中那样,"来颗嗦麻,远离痛苦"。这种叫嗦麻的神奇药丸,可以从生理层面帮助人们迅速摆脱所有的负面情绪,保持快乐的心态和充沛的热情。这是一个乌托邦式的惊悚故事。

佛教甚至认为,对快感的追求是痛苦的真正根源,是一种短暂且毫无意义的感受。得到快感时,我们不是满足,而是想要更多,因此永远无法满足。那么,快乐幸福究竟该如何实现?外在的物质财富、安逸生活、嗦麻药丸，统统失灵。也许内在的德性和智慧才是获得幸福的真正钥匙，这是后续即将提及的斯多葛主义的思想路径。

补记：我看看表，快半小时了，白米饭和白开水都快凉了，菜还没上来。看我脸色不好，先生开口了："当饥渴的嘴唇遇到面包和清水，就能产生最大的快乐。"我眼睛一亮，突然意识到自己距离这最大的快乐有多近。还等什么？开动吧。我体会到了伊壁鸠鲁最为推崇的"自然的和必需的"快乐，很满足。菜终于上来了，先生开动，他说体会到了伊壁鸠鲁"自然的但不必需的"快乐。看起来，这种快乐也不错。

塞涅卡：幸福不依赖外在的一切

人类历史进入罗马帝国时期，罗马人踌躇满志，以世界主人自居。在来自外围世界的财富和东方享乐主义的侵蚀下，罗马人日益颓丧、堕落。斯多葛学派的哲学家们面对此情此景，不愿同流合污，他们以消极避世的姿态做出回应，强调修炼自身德性，而非陷入物质享受。

尽管斯多葛学派的哲学家们唾弃现实世界，想与之一刀两断（这与早期的基督教天国理想产生了勾连），但对于现实世界中遇到的问题他们仍然认真对待，如何获得幸福？如何面对挫折？如何控制发怒？如何摆脱焦虑？如何看待财富？如何施人恩惠？如何面对死亡？是否相信命运？这些至今仍然困扰着人们的问题，他们在两千多年前就给出了有价值的答案。

斯多葛学派的几位代表人物

斯多葛学派的创立者是芝诺（Zeno of Citium，约公元前334—约前262）。芝诺，这个名字我们并不陌生，在本书《赫拉克利特篇》中讲过一个阿基里斯和乌龟赛跑的故事，那里有一个芝诺，埃利亚的芝诺。他们不是同一人。为了区别，我们称斯多葛学派的创始人为"季蒂昂的芝诺"。芝诺，这个名字大概寓意很好，在历史学家第欧根尼·拉尔修的记载中还有七个人名叫芝诺。

季蒂昂的芝诺早年潜心于赫拉克利特哲学，深受其火是万物本源和逻各斯思想的影响。公元前294年，芝诺在雅典一条嵌有壁画的长廊里开办了自己的学园。希腊语中"画廊"音译为"斯多葛"，他的学派也就此被称为斯多葛学派。晚期斯多葛学派有三位代表人物，本文的主角塞涅卡就是其中之一。另外两位是爱比克泰德（Epictetus，约50—135）和马可·奥勒留（Marcus Aurelius, 121—180）。

爱比克泰德，曾是奴隶，因才华出众被主人恢复了自由身。据说罗马时期许多与文化有关的工作都是由奴隶来做的，比如图书馆里的工作，因为有身份的罗马公民不屑于从事这些无利可图的文雅事务。于是罗马奴隶，尤其是从希腊贩卖来的奴隶，就成了罗马社会中最有教养的一群人。黑格尔在《历史哲学》中也提到，希腊的一些奴隶被卖到罗马后就成了诗人、哲学家、家庭教师。荷马史诗中的《奥德修斯》就是由一位担任罗马人家庭教师的奴隶最早翻译成了拉丁文，开启了拉丁文学的序幕。

马可·奥勒留是一位罗马皇帝，是罗马"五贤帝"中最后一位，是罗马帝国兴衰的分水岭。他戎马一生，在繁忙的政务之余，始终不辍哲学思考。身为皇帝，至尊之身，他怎么会是一位悲观色彩浓郁的斯多葛学派的哲学家呢？这个问题令人费解。财富、地位与幸福、烦恼之间的关系可真令人捉摸不透。奥勒留的文字极富诗意且蕴含哲理，比如下面这段："属于身体的一切只是一道激流，属于灵魂的一切只是一个梦幻，生命是一场战争，一个过客的旅居，身后名声迅速落入忘川……昨日的一点黏液，明日就化为灰尘，那么，就自然地通过这一小段时间，满意地结束你的旅程，像一颗成熟的橄榄，掉落，感谢孕育它的自然，感谢让它栖居的树。"

跌宕人生路，彻悟

塞涅卡（Lucius Annaeus Seneca，公元前4—公元65）是耶稣

塞涅卡：幸福只与内在道德相关（AI图）

同时代的人，也是罗马宫廷的重臣。他先后扶持过四个皇帝，其中三个是暴君，可谓一生在刀尖上行走，步步惊心，跌宕起伏。他是成功的剧作家、成功的投资银行家、元老院议员、皇帝的家庭教师和首席顾问，曾是帝国最富有的人，跻身最高权力核心，也曾被流放荒岛，丧失所有财产，最后死在自己学生尼禄的手中。异常丰富、跌宕起伏的人生经历，使他对权力、财富、命运等有深刻领悟。

公元41年，塞涅卡遭罗马皇帝克劳狄乌斯流放，一去八年。在古罗马，人们会因各种真实的或捏造的罪名被判流放，或被判死罪，而一个哲学家获刑的几率更高，因为他们总是生出些离经叛道的主张或想法。流放对大多数人来说都是灾难性的事件，但对塞涅卡来说却是一种修行。虽然流放使他丧失财产、背井离乡，但流放时他带着最重要的东西——他的本性和德性。在致希尔维亚的信中，他写道："心智让我们变得富有：在最荒蛮的旷野中，心智与我们一起流放。"

公元49年，塞涅卡在流放八年后，被王后阿格里皮娜召回，任太子尼禄的老师，当时尼禄只有十一二岁。

公元54年，克劳狄乌斯逝世，尼禄继任皇帝。作为尼禄的老师，塞涅卡在五十岁时进入了帝国权力的中心，成为尼禄最重要的谋臣，并且实际上掌控着帝国的政治。他有效地约束住了尼禄的放荡趋势，使罗马帝国拥有了五年的良好统治时期。

公元 59 年，阿格里皮娜王后去世，尼禄开始对约束自己的老师感到恼怒。塞涅卡曾专门写过《论发怒》，苦口婆心地劝诫这位暴躁专横的小皇帝，但良言劝诫的效果不佳。不过，《论发怒》这篇文章是极好的，无数后人从中受益。

公元 62 年，塞涅卡托病告老，隐退江湖，专注于哲学思考与写作。

公元 65 年，接替塞涅卡的幕僚们让尼禄相信，塞涅卡与一起谋反阴谋有牵连。尽管没有证据，但尼禄还是下令处死了自己的老师。

大约一千五百年后，地球的另一端，有一个人几乎拷贝了塞涅卡的人生轨迹。一样是太子太傅，一样曾权倾朝野，一样备受王后青睐，一样在顶层权力的漩涡中闪展腾挪，一样不得善终。这个人就是万历名臣张居正。张居正辗转病榻的生命最后时刻，若能了解塞涅卡的哲学，或许会得到一些精神慰藉。塞涅卡就是凭借着自己的哲学从容地面对死亡的降临。究竟是什么样的哲学拥有如此强大的力量？

公元 65 年 4 月的一天，一名百夫长来到塞涅卡位于罗马郊外的住所传达皇帝尼禄的旨意，令他自行了断。塞涅卡的亲友们大惊失色，一片哭声，他的妻子也要割腕随他一起赴死。而塞涅卡听闻自己的死刑判决却面不改色，他质问众人："你们的哲学哪里去了？多少年来互相激励的处变不惊的精神哪里去了？"塞涅卡的血管被割开，但血流不畅，他死得并不痛快。他要求给他一杯毒酒，作为对苏格拉底之死的呼应。长久以来，他一直敬慕苏格拉底和他的哲学。他们的死共同创造出一种持久的关联："提起哲学就会联

《塞涅卡之死》，雅克-路易·大卫作品，1773年作，描绘的正是塞涅卡赴死时的场景，现收藏于巴黎小皇宫博物馆

想到对待灾难甚至面对死亡时镇静自若的态度。"苏格拉底认为，即使是肉体的折磨或是死亡，也不能阻碍有德性的人获得幸福。这正是斯多葛学派，也是塞涅卡最为核心的哲学主张。

幸福：不依赖外在的一切

斯多葛学派延续了苏格拉底和柏拉图的幸福主张：幸福不依赖于任何外在的善，它的唯一条件是过一种有德性的生活。也就是说，无论是否健康、是否富裕、是否幸运、是否自由、是生还是死，所有外在的一切都不会影响一个智慧而有德性的人拥有幸福。幸福只与人内在的生活相关。因此，如果想要确保幸福，我们就必须学会尽可能独立于无法控制的外部事物，学会生活于我们能够控制的内在自我之中。

斯多葛学派和伊壁鸠鲁学派一样追求个人幸福,但他们的幸福主张并不相同。伊壁鸠鲁认为快乐即幸福,而斯多葛学派则认为美德即幸福。这种分歧造成了两种学派观点上的对立。后来伊壁鸠鲁主义者被看作享乐主义者,声色犬马;而斯多葛主义者则被看作道德禁欲主义者,超凡脱俗。深入了解这两个学派的观点后,我们会意识到,这样的认识存在误解和偏差。

那么,在斯多葛学派哲学家看来,一个人必须做什么,才能获得幸福呢?塞涅卡的回答是要有德性。此处的德性并非现代人理解的诸如谦逊、善良、诚实等,而是指作为人的优秀程度。一台有德性的洗衣机就是把衣服洗干净,一个有德性的人就是很好地发挥生而为人应该有的作用。这与苏格拉底定义的德性如出一辙——尽其所能,实现人之为人的真正潜能。

如何拥有这样的德性,进而获得幸福呢?塞涅卡认为,要顺应自然,顺应本性:"幸福的生活是顺应自身本性的生活。"这话的意思是,人和宇宙是一体的,受制于永恒不变的自然法则。当人的理性认识到了自然法则,并且愿意遵从自然法则而生活,人才是自由的和有德性的,而德性会带来心灵的宁静。反之,那些无法认识自然或者不愿遵从自然法则的人,就会活在痛苦和挣扎之中。

塞涅卡在《论幸福生活》中给出了追求幸福的最佳途径。他写道:我们需要运用理性赶走"所有那些使我们激动或使我们受到惊吓的事物",如果可以做到这一点,就可以保证拥有"无法被破坏的安宁和持久的自由",我们就能体验到"坚实的、永恒的、无穷尽的愉悦"。塞涅卡所指的理性与近现代西方哲学常说的理性有所不同,主要是指人内心坚定的、毫不为外部世界所动摇的精神,这种精神完全漠视外部世界,独立于外部世界,是坚不可摧的。《论幸福生活》是塞涅卡为哥哥迦流（Junius Gallio）写的，就是《圣经》新约（《使徒行传》十八：12—17）中提到的那个拒绝审判圣徒保罗的迦流。迦流当时在罗马帝国所辖的一个行省亚该亚做总督，他拒绝审判保罗的理由是不愿意审判那些"关乎言语、名目和你们的法律"的争论，其中隐含着言论自由的主张。

挫折：可以软着陆

生活中，你遇到过挫折吗？会偶尔发怒吗？时常感到焦虑吗？如果答案是肯定的，或者部分是肯定的，你就有必要请塞涅卡，这位斯多葛学派的精神疗愈大师来把把脉。他会告诉你如何运用理性消除这些困扰，拥有安宁和自由，体验愉悦。

挫折，是每个人都有过的人生体验。这种体验从婴儿时期就开始了，如发现自己够不到一件玩具，走路摔了一跤。再如何成功、再如何光鲜亮丽的人生背后，也都有不可胜数的挫折做铺垫。挫折的范围很广，从割破手指，考试没考好，痛失所爱，到面对死亡，都是挫折。所有挫折都是主观愿望与客观现实之间的冲突造成的。

对塞涅卡来说，我们可以运用理性来控制我们对挫折的反应。这种反应包括盛怒、自怜、焦虑、怨恨、自以为是等。在他的著作中有一个思想贯穿始终：我们对有准备的、理解了的挫折承受力最强，而没有准备、不能预测的挫折对我们伤害最严重。

塞涅卡认为，哲学的作用是：第一，使人认识到任何坏事都可能发生，要随时做好准备；第二，帮助人们认识到坏事未必那么坏。为什么坏事未必那么坏呢？不同于老子的"福祸转化"辩证法，塞涅卡的理由是："何必为部分生活而哭泣，君不见全部人生都催人泪下？"这就是哲人的与众不同之处，以整个人生为背景，与一切个别灾难拉开距离，达成和解。

塞涅卡教导我们顺应现实，即使我们不能免遭挫折，至少能免于因情绪激动而遭受挫折带来的次生灾害。当我们的愿望与现实产生冲突时，可以尝试软着陆。

发怒：是一种病

塞涅卡写过《论发怒》，探讨这个问题最初是为了劝诫他的学生、暴君尼禄收敛性情。塞涅卡认为，人身上既有理性的东西，也有非理性的东西。理性的是好的，非理性的是坏的，发怒是其中最坏的一种。如果抓住了非理性东西中最坏的，把它击倒，那么我们就会战胜非理性。所以塞涅卡向发怒全力出击，要战胜这种与理性相背的、无用的、危险的、可怕的、丑恶的东西。他认为，发怒并不是一种人的正常表现，而是一种极坏的、严重的精神缺陷。一个人若有这种精神缺陷，后果很严重，轻则危害他人，重则危害国家。他写道："来看看发怒的后果和损失吧。没有一种灾难比发怒要求人们付出的代价更高昂，你将会看到屠杀、毒害、法庭上的起诉和反诉、城市被践踏、抢劫、建筑物着火、整个国家灭亡。"

发怒这种病的症状主要表现为：1. 急于去惩罚别人，去伤害、毁灭别人。而人类本应该相互帮助和友爱。他说："人类生活是建立在仁慈和谐基础上的，生活在一起靠的不是相互恐吓，而是相互友爱和帮助。" 2. 情绪极不稳定。发怒好似地上的风忽来忽去，好似江河里的水忽涨忽落，而理性却是稳定的、始终如一的。3. 发怒无法控制。就像自由落体砸向地面，非常危险。

发怒的病根在哪里呢？塞涅卡认为，发怒是人的误判导致的，如轻信、猜疑、主观臆断等。如果一个人在发怒之前能让理性发挥主导作用就会避免发怒："如果发怒听从理性、追随理性，那么就不会再发怒了，因为发怒的标志就是任性、不服从。"找到了病根，接下来塞涅卡开出了医治发怒这种精神疾病的哲学药方：

药方1：切勿轻信他人的负面言论。塞涅卡主张应该将那些话"悬置"起来，给自己腾出时间思考、观察。随着时间的流逝，真相终究会显露无遗。

药方2：善于做自我反思。首先，我们应该克制自己的某些倾向，不要把别人往坏处想，不要对别人的动机妄下结论。如果相信别人并不是有意伤害我们，就不会发怒了。胡适也曾说过类似的话："做学问要在不疑处有疑，待人要在有疑处不疑。"其次，人人都有缺点，都会犯错。发怒前，想想自己也曾经同样愚蠢犯错，我们就会更加克制自己。

药方3：思考发怒究竟有没有用，值不值得。如果发怒不能解决任何问题，只会伤害他人，伤害自己，那为什么还要发怒呢？

如果无论如何，还是有人成功地激怒了我们，该怎么办？此时，我们最好强迫自己松弛面部肌肉、缓和声音、放慢脚步。这样一来，我们的内心就会平静下来，愤怒随之消散。假设我们没有控制住自己已经发怒了，又该怎么办？道歉。这样做能够立刻弥补发怒可能引起的危害。道歉除了使我们镇静下来，还能防止那些激怒我们的事情日后继续困扰我们，有助于我们成为更好的人，因为承认自己的错误可以减少将来再次犯错的机会。

塞涅卡真可谓苦口婆心，他还告诉我们，生命太短暂，不应将它浪费在愤怒中。而且如果一个人总是生气，对周围的人也是一种折磨。他最后发出了灵魂拷问：当你有能力体验快乐的时候，为什么非要体验不快乐呢？《圣经》新约（《马太福音》五：21—26）中有关"论发怒"的经文主旨与塞涅卡的观点有异曲同工之处。

焦虑：摆脱它并不难

这个世界上有些事我们能够决定，有些事是我们无法决定。如果我们一味渴望那些我们不能决定的事，渴望股票天天涨，渴望自己青春永驻，就很可能会遭受挫折和痛苦。即使我们幸运地得到了一些原本无法决定的事物，其过程也会因不确定性而充满焦虑，破坏内心的安宁。生活经验告诉我们，那些我们不能控制的事，还可以细分为：完全不能控制和不完全能控制两种，比如考大学这事就属于后者。这样我们就把世上的事分成了三类：我们能控制的、不完全能控制的、完全不能控制的。斯多葛学派哲学家们的建议如下。

建议一，把时间和精力花在我们完全能够控制的事情上，因为这可以确保我们的努力有成效。完全可以控制的事情包括我们的价值观和我们为自己设定的目标。把目标设定为早睡早起，或坚持锻炼，或连升三级，或赚一个亿，完全由我们自己决定。另外，秉持什么样的价值观也是可以由我们自己决定的，比如，是追求财富，还是看重名誉；是向往安宁，还是得过且过，都由自己说了算。马可·奥勒留认为，通过正确地构建价值观，可以避免许多苦难、悲伤和焦虑，进而获得安宁。

建议二，对那些我们完全不能控制的事情，如果花时间和精力去关注，显然是愚蠢的，因为对结果不会起任何作用。比如太阳明天是否会升起？别人心里怎么想？这些问题就不要考虑了。

建议三，对我们不完全能控制的事情，也就是通过自己的努力能控制一部分，但不完全能控制的事情，我们应该正确地设定目标。

比如我想考大学，虽然我不确信自己一定能考上，但可以通过努力去接近这个目标。由于我能够完全控制的事情包括为自己设定目标，因此明智的做法是，目标不是"一定要考上"，而是"尽自己最大的努力去争取考上"。这样一来，即使没考上，内心的安宁也不会被打破。如果将目标设定为"一定要考上"，这并不会增加考上的几率，相反可能会压力过大，不利于目标的实现。要实现目标，最好的做法就是尽最大努力去争取最好的结果，仅此而已，更重要的是这样做会减少失败带来的痛苦。

再比如，我深爱的人是否会离弃我，这也是一个我不能完全控制的事情。与其把目标设定为不让爱人离开，不如设定为尽最大可能让自己值得被爱。正如爱比克泰德所言："好好地运用在我们能力范围之内的东西，其他的就顺其自然吧。"

斯多葛学派奉劝人们只专注于能够掌控的事情，也就是人的心灵。这与大的时代背景密不可分。希腊化时代的人们正逐步从共同体走向个体。人的心灵被理解为某种内向的东西，与自然界和社会世界相分离。每个人都要独立于社会和环境而修养自身。在这一点上，斯多葛学派和伊壁鸠鲁学派一样，主张的是与社会相分离的私人道德的修炼。

财富：享受它，随时准备失去它

"对碰到的一切事情，你都应该坦然接受，就好像它是你本来希望发生的那样。因为，如果你知道万物都是根据上帝的意志而发生的话，你就会渴望它的发生。"塞涅卡这话说得通透，但真正做到并不容易，因为"一切事情"也包括一切痛苦，如损失财富、失去亲人、面对死亡，这样的痛苦该如何坦然接受呢？

斯多葛学派的哲学家们认为，人应该享受生活，包括友谊和财富，只要不紧紧抓住它们不放就行。塞涅卡和其他斯多葛主义哲学家一样,并不提倡过贫穷的日子,他提倡的是不要害怕和鄙视贫穷。财富,在塞涅卡看来并不是罪恶,而是一种好东西,但并非必不可少。作为一个人,应该既能享福,也能受苦,既努力当富人,又不怕当穷人。真正有智慧的富人,遇到突如其来的贫穷,会泰然离开他们的豪宅和佣人,既不会愤怒,也不会绝望。找一所简陋的房子,吃几天粗茶淡饭,你会明白一个人内心的平静并不靠财富,不靠外在的一切,它们对于生活并非像想象的那么重要。塞涅卡自身的经历就是最好的例证。他四十岁出头的时候已经积累了可观的财富,有自己的别墅和农场,但突然遭遇仕途挫折,被流放到荒凉的科西嘉岛八年,失去财富,失去权力,失去地位。他的哲学可不是说说而已,他把它体现在行动上,以平静的心态,怡然自得地听着蛮语,喝着清汤,健康悠然地度过了八年。他给母亲写信说,他并不抱怨命运女神,命运女神只是把曾经给他的东西拿走了,那本来就不是他的。

塞涅卡将这一观点进一步拓展,他认为命运所赐不仅有财富,还有朋友、家庭、爱人,甚至我们的健康和生命。对于智者来说,万物皆身外之物,无所谓得失。失去了既有的东西自然不开心,但不会因此失去对生活的信心。智者不会因有所缺失而烦恼,但还是渴望富足与丰盈。

恩惠:送礼物是一门学问

塞涅卡的《论恩惠》讨论了施人恩惠的本质和原则,其中的不少观点被现代慈善机构运用,对普通人而言,也可作为送礼物的借鉴。

第一,施恩惠、送礼物的本质和原则。塞涅卡认为,恩惠是给别人带来快乐,同时也给自己带来快乐的行为。因此,重要的不是做了什么和给予了什么,而是其精神实质,也就是行动者的初心。初心可以提升小礼物的价值,让不起眼的东西闪耀光辉,也可以使贵重的东西一文不值。此外,"自愿自发"是前提。送礼物的人是自愿的,不能被迫送礼物,否则叫被索贿;接受礼物的人也是自愿的,不能以回报作为前提。

第二,送什么样的礼物?塞涅卡认为,"我们应该首先给予必需的东西,然后是有用的东西,再下来是让人快乐的东西,而且应该是耐久的东西"。塞涅卡提醒我们注意,不要送给别人多余的东西。他还强调,我们也要注意,不要送那些暴露别人弱点的东西。给谢顶无发者就不要送洗发水了,给牙齿缺损者就别送螃蟹了。这样的礼物会让接受者不快,甚至恼羞成怒。最好送经久耐用的东西,接受者每每看到礼物就会想到送礼者的善意。

第三,如何送礼物?首先,不能侮辱和谴责接受礼物的人。如果送礼物的同时伤害别人,这显然与送礼物的初衷背道而驰,所以即使你想警告朋友,也最好换个时机;其次,乐意、迅速和毫不犹豫,别好像舍不得送似的;再者,避免傲慢无礼,否则你得到的将不仅仅是忘恩负义,还有别人的厌恶。

第四,施恩惠不图回报。即使有很多忘恩者,也不能成为我们不再慷慨的理由。毕竟,不要忘记,施恩惠就是给别人带来快乐,同时也给自己带来快乐。

死亡:归还本不属于你的东西

死亡的确不寻常,并且很可怕,但塞涅卡说,这并非不正常。塞涅卡将财富、朋友、家庭、爱人,甚至健康和生命,都视为身外之物,如果命运女神想要收回这些本就属于她的东西,随时都可以。斯多葛学派的另一位哲学家爱比克泰德也曾说:"如果必须现在死，那么我现在就去死。如果要我待一会儿死，好吧，我要吃饭去了，因为到了吃饭的时间。吃完饭，该死的时候我自然会去死。至于怎么死？就像把本不属于自己的东西归还给人家那样。"爱比克泰德认为，如果一个人面对灾难怨天尤人，说明他没有教养；不怨天，只责怪自己，就开始进入有教养的状态了；既不怨天，也不怨己，只听凭命运安排，坦然处之，则是一个真正有教养的人。这种主张固然消极，但的确达到了很高的修养境界。

绝大多数人无法达到这样的境界，面对死亡，我们都会感到恐惧。塞涅卡并不回避人类恐惧死亡的共通感受，他想运用他的智慧帮助人们战胜恐惧。在《道德书简》中，他将死亡无惧而平静地展现在世人面前："从你出生的那天起，就被领向那个地方。我们并不是突然面对它，而是逐渐走向它，我们每天都在迎接死亡。你在什么时候离开一个你迟早必须离开的地方有什么区别吗？那些你认为逝去的人，不过先我们一步而已。"塞涅卡如此近乎冷漠地呈现死亡，并非希望人们沉溺在对死亡的恐惧中，相反，他要帮助人们克服对死亡的恐惧。把死亡这件事想透了很重要，他借用伊壁鸠鲁的话说："思考死亡就是思考自由。学会如何死的人就不用学如何做奴隶，因为他超越了所有外在的力量。"

具体应该怎么做呢？他的答案是：度过每一天都像度过生命中最后一天那样。这样做并非真的谋划着要采取什么措施来使这一天成为生命的最后一天，而是要从这一天中获取充分的价值。毕竟，一个充分认识到自己时光有限的人会比一个认为自己将永远活着的人浪费生命的可能性更小。

究竟是什么让人们害怕死亡呢？如果是害怕死后会发生的事情，这显然是不必要的，因为它们与我们再无干系。斯多葛学派承接赫拉克利特的自然哲学，认为宇宙万物源于火，又复归于火。塞涅卡认为，生命只是一个短暂的中间阶段，既然我们生前与死后都栖居在同样的地方，那我们还有什么必要对死后的世界感到恐惧呢？生死犹如昼夜的交替、四季的更迭，是宇宙永恒循环的一部分。不要怕，我们都会死，但最好不要让恐惧糟蹋了我们当下内心的安静。塞涅卡说："死亡和不幸难以驾驭，无人能逃避，因此必须不失尊严地去面对。"

命运女神：时而微笑，时而皱眉

2018年，央视《朗读者》第二季中，王石朗读了塞涅卡《论天意》中的一段："我从来就没信任过命运女神，即便在她表现出一副示好的样子时也没信任过；她好心赐予我的那些礼物——金钱、职位、权势，我都存在了一个她不惊动我就可以收回的地方。我与这些东西之间一直撇得很开，所以她是把它们从我这儿拿走的，而不是夺走的。只要命运女神微笑时别上当，那么她皱眉时就不会吃大亏。"需要强调的是，塞涅卡不相信命运女神，并非不相信命运女神的存在，正相反，他认为世界上的一切都是命运决定的："愿意的人，命运领着走；不愿意的人，命运拖着走。"他不相信的是命运女神在微笑时的给予，那些她给你的金钱、职位、权势，别以为永远属于你。从他自己的人生经历看，那些东西的确说来就来，说走就走。命运女神喜怒无常，我们只有保持一颗平常心才"不会吃大亏"。

和大多数古希腊人和古罗马人一样，斯多葛学派的哲学家们相信命运三女神的存在。马可·奥勒留说："一个优秀的人应该迎接命运织布机为他织出的所有经历。"他还说："我们必须学会改变自己，以适应命运将我们置入的环境，尽我们最大的努力去爱命运安排在我们周围的人们。无论什么闯入我们的命运，都必须学会欢迎它，而且劝说自己相信，无论在我们身上发生什么事，那都是为了我们有个最好的结果。"（《沉思录》）塞涅卡主张，保持内心安宁的一种方法，就是对发生在我们身上的事情采取宿命论的态度，把自己供奉给命运，"知道自己同宇宙一起漂流沉浮，对我们就应该是一个巨大的安慰"（《论天道》）。

斯多葛学派最重要的洞见可能就是意识到万物都具有明智的秩序，对种种事件都加以干预是不可能，也不可取的。塞涅卡的那句："你所碰到的一切事情，你都应该坦然接受，就好像它是你本来希望发生的那样。因为，如果你知道万物都是根据上帝的意志而发生的话，你就会渴望它的发生。"正是这一观点的注脚。

尽管如此，斯多葛主义者并不是漠然地坐在那里，顺从地等待命运安排的无论什么事情降临到自己身上。与之相反，他们辛勤劳作，努力让事情朝着自己希望的方向发展。该怎么解释这种言行上的矛盾呢？美国莱特州立大学的威廉·欧文教授给出了一个解释，即"区分对过去的宿命论和对未来的宿命论"。如果对未来持宿命的观点，那么一个人就不需要做任何努力了；如果对过去抱有宿命的观点，就不会沉溺于那些过去的、永远无法改变的事情。当然，未来会因我们当下的努力而改变，为未来而努力是值得的，"我们拥有的一切就是此时此刻"，这与佛教"活在当下"的观点相呼应。

斯多葛派哲学家所说的命运还可以理解为赫拉克利特的"逻各斯"，即普遍必然的客观规律，一个人应该认识它、遵循它、顺应它。顺应自然，服从命运，就是道德的生活，而道德的生活就是幸福的生活。晚期斯多葛学派所宣扬的"服从命运""忍受苦难"与新兴的基督教天国理想和救赎福音高度契合，斯多葛学派哲学因此成为基督教神学的重要思想来源。

第欧根尼：哲学江湖上的丐帮帮主

属于我们的那些东西，衣柜、书架、冰箱、抽屉，甚至房间……都被它们塞得满满的，其中有多少是我们真正需要的？我们是否已经在不知不觉中背负了沉重的负累？我们真正需要的是什么？既有的，该保留什么，舍弃什么？第欧根尼是个极端的例子，尽管现代人已经不可能去效仿他，但他的哲学和他的行为艺术足以发人深省。

第欧根尼的早晨

科林斯，紧邻雅典，是古希腊富庶的城邦之一。公元前4世纪的一个清晨，第一缕阳光如约而至。他打了个哈欠，眯缝起眼，抬起一只手缓慢地浑身上下抓了一阵痒，从地上爬起来，钻出"住所"。关于他的"住所"，史上有多种说法，有人说那是一只木桶，也有人说是一只破缸，我倾向于吉尔伯特·海特（Gilbert Highet）的描述，那不是木桶，因为木桶太贵了，那是一只裂了缝的被遗弃的泥瓮。他胡子拉碴的脸朝向太阳，伸了个拦懒腰，迈开赤脚走向不远处的佩瑞涅泉。泉水晶莹，他掬起一捧抹了把脸，蹲在地上开始享用早餐，那是昨日讨来的一小块面包和几颗腌橄榄。这样的早餐就是三两口的事，他再接一捧水把食物残渣冲下肚。他本来是有一只钵的，一日在河边见一男孩双手掬水喝，他意识到，那只钵也是多余的，于是把它丢掉了。除了那只破泥瓮，而今他的所有财产

第欧根尼：寻找真正的人（AI 图）

就是裹在身上的一袭破袍子，白天遮体，夜晚御寒。也许还应该算上一根棍子和一盏灯。

他，就是第欧根尼（Diogenes of Sinope，约公元前 404—约前 324），犬儒学派的代表人物，一位哲学家。哦，请相信我，他真的是一位哲学家。当然，你说他分明是个乞丐，也没有错，但与其他乞丐不同，其他乞丐是被动无奈，而他则是主动选择。第欧根尼出身富贵之家，父亲是银行家，他完全可以过上殷实富裕的生活，选择乞丐般的生活是要践行他的哲学理想。

第欧根尼的哲学

第欧根尼是犬儒学派最重要的代表人物。他衣衫褴褛地出现在科林斯街头，标志着古希腊哲学一改往昔自信与自恋的严肃面孔,出现了一个对着既有的人类文明做鬼脸的人。第欧根尼认为,人要选择与自然本性相适应的生活,放弃一切物质与名利的欲望。他放弃得过于彻底,以至于沦为乞丐。他嘲笑高贵的出身、显赫的声名、虚饰和庸俗的生活,声称自己跟赫拉克利特一样,热爱自由胜过一切。赫拉克利特是古希腊爱菲斯城邦的王子,放弃王位,放弃世俗的一切,离家出走,一心追求哲学。这样看来,他们还真是一对脾性相投的痴人,但犬儒学派的精神源头却在苏格拉底。

犬儒学派,是小苏格拉底学派的一个分支。苏格拉底死后,他的学生和追随者为免遭迫害纷纷逃离雅典,分散在各城邦继续传讲和发展苏格拉底的思想和哲学。他们对苏格拉底哲学的继承各有侧重,有的注重发展辩证法,有的侧重推展伦理学,形成了不同的学术流派,犬儒学派就是其中的一支。

犬儒学派,名称很特别。儒,总是和"雅"联系在一起,和"犬"并列成词算怎么回事呢?学派名称的由来传说有四。

一、该学派创立者安提斯泰尼曾在一个叫"白犬之地"的体育场讲学;

二、学派主张人应该过一种简单的、原始的生活,像狗一样;

三、主张人对内在的德性修养要保持像狗一样的敏锐;

四、热衷于如"犬吠般"地批判。这最后一条似隐含着反感和不敬。

犬儒学派的创立者安提斯泰尼(Antisthenes)起初是高尔吉亚的学生,后来转投苏格拉底门下。正因为如此,犬儒学派的哲学主张融汇了苏格拉底的伦理学与智者派的相对主义,把美德推进到了一种极致,即藐视一切社会习俗和道德规范,以自然本性来反对人为矫饰,并把这一主张落实到自身的行动中。安提斯泰尼并不拒斥政治,他认为:"人对待政治要像对待火那样,既不能太靠近,以免引火烧身;也不能离太远,以免受冻挨饿。"

犬儒学派的弟子们无论是外在的形象气质,还是内在的精神气质,都和苏格拉底很相似。苏格拉底外在不修边幅,内在高度重视德性修养,认为有德性的人不会受到伤害。这一观点稍加引申,便成为犬儒学派的核心主张:只要确保拥有德性,就确保拥有了善的生活,除此之外,世俗生活中的一切都是不必要的负累。苏格拉底游逛集市看到琳琅满目的商品时,曾感慨道:"这世界上居然有这么多我根本不需要的东西!"此言可以作为犬儒学派哲学的注解。安提斯泰尼也曾说:"当我想获得值得拥有的东西时,我不会去市场花高价购买,灵魂深处便是快乐的宝藏。"

尽管犬儒学派后世影响不大,但该学派却出了一位大名鼎鼎的行为艺术家,始终为后世津津乐道。他,就是执意要做乞丐的第欧根尼(约前404—约前324),也称西诺帕的第欧根尼。笔者送他雅号:哲学江湖上的丐帮帮主。历史上还有一位很有名的第欧根尼(Diogenes Laertius,生卒不详,约活跃于3世纪),是一位罗马哲学史家,著有《名哲言行录》。注意不要把二人搞混。

"丐帮帮主"第欧根尼,是安提斯泰尼的学生。据说,他曾斥责安提斯泰尼"太柔弱",而苏格拉底生活"太奢侈"。他把厌弃外在物质需求的学派主张发展到了极致。他认为神的特权在于一无所求,人之所求越少,越接近神的生活。那么,就不妨从社会生活中抽身而出,过一种自然的、简单的生活。犬儒学派的哲学主张为社会底层的穷人和境遇不佳者提供了一种精神慰藉。犬儒学派不是激发他们进行徒劳的反抗,而是鼓励他们学会在一无所有的情况下,保持怡然自得。

第欧根尼的那盏灯

犬儒学派的一众弟子尽管与世俗生活方式保持距离,但他们既非赫拉克利特那样的厌世者,也不是伊壁鸠鲁式的避世者;他们既不像印度的裸体智者那样隐居森林,也不像早期基督教的隐修者那样远居沙漠,他们依然选择了城市生活。他们出没于热闹的街市、体育场、剧场等地,目的在于向世人展示另外一种生活方式。他们的使命是移风易俗,帮助人们确立"真正的价值观"。

以第欧根尼为题材的后世艺术作品为数不少,无论是画作还是雕塑,第欧根尼手上大多擎着一盏灯。第欧根尼的这盏灯在哲学史上拥有一席之地。

《提灯的第欧根尼》,雅各布·约尔丹斯作品,1642年作

在第欧根尼的眼中，那些所谓的人，绝大多数"半死半活""半人半鬼"。于是他用一种行为艺术来唤醒人们：日光朗朗，他提着一盏点燃的灯穿过拥挤的街市，仔细观察途径的人们。当人们不解地问他，这是在干什么？他回答："我想看看，能否找到一个人。"

他这话的意思是，芸芸众生，德性配得上称为"人"的，实在是太少了。显然，第欧根尼作为人而存在，对于生存意义的追求是认真的，不会只把自己看作活着的动物，他认为需要思考人应该如何活着，才能配得上生而为"人"。他手中的那盏灯象征点亮智慧、探求真理。

第欧根尼的关切

"人"是第欧根尼关注的中心。没有"人"的世界一片荒芜。他认为，物质文明的进步刺激人们追求财富与感官享受，腐蚀了人的心智与灵魂。怎么办？向"人"回归。第欧根尼始终不忘自己的使命，督促、劝解、责骂遇见之人。重精神而非物质，由物质文明回归"自然"，是第欧根尼造就"人"所遵循的哲学路线。

19世纪的尼采曾以漫画般的笔触回应两千两百多年前的第欧根尼。他认为，"人"已不复存在，现代"人"只不过是些渺小者、疾病者、末人、劣人。对于"人"，已不是医治的问题，而是要重新塑造。尼采笔下的"狂人"也在大白天擎着灯盏寻找上帝，引来庸众的哄笑。鲁迅《狂人日记》中的狂人也是一种象征。历史上无数反抗旧传统、离经叛道之人都被视为狂人。世俗眼光中的狂人，从历史的大视野来看，往往是唤醒沉睡者、重塑麻木者的先知先觉之人。

"人"的生存状态、"人"的缺陷、"人"的权利、"人"的出路，始终是思想者们的关切。第欧根尼提出的"人自身的完善"，也将永远是人类需要面对的问题。

第欧根尼的需要

第欧根尼批判文明的矫饰和价值的伪善，主张放弃包括财产、婚姻、家庭、公民身份、学识、声誉等一切身外之物，声称不需要政府，也不需要既有的宗教，像狗一样，回归原始、简朴的生活，目的是追求内在的德性，获得真正的幸福。真正的幸福不需要财富、权力，因为它们都是稍纵即逝的东西。因此，即使你一无所有，也可以获得幸福。更重要的是，一旦获得了这种幸福，你就不可能失去它。

第欧根尼有一个与众不同的观点：普罗米修斯为人间盗来火种，并非造福人类，而是祸害人类。因为他把奇技淫巧带到人间，让生活变得复杂而累赘，是文明和堕落的始作俑者，所以普罗米修斯受到惩罚完全是罪有应得。这话第欧根尼不是说说而已，他的确是吃生肉的。对此，我个人无法接受，我觉得如果捉来一只野鸡，还是烤着比较好吃。另外，如果普罗米修斯没有给人间带来火种，他成天举着那盏灯招摇过市又有什么意义呢？

第欧根尼的价值

第欧根尼的行为艺术本身当然是有意义的，其意义不在于示范，而在于警醒。警醒人们反思究竟什么是真正有价值的东西，什么是真正的需要。

当我们回看"宁愿坐在宝马车上哭，也不愿坐在自行车上笑"的姑娘；当我们遇到视佩戴昂贵珠宝为成功标志的朋友；当我们被质疑手表、衣服、车子、化妆品不够名牌，也许只会付之一笑，内心生出一丝怜悯，却不会生起任何波澜，因为这一切都无法带来持久平和的快乐。比起世间的物欲奢华，真诚的友谊、智慧的增长、内心的强大、精神世界的丰富，对爱智者而言，更有魅力。对真善美的追求，对公平正义的悍卫，对多元世界的包容和爱……世上还有许多值得我们拥有的东西。

第欧根尼与亚历山大：谁是更优秀的行为艺术家？

第欧根尼与亚历山大大帝相见的故事，江湖上流传甚广。话说公元前336年，二十岁的亚历山大大帝挥师南下一举统一了希腊诸邦。这位年轻的征服者不愧是哲学巨匠亚里士多德的学生，他对希腊各城邦的文化及文化人很是敬重。听说有一位哲学奇人第欧根尼过着狗一般的生活，在好奇心加求知欲的驱使下，便想见识见识，当面领教他的学问。年轻的征服者派人传话给第欧根尼，请他前往马其顿会面。第欧根尼回话说："从马其顿到这里的路程，并不比从这里到马其顿更远。"亚历山大一听就明白了，非但没有动怒，反而激起了他更大的好奇心："好，那我就亲自走一遭，去会会这位奇人。"

那一日，第欧根尼栖身的广场上甚是热闹。一众士兵、侍从、文书、军官缓慢聚集，围拢在了第欧根尼的身边。第欧根尼的目光一一扫过，审视着这群陌生人，摇了摇头。他怎会把这些衣着光鲜、却把自由交在他人手上的帝王仆从放在眼里呢？

吉尔伯特·海特在《第欧根尼与亚历山大》一文中，为亚历山大大帝的出场做了如下铺垫："他已经相当成熟和睿智。他像所有的马其顿人一样豪饮，却从不失去自制而大醉；他在女人面前，既彬彬有礼，又显示出非凡的骑士风度；他像所有马其顿人一样好斗，却不是一部战斗机器，他善于思考。他从老师亚里士多德那儿

《亚历山大与第欧根尼》,尼古拉·安德烈·蒙肖作,1818年

学到了希腊文化的精髓,热爱诗歌,精通哲学,对政治的理解和权力的运用已然精深。"

在吉尔伯特·海特的描述中,这位征服者:年轻睿智、风度翩翩。这样的帝国君王谁不爱呢?难怪拿破仑也曾酸溜溜地说,亚历山大军事能力一般般,他牛就牛在拥有一种能赢得人民好感的能力。可是,对一位统治者而言,还有什么是比"赢得人民好感"更强大的能力呢?

亚历山大终于出场了:"他面庞俊朗、眼神炯炯、身躯健壮,着一件华贵的大氅,透着帝王之气,从分立的人群中间迈步来到第欧根尼的面前。"此时的第欧根尼正手肘撑地,半卧在泥瓮边晒太阳。接下来就是那段为人津津乐道的对话:亚历山大首先谦恭地开口:"我能为你做点什么吗,第欧根尼?"第欧根尼回答道:"是的,你可以。请靠边站,别挡住我的阳光。"

试想一下,一位新晋的帝国君王听到一个乞丐如此无礼的回答会作何反应？亚历山大大帝自然与众不同，这位血气方刚的年轻征服者果然如第欧根尼所愿，闪身一旁，在众皆错愕、尴尬沉寂的气氛中缓慢转身离开。

对于这则故事，众看官各有所感。有人拍手称快，认为第欧根尼道出了"我辈岂是蓬蒿人"的霸气；有人认为这是典型的第欧根尼式的行为艺术，以此证明他比亚历山大更富有、更快乐，因为他已经拥有了自己想要的一切；也有人认为，这是两种不同价值观的碰撞，是世界征服者与拒斥尘世价值观的哲学家面对面的交锋，代表着有史以来哲学家对世俗价值观最意味深长的藐视。

故事还没完。据说见面后，亚历山大对身边的人说："假如我不是亚历山大，我一定做第欧根尼。"这话该怎么理解呢？也许刚才的一问一答，众人只是看热闹，而亚历山大已有所领悟，他已然领会到了犬儒学派的要义，并在精神上与第欧根尼建立起某种默契。亚历山大曾在写给老师亚里士多德的信中说："我更愿意在对善的认识上取得胜利，而不是权力和领土。"可见，年轻征服者的内心有着常人无法想象的对善与幸福的深刻理解与渴望。

亚历山大大帝造访第欧根尼，照我看，也是一次行为艺术表演，是一次极为成功的政治家的自我形象塑造，其成功主要体现为四方面。

第一，成功制造热点。千里迢迢，皇帝来看乞丐，这事很稀奇，吊足了人们的胃口，而且故事流传了两千多年。

第二，塑造亲民形象。作为新晋帝王，他没有安坐于宝座之上，而是走入街巷，来到人群中间。对普通民众来说，"身边的帝王"带来的亲切感是"传说中的帝王"所不可比拟的。近距离接触民众，帮助他塑造亲民形象。亚历山大不仅亲民，还具有偶像潜质，他年轻，风采卓然。

第三，体现权力的谦逊。在与第欧根尼的对话中，他看似处于下风，为人戏谑，实则体现出了权力拥有者最难得的品质——谦逊。权力的傲慢随处可见，权力的谦逊却无比稀缺。

第四，俘获人心。亚历山大征服并统一了希腊各城邦，许多希腊人对他心怀不满，甚至仇恨，认为他破坏了希腊人的自由生活，担心伴随他征服而来的是希腊人的受奴役。此时，亚历山大需要一个机会来展现他对希腊文化和对希腊人的尊重。此行，毫无疑问，为他赢得人心加了分。果然是一位俘获人心的高手。

亚历山大与第欧根尼的见面，配合默契、一唱一和，是一场双赢的行为艺术表演。二者都是优秀的行为艺术家。就表演功力、应变能力、影响后续来看，亚历山大似乎略胜一筹。

最早的世界公民

犬儒学派的一众弟子坚守贫穷、放浪形骸。他们用极端的方式警醒世人反思既有的社会习俗和价值观。什么是真正有价值的东西？什么是真正值得拥有的东西？第欧根尼追问的是所有哲学家都在思考的问题。他发现人们总是执着于"表面上有价值的东西"，而不是"真正有价值的东西"。其实，衣冠楚楚与一丝不挂、熟食与生食、富人与穷人、社会与个人、希腊人与野蛮人、本邦公民与外邦人、自由民与奴隶、贵族与平民之间的区别，全无意义。只有真实价值和虚假价值的区别是唯一有意义的区别。也就是说，在他看来，人的所有外在差别全无意义。人生在世，唯一重要的就是过一种纯粹的、真正的、有德性的生活。这其中蕴含着一种人人平等的政治主张。

当第欧根尼被问及他是哪一城邦的公民时，他回答说："我是世界公民。"他只承认自己活在这个世界上。作为一个人、一个会思考的动物，追求动物一样顺从自然的自由生活，任何社会习俗、政治规则、城邦疆界，都不会成为自由生活的羁绊。

犬儒学派的蜕变

犬儒学派发展到后来有些变形走样。早期的犬儒学派宣扬友爱，追求德性，拒绝文明社会的诱惑，他们依据道德原则蔑视世俗观念；而晚期的犬儒学派仍然蔑视世俗观念，但却失去了其原本所依循的道德原则，进而对诱惑来者不拒。

失去了道德原则，也就无所谓高尚与否，"既然没什么东西是了不得的，那么也就没有什么东西是要不得的"。这种无可无不可的立场，导致对世俗观念满不在乎的同时，又毫无顾忌地去获取想要的任何世俗之物。至于"自然而简单的生活"，也发展成为对他人的苦难漠不关心。犬儒主义终于蜕变成为"玩世不恭""我行我素"的同义语。时至今日，"犬儒主义"已经蜕尽原有的理想主义成分，表达着对人类真诚的轻蔑不信，暗含着对他人痛苦的无动于衷。

在"犬儒"沦落的今日，我们追溯犬儒学派最初的思想内涵，慨叹第欧根尼的良苦用心，反思在物欲横流的世界中是否已迷失真我。第欧根尼的墓志铭有言："啊，冥府之神，请接受西诺帕的第欧根尼，他揭露了生活的全部虚荣。如今，他死了，成了众星中的一颗。"追寻理想路漫漫，需心无旁骛，轻装笃行。第欧根尼已化作天上的一颗星，指引人们走出浅薄，荡去浮华，不虑世情，不随浊流，回归真我。

西塞罗：自然法的理性之光

西塞罗（Marcus Tullius Cicero，公元前106—前43），罗马共和国杰出的法学家、演说家、哲学家。他凭借自己的能力，而不是出身，跻身罗马政治高层，这在当时实属罕见。他曾任总督、元老院元老、执政官，是一位有才华的政治家。有人在"有才华"的前面为西塞罗加上"最"，这是有争议的。西塞罗的胆略和魄力还欠

西塞罗：自然法的理性之光（AI图）

西塞罗大理石雕像，位于罗马旧司法宫前

缺了那么一点，否则恺撒死后的罗马，是帝国还是共和国，就在两可之间了，现在的历史书上可能也找不到屋大维等一众罗马皇帝的名字了。西塞罗一生倡导共和，反对独裁，好似为共和而生，最终为共和而死。在他身后，罗马帝国取代了罗马共和国。命运看似遗弃了他，其实并没有。两千多年来，西塞罗这个名字，从不曾被人忘记。

斥责喀提林：西塞罗人生的高光时刻

公元前 63 年 11 月 8 日，古罗马共和国元老院内，元老们悉数到场。阳光从议事厅窗口倾泻而下，照耀在场中央一位演讲者的身上。他声音洪亮，慷慨陈词。他，正是西塞罗，时任罗马共和国执政官。西塞罗正在质问一个人："喀提林啊，你要考验我们的耐心到什么时候？你难道不知道自己的阴谋已经败露？你难道不知道在场的各位元老都已经知晓？你昨夜在哪，干了什么？前夜干了什么？你集合了哪些人？你制定了怎样的计划？……"

西塞罗所指的事件,史称"喀提林阴谋"。喀提林,出身显赫而古老的罗马家族,但在公元前63年,他已几近破产,因为在此前两次罗马执政官的竞选中,他都以失败告终。罗马的竞选,跟现在的西方国家大选一样,很烧钱。政治高层的权力角逐在罗马是富人的游戏,失败者很可能债台高筑,而历史通常不会关注那些人数远超胜利者的失败者和破产者。喀提林不愿意成为被历史遗忘的失败者,他想闹出一点大的动静来。于是他铤而走险,联合了一众上层阶级的亡命之徒和一些心怀不满的穷人,在城外组建了一支军队,企图用武力夺权。他承诺,事成后取消所有人的债务,无论穷人还是富人。他还威胁要铲除头面政客,并将全城付之一炬。用现在的标准来看,"喀提林阴谋"可被称为"军事政变"或"恐怖主义行动"。

西塞罗,作为执政官,作为罗马城最高权力的核心,作为曾两次在执政官竞争中击败喀提林的人,首当其冲成为喀提林清洗的对

《西塞罗斥责喀提林》,切萨雷·马卡里作品,
1888年作,收藏于意大利都灵夫人宫

象。公元前63年11月7日，多亏内线提前预警，西塞罗躲过了一次暗杀。他决定翌日召集元老们开会，揭露喀提林的阴谋，于是出现了开篇的场景：西塞罗在元老院会议上痛斥喀提林。他言辞犀利且富于感染力。这位优秀的演说家在这次生死对决中，拿出了自己的看家本领，巧妙地融合了暴怒、愤慨、自责，以及确凿精准的事实细节，向喀提林投下了一枚枚重磅炸弹。尽管喀提林请求元老们不要相信这一切，并嘲讽西塞罗出身卑微，但他一定从现场的气氛中嗅出自己大势已去，连夜逃出了罗马。

这一经典场景被许多艺术家用画笔驻留在作品中，其中最著名的是意大利画家、雕塑家切萨雷·马卡里（Cesare Maccari）于1888年创作的《西塞罗斥责喀提林》，收藏于意大利都灵夫人宫。

这幅油画十分契合人们对"伟大罗马"及其公共生活的想象：恢宏、有序、优雅。但在剑桥大学教授、罗马史研究学者玛丽·比尔德的眼中，该作品对史实的呈现有硬伤，而且还不止一处。

1. 元老服饰：在罗马担任高阶公职的人所穿的托加长袍应为白色镶紫边，区别于普通成年公民的纯白色托加袍。而画作中，元老们的托加袍都没有紫边这一身份标识。此外，罗马执政官的托加袍与其他元老的托加袍又有不同，应为深紫色镶金边。时任执政官的西塞罗应着深紫色托加袍镶金边，而不是纯白色。

2. 人物年龄：西塞罗时年四十三岁，喀提林略为年长。画作中的西塞罗是白发老者，右下角一人独坐、垂头丧气的喀提林却成了黑发青年。

3. 墙面装饰：意大利北部的大理石采石场在这一幕历史瞬间上演的三十年后才被系统开采。当时罗马的大部分建筑用料为砖石。画作中的大理石装饰墙面过于超前了。

4. 参会人数：公元前1世纪中叶，元老院约有六百名元老，而画作只呈现了约七十人。

5. 会议地点：这次元老院会议在朱庇特神庙召开，该神庙议事厅为长方形，不是半圆形。

我们不必苛责马卡里，毕竟他是画家而非史家，他是在创作艺术品而非撰写历史书。但比尔德教授指出的几处"硬伤"仍有利于我们更为接近这段历史的真实细节。

西塞罗与喀提林之间的这场冲突，以西塞罗全胜、共和国被拯救而告终。西塞罗因此被尊为"祖国之父"。但比尔德教授提醒人们，西塞罗很可能夸大了"喀提林阴谋"的危险性。他需要在执政官任内做出一些轰动性的政绩，以确保政治地位，因此这场冲突可被看作不同政治立场和政治野心的碰撞，也是两个出身背景大相径庭的政治人物之间的交锋。

出身：不是决定政治命运的唯一条件

公元前106年，汉武帝刘彻五十周岁。庆生之时，百官朝仪，万民叩拜。他是西汉的第七位皇帝。为了巩固帝制，汉武帝削弱了丞相权力，施行"推恩令"，大大加强了中央集权。文化上，他采纳了董仲舒的提议——罢黜百家，独尊儒术。这一年，中国封建的专制统治在政治上和文化上都到达了前所未有的高度。同一年，在西方，一位一生致力于反对独裁、追求自由、倡导共和、传播文化的罗马人诞生了，他就是西塞罗。

西塞罗出生于罗马骑士家庭。在古罗马，骑士阶层处于贵族和平民之间，虽然比较富裕，但政治地位并不高，最多算政治新贵。想要跻身政坛有所作为，靠不了家世，只能凭自己的真本事，靠才华赢得民心和政治精英的认可。

西塞罗天赋异禀，少年时代就在朋友圈子里小有名气，小伙伴们的父亲经常来学校偷窥，只为瞧瞧传说中"别人家的孩子"，亲眼目睹小西塞罗的风采。西塞罗不仅聪明，也很幸运，他有一位有爱、有格局的父亲。父亲给小西塞罗讲《奥德赛》的故事，让儿子谨记做最勇敢的人，扬起头傲视一切。他也舍得在儿子的教育上花钱，遍请知识界有名望的人做儿子的老师，包括希腊诗人阿尔蔡司、哲学家菲朗、雄辩家莫朗等，甚至包括罗马执政官凯拉沃斯。凯拉沃斯精通罗马的历史和法律，还是一位坚定的共和派拥趸。西塞罗毕生捍卫共和，与这位老师的影响密不可分。

演说家：古罗马无人能驳倒之人

西塞罗三十六岁时在一桩财产纠纷案中做律师，与他交手的对方律师是当时罗马最著名的演说家霍腾西乌斯。法庭上，西塞罗凭借出众的口才、扎实的法律知识和无可辩驳的事实获得胜利，这使他在律师界崭露头角。

在罗马，从政之路要经历一个个台阶：财务官——营造官——大法官——执政官，一步步升迁。四十岁时，西塞罗成为大法官，这对于骑士阶层的人来说，几乎是从政的天花板了。但西塞罗并没有就此止步，两年后他参选执政官。尽管竞争对手都是贵族出身，政治资源比他雄厚得多，但当年的西塞罗似有神助，凭借时运机缘和雄辩的口才击败对手，荣登执政官之位。

西塞罗曾游学希腊罗德斯岛，拜师阿波罗尼俄斯（Apollonios），学习演说和修辞术。阿波罗尼俄斯对这个学生的才华赞叹不已："我赞美你，佩服你，西塞罗，我可怜希腊的不幸，因为我已经看出，我们剩下的一点好的东西——学问和口才，也由你带到罗马去了。"（《西塞罗传》）

《论演说家》是西塞罗的一部力作，著作自身不仅极具价值，作者本人也是一位出类拔萃的演说家。文中，他归纳和总结了各演说流派的修辞理论，并结合自己的实践论述演说的要义。开篇他写道："我坚信，没什么比用语言传达智慧、博得人们的好感和认同，把他们的思想引向你所希望的方向，或者把他们从你所希望的方向引开，更美好的了。"

西塞罗被后世奉为拉丁散文泰斗，开创了一种有汪洋之势、大气磅礴的文风。在他看来，演说本身不是目的，而是政治家的武器。演说是政治家表达思想的最佳方式。他极具雄辩力、震撼力的演说经常在元老院语惊四座。凭借雄辩的口才，他击败一个个政治对手，获得一次次政治成功。当时的人们感慨，西塞罗的一张嘴抵得上十万雄兵。

古罗马史学三大家之一，提图斯·李维（Titus Livius，公元前59—公元17），将西塞罗的著作列入儿子的必读书单。李维本人及其后的作家都受到西塞罗的影响，特别是塔西佗（Publius Cornelius Tacitus，约55—约117）。塔西佗的《演说家对话录》令人赞不绝口，其中明显有西塞罗的影子。古罗马演说家昆体良（Marcus Fabius Quintilianus，约35—100）更是声称："西塞罗，不是一个人的名字，而是雄辩的代名词。"

西塞罗的演说风格被称为"西塞罗文体"，被无数后人效仿。比如，在与喀提林的对峙中，他的经典开篇："喀提林啊，你要考验我们的耐心到什么时候？"只要把"喀提林"换做任意一个人的名字，都是一句有力量的口号。

共和国的执着守护者

公元前63年11月，就在西塞罗战胜喀提林，满怀胜利喜悦之时，一片小小的乌云从天边飘来。西塞罗根本没注意到它，这并不怪他，此时，全世界没有人注意到它。一个刚刚满月的小男婴正在母亲怀中酣睡。他叫盖维斯·屋大维（Gaius Octavius），就是日后大名鼎鼎的罗马共和国的终结者，也是罗马帝国史上的首位皇帝。小屋大维此时正啃着手指头，在睡梦中积蓄力量。

英语"共和国"（republic）一词，源于古拉丁语"res publica"，本意是公众之间协调关系，引申为事关全体人民的活动或国家事务，进一步引申为政治共同体或国家（《牛津拉丁词典》）。在西塞罗的词典里：共和国乃人民之公器，但人民不是个体的人随意聚合而成的集合体，他们需要对共同遵循的法律和共同享有的利益有共识，也就是法之共识、利之共享（《论共和国》）。

他分析国家的权力分配有三种方式：授予一人、选出多人、所有人共担，分别对应君主制、贵族制和民主制三种政体。然而，这三种政体都有着重大的内在缺陷。君主制的排他性，易演变为僭主制；贵族制易演变为寡头统治；民主制虽然表面上体现平等原则，但由于绝大多数人的非职业性和政治才能的缺失，他们手中的权力很容易被滥用，演化为极端民主，即暴民统治。西塞罗的政治判断与亚里士多德高度一致，但他们对最佳政治方案的选择并不相同。亚里士多德认为政治制度的明智选择是"有限民主"，西塞罗则主张"混合政体"。

请注意，在古罗马，政治家从不把"民主"作为口号，因为在当时的语境中，"民主"这个词更接近"暴民统治"。罗马人是为自由而战，而非为民主。西塞罗反对独裁的同时，也对民主政治保持警惕。

罗马有一个著名的四字缩写：SPQR。S 是 SENATUS 的缩写，代表元老院；P 是 POPULUS 的缩写（英文 people），代表人民；Q 是介词，对应英文 of；R 是 ROMAN 的缩写，就是罗马。SPQR 代表了罗马的贵族与平民之间的协调、统一、妥协，也就是罗马共合国的核心要义。时至今日，这四字缩写在罗马共和国广场上仍然随处可见。

西塞罗认为，罗马的执政官、元老院和人民大会，同时发挥作用，并相互制衡，既可以代表君主的权威，又能彰显贵族的集体智慧，还能将一些事务的决定权留给民众。三种政治因素组成的混合政体，就是他的理想政体。然而事实证明，这种混合政体难以维系。

罗马共和国后期，政治制度内部的深层次矛盾开始显现，恺撒独裁之势已成司马昭之心。西塞罗坚定地反对独裁，认为当国家政治自由时，共和国就会繁荣；当被暴力或独裁者控制时，共和国就会衰亡。此时，他不无悲伤地感慨："罗马共和国本是建立在古老的风俗和制度基础上的，随年代久远，那个如画般美丽的共和国已经逐渐褪色，事实上，早已被罗马人抛弃了。"（《论共和国》）公元前44年，当恺撒被赋予"终身独裁官"头衔时，罗马还勉强披着共和国的外衣，但西塞罗已经感觉到了共和国崩塌前大地的震颤："往昔，我以全部的关注、思考和辛劳为之奉献的共和国，已不复存在。"（《论义务》）但随后，出人意料的事情发生了。命运女神给了西塞罗一个机会，一个重新选择历史走向的机会。

恺撒之死：公元前44年3月15日

莎士比亚在《尤里乌斯·恺撒》中，将"恺撒之死"视为以自由之名对独裁者的谋杀："人们有时可以支配自己的命运：要是我们受制于人，亲爱的勃鲁托斯，那错处并不在我们的命运，而在我们自己。"莎翁的这句台词成为一面旗帜，高擎于此后反抗独裁的人们手中。

恺撒，在我的记忆中，是《圣经》上唯一与神并列的人的名字（恺撒的归恺撒，神的归神）。他作战英勇，战功赫赫；他宽宏大量，赦免过许多被他击败的对手，包括战场上的敌人、企图刺杀他的人和背叛他的人。西塞罗就曾反对恺撒独裁，成为恺撒政治敌对阵营中的一员，失败后获恺撒赦免，条件是退出政坛。这让西塞罗晚年有时间思考和写作。恺撒执政期间，改革历法，扩大罗马公民权，推行政府改革计划，在宏观和微观各层面规范罗马的社会生活。他是一位有胆有识、能文能武、魅力十足的政治家。那么恺撒究竟做了什么，让元老们如此无法接受，以至于刺杀他成为唯一的出路呢？

元老们曾对恺撒推崇备至，通过投票授予恺撒许多荣誉：以他的名字（Julius Caesar）命名七月（July），后来帝国的首位皇帝屋大维·奥古斯都（Octavius Augustus）也只排在恺撒的后面，命名八月（August）；恺撒是第一个活着的时候头像就被印在罗马钱币上的人，此前，罗马钱币上只出现过已逝英雄的形象；恺撒被允许在自己喜欢的几乎任何场合穿着凯旋装束，佩戴凯旋桂冠；承诺为他修建神庙和建立祭司团；他的雕像被放进罗马当时所有的神庙里；他的私宅用三角形山墙装饰，看上去如神明的居所——神庙。

公元前48年，元老院任命恺撒担任一年独裁官。独裁官是执政官、保民官等常设官职之外，罗马的一个非常设官职，在非常时期，由元老院授权给某位德高望重之人，超越贵族和平民阶层，大权独揽，提高决策效率，任期不超过六个月。在恺撒时期，六个月的任期限制显然已被突破。公元前46年，他又获得十年任期。公元前44年初，他成为终身独裁官。终身独裁官和皇帝之间究竟有

《恺撒之死》，卡尔·西奥多·冯·皮洛蒂作品，
1865年作，收藏于德国下萨克森州立博物馆

什么差别？实难分辨。加之，恺撒逐渐控制了罗马的民主程序。这一切，强烈暗示着"称帝的企图"。可是，这一切难道元老们不是助推者吗？难道不是他们一次次投票，把越来越大的权力赋予恺撒的吗？雪崩前的每一片雪花都不是无辜的。此时，这些脱不了干系的雪花摇身一变，成为正义的化身——独裁反抗者，连莎士比亚也要赞美他们。

公元前44年3月15日，在庞培所建的元老院新址，就在庞培的雕像前，心怀不满的约二十名元老亮出了藏在托加袍中的匕首，杀死了恺撒。有说约六十名元老参与了这起谋杀，其中一部分人采用积极或消极的方式给予支持。鲜血喷溅在雕像上。

刺杀暴君并不意味着摆脱暴政。紧随恺撒之死而来的，不是刺客们宣称的人民的自由、共和国的重建，而是漫长的内战和罗马帝国永久的独裁统治。

历史转折点：帝国，还是共和国？

尽管西塞罗对于恺撒的独裁倾向甚为痛心，但是他并没有参与这场刺杀行动。3月15日当天，他正在距离罗马十英里外的图斯库卢姆（今弗拉斯卡蒂）漂亮的私宅里写作。自从几年前被恺撒赦免后，他也信守承诺远离喧嚣的罗马政治，开启了退休生活，还迎娶了一位比自己小四十五岁的新娘。没错，他在年届六旬之时迎娶了一位十五岁的小新娘。他甚至已经不再关心每天从罗马传来的消息，因为他不再是一个政治家、雄辩家、人民利益的守护者，他只是一个哲学家、作家、自己意志的主宰者。然而，这田园诗般的生活在那年3月的一个中午戛然而止。一位送信人冲进他的书房，气喘吁吁地报告了恺撒的死讯。

西塞罗腾地站起来，脸色煞白。尽管他反对恺撒独裁，但他的内心深处敬佩这位见解独立、果敢智慧、拥有超强行动力和难得宽仁之心的统治者，恺撒是敌人中唯一值得他敬重的人。恺撒的死，令他痛心。与此同时，另一个声音在他内心深处升起：恺撒死了，共和国重建有望了！恺撒之死成就了最崇高的理念——自由理念的胜利！西塞罗很快从最初的错愕中摆脱出来，他明白了，在通向罗马自由的道路上，必须跨过这具独裁者的尸体。而向罗马人民指明这条道路的人，非他莫属。天赐良机，绝不能浪费。西塞罗立刻放下手中未完的书稿，赶回罗马城。他要拯救共和国。

当西塞罗赶到罗马时，地上还留有恺撒未干的血迹，他的周围是一张张迷惘惊慌和不知所措的脸。此时，他是唯一保持镇定的人："哦，我的人民，你们再次回归了自由！"他要求尽可能快地拯救共和政体，重建古老的罗马宪法。他不断警告，不断抨击，不断鼓动，不断演讲。然而，刺杀者们此时可顾不上共和政体，他们只想保命，想与执政官安东尼谈判，争取赦免。奥地利作家茨威格认为，如果此时西塞罗夺取政权，在混乱中重建国家秩序，不但不会有人反对，相反，所有人都会松一口气，因为他们等待的只是一个果断而勇敢地拉起恺撒扔下大双手丢下的缰绳的人（《人类群星闪耀时》）。

如果西塞罗这样做了，罗马史将被改写，西塞罗这个名字将作为罗马共和政体的拯救者，作为实现罗马自由的天才，载入史册。但是他没有，他退缩了，他惧怕由此引发的暴力，担心付出更多鲜血的代价。这千载难逢的历史转折机遇窗口就这样在犹豫中丧失了。西塞罗仰天长叹，他只能把罗马交给命运女神，再次退隐书斋。然而，覆巢之下安有完卵，他已经无法回归安稳的田园生活了。安东尼很快对共和派展开追杀，西塞罗的名字上了死亡黑名单。独裁者明白，没有谁比这位共和派的煽动家更危险。一年后，西塞罗惨死在追杀者的手中。

恺撒死后，罗马在动荡不安中迎来了一个新的权力争夺者——屋大维。二十岁的屋大维宣称自己是恺撒钦点的继承人。公元前42年元老院追奉恺撒为神明后，屋大维又以"神明之子"自居。在随后长达十年的罗马内战中，他成为最终的胜利者，开启了罗马帝国的序幕，并成为帝国的始皇帝。

自然法：神书写的法律

关于法律，从智者派、苏格拉底，到柏拉图、亚里士多德，再到斯多葛学派，各时代的哲学家都在思考。此前哲学家们的思考主要围绕人类如何制定善法，而西塞罗的创见在于，他指出法律是先验存在的，人类立法者的任务就是更好地模仿自然法，而不可以为了私利或为了讨好某一群体而制定恶法。

西塞罗的自然法，是超越任何民族、永恒不变的、普遍的法律，具有普遍性和永恒性，"因为它的书写者不是人，而是神"，因此它高于一切既定的、可变的法律。自然法思想成为人类近代法治社会的基石。1776年，当美国建国先父们在独立宣言的开篇写下"我们认为以下真理是不言而喻的：人人生而平等"时，他们每一个人心中都有一个西塞罗。

西塞罗自然法思想的出发点是普遍理性，每个人的头上都燃着一团"圣火"，即理性的火花。这是一个人的真实本性，是共同的人性。这种共同本性、普遍理性，用西塞罗的话说，就是法律的源泉。理性是成熟的、神奇的工具，帮助我们把握世界、把握自己，使人类有可能创建社会、制定法规、颁布法律。尽管原则上法律面前人人平等，但西塞罗承认，真正的平等在现实生活中并不存在。一个人是国王还是奴隶，是富裕还是贫穷，只能听凭命运的安排，并坦然接受命运的安排。人们只能尽可能有尊严地扮演分配给他们的角色。作为罗马社会中的有产者，西塞罗强调的是法律要保护个人财产，人们需要遵守契约。

自然法与罗马的国家法律性质不同，前者由神书写，后者由人制定。二者有时会存在矛盾，比如按照自然法，奴隶制不合法；按照罗马法，反对奴隶制不合法。西塞罗播撒下了一颗社会批判的种子。自然法与国家法的区别，也为日后划定教皇与皇帝不同的职责归属打下了理论基础。作为一门独立的学科，法理学的创立不是西塞罗一人之功，应归功于许多一流的罗马政治家的共同努力，比如罗马皇帝马可·奥勒留、元老院议员塞涅卡等，他们大多是斯多葛学派哲学家，拥有制定法律的丰富知识和实践。

折衷主义哲学家：罗马优秀的社科普及工作者

"你的功绩高于伟大的军事将领，扩大人类知识的领域比扩大罗马的疆域更可贵。"这是恺撒对知识的赞美，也是对知识的传播者西塞罗的赞美。西塞罗是希腊精神和罗马文化联结的纽带。他受柏拉图、亚里士多德、伊壁鸠鲁、斯多葛等各学派的影响，兼容并蓄各家之言，后世称其为折衷主义哲学家。他对古希腊各哲学流派，特别是亚里士多德后的各派哲学进行通俗化阐释，将希腊哲学家的著作译成拉丁文，并成功地传播给了同时代的罗马人。他用希腊精神拖动罗马战车，把庞大而无规制的罗马民众引入文明的轨道，捕捉到了很可能会在他们头顶上一掠而过的思想光芒，提升了罗马人的精神境界。

西塞罗思考的哲学主题大多涉及善的本质、道德准则、人的义务等伦理问题。他吸收多学派观点，但总体倾向于斯多葛学派。他认为，世间万物周而复始、生生不息，这种自然过程严格地依从自然法则的必然性。他称这种至高无上的力量为"神"或"自然"，可以将其理解为赫拉克利特的"逻各斯"。道德，在他看来，是人心与自然之间保持和谐的力量。因此，凡是顺乎自然的生活都是善的，反之都是恶的。西塞罗把这一原则应用于各种具体情形，比如他认为，仁慈、博爱、宽厚、同情、怜悯、尊重、体谅他人，乃自然赋予人的美德，所以我们应该善待他人，包括奴隶。善待奴隶，这在当时的罗马人看来是荒谬的主张。

西塞罗谴责战争为一种兽行，谴责罗马人的穷兵黩武和疯狂扩张，谴责行省的残酷剥削。他认为罗马对异地的征服，应该通过文化和道德感化，而不是刀剑。西塞罗的口号是："让武力屈服于托加。"（《论义务》）托加长袍，是罗马男子的标志性服饰，士兵不穿托加袍，此处"托加"象征和平。

西塞罗运用自己渊博的学识，对政治生活中的问题做透彻分析和系统阐述，对人生与人性做深刻反思，《论神性》《论法律》《论共和国》《论老年》《论友谊》《论义务》《论演说家》等名篇在他的笔下诞生。这些著作具有旺盛的生命力，被当作政治学、法学、哲学、伦理学的典范，影响延绵两千多年。

奥古斯丁在《忏悔录》中提及自己十九岁时接触到西塞罗的作品，称西塞罗的哲学劝勉改变了他。在《上帝之城》中，奥古斯丁大量引用了西塞罗的著作。文艺复兴和启蒙运动时期，西塞罗的思想风靡一时，影响了洛克、休谟、孟德斯鸠等思想家。美国的建国先父约翰·亚当斯、亚历山大·汉密尔顿等人也经常提及西塞罗，赞美他的观点。

友谊：仅次于美德

友谊，是个哲学家们都喜欢谈论的话题，毕达哥拉斯、亚里士多德、伊壁鸠鲁、塞涅卡等人都针对友谊发表过高论。西塞罗也著有《论友谊》，他提出，友谊是两颗心灵融为一体。一个人，他的真正的朋友就是他的另一个自我。如果生活中没有在朋友的相互亲善中所得到的安逸，还有什么意思？无论走到哪，友谊永远在你身旁。它无处不在，而且永远不会不合时宜，永远不会不受欢迎。对友谊破坏最大的是阿谀奉承和谄媚。它能完全摧毁真诚，而如果没有真诚，友谊也就徒有虚名了。友谊容不得半点虚假。

他进一步指出，谈论友谊需要预设一个前提，那就是德性。德性是友谊的前提条件，也是友谊的最好保障。友谊建立在对彼此德性的欣赏之上，心存诚善、平等相待、尊重对方、互相帮助、提点、扶持，成就彼此高贵的生命。维护友谊，需要避免功利。友谊不能靠利益或利用来维系，否则友谊就会变得脆弱，会因利益关系或利用价值的改变而解体。高贵的人自足自主，不依赖他人。因此，真正的友谊无关回报，只是一个发自心灵的自然而美好的情感,有了另一个同样美好的情感回应。西塞罗认为,友谊是不朽的诸神赐予人类的最好的、最令人愉悦的东西,是最合乎人类天性的东西,是仅次于美德的最伟大的东西。

美德第一,友谊第二。那么,爱情呢?西塞罗没有提及。在古罗马,女人的地位不比奴隶好多少,她们被看作丈夫的财产,没有公民权和政治权。婚姻的主要目的是得到"婚生子",婚生子将自动继承公民身份。在萨宾妇女的故事中,罗马最早的婚姻被描绘成为繁衍后代而进行的"合法强暴"。难怪爱情在古代轮不到排序,也很少有人赞美。美好爱情的存在,男女平等是必要的前提。

萨宾妇女的故事是艺术家喜欢的题材。传说罗马建城之初,性别比例失调,罗马人便跟邻邦萨宾人商量联姻,遭到拒绝。于是罗马人使用阴招,在一个盛大的宗教节庆日,将萨宾男人都请来罗马宴饮。待萨宾男人们烂醉之时,罗马人趁虚前往萨宾劫掠妇女。这个故事还有续集。萨宾人受辱岂肯善罢甘休,随后几年,萨宾人不断进攻罗马,要夺回他们的姐妹。但此时,她们已在罗马为人妻、为人母。在罗马人和萨宾人作战之时,这些被掳的萨宾女人从罗马城内冲出,企图阻止战争,因为这场战争无论谁胜谁负,她们都是无法承受的,一边是丈夫,另一边是父兄。两军最终达成协议,化干戈为玉帛,合二为一,形成最初的罗马民族。

年老:成熟的苹果

青绿的苹果很难从树上摘下来,只有熟透的苹果才会掉到地上。人生就像苹果一样,少年时的死亡,是受外力作用的结果,老年时的死亡是成熟后的自然现象。聪明的人应该平静地接受这一切,对自然宣战,无异于对诸神宣战。

诸神的存在,在西塞罗看来,是个哲学问题,与人生信仰、生活幸福密切相关。他认为只有傲慢的傻瓜才会认为世界上没有比他自己更伟大的存在了。世上必定有比人更伟大的存在，那就是神。与斯多葛派其他哲学家一样，西塞罗主张人应该顺从命运女神的安排。生老病死，是所有人的宿命，没什么可怕的。更何况，年老，是苹果的成熟阶段，芳香四溢，非常可爱。"即使有某个神明允许我返老还童，让我再次躺进摇篮里哇哇啼哭，我也会断然拒绝，因为我几乎已经跑完全程，确实不愿意再被叫回来从头再跑。"（《论老年》）

西塞罗在耳顺之年，写下《论老年》。这一阶段，他享受与朋友交谈，享受阅读写作，享受美食，享受户外阳光，享受小河边纳凉，享受树荫下散步，享受亲情温暖，而这一切都是身居罗马政治高位时的他无法享受的。书中他还写到了死亡："如果一个人活了一辈子还不知道死亡并不是一件可怕的事情，那他肯定是老糊涂了。"死亡无非有两种可能，一是灵魂彻底毁灭，二是把灵魂带到永生的境界，"如果是前者，我们完全无所谓；如果是后者，我们求之不得。"

面对年老、痛苦和死亡，人们发现，西塞罗的作品是一种安慰，或者几乎可以说是基督教智慧的源泉。文艺复兴时期的人文主义者彼特拉克（Francesco Petrarca，1304—1374）认为，西塞罗一直在教导人如何生活。他热爱西塞罗，并赞美他："你是生活的源泉，我们用你那源源不断的泉水浇灌我们这片草地；你是领路人，我们言听计从；你的赞美，令我们喜悦；你的名字，为我们增光添彩。"西塞罗对爱国、荣誉、友谊、文学的追求，对自由和自然的热爱，在随后的两千多年里从不乏知音。

西塞罗有两个愿望：一是在临死时，不朽的神明能够赐予恩惠，使他得以自由地离开罗马人民；二是只要为共和国建功立业，每个公民都可以大展宏图(《西塞罗传》)。第一个愿望,在我理解,是希望能够在神的指引下走向死亡,也就是自然而亡。这个愿望没有实现,他死于非命。第二个愿望是他的政治理想,共和国为公民提供大展宏图的舞台,而公民也为共和国的兴盛付出努力。这是一幅公民与国家和谐共生、相互成就的美好图景。可惜罗马共和国随他一起死去,这第二个愿望也成为泡影。然而,共和国的灵魂并没有死,西塞罗的思想也没有死。正如古罗马历史学家帕特尔库鲁斯(Velleius Paterculus,约公元前9—约公元31)所言:人类在大地上生息一日,光荣的西塞罗就一日不会从他们的记忆中消逝!

马可·奥勒留：沉思的力量

罗马的卡比托利欧广场（Piazza del Campidoglio）也叫市政广场，是罗马最著名、最美丽的广场之一。广场的所有细节及地面图样设计均出自米开朗基罗之手。广场正面是建于中世纪的罗马市政厅，当时为罗马元老院，两侧为建于16世纪的档案馆和建于17世纪的博物馆。广场的正中矗立着一尊铜像，便是罗马帝国最具传奇色彩的皇帝马可·奥勒留（Marcus Aurelius，121—180）。他右手前举，和通常罗马领袖雕像的手势一样，然而他们眼中的世界或许大不相同。广阔的罗马帝国疆域和统御帝国的至高权力，在他看来，与其说是渴求之物，不如说是一种责任。

权力与智慧集于一身

这尊雕像创作于马可·奥勒留在位之时，能够历经中世纪大规模破坏异教艺术品浪潮保留至今，据说缘于一场误会。当时激进的基督徒误认为这是历史上第一位尊崇基督教的罗马皇帝君士坦丁的雕像，否则它也无法逃脱图拉真和恺撒雕像的命运而化为灰烬。如今卡比托利欧广场上的马可·奥勒留骑马雕像是一尊仿制品。为了避免尾气污染、风吹雨淋等侵蚀，真品已被移到卡比托利欧博物馆室内。

马可·奥勒留是人类历史上唯一一位集皇帝与哲学家身份于一体的人，是斯多葛学派的代表人物之一。他身在御座上，戎马操

劳，心神却游走于旷远的宇宙天地间，在喧嚣中寻觅独处的宁静。作为皇帝，他勤勉为政，深受世人爱戴；作为哲学家，他追求德性，心怀的广度已经远超罗马帝国的版图。凡俗与世外、现实与梦想、短暂与永恒、喧嚣与沉静，他是诸多矛盾的完美集合体，散发出神秘的气息。

他的内心究竟是铁马金戈的战场，还是平静如水的湖面？身居帝国最高处，他如何内省与自我修炼？责任、宽容、正义、自制，如何与帝国至尊的身份相契合？当一个人集赫拉（权力）、雅典娜（智慧）与阿芙洛狄忒（爱与美）三位女神之青睐于一身之时，他治下的帝国究竟是怎样的世界？是否果真如柏拉图预言的那样，理想国降临人间？

天生的哲学家 or 注定的统治者？

马可·奥勒留，出生于显贵之家，祖父和外祖父都位高权重，是帝国政治圈中的核心人物。祖父三度任执政官，在《沉思录》中

马可·奥勒留：沉思的力量（AI 图）

马可首先感谢祖父："他让我学会了修身养性、明德惟馨的人生哲理"。外祖父卢修斯是当时罗马皇帝哈德良的密友。马可的父亲是罗马元老院议员，为人勇敢且谦逊，在马可三岁时意外身亡；母亲受过良好的教育，会说希腊语。罗马帝国时期的流行语言是拉丁语，只有贵族有能力聘请家庭教师学习希腊语，以便阅读用希腊文写成的古希腊典籍。马可与母亲很亲密，他曾回忆说："她教导我要敬畏上帝，要博爱，非但不能做恶，而且也不能心存恶念，要保持简单的生活，远离奢靡。"（《马可·奥勒留传》）母亲的这几句教诲几乎就是马可遵循一生的行动指南。

罗马贵族家庭非常重视孩子的教育问题，会为孩子精心挑选家庭教师。马可的启蒙老师是画家、斯多葛派哲学家戴奥吉纳图斯（Diognetus）。他少年时代的老师也大多是斯多葛学派的哲学家，如拉斯蒂克斯、阿珀洛尼厄斯、拉斯提库斯等。斯多葛派的哲学似乎与罗马人注重实践、性格坚强、崇尚理性的性格很契合，因此在罗马帝国时期备受推崇。这些斯多葛学派的哲学家向马可传授斯多葛派伦理，教他提升性情品格，保持理性和谦卑，学会尊重和宽忍他人，做事既要果断坚决，又要灵活应变。拉斯提库斯曾把爱比克泰德（斯多葛学派的代表人物之一，曾经为奴）的著作《论述》借给马可，其中的观点对马可影响至深。尽管身份地位处于当时罗马社会的两个极端，但马可与爱比克泰德的哲学观点几乎完全一致。对此，罗素评价说："尽管社会环境影响到一个时代的哲学，但是环境之影响于一个人的哲学却往往并不如我们想象的那么大。"（《西方哲学史》）

十二岁时马可已深深爱上了哲学，并且向往哲学家一瓢饮一箪食、返朴归真的生活。他穿粗布衣服，睡在地上。这听起来更像是犬儒派的生活方式。后来在母亲的劝说下，他终于同意睡回床上。收藏于卡比托利欧博物馆的少年马可半身像，大约就是他十几岁时的模样。他是一个可爱的男孩，头发卷曲，脸庞圆润，高挺的鼻子、大大的眼睛，透出沉稳、真诚和心底的一片澄澈，人见人爱，最重要的是他被哈德良皇帝看中，立为日后的帝国皇权接班人。

马可的外祖父卢修斯曾领着四岁的小外孙去见皇帝哈德良，哈德良很喜欢这个"庄重的小家伙"，把他抱在膝上久久不愿放下。小马可始终不离哈德良的视线，六岁时，哈德良让他进入帝国骑士团，七岁就读于罗马萨利圣学院，受封为古罗马战神祭司。马可十五岁时，经哈德良钦点，把储君卢修斯·维鲁斯（Lucius Verus）的女儿许给他做妻子。然而这桩婚事并没有成为现实。大约公元145年，马可二十四岁时迎娶了自己的表妹、当时的罗马皇帝安东尼·皮乌斯的女儿福斯蒂娜公主。

皇族婚姻大多不是郎情妾意的结果，而是基于政治层面的权衡与考量，马可也不例外，但幸运的是，他与福斯蒂娜的婚姻是快乐而幸福的。有传言说，福斯蒂娜风流成性，《马可·奥勒留传》的作者亨利·德怀特·塞奇威克认为，该传言不可考，应属谣言。马可夫妇一共生了十三个孩子，但只有五个活了下来，其中唯一的一个男孩名叫康茂德

少年马可·奥勒留半身像，收藏于罗马卡比托利欧博物馆

（Commodus），成为马可的继任者，也是罗马帝国历史上最糟糕的皇帝之一。

马可十六岁时，储君卢修斯·维鲁斯去世，马可的舅舅（也有叔父、姑父、姨父等说法）安东尼·皮乌斯（Antoninus Pius）被哈德良皇帝认作嗣子（儿子和继承人），附加条件是安东尼·皮乌斯也要认马可为嗣子。这意味着哈德良不仅指定了自己的继承人，也指定了继承人的继承人。这是罗马皇帝首次隔代指定继承人。可见哈德良是有多么看中和喜爱马可，他创新祖制，确保马可成为日后的帝国统治者。

内圣外王：哲人王终究未能缔造理想国

安东尼·皮乌斯皇帝即位时，马可·奥勒留十七岁，成为年轻

的储君。他并没有享受到多少同龄人的快乐和自由,他必须遵循皇储的金科玉律,"我在罗马,身上戴着金质镣铐,与囚犯无异。"(《马可·奥勒留传》)尽管如此,他仍然能够在"镣铐中"自得其乐,因为他是个爱书人,喜欢独处,在独处中与自己的思想为伴。他花了大量的时间学习希腊语,因为希腊语是哲学的语言,是他与爱比克泰德、伊壁鸠鲁、芝诺和柏拉图跨时空交流的语言。种种迹象表明,这一时期马可广泛阅读了希腊哲学,其中必定有柏拉图的《理想国》。

在《理想国》第五卷,柏拉图明确表达了他的"哲人王"理想:"除非哲学家变成我们这些国家的国王,或者我们目前称之为国王和统治者的那些人物,能严肃认真地追求智慧,使政治权力与聪明才智合而为一;那些得此失彼,不能兼有的庸庸碌碌之徒,必须排除出去。否则的话,对国家,甚至我想对全人类,都将祸害无穷,永无宁日。"

在现实世界中,距离柏拉图这一理想最近的就是马可·奥勒留。他一直在严肃认真地追求智慧,努力使政治权力与聪明才智合而为一。公元161年初,四十岁的马可·奥勒留登上了皇帝宝座,成为柏拉图设想中完美的"哲人王"。然而,哲学家与帝王合体的身份只是柏拉图理想国的一个前提,真正完美的、完整的理想国还需要在哲人王的统治下,实现人类社会持久的正义、幸福与繁荣。

马可很努力,他决心做一个好皇帝,造福罗马帝国百姓。执政后,他在完善照顾孤儿、保护儿童、改善奴隶待遇、选拔官员等方面立法;他对元老院表现出极大的尊重;他大幅减少帝国娱乐开支,改革税制,增加福利以接济穷人;他鄙视告密者,唾弃行贿者;他待人宽厚得体,既抑制人们的邪恶,又敦促他们向善,从而

《马可·奥勒留给饥民分发面包》,约瑟夫·玛丽·维恩作品,1765年作

使坏人变好,好人更好;他甚至隐忍少数人的傲慢和坏脾气。然而,所有这一切努力并没有带来帝国繁荣与人民幸福。

马可·奥勒留在位的二十年间正逢罗马帝国的多事之秋,水灾、饥馑、瘟疫、战乱接踵而至。作为皇帝,他尽心尽力地履行自己的职责,治理国家,消弭灾害,应对内忧外患。他曾被迫出售私人珠宝,筹款赈济灾民,还常常御驾亲征,前往边疆行省,扑灭各地叛乱。他生命最后十年的大部分时间都是在军营中度过的,最终病故于征途,时年五十九岁。

马可·奥勒留:沉思的力量 | 173

《沉思录》：沉思的力量

马可·奥勒留不可思议地在戎马岁月中完成了十二卷的哲学著作《沉思录》，为后人留下了宝贵的文化遗产，也为自己留下了两千年来远超皇帝的哲学家的英名。他的智慧好似一面镜子，让承受各种压力、心灵躁动不安的现代人直面世界的幻象，触摸自己的心灵。

作为一个斯多葛派的哲学家，马可崇尚的是"漠视外在的世界，完善内在的德性"。然而，命运女神却把他推到了皇帝的御座之上，他每天要面对的事务与他内心的追求相比，判若云泥。在结束了白天繁忙的军务、政务之后，夜深人静，马可的思绪常常飘出红尘外，抵达遥远的天际，思考宇宙和人生的终极问题。如何做一个正直的、高尚的人？如何在纷扰的世界中拥有恬静的心境？如何摒弃一切无用的和琐碎的思想，专注于思考善、思考光明磊落？如何成为一个高尚的人？这样的思考在血雨腥风的岁月中尤为珍贵。作为帝王，他并没有把自己可支配的时间用于肉体的欢愉。他抗拒人性的弱点，手持最高权力仍然保持谦恭，保持思想者的高贵，这是奥勒留的伟大之处。

《沉思录》是马可写给自己的书，是与自己心灵的对话，所以最初他为这本书起名为《给自己》。他在书中坦陈自己内心的苦恼，表达摆脱世俗纠缠、专注于心灵升腾的愿望。他承认，对"隐居于乡野、海滨或山林的生活"羡慕得要死，但是他也告诫自己："无论一个人退到什么地方，都不如退入自己的灵魂深处那样能获得更多的宁静并摆脱所有的烦恼。"可见，马可是依靠内心的哲学信念来对抗现实冲突的。

在《沉思录》中，马可以冷静而达观的姿态阐述了灵魂与死亡的关系，解析了个人的德性、解脱以及对社会的责任。他的哲学思想超越时空、民族、阶级、性别，直指人心。美国作家克里夫顿·费迪曼评价："它有一种不可思议的魅力，甜美、忧郁和高贵。这部黄金之书以庄严不屈的精神负起做人的重荷，直接帮助人们去过更美好的生活。"(《一生的读书计划》)营帐内，老皇帝坐在昏暗的灯光下，执笔诉说："我，作为安东尼的后代，我的国家是罗马；而我，作为一个人，我的国家是整个宇宙。"

罗素评价他是一个悲怆的人："在一系列必须加以抗拒的各种世俗的欲望里，他感到其中最具有吸引力的一种就是想要隐退去度一个宁静的乡村生活的那种愿望。但是实现这种愿望的机会却始终没有来临。"(《西方哲学史》)

康茂德：马可的败笔，帝国的悲剧

马可·奥勒留人生的最大败笔莫过于康茂德，他唯一的儿子，帝位继承者。电影《角斗士》中，康茂德无能、嗜权、杀父。无能是肯定的，嗜权也许是，杀父与史实不符。无论如何，有一点是历史公认的，康茂德是罗马帝国史上最糟糕的皇帝之一。问题来了，优秀的父亲为什么没能教育好儿子？为什么儿子如此不中用，却把帝位传给他，使帝国陷入更为深重的灾难？这是后世对马可·奥勒留的重要指控。以下尝试从三个方面来讨论这个问题。

原因一：人性难违，亲情难抑

前文提及马可夫妇一共生了十三个孩子，只有五个活了下来，其中唯一的一个男孩就是康茂德。作为父亲，特别是曾经痛失了八个孩子的父亲，马可对这唯一的一个儿子倍加宠爱珍惜，是很自然的事。马可年轻时，时常笼罩在失去孩子的巨大痛苦和阴影中，他的斯多葛哲学教他轻视得失，平静地接纳痛苦。虽然很难从脸上和举手投足间看出他的悲伤，但内心的苦楚却无法抑制，他在笔记中为孩子们祈祷。瘟疫中他失去了一个孩子，当听到有人说："为那些死于瘟疫的人们祈福吧！"马可反应强烈，潸然泪下。作为父亲，马可拥有一颗温柔的心，和天下所有的父亲一样，对自己的孩子怀有深沉的爱。

康茂德也的确是个可爱的小男孩，他很漂亮，有着迷人的金发。在儿时，马可常叫他"我军中的小伙伴"，拉着他的手，把他介绍给众人，并引以为豪（《马可·奥勒留传》）。

原因二：随性宽容，健康就好

马可是一个自律的人，但他宽以待人是出了名的。公元175年，他率兵深入日耳曼时，东部诸省流言四起，风传他已身故，东部总督卡西乌斯（Avidius Cassius）信以为真，自立为帝。马可虽然痛心，但表示愿意让位，以避免内战。当马可仍然健在的确切消息传回东部后，叛军将领纷纷倒戈，卡西乌斯被部下刺死。马可回到东部，叛军献上卡西乌斯的头，马可不受，并拒见使者，他说："我很遗憾，竟得不到宽恕他的机会。"随后，马可赦免了卡西乌斯的家族人等，并销毁了一切与叛乱有关的文件，以免牵连更多的参与者。

他宽容的美德同样体现在对子女的要求上。《沉思录》中他写道："感谢神明，我的孩子们都不愚笨，体格也没有缺陷。"健康，看似是马可对孩子们的所有期待。这恐怕与他的孩子多数夭折有关，但这样的要求对于储君而言，未免太低了。

公平地说，马可在康茂德的教育上花了不少心思。他为儿子聘请名师，把儿子送到日耳曼前线经受锻炼，让他在军中积累声望；他确保儿子不结交坏朋友，周围的人都没什么坏心眼；儿子看起来没沾染什么恶习；儿子处理过的政务看起来不差，甚至有一些还可圈可点；儿子还很年轻，勤奋不在一时，慢慢来，只要健康，其他的总会慢慢长进。

原因三：继位之时，"还不坏"

马可·奥勒留是罗马帝国"五贤帝时代"的最后一位皇帝。前几位皇帝都没有自己的亲生儿子，所以不得不从家族或姻亲中选择嗣子继位。马可很幸运（不知这是帝国的幸运还是不幸），有康茂德这个亲生儿子，让儿子继位符合祖制。问题在于这位接班人有点糟糕。

马可若在天有灵，或许会这样为自己辩解："我从来没有想到，我的儿子会那么糟糕。尽管他年轻，受到的诱惑也不少，有时摇摆不定，但我把帝国交给他的时候，他还是不坏的。"的确如此，康茂德变坏已经是他接手帝国之后的事了。让马可预知身后事，的确是为难他了。

康茂德继位之后的表现岂止令人失望，可以说是他开启了罗马帝国灭亡的引擎。究其原因：首先，康茂德是马可唯一的儿子，帝位唯一的继承人，没有竞争对手，也就没有危机意识和进取精神，导致其治国能力和道德修养都很欠缺。其次，能力欠缺怎么治国呢？懒政、怠政，是他的应对之策。那么多头疼的事有人代管就好了。当然，乐意帮他这个忙的人大有人在。这也导致了大权旁落。第三，康茂德的姐姐露西拉策动了一次刺杀行动，想做帝国的女皇，但没有成功。此事极大地刺激了康茂德，他对身边人的不信任与日俱增。第四，多疑、不自信，加之易受人蛊惑，使康茂德走向极端。统治后期大开杀戒，成就了暴君之名。第五，与元老院交恶。身为皇帝，却得不到罗马贵族和元老院的支持和信任，这孤家寡人的皇帝还怎么当？索性血洗元老院，当道者，死。康茂德最终也死于非命。

可怜马可·奥勒留一世英名，尽毁于儿子康茂德之手。更要命的是罗马帝国本已内忧外患，国运在飘摇之中，哪经得起这等折腾，帝国命数几尽。

金苹果的困惑：三女神合力，亦无法造就人间天堂？

回到开篇的那个问题，集赫拉（权力）、雅典娜（智慧）、阿芙洛狄忒（爱与美）三位女神之青睐于一身的人，如马可·奥勒留，究竟是否注定成就惊天伟业，造福万民？很遗憾，历史给出的答案是否定的。尽管马可·奥勒留拥有至高的权力，拥有无可挑剔的智慧和品德，拥有诗人和画家的才情与修养。就一个人而言，他接近完美。但是，完美的马可没有创造完美的人间。他治下的罗马帝国日渐衰落，他去世后，五贤帝时代终结，帝国辉煌已成追忆。所有的一切，时也，运也，命也。马可·奥勒留彻底击碎了柏拉图"哲人王"的梦想。

回看马可·奥勒留的历史形象，他的身上笼罩着悲剧色彩。作为一位斯多葛派哲学家，他的哲学思想是悲观的；作为一位帝王，他始终勤勉努力，但并没有如众人和众神所盼，带来帝国繁荣，这的确是一幕悲剧。在他身上，哲学家的标签远比皇帝的标签更加夺目耀眼，因为他骨子里是一位哲学家。他内心所向往的，不是皇帝宝座，而是宇宙公民，因为那才是合乎自然的生活，是毫不虚矫的庄严。他对世间事看得透彻：

世间事，稍纵即逝！

对宇宙而言，

事物的本体，瞬息，消失不见；

对时间而言，

事物的记忆，模糊，直至彻底遗忘。

世间所有可感知的事物啊，

无不具有这样的特性。

即使那些带有快乐的诱惑，
或带有恐惧的痛苦，
以及那些所谓的闻名海内外的虚名，
无不如此。

一位已拥有了一切的帝王的悲观比起普通人的悲观，更加铭心刻骨和无可救药。他早已看破红尘，人生瞬息明灭，还有什么不舍抛弃，还有什么值得奋斗，还有什么不能超脱？命运既不能反抗，也不应该反抗，一切都顺其自然，安于现状。他悲观的、诗意的哲学思想，成为了基督教彼岸福音前奏中的一个音符。

皮浪：怀疑也是智慧

黑格尔曾说："在怀疑论面前，人们怀着很大的敬意。"对怀疑，我们一点都不陌生。小时候调皮挨打，怀疑自己不是爸妈亲生的，是从垃圾箱里捡来的；上学时怀疑时间分布不均匀，下课过得太快，上课过得太慢；高考那年怀疑自己得了嗜睡症；上了大学怀疑自己无法实现拯救全人类的梦想，世界太大，自己太无知；听说了富人的"小目标"之后，怀疑"我命由我不由天"是瞎扯；失恋时，怀疑爱情；受挫时，怀疑选择；完不成任务时，怀疑自己的能力；看完《黑客帝国》，怀疑自己身处虚拟世界……简言之，怀疑是对确定性的质疑：果真如此吗？是否还有其他版本的答案呢？

无需怀疑的是，所有人都和我们一样有过怀疑。包括那些最聪明、最善于思考的哲学家们。事实上，他们对世界、对既有的观点主张、对人的认知能力，有更多的怀疑。从古希腊到近现代，从皮浪、卡尔内亚德，到蒙田、笛卡儿，到休谟、康德，到胡塞尔、维特根斯坦，怀疑的历史和哲学的历史一样长。

怀疑论：为什么我们无法获得确定的知识？

怀疑论时而像幽灵一样游走于各大哲学流派之间，对那些独断性的观点进行极具杀伤力的质疑和批判，时而回眸对那些困惑的哲学家莞尔一笑，轻轻吐出一句："这不怪你们，一切不可知，你们

皮浪：风浪中保持内心的宁静（AI 图）

不能够。"来复习一下高尔吉亚的三个命题：1. 无物存在；2. 如果有物存在，也不可知；3. 即使可知，也不能把这样的知识告诉别人。三个命题，三句话，告诉我们，人无法认识任何东西（参见本书《高尔吉亚篇》）。普罗泰戈拉也曾说："关于神，我既不知道他们存在，也不知道他们不存在，也不知道他们在形式上是怎样；因为阻碍认识的东西有很多，认识是不确定的，人的生命是短促的。"（参见本书《普罗泰格拉篇》）高尔吉亚和普罗泰戈拉是怀疑论的思想先驱，他们的观点体现出怀疑主义的态度和不可知论的特征。

皮浪（Pyrrho of Elis，约公元前 360—前 279），怀疑论的创始人。他并不主张人无法认识任何东西，而是主张人无法通过现象认识事物的本质。人们能做的只有不断地探索，并且不采取任何确定的立场。该怎么理解皮浪的这一主张呢？首先来梳理一下怀疑论的思想脉络,了解他们的五大基本判断,这是怀疑论主张的前提(参见希尔贝克《西方哲学史》)。

第一,"感官,并不提供确定的知识"

人若依赖感官认识世界,就常常会被欺骗,因为感官受各种因素的影响。比如,判断问题时,头脑是不是清醒,有没有喝醉;看山色美景时,是云雾缭绕还是碧空如洗;感知冷暖时,穿的衣服是多还是少;观察漂亮姑娘时,从前面看还是后面看。你举手说:我不同意!我可以前前后后左左右右全方位观察漂亮姑娘;我可以在睡眠充足、头脑清醒的时候思考问题;我还可以在空气通透时游山玩水看风景,这样就没有东西干扰我的判断了!不幸的是,即使这样,你的感官也会错误地告诉你,地球是不动的,太阳、月亮和所有的星星都围着你转。

尽管现象和本质是有关联的,但怀疑论者认为,人们无法摆脱感官困境,总会有东西对你的判断产生干扰和制约,所以对现象的认知是一种有缺陷的认知。正所谓"横看成岭侧成峰,远近高低各不同",人类要认识事物的本质是无能为力的。

第二,"归纳不是有效的推理"

归纳是从有限的事例推论出该属性的全部事例。比如,爸爸爱我,妈妈爱我,爷爷爱我,奶奶爱我,姥爷爱我,姥姥爱我,所以全世界的人都爱我?事实并非如此。再比如,我见过的大熊猫都有黑眼圈,所以所有的大熊猫都有黑眼圈。事实上,大熊猫有白化现象,纯白没有黑眼圈也是有的。因此,归纳不是一种有效的推理。

第三,"演绎并不产生新的知识"

演绎是从给定的陈述出发,遵循一定的规则,推出一个特定的陈述。三段论推理是演绎推理中的一种模式,它包含一个一般性的原则（大前提），一个附属于大前提的特殊化陈述（小前提），以及由此引申出的结论。比如，鸟都会飞，麻雀是鸟，所以麻雀会飞。但是，这一演绎的结论中并没有新的知识产生，因为鸟都会飞这一前提中已经包含了作为鸟的麻雀会飞。

第四，"演绎不能证明它们的前提"

演绎通常把自己的前提确定为理所当然，但事实上，这些前提本身是未经证明的，是值得怀疑的。比如，老师都是对的，我是你的老师，所以我是对的。

这时候你就可以发问了：为什么"老师都是对的"？

好，我来证明。因为知识分子都是对的，老师是知识分子，所以老师都是对的。

你又可以发问了：为什么"知识分子都是对的"？

好吧，虽然我耐心有限，但还是给出证明。因为读书多的人是对的，知识分子读书多，所以知识分子是对的。你继续发问：为什么"读书多的人是对的"？

我的脸色已经相当难看了，该有的矜持也绷不住了："你还有没有完？教室后面罚站，面壁思过去！"

其实，真正应该面壁思过的人是我，我的学生揭示出了一个怀疑论的重要前提，即演绎不能证明它们的前提。如果试图证明这个前提，那么就会为这个前提设置新的前提，如此陷入证明前提的无限过程中。

皮浪头像

第五,"互相冲突的意见有同样好的理由"

比如在一堂辩论课上出三组辩题:

"人之初性本善"vs"人之初性本恶"

"不以成败论英雄"vs"成王败寇"

"成大事者不拘小节"vs"一屋不扫何以扫天下"

正反双方的辩手们都有理有据,阐述各自观点,给出了相当不错的理由。可见,"相互冲突的意见有同样好的理由"。

对此,皮浪深有体会。他曾经作为卫兵,跟随亚历山大大帝东征,一直抵达印度。他亲眼目睹了不同地域的巨大差异,深刻感受到人类思想文化的多样性。一地民众深信不疑的事,另一地民众则完全不相信,而他们给出的理由听起来都很有道理,无从判断孰是孰非。早于皮浪一百二十多年的普罗泰戈拉就曾提出:"每个问题都有两个相互对立的说法。"(参见本书《普罗泰格拉篇》)怀疑论者吸纳了这一观点,并有所发挥。

总之,怀疑论者认为感觉和理性都靠不住,感觉会欺骗我们,理性又试图把它所获得的抽象的东西当作普遍的和确定性的真理,怀疑论对此表示怀疑,因而主张我们无法获得确定性的知识。

基于此,高尔吉亚的结论是"我们无法认识任何东西"。而皮浪质疑道:"老高,你这个结论是个确定性判断,你的观点和结论岂不是自相矛盾吗?照我看,唯一站得住脚的立场就是不做任何判断,不采取任何立场。"这就是怀疑论著名的"悬搁判断"。正当皮浪得意洋洋,自以为提出了一个再无人能驳倒的观点,准备回家喝酒庆祝时,尴尬的事情发生了:该先迈哪条腿呢?决定先迈任何一条腿都是一个确定性的判断。若将悬搁判断付诸实践,就回不了家了。怀疑论者发现自己在认知和实践上无法自恰,陷入困境。

怀疑论者如何处世：哲学的归哲学，实践的归实践

两千年后，18世纪的怀疑论者休谟给皮浪老先生提供了一个解困的方案。他认为：怀疑论原则在学院里可以获得繁荣和胜利，一旦离开其庇护所，触动情绪和感觉的客观对象，它们立刻就会烟消云散，并且使怀疑论者和凡夫俗子没什么两样。因此，怀疑论最好保持在适当的领域中（休谟《人类理解研究》）。休谟的意思是说，怀疑论者的日子该怎么过还怎么过，想迈哪条腿回家，也随意。不妨让理论与实践相分离，哲学的归哲学，实践的归实践。

王守仁老先生（比休谟早出生二百三十九年）如果听了晚辈休谟的主张，会表示不认同：这"知"和"行"呢，照我看呢，是要"合一"的。知中有行，行中有知，二者不能分离，也没有先后。否则，知不是真知，而是妄想，行不是笃行，而是冥行。

那么，两千年前，皮浪究竟是怎么回家的呢？他在日常生活中又是怎么做的呢？传说皮浪坚持知行合一，在日常生活中也保持悬搁判断，以此达到"不动心"的心灵宁静的境界。朋友掉进沟里，他视若无睹地走开；站在马车飞驰的道路上，他一动不动。他的生活里充满危险，朋友们只好时刻跟着他，以便随时把他从危险中解救出来。这个传说的可信度很低，因为若果真如此，皮浪应该很难长寿，而他却活到了九十岁。

很多人误以为皮浪所指的"不动心"是指心中没有任何波澜的绝对平静。以上传闻就是基于这种误解的演绎。事实上，皮浪是反对绝对化的。他所指的"不动心"并非不受任何外物干扰。人们受到的困扰通常有两种：一是感受本身，如饥渴、冷暖等，二是人在这些感受上附加的负面情绪。怀疑论者拒斥的应为第二种困扰，避开了不必要的负面情绪就避开了更多的烦恼。皮浪的"不动心"并

非铁石心肠，也不是无动于衷，和普通人一样，他也会感受到外物的困扰，不同的是，他能以一种超然的心态来面对，保持心灵的宁静。

悬搁判断：保持心灵的宁静

怀疑论、伊壁鸠鲁学派、斯多葛学派，并称为晚期希腊哲学的三大学派。尽管主张各不相同，但这三大学派的主旨目标是相同的，即从个人的立场出发，思考人与世界的关系，通过顺从命运、接受个人处境，在乱世中求得个人的幸福，保持心灵的宁静。皮浪追求心灵的宁静，与伊壁鸠鲁学派和斯多葛学派的途径不同。他发现了一颗灵丹妙药——悬搁判断。

起初，怀疑论者和其他学派的哲学家一样，真诚地希望通过在各种分歧中做出是非判断，获得幸福，达到心灵的宁静，但最后发现，这实在做不到。古往今来，人们对各种问题争论不休，永远无法达成统一。人的烦恼来自总是要做判断，也就是追求确定性的知识和真理。但追求那些确定性的东西，不但不能帮助人们获得幸福，反而会给人们套上枷锁，因为每当你做出一个判断，必定会有一个与之相反的观点冒出来搅动心灵。要避免这样的痛苦怎么办？搁一搁吧，睡个觉再说。悬搁判断，本来是个无奈的选择，没想到无心插柳，哲学家竟然就此体验到了一种求之不得的心灵的宁静。皮浪的原话是："最高的善就是不作任何判断，随着这种态度而来的就是灵魂的安宁，就像影子随着形体一样。"（《西方哲学原著选读》）

在这一问题上，庄子的观点与皮浪很相似。庄子有云："计人之所知，不若其所不知；其生之时，不若未生之时；以其至小求穷其至大之域，是故迷乱而不能自得也。"（《庄子·秋水》）意思是，以人生之短暂、理性之有限，妄图去求索万物之究竟，实在是太自不量力了。如果勉强为之，就只能陷入迷乱，无法安宁。神奇的是，庄子和皮浪解决问题的办法也如出一辙。在《庄子·内篇》的第二篇《齐物论》中，他写道："是以圣人和之以是非，而休乎天钧，是之谓两行。"意思是，所以圣人在是非面前保持中立，悠游于自然而均衡的境界中，这就是物我两行，各得其所。此外，在庄子看来，人生的最高快乐——至乐，只能通过复返大道来实现。而复返大道需要不为外物所动，保持空灵明觉之心。这实际上就是"不动心"的处世方式。皮浪（约公元前360—前270年）与庄子（约公元前369—约前286）的生卒年也极为接近，他们几乎是同时思考同样的问题，给出了同样的答案。

皮浪的小猪：你快乐吗？我很快乐

如何在乱世中保持心灵的宁静？皮浪的答案是，悬搁判断。皮浪还非常直观地给人们设立了一个典范：暴风雨中安静吃食的小猪。据说有一次皮浪和朋友们一起乘船出海，途中遭遇暴风雨，所有的人都惊慌失措，四处躲避却毫无用处。此时唯有皮浪泰然自若，他指着船上一只正在吃食的小猪对朋友们说："智慧的人就应该这样处乱不惊。"

穆勒说过一句话："做一个不满足的人，比做一头满足的猪好。"（穆勒《功利主义》）吃食的小猪自然是无知无畏的，而怀疑论者则是通过缜密的哲学思辨，通过悬搁判断，达到"不动心"的境界。借用宋代禅宗大师青原行思的三重境界，起初"见山是山，见水是水"，而后"见山不是山，见水不是水"，最终"见山还是山，见水还是水"。怀疑论者应是达到了最后一重境界。

怀疑论:做探究者,而不是独断者

怀疑论是帮助人们获得心灵宁静的人生哲学,也是哲学家自身面向真理的不懈思考和探究。"怀疑"一词在希腊语中的原意是"探究"(skeptikoi),而希腊语中的怀疑者(skeptikos)与思考者、探究者同义。在第欧根尼·拉尔修看来,怀疑者是指永远地探究,但从未发现任何结论的人。可见,怀疑论的怀疑是一种为寻求真理而坚持不懈的探索。在这一探索过程中,时常处于存疑状态,于是在肯定与否定之间悬搁判断,不做任何结论。

与怀疑论相对的是独断论。那些声称自己发现了现象背后的逻各斯,掌握了真理的人是独断论者。黑格尔认为,逍遥派(亚里士多德学派)、伊壁鸠鲁学派和斯多葛学派都属于独断论。尽管怀疑论者并不否认人感知和经验到的现象,但他们认为人的认知能力止步于现象,人无力认识到现象背后的事物的本质。正如公元2世纪的怀疑派哲学家塞克斯都·恩披里柯(Sextus Empiricus)在《皮浪学说概要》开篇所指出的:"古代怀疑论者从未宣称事实就是如此,而是说事实对他来说呈现如此。"

独断论者说:蜂蜜是甜的。

怀疑论者说:蜂蜜只是吃起来感觉有点甜,它实际上是不是甜的,值得怀疑。

伦理方面也是一样,皮浪说:"没有任何事物是美的或丑的,正当的或不正当的,这只是相对于判断而言,只是人们按照风俗习惯来进行一切活动。每一个行为都既不能说是这样的,也不能说是那样的。"(《西方哲学原著选读》)

独断论者说:这个姑娘是美的。

怀疑论者说:这只是基于你的审美判断,这个姑娘究竟美不美，值得怀疑。

独断论者说：这个是对的。

怀疑论者说：这只是基于你的道德判断，它究竟对不对，值得怀疑。

怀疑论者并不断定独断论是错误的，否则他们自己也会陷入独断论。他们反复地追问独断论通过什么方法来确定现象背后的必然性。是根据感觉经验吗？如果独断论者回答"是"，那么怀疑论者会说："感官并不提供确定的知识。"是根据演绎推论吗？如果独断论者回答"是"，那么怀疑论者会说："演绎推理不能证明它们的前提。"此外，独断论者给出的所有判断，怀疑论者都可以给出相反的判断，并提供同样好的理由。请注意，怀疑论者提出相反的判断，并非赞同这个相反的判断，只是以此说明独断论者的判断是有问题的，是值得怀疑的。

怀疑论者所进行的探究是一种开放式的、发散式的思维活动，而不是封闭式的。对于独断论者来说，已经获得了事物的"知识"，探究的目的已经达到；而对于怀疑论者而言，真理还未被发现，探究的动力依然存在。

怀疑论者作为冷静的观察者、评判者、探究者，对形而上学的可能性与可靠性进行考察和批判。他们追求的是一种维持与一切形而上学进行对话的能力和智慧。马克思评价说："怀疑论者是哲学家中的科学家。他们的工作是收集各派哲学的主张，然后进行比较、分析和批判，提出质疑，揭露出矛盾和对立，而自己并不建立任何结论。"（马克思《关于伊壁鸠鲁哲学的笔记》）马克思并不认为怀疑论走的是折衷主义的中间路线。他指出，怀疑论是一种方法论，通过建立反题，使正反题之间形成均势，揭示出原题的缺陷和漏洞。

20世纪美国哲学家理查德·罗蒂（Richard Rorty）把哲学分为两种：一种是建设性的，以知识论为中心，是"系统的"哲学，即传统的形而上学；另一种是反驳性的，以怀疑知识论为出发点，是"教化的"哲学，即批判形而上学的元哲学。怀疑论哲学属于后者，他们只批判，不建构。能否应对怀疑论的质难，是检验一种认识论理论，甚或一个哲学体系是否合理的重要标准。

补记1：先生看了初稿，感慨道："怀疑论是宽容的基础，是谦卑的由来。怀疑的反面是傲慢与偏见，许多人间大的灾难都是坚信造成的，比如纳粹。"

补记2："互相冲突的意见有同样好的理由。"

导师推荐了一本书《上帝的错觉》，作者理查德·道金斯，我喜欢他的另一本书《自私的基因》，也喜欢他一贯的严谨、理性的学术态度。书中讲到美国制宪元勋之一托马斯·杰斐逊的信仰问题，认为杰斐逊是不折不扣的无神论者，并给出了有力证据——杰斐逊曾宣称："谈论非物质存在就是在谈论不存在的东西。说人的灵魂、天使、神是非物质性的存在，就等于说它们是不存在的东西。除非陷于梦和幻觉的万丈深渊中，否则，我就没有理由谈论这些……那些存在的东西已经令我满意，足够令我追求了，我不想让那些或许真的存在但我毫无证据的东西来折磨或困扰我。"（《上帝的错觉》第27页）

杰瑞·纽科姆博士在《圣经造就美国》一书中给出同样有力的相反的证据。那是1775年7月6日大陆会议委托杰斐逊撰写的《使用武力的原因及必要性宣言》中的节选——杰斐逊写下："敬畏伟大的造物主，遵循人类的道德准则，大声宣告常识……我们在神和世界面前庄严宣告，最大限度地运用仁慈的造物主给予我们的力量……我们谦卑而真诚地祈求至高无上的神、公正的法官、世界的主宰，赐福我们，保佑我们赢得这场伟大的战争，与敌人达成合理条约，让国家摆脱战争的灾难。"

纽科姆还提及华盛顿特区的杰斐逊纪念堂石碑上镌刻着以下两句话："神给了我们生命，同时赋予我们自由。""事实上，当我想到神是公正的，我便为我的国家感到忧虑。"（《圣经造就美国》第212、213页）

我相信理查德·道金斯和杰瑞·纽科姆这两位博士的基本学术素养，引文出处可信。因而，怀疑论的主张再次被印证："互相冲突的意见有同样好的理由"，即使在同一人身上。那么，杰斐逊究竟是无神论者，还是正统派基督徒呢？我想起自己在成长的不同阶段，对于同一个问题也会产生不同的甚至截然相反的观点。人的思想是复杂多变的，历史的发展是动态多维的。若停留在某一个点上评价一个人物或历史事件，就难免流于片面化和简单化了。

普罗提诺：古代伟大哲学家中的最后一位

先来做个"猜猜看"的小游戏："它不是一个存在，因为存在的东西有着存在的形式，而它没有形式。它既不是一个东西，也不是性质，也不是数量，也不是心智，也不是灵魂，也不运动，也不静止，也不在空间中，也不在时间中，而是绝对只有一个形式的东西，或者无形式的东西，先于一切形式，先于运动，先于静止。"（普罗提诺《九章集》，VI.9，2）

是不是有点懵？每个字都认识，说的是什么真的很懵。把人搞懵，并不是说这话人的目的，他只是想尽量把想表达的东西说清楚。他想说的究竟是什么？答案将在后文揭晓。咱们先来认识一下这个出题人——新柏拉图主义的代表人物普罗提诺。

普罗提诺：古代伟大哲学家中的最后一位

普罗提诺（Plotinus，205—270），生于埃及，二十八岁时突然对哲学产生兴趣，于是来到亚历山大港访师求学。当时的亚历山大港是东西文化的交汇地，各学派名师云集。普罗提诺求问了不少老师，但总觉得没产生共鸣，直到经朋友推荐，遇到阿蒙尼乌斯·萨卡斯（Ammonius Saccas），方感慨道："这才是我要找的人。"从那天起，他就一直跟随阿蒙尼乌斯学习了十一年。而阿蒙尼乌斯正是新柏拉图主义的创始人。普罗提诺深受这位老师的影响，他此后的人生与新柏拉图主义紧密相连。

普罗提诺十一年的学习生涯究竟是如何度过的，没有任何记载，我们类比当代，本科四年、硕士三年、博士三年、博士后一年，普罗提诺最终提交了优秀博士后报告，出站了。我们猜测，阿蒙尼乌斯的哲学中

普罗提诺：回归善与美永恒的世界（AI图）

有一定的东方色彩，因为普罗提诺离开亚历山大港后，想去东方，特别是波斯和印度，进一步研究哲学。公元243年，普罗提诺加入罗马东征大军出发了，但继续深造的梦想却随着军事行动的失败而破灭。他回到罗马，并在那里定居。

人们评价普罗提诺是一个安静、谦逊、无私、真诚的人。人们还认为，他有一种"常人没有的灵异力量"，总是喜欢向他征询各种意见。四十岁时，普罗提诺在罗马办了一所学校，吸引了不少学生，其中有达官显贵，甚至还包括雷加里安努斯皇帝（Regalianus）和皇后。他说服这位皇帝在康帕尼亚建立一座柏拉图城，以实践柏拉图的理想国。据说皇帝本人已经答应了，但该计划因遭到众大臣的反对而搁浅。柏拉图若在天之灵有知，对理想国梦想的实现再次破灭一定倍感遗憾，但也会有欣慰，为六百五十年后柏拉图学派有普罗提诺这样一位后继者感到欣慰，尽管学派的精神走向此时已迥然不同，谓之"新柏拉图主义"。

新柏拉图主义：新在哪里？

无论是普罗提诺，还是他的老师阿蒙尼乌斯，还是历史上任何

讲学的普罗提诺

一位被归入"新柏拉图主义"的学者,都不认为自己是"新"柏拉图主义者。他们有明确的可追溯至柏拉图的师承关系。他们将自己视为真正的柏拉图哲学的继承者,是严格意义上的柏拉图哲学的阐释者。

新柏拉图主义,作为一个哲学史中的专有名词,是18世纪一位德国学者创造的。目的是区别于柏拉图的哲学及其衍生的柏拉图主义。这其中最大的区别在于新柏拉图主义者强调柏拉图思想中的神秘主义倾向,引发了柏拉图的形而上学与基督教神学的融合。

基督教兴起于公元1、2世纪,但从基督教的兴起到基督教神学的建立,还有很长的路要走。这期间,从公元3世纪到6世纪,西方思想界最重要的成就就是新柏拉图主义。此前的古希腊哲学家大多致力于通过理性把神秘的东西化为智慧,而普罗提诺走向了反面,把智慧神秘化。这一转变非常重要,因为它承前启后,既是整个古希腊哲学按照自身逻辑发展的必然结果,又是基督教神学的主要思想来源。通过新柏拉图主义,我们可以清楚地看到希腊哲学理性精神的衰落和向神学转化的过程。那么，这种转化是怎么发生的呢？

多难世界 vs 善与美的永恒世界

普罗提诺出生前，罗马五贤帝开创的黄金时代刚刚过去。他死的时候，戴克里先皇帝和君士坦丁皇帝建立的新秩序还没有到来。因此，普罗提诺的一生几乎是罗马史上最多灾多难的时期。此时的罗马帝国风雨飘摇，军队视获得金钱报酬的多寡来决定是否谋杀现任皇帝，拥立帝国新君；日耳曼人、波斯人趁虚而入，分别从北方、东方大举入侵；战争和瘟疫令帝国人口锐减三分之一；与此同时，赋税不断增加，财源不断减少，帝国财政濒临崩溃；帝国文明也如临深渊，摇摇欲坠。

现实世界已毫无希望，唯有另一个世界才值得献身。对于基督徒来说，这"另一个世界"便是死后享有的天国，而对于柏拉图主

《阿佩莱斯的诽谤》，桑德罗·波提切利作品，1482 年作

义者来说,"另一个世界"就是永恒的理念世界。新柏拉图主义也正是努力摆脱多难的现实世界,转而观照善与美的永恒世界。

15世纪佛罗伦萨著名画家桑德罗·波提切利(Sandro Botticelli)的作品《阿佩莱斯的诽谤》与新柏拉图主义相呼应。画中的寓言故事取材于古希腊画家阿贝列斯(Apelles)的文字描述。故事场景设置在一座庄严华丽的罗马大厅内。

视觉中心处,三个女子正把一个裸体男子拖到国王面前审判。揪头发的是出卖同伴的"叛变者","叛变者"身后帮她梳头的是"虚伪者"和"欺骗者",裸体男子是"无辜者",他双手合十,祈求得到拯救。画面右侧,面向国王披黑色短袍的是"诽谤者",他正向国王竭尽诽谤之能事。宝座上的国王长着一双驴耳朵,他身边分立着"无知者"和"轻信者",正向着国王的耳朵灌输他们的信条。画面左侧,穿黑色长袍的是"悔罪者",正求助于身后的真理女神,希望她能拯救"无辜者"。而真理女神右手指天,那里是新柏拉图主义的善与美的永恒世界,也是基督徒的天国。那里住着他们至高无上的神。

这就是普罗提诺的时代,不幸随时可能降临,而幸福却飘渺在天边,需要借助思考和想象才能求得现世感官之外的幸福。这样的幸福与儿童单纯的幸福迥然不同,它需要有对超感世界实在性的信仰。一种哲学是否能很好地表达人们在某种情境下易于相信的东西,是衡量其价值的一条重要标准。罗素说:"单纯的欢乐和忧伤并不是哲学的题材,唯有与对宇宙的思索相伴而来的那种欢乐与忧伤,才会产生出种种形而上学的理论。在那些世俗意义上是不幸的、但却决心在超感世界中寻求一种更高级幸福的人中间,普罗提诺具有极高的地位。"(罗素《西方哲学史》)

普罗提诺的神:"太一"

普罗提诺的神(the One),中文译为"太一"。有别于基督教的上帝,"太一"是非人格化的。"太一"的中文译法取自《庄子·天下》:"主之以太一"。此"太一"用以概括老子的道学,指宇宙万物的本源和本体。成玄英的解释为:"太者广大之名,一以不二为称。言大道旷荡,无不制围,括囊万有,通而为一,故谓之太一也。"

普罗提诺的"太一"创造了一切,但其本身很难解释。它有时候被称为"神",有时候被称为"善"。用普罗提诺自己的话说:"它不是一个存在,因为存在的东西有着存在的形式,而它没有形式。它既不是一个东西,也不是性质,也不是数量,也不是心智,也不是灵魂,也不运动,也不静止,也不在空间中,也不在时间中,而是绝对只有一个形式的东西,或者无形式的东西,先于一切形式,先于运动,先于静止。"(《九章集》,VI.9,2)

尽管似懂非懂,但我们已经明确了一件事:本文开篇的那个谜题已经揭晓了答案——普罗提诺的"太一"。

细品普罗提诺的"太一",与老子的"道"极为相似。《老子》(四十二章)有云:"道生一,一生二,二生三,三生万物。""道"在道家哲学中被认为是形成天地万物的根本遵循。道,先于天地而生,是万物的源起和复归。老子曾用"天地母"来比喻"道",即天下万物的出发点,所以"道生一,一生二,二生三,三生万物……"。普罗提诺的"太一",跟毕达哥拉斯的"1",也极为相似。毕达哥拉斯认为,"1",象征理智,是万物之母。

"太一"作为一切存在的产生者,本身不是存在,也不是一切。它超越了"是"所指示的属性,无法定义,不可描述,因为任何定义或描述都将对无限做出限制。这样一来,它也就无法用理性来把握。总之,太一不可名状,不可认识。如罗素所言:"太一是不可定义的,就这一点而论,则沉默无言要比无论什么言语都有着更多的真理。"

太一真的是很玄奥的概念,理解它并不容易,但这正符合了神秘主义的特征。新柏拉图主义的确是一种神秘主义,不过思辨化了的神秘主义仍然是哲学,而非神学。作为一种哲学理论,普罗提诺为我们呈现出一个体系结构完美的以太一为核心的宇宙模型。

"太一"→"努斯"→"灵魂"→"可感世界"

先来说说"太一"是如何创造世界的。普罗提诺认为,太一创造世界并不是主动的,"太一是完满的,因为它既不追求任何东西,也不具有任何东西,也不需要任何东西,它是充盈的,'流溢'出来的东西便形成了别的实体。"(《九章集》,V.2,1)这大概就是"盈满自溢"的道理。对此,普罗提诺进一步解释说:"无生命的事物都在尽可能地孳生繁衍,更何况太一,那最完满的原始的善怎么会封闭在自身之内,好像嫉妒无能似的呢?它是万物的力量!"(《九章集》,V.4,1)

那么,流溢之后的太一还完满吗?普罗提诺认为:"流溢无损于太一自身,正如太阳放射出光芒却无损于自身的光辉一样。太一创造世界是完善的本性使然,满溢产生外物,无损自身。"(《九章集》,V.1,4)

需要强调的是,"太一"作为宇宙的核心,像光源一样辐射开去,逐渐减弱,直至消失在黑暗中。由此可见,普罗提诺以"太一"为核心构建的宇宙模型是一个等级结构,从非物质的不可言传的太一,逐层往下,一直到越来越物质的可朽的现象。

最先从太一中流溢出来的本体，普罗提诺称之为"努斯"（Nous）。努斯，是太一的影子，也被译为心智，或精神，或理智，是仅次于"太一"的东西。柏拉图把神类比为太阳，太阳发出光芒使自己为世人所见。按照这一类比，努斯就是太一散发出的光芒。努斯作为本体，具有多样性和差异性，可以被定义和描述。这样一来，人们就可以通过理性来认识努斯，进而感知太一，就像看见阳光进而感知到太阳一样。

"努斯"模仿"太一"，继续向外流溢出巨大的力量，于是产生了"灵魂"（Soul）。灵魂虽然低于努斯，但却是日月星辰，以及整个可感世界的创造者。灵魂创造可感世界的依据是它对太一的记忆。这让我们联想到了柏拉图理念世界与可感世界关系的构想。

关于灵魂：八问普罗提诺

普罗提诺在《九章集》中阐述了对灵魂问题的思考。

问题一：灵魂是不朽的吗？

普罗提诺的回答与柏拉图一样：是的，灵魂是不朽的。斯多葛派认为灵魂是物质的，普罗提诺拒绝接受这一主张，理由是灵魂具有统一性，而物质转瞬即逝，所以灵魂不可能是物质的。灵魂是本质，本质是永恒的，所以灵魂不朽。

问题二：人死后，灵魂还有记忆吗？

记忆只关系到我们在时间之中的生命，但我们最美好、最真实的生命却是在永恒之中。因此，随着灵魂趋于永恒，它的记忆会愈来愈少，朋友、妻儿、经历的事都会逐渐被稀释，被遗忘，直到最后，对时间中的一切都一无所知，而只是向上观照着努斯和太一的领域。

问题三：灵魂是如何进入肉体的？

每个灵魂都有其自己的时刻,时刻一到,灵魂就会下降并进入到适合自己的肉体中。这一过程的动力并非源于理性,而是某种欲望。就像一位作曲家头脑中产生了一段旋律,在某种欲望的驱使下就渴望把它谱成曲,并继续在某种欲望的驱使下渴望听到由乐队把它演奏出来一样。

问题四:灵魂会轮回转世吗?

灵魂离开身体后,如果这个灵魂有罪的话,就必须进入到另一个身体里去接受惩罚。比如,上辈子谋害过某人,就必须返回肉体,接受被人谋害的惩罚。

问题五:堕落的灵魂如何自我救赎?

灵魂进入人的肉体后,会因受到污染而堕落。人的使命就是改造自己,使自己的灵魂,如果有能力的话也帮助其他灵魂,经由"努斯"回归"太一"。这个过程就是灵魂的回归之路。太一向下的流溢过程和灵魂向上的回归过程,构成了普罗提诺哲学的完整框架。流溢的过程是他哲学的基础,回归则是最终的目的。

问题六:灵魂回归太一的途径是什么?

回归太一的主要途径是哲学静观。静观是最高的德性,学习哲学就是蔑视尘世,心向天国,从昏暗的尘世飘然超升至澄明的世界,直至与太一融为一体。与太一融为一体的那一刹那,灵魂获得了宁静,享受着至福,体验到无与伦比的欢悦,此为生命的巅峰时刻。神人合一是普罗提诺给柏拉图主义注入的新内容。

问题七:普罗提诺先生,请问您体验过这种生命的巅峰状态吗?

这个问题由普罗提诺的学生波菲利(Porphyre)代为回答。据波菲利记载,普罗提诺曾有四次体验过这种巅峰状态,而他自己只有过一次(波菲利《普罗提诺生平》)。

问题八：那些苦难中的普通人也能体验到这种生命的巅峰状态吗？

我久久没有等到答案……此时，我的导师的导师，挪威著名哲学家希尔贝克先生开口了："新柏拉图主义毕竟只是一种学说，而不是一种生活。只有在基督教那里，由于其关于一个活生生的人格化的神和一个救赎天堂的信息，大批人的宗教追求才找到满意的答案。在4世纪，基督教成为罗马帝国的官方宗教。古代渐行渐远，基督教的中世纪则站在门口了。"（希尔贝克《西方哲学史》）

补记：先生看了初稿，抽了抽鼻子："有佛教的味道。普罗提诺的转世受难与佛教的因果轮回很像；他的终极体验，跟佛祖成佛也很像，瞬间了然世界的本质。"

希波克拉底：医者誓言，一诺千年

古代社会，人们普遍认为疾病是由某些超自然因素造成的，是触怒了神而降的灾祸。英文"流感"（influenza）一词的最初含义是"受到星星的不良影响"。若想要除病免灾，需要以适当的方式向神献祭，或者运用巫术祛病。希腊诸神中有许多拥有治愈伤痛、赋予生命的能力，阿波罗就是其中最杰出的一位。阿波罗的儿子阿斯克勒庇俄斯（Asclepius）凭借精湛的医术被尊为"医神"，他手中的蛇杖至今仍是医学的标志。医神阿斯克勒庇俄斯是否真实存在，不得而知，但人们确信，医神的后人希波克拉底（Hippocrates of Kos，约公元前460—约前370）是真实存在的，而且是一位医学天才，被誉为"西医之父"。

古希腊的医学与哲学：关系暧昧

在解释健康和疾病现象本质的时候，希波克拉底反对迷信、占卜和巫术，但他并不反对祈祷："祈求神的帮助是有意义的，但在祈求帮助之前，要先自我帮助。"可见，健康和疾病在希波克拉底看来，不再只是神的意愿，治疗也不再只是神的专属能力。但是，把医学从迷信、巫术和传统信仰中解放出来的努力并不是从希波克拉底开始的，更早的希腊哲学家们已经开始了这种尝试。

早期的自然哲学家通常对医学都很感兴趣，因为对人体生理的探究也是他们自然探究的一部分，比如赫拉克利特，其万物皆流、不可见的和谐等观点持续影响古希腊的医学思想。毕达哥拉斯认为，健康就是身体的各个组成部分都处于和谐状态。他强调饮食和锻炼的重要性，讲究营养的均衡摄入和作息的合适比例。恩培多克勒，既是哲学家也是医生，创办过一所医学学校。作为自然哲学家，恩培多克勒认为世界是由火、气、水、土四种元素构成的；作为医生，他认为人的身体呈现冷、热、干、湿四种状态。受此启发，希波克拉底认为，人体中的液体也有四种，即血液、粘液、黄胆汁、黑胆汁，这就是著名的"体液学说"。

希波克拉底对医学的理性认知与自然哲学家们的影响密不可分。在此基础上，他进一步将医学发展成为专业学科，以理性、自然的态度看待生命与自然的关系。希波克拉底强调观察和实践，倡导一种以经验为基础的医学理想。"古埃及医学、古巴比伦医学，虽已强调了仔细观察的重要性，但还没有揭示出有疑问的、有争论的和推测性的问题，而这些问题正是早期希腊医学的特点，体现在《希波克拉底文集》中。"（《剑桥医学史》）

现存六十篇著作署以希波克拉底之名，总称《希波克拉底文集》（ Corpus Hippocraticum ）。经研究，这些作品并非一人一时之作，创作年代前后相差至少一百年，且长短、风格、观点、读者对象各异。内容涉及解剖、临床、妇儿、饮食、药物疗法、医学道德、哲学等。值得一提的是，《希波克拉底文集》中没有一处表明疾病的出现是医生不能理解的。

强调观察和实践，古希腊医学的这种获取知识的方法对哲学也有所启发。"那些有经验的医生通过长期的实践，把有着共同特征的个别病例放在一起，把它们视为一个种或型（ mia idea ）。"（瓦纳尔·耶格尔《希腊文化理想》）而"idea"这个词，让人联想到了几十年后柏拉图提出的理念（ idea ）。柏拉图的弟子亚里士多德更是对医学的观察和实践方法大为推崇。他长期对动物进行观察,并动手解剖。他注意到,医生研究的不是抽象的健康问题,而是具体的人的健康。在反驳柏拉图的善的理念时,亚里士多德特别提到了医学,并用医学的这一特点来佐证自己的观点(《尼各马可伦理学》)。

希腊化时期的伊壁鸠鲁学派、斯多葛学派、怀疑论学派都称自己为灵魂的医师。在他们看来:医生看护人的身体,哲学家关照人的灵魂。医生和哲学家关照的对象虽然不同,一个是身体,一个是灵魂,但都是人的身体、人的灵魂。在整个希腊时代,哲学与医学的界限总显得不那么清晰。

西医之父:一位富有智慧的、伟大的医生

希波克拉底,被奉为古希腊医学的始祖。有关他的记述最早出现在柏拉图的《普罗泰戈拉篇》和《斐德罗篇》中,说他是科斯岛上的著名医生,是医神阿斯克勒庇俄斯的后裔。

希波克拉底:医学的专业与理性(AI 图)

亚里士多德的父亲尼各马可（晚于希波克拉底约半世纪），是马其顿的御医，也自称是阿斯克勒庇俄斯的后裔。如果尼各马可所言属实，希波克拉底和亚里士多德就有了血亲关系。亚里士多德在《政治学》中并没有跟希波克拉底攀亲，但对其大加赞赏，说他是一位富有智慧的、伟大的医生。此外，公元前4世纪的狄奥克雷斯（Diocles）、公元前1世纪的瓦罗（Varro），以及古罗马的名医盖伦（Galen）都在著作中依据口头传说提及希波克拉底。最早最完备的希波克拉底传记是公元2世纪的希腊医师、以弗所的索拉努斯（Soranus）编著的。尽管距离希波克拉底生活的年代已过去五百年，但这部传记成为后人了解希波克拉底的主要来源。

根据记述，希波克拉底出生于科斯岛的一个医生世家，其貌不扬，身材矮小，胡须浓密，头顶稀疏，但医术超群，起初在科斯岛行医收徒，后来广泛游历于希腊及小亚细亚，足迹最远抵达色萨利、色雷斯及马尔马拉海。他在各地行医并教学至少五十年。

希波克拉底有一位好朋友——德谟克利特，是原子论的创立者。德谟克利特也对医学颇有研究，曾在印度学习医药，著有不少医学著作，如《医药学》《论疾病发热与咳嗽》等。德谟克利特是最早把医学和哲学进行类比的人："医学治疗身体的疾病，智慧去除灵魂中的激情。"一个半世纪后，伊壁鸠鲁也说过类似的话，"医学治疗身体的疾病，哲学治疗灵魂的疾病"。

据说，德谟克利特对万事皆笑，以笑著称，被视为疯癫，曾请希波克拉底诊治。希波克拉底诊断的结果为：性格使然，不可救药。德谟克利特就此获得雅号"笑哲人"。这对好朋友志趣相投，年龄相仿，都出生于约公元前460年，而且都很长寿，德谟克利特活了九十岁，希波克拉底的寿命在八十五至一百零九岁之间。这使他们崇尚的健康理念更令人着迷，也更有说服力。

健康理念：人与自然的和谐

希波克拉底的健康理念是：预防疾病最重要的就是节制饮食、规律起居，也就是要有健康的生活方式。人之所以生病，是因为身体或心灵偏离了自然状态，失去了平衡。因此他强调，保持健康的方法就是顺应自然，拥有"健康的身体和健康的心灵"。大约一个世纪后，亚里士多德也提出了和希波克拉底类似的观点：万物都寻求其自身的位置，人类所寻求的就是心灵和肉体两方面的健康。

希波克拉底的"和谐健康观"与中医的"和谐养生观"有异曲同工之妙。《黄帝内经·灵枢·本神》中明确说道："故智者之养生也，必须四时而适寒暑，和喜怒而安居处，节阴阳而调刚柔。如是则僻邪不至，长生久视。"这其中强调的健康要点也是人与自然的和谐，身与心的和谐。

希波克拉底头像，彼得·保罗·鲁本斯作品，1638年作

专业精神与专业标志

希波克拉底医学以专业精神著称。在《医师之路》一文中，他指出，医师须时刻保持整洁、诚实、冷静、明理及严肃的态度。对

手术室里的灯光、人事、仪器、病人定位、包扎方法等也都有详尽的规定，就连医师手指甲的长度也在规定的范围之内。希波克拉底学派的门人弟子都恪守这些专业原则。此外，希波克拉底还要求医师详实记录疗程中的观察所见和治疗方法。《希波克拉底文集》完整地记录了众多症状，如病人的气色、脉搏、发热、疼痛、运动及排泄等。临床观察甚至延伸到病人的家族病史和家庭环境。

蛇杖，是医学的标志和象征。一种是双蛇缠杖，一种是单蛇缠杖。双蛇杖，源自希腊神话中赫尔墨斯的魔杖；单蛇杖，则是医神阿斯克勒庇俄斯的手杖，相传蛇是他的神仆，他总是随身带着一根蛇杖。

希波克拉底誓言

希波克拉底不仅医术高明，富有专业精神，而且医德也为人称道，慕名前来求学者甚众。时至今日，希波克拉底最为人所熟知的是他提出的、以他的名字命名的医学伦理规范，即希波克拉底誓言——

仰赖医神阿波罗、阿斯克勒庇俄斯及天地诸神为证，鄙人敬谨直誓，愿以自身能力及判断力所及，遵守此约：

凡授我艺者，敬之如父母，作为终身同业伴侣，彼有急需，我接济之。视彼儿女，犹我兄弟，如欲受业，当免费并无条件传授之。凡我所知，无论口授书传，俱传之吾与吾师之子及发誓遵守此约之生徒，此外不传与他人。我愿尽余之能力与判断力所及，遵守为病家谋利益之信条，并结束一切堕落和害人行为，我不得将危害药品给予他人，并不作该项之指导，虽有人请求亦必不与之。尤不为妇人施堕胎手术。我愿以此纯洁与神圣之精神，终身执行我职务。凡患结石者，我不施手术，此则有待于专家为之。无论至于何处，遇男或女，贵人及奴婢，我之唯一目的，为病家谋幸福，并检点吾身，不作各种害人及恶劣行为，尤不作诱奸之事。凡我所见所闻，无论有无业务关系，我认为应守秘密者，我愿保守秘密。倘使我严守上述誓言时，请求神祇让我生命与医术能得无上光荣，我苟违誓，天地鬼神共殛之。

——希波克拉底《医学原本》

希波克拉底誓言，译成中文短短三百五十字，向世人宣示了医者的四条戒律：第一，对医术的传授者心存感激；第二，尽己所能，为患者谋利益；第三，绝不利用职业便利，做违背道德和法律的事情；第四，严格保守秘密，尊重患者隐私。

该誓言不仅是对医生和患者之间、医生和社会之间关系的道德反思，还强调了医学实践中的谨慎态度："凡患结石者，我不施手术，此则有待于专家为之。"也就是说，医生不应该马上操刀动手术。对希波克拉底而言，医生是一个开方的施药者，而不是猛烈干预者。其背后遵循的是"与自然合作"，而不是"与自然为敌"的理念。尽管今天看来，这一理念有些消极，但考虑到当时的消毒和技术设备条件都无法和今日相比，外科手术在古代比现如今要危险得多。此外，希波克拉底对自然持一种与亚里士多德类似的观点，即万物都寻求其自身的位置。他主张，医生主要是寻求人体自然功能和自然能力的协调。

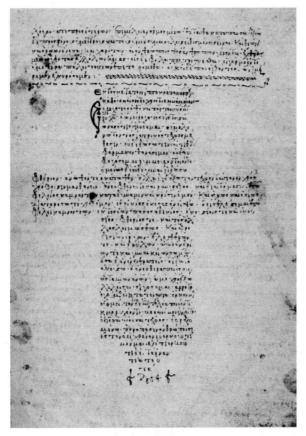

希波克拉底誓言，12 世纪拜占庭手抄本

医者誓言今犹在

历经近两千五百年，希波克拉底誓言仍富有旺盛的生命力和不朽的价值，虽然几经补充和修订，但誓言精髓始终不变，仍被医者奉为最神圣的道德圣典。从立志从业的那一天起，这一崇高职业群体中的每一个人就以一种最富仪式感的方式，大声说出自己的承诺。1948 年，世界医学大会对希波克拉底誓言进行修改，定名为《医学日内瓦宣言》，后来又据此制定了国际医务人员道德规范。

医学日内瓦宣言

在我被吸收为医学事业中一员时,我严肃地保证奉献于为人类服务。

我对我的老师给予他们应该受到的尊敬和感恩。

我将用我的良心和尊严来行使我的职业。

我病人的健康将是我首先考虑的。

我将尊重病人交给我的秘密。

我将极尽所能来保持医学职业的荣誉和可贵的传统。

我的同道均是我的兄弟。

我不允许宗教、国籍、派别或社会地位来干扰我的职责和我与病人间的关系。

我对人的生命,从其孕育开始,就保持最高的尊重,即使在威胁下,我决不将我的医学知识用于违反人道主义规范的事情。

我发自内心和以我的荣誉庄严地作此保证!

南丁格尔誓言

余谨以至诚,于上帝及会众面前宣誓:

终身纯洁,忠贞职守。

勿为有损之事,勿取服或故用有害之药。

尽力提高护理之标准,慎守病人家务及秘密。

竭诚协助医生之诊治,务谋患者之福利。

谨誓!

中国医学生誓言

当我步入神圣医学学府的时刻,谨庄严宣誓:

我志愿献身医学,热爱祖国,忠于人民,恪守医德,尊师守纪,刻苦钻研,孜孜不倦,精益求精,全面发展。我决心竭尽全力除人类之病痛,助健康之完美,维护医术的圣洁和荣誉。救死扶伤,不辞艰辛,执着追求,为祖国医药卫生事业的发展和人类身心健康奋斗终生!

《医学生誓言》在中国医学院大一新生的入学典礼上被宣读。在毕业典礼上,宣读的是《中国医师誓言》。

中国医师誓言

我宣誓:我志愿献身人类的健康事业;自觉维护医学的尊严和神圣;敬佑生命,救死扶伤,平等仁爱,尊师重道;诚实守信,恪守医德,精益求精,慎思笃行;以上誓言,源于心,践于行。

后继者盖伦

盖伦(Galen,129—200)是希波克拉底的一位追随者,罗马帝国著名的医生,也是一位亚里士多德主义者。他也强调自然事物追求和谐,医生要小心翼翼地在这个过程中提供帮助。很多时候,盖伦兼具医生和哲学家的双重身份。他帮助人们解除病痛的同时也为人们开出安顿灵魂的哲学药方。他著有《灵魂中的激情与错误》,讨论为了成为完善的人该如何避免非理性的力量对灵魂的影响。盖伦劝告人们,要终其一生地训练自己,既要改善我们的身体,也要完善我们的灵魂。

医学方面,盖伦继承了希波克拉底的"体液学说",认为复杂的人体是由血液、粘液、黄胆、黑胆四种体液组成的。这是希波克拉底的病理学基础，强调平衡与和谐，是典型的希腊医学主张。盖伦在此基础上进一步认为，受四种体液在人体内的比例不同的影响，人拥有了不同气质（盖伦《论体液》《论气质》）：

多血质：有太多的血（拉丁语：sanguis），性情活跃、动作灵敏；

粘液质：有太多的粘液（希腊语：phlegma），性情沉静、动作迟缓；

胆汁质：有太多的黄胆汁（希腊语：chole），性情急躁、动作迅猛；

忧郁质：有太多的黑胆汁（希腊语：melaina chole），性情脆弱、动作迟钝。

盖伦时代的人们仍然认为身体的物理状态受各种体液的平衡关系支配。直到文艺复兴时期，盖伦一直是医学方面的权威。1858年，德国病理学家鲁道夫·菲尔绍（Rudolf Virchow）提出细胞病理学后，体液学说才逐渐被更有说服力的细胞学说取代。而此时，体液学说已统治西方医学两千多年。

而"体液"拉丁文"humor"，正是如今"幽默"一词的源头。文艺复兴时期的英国剧作家本·琼生（Ben Jonson）在16世纪末，将"humor"的概念引入其戏剧创作和文艺批评中。他延伸了"humor"的本意，引申为人的性格的总体趋向。随后，他又将"humor"与"可笑""滑稽"相连，借以在喜剧中嘲笑那些因体液失调，导致气质古怪、矫揉造作的种种性情和言行。林语堂是将"humor"译为"幽默"的第一人。

希波克拉底与月亮

行文至此，我走到窗前，看见月亮。这个月亮和两千五百年前希波克拉底看到的是同一个。月亮背面北极区域附近，有一座古老的大撞击坑，大约形成于三十九点二至三十八点五亿年前的酒海纪。环绕这个陨石坑的山脉，名为"希波克拉底环形山"（Hippocrates）。该命名于1970年被国际天文学联合会正式接受。

希波克拉底的名字两千五百年后还与许多致力于增进人类健康福祉的计划相关，如美国纽约大学医疗中心设立的"希波克拉底计划"，寄希望于以科技提升医学教育；卡内基·梅隆大学计算机科学学院与莎迪赛德医疗中心合作，也展开了一项"希波克拉底计划"，开发模拟及执行技术，用于辅助外科机器人。

最令人欣慰的是，希波克拉底所开创的医学专业精神、伦理精神，在无数医者的誓言中代代相传。而超越誓言本身流传两千多年，并且还将继续流传下去的，是医者们增进人类健康、救死扶伤的持之不变的信念。看，他们身上有光，如月光般皎洁，那是神性的光芒。

修昔底德：关于战争，历史有话要说

公元前431年，希腊爆发了一场持续二十七年的战争。它改变了希腊的历史进程，也成就了一位史家和一部史书——修昔底德和他的《伯罗奔尼撒战争史》。这个伟大的史家和这部伟大的史书，代表着古代西方史学的最高成就。

伯罗奔尼撒战争：祸起萧墙

公元前5世纪上半叶（前499—前449），希腊诸邦和强大的波斯帝国之间爆发了一场战争，史称希波战争。以雅典和斯巴达为首的希腊联军英勇抗击波斯侵略者，获得了战争的胜利。希波战争胜利后，希腊进入发展的黄金时代。可惜好景不长，很快祸起萧墙。希腊内部各城邦兄弟之间因"争当老大""谁欺负了谁"之类的事，打起来了。自家兄弟有话好好说嘛，毕竟希腊人是以讲理著称的，但兄弟们都是血脉偾张的年轻人，都有一身腱子肉，谁也不服谁。结果事情越闹越大，一发而不可收。这一仗打起来可不得了，旷日持久，历时近三十年。这就是伯罗奔尼撒战争。

斯巴达和雅典，一个在陆上称霸，一个在海上称雄，是当时古希腊城邦中的大哥和二哥，其他城邦都是他们手下的小弟。这两个城邦的政治制度不同，雅典是民主制，斯巴达是寡头制。希腊诸邦也经常出现民主制与寡头制的内斗，雅典人支持前者，斯巴达人支持后者。就这样，整个古希腊世界大致被划分两大同盟阵营，以雅典为盟主的提洛同盟和以斯巴达为盟主的伯罗奔尼撒同盟。各城邦各自站队，彼此时不时小打小闹，积怨日深。

伯罗奔尼撒战争的主要战役发生在公元前431年至前404年，希腊各城邦无论大小，几乎都卷入其中，战火波及整个希腊世界，堪称当时的"世界大战"。两大阵营时而正面冲突，时而背后捅刀，时而火拼，时而休战，断断续续持续了二十七年。这场战争于公元前404年以斯巴达阵营获胜而告终。但胜利者和失败者一样，面对的都是亲人离散、城邦破碎、满目疮痍。这样看来，战争中没有任何一方是胜利者。希腊世界如垂暮夕阳，从此由盛转衰，一蹶不振，并且以一副残躯暴露于隔岸观火、虎视眈眈的波斯人的威胁之下。

修昔底德：可变事物亦有其价值

修昔底德（Thucydides，约公元前460—前400），雅典人，一生亲历了雅典霸权的由盛而衰。作为亲历者，他以指挥官的身份参与过伯罗奔尼撒战争；作为记述者，他以求真求实的态度和简洁流

修昔底德：关于战争（AI图）

畅的文字，记录下了这场战争。雅典在伯罗奔尼撒战争中的失败给他带来了极大的震撼。他对自己亲历的人生苦难、城邦兴衰有着敏锐的体悟和深刻的思考。

修昔底德的身世，主要来自他书中的零星自述。他生于雅典一个富裕的贵族家庭，从小接受良好教育。童年时，曾经跟随父亲一起聆听希罗多德朗读其历史著作，感动得流泪。希罗多德对他的父亲说："你儿子深受求知欲的感动。"故事细节不可考，但修昔底德对希罗多德的著作很熟悉并受其影响，是可以从他的著作中得到印证的。

希罗多德（Herodotus of Halicarnassus，约公元前484—前425）也是一位伟大的历史学家，著有《历史》一书。人们在回顾古希腊历史的时候，希罗多德和修昔底德，这两个名字常常并列出现。古希腊自然哲学家渴望寻找可变现象背后永恒不变的东西，而希罗多德和修昔底德则把可变的、暂时的事物本身，看作是有价值的研究领域。

不同于模糊的神话表述，希罗多德和修昔底德对历史的记述基于时间和地点都确切可考的事件，并从人性和国家权力之争等视角出发，对事件的起因、经过、结果进行深入分析。这就使历史研究纳入了理性轨道，历史事件的发生发展不再只是由神祇掌控。希罗多德的作品中仍然有命运的影子，而修昔底德却没有给神祇和命运留下任何空间。也就是说，在修昔底德看来，创造历史的是人，不是神。

伯罗奔尼撒战争爆发前，修昔底德奔走于色雷斯沿海，他在那里拥有金矿开采权，在当地居民中也有很大的影响。公元前431年伯罗奔尼撒战争爆发后，他很可能回到了雅典。公元前430年雅典瘟疫肆虐时，修昔底德不幸染病却大难不死，当时雅典的首席将军伯里克利就死于这场瘟疫。公元前424年，修昔底德当选为雅典十将军之一,这说明他很可能参加过此前的一些战役,并有不错的表现。然而,福祸难料,正是这年冬天,他接队友求援,应援抵达时,队友力不可支已落入敌手,他遂被诬告通敌,雅典公民又一次以民主表决的方式成就了一桩冤案,修昔底德被放逐二十年。

《伯罗奔尼撒战争史》：做不了将军,做史家

修昔底德充分利用流落异乡之机,开启了另一段奇妙的人生旅程。他在希腊广泛游历,足迹遍布伯罗奔尼撒诸邦,以及西西里地区,对战争所涉及的山丘、河谷、沼泽、港口、关隘等都作了具体准确的记载。他聆听演说、抄写铭文、采访战争的目击者和亲历

修昔底德雕像,位于奥地利维也纳议会大厦前

者，多方求证，加之亲身经历、亲眼目睹，收集了大量可信度极高的一手资料。在外流亡二十年后，约公元前404年，修昔底德重返雅典。约公元前400年，他猝然亡故，未能完成《伯罗奔尼撒战争史》。有关战争的记述只写到公元前411年，最后一个句子甚至都不完整。

尽管如此，《伯罗奔尼撒战争史》仍被视为西方历史著作的北斗。在后世史家的眼中，修昔底德的贡献远远超越了希罗多德。正如修昔底德自己所言："我所撰写的著作不是为了迎合人们一时的兴趣，而是要成为千秋万世的瑰宝。"

战神阿瑞斯的诱惑

阿瑞斯，宙斯与赫拉之子，古希腊神话中的战神。列夫·托尔斯泰在《战争与和平》中发问："人类为什么要借战争而相互杀戮呢？"修昔底德通过伯罗奔尼撒战争告诉我们，人性使然。而人性两千五百年来，从未改变！

首先，宣示武力，用战争解决争端，是很有诱惑力的。那种"扬我邦国之威"的想法令人振奋，甚至令人心生崇高之感。伯里克利在战前的动员演说中，就将为雅典城邦而战，视为最崇高的荣誉。斯巴达人也宣称，雅典人作恶，破坏规矩，必须惩罚。主战者总是能找到充分的理由，证明自己师出有名。然而，待战争露出獠牙和狰狞的面目，所谓的崇高感便会荡然无存，人性的丑恶暴露无遗。在战争中，人变成了魔。

其次，那些没有参与过战争的人尤为莫名兴奋、摩拳擦掌。高涨的国家主义情绪，导致人们，特别是年轻人，血脉偾张。修昔底德写道："双方都雄心勃勃，竭尽全力投入这场战争，这是很自然的。在一项事业刚刚开始的时候，热情总是最高的。那时，在伯罗奔尼撒和雅典两方面,都有许多青年人从来没有经历过战争,因而满怀热情地参与其中。至于希腊的其他城邦,当这两个主要城邦进行战争时,都极力克制其内心的兴奋。"

第三,大多数民众随波逐流。无知的民众在战争初期蠢蠢欲动,他们的情绪很容易被煽动。其中也有一部分人因害怕不投票支持战争而被说成是懦夫,从而被众声裹挟支持开战。然而,究竟什么是真正对城邦有利的选择,什么是迫近的危险,什么是爱国,什么是理性思考?此时此刻都被抛诸脑后。

第四,帝国的私心和野心。雅典在此前几十年的发展中,通过殖民地扩充,积累了大量财富,充实了军力,成为希腊世界的海上第一强国,正伺机向外寻求更多的利益。而斯巴达作为老牌陆上第一强国,很难无视雅典的兴起和壮大,更不愿失去既有的优势。双方各有各的私心和野心,都准备在战场上一决高下,战争的阴云笼罩希腊上空。

第五,人性的贪婪。战争后期,双方的金钱、财富都消耗极大,生产生活秩序受到严重破坏,要不要远征西西里,成了雅典人迫在眉睫需要做出的决定。此时的雅典城内,那些贫困者仍然希望通过战争获取战利品,或者制服西西里诸邦征收贡金来改善经济状况。于是,在民主制度的加持下,远征西西里的决定顺利通过,任何力量都无法阻挡。而此次远征的结果是雅典损失战舰二百余艘,折损将士五万余人,成为整个战争的转折点,雅典败局已定。

第六,战争换和平。"以战争换取和平""战争使和平更巩固",向来是发动战争最常用的借口。然而,事实一次次证明,伴随战争而来的是灾难,是毁灭,而不是和平与繁荣。

双方就这样被一步步拖入战争的泥潭,越陷越深。修昔底德力图忠实地记录这段历史,并明确一个真理:战争不是解决争端最好的手段,永远不是。他在文中借叙拉古人赫摩克拉特斯之口发问:"和平,那是人人都渴望的,为什么在我们中间不能建立和平呢?难道和平不是比战争更有利吗?和平还有数不胜数的好处,正如战争有数不胜数的坏处一样。"

道理人人都懂,可是人类为什么还是会不断地发动战争呢?在追问1812年俄法战争原因的时候,托尔斯泰写道:"我们假定拿破仑统率的欧洲人命中注定要深入俄国腹地并在那里灭亡,那么参加战争的这些人们的自相矛盾、毫无意义的残酷行为,便可以被我们理解了。"(《战争与和平》)看来这是个无解的问题,也许源于人性永远无法克服的弱点,希望这个弱点不会导致整个人类的自我毁灭。

希腊人讲理:开战前也不例外

古希腊人崇尚讲理,有话好好说。遇到重大事件,他们习惯于进行公开的演说、辩论,随后通过投票或仲裁的方式做出决定。《伯罗奔尼撒战争史》记录了一百四十一篇演说词,有些是修昔底德亲耳所闻,如伯里克利的葬礼演说;有些是别人的转述,如在拉栖代梦同盟大会上,科林斯人、雅典人的演说词(注:拉栖代梦,即斯巴达;拉栖代梦人,即斯巴达人)。无论古今,是否要开战都是一桩大事。开战之前,各方代表展开演说,甚至辩论,是少不了的。以下双方辩词,依据史料原篇原意进行了语言加工。

伯罗奔尼撒战争起于雅典人与科林斯人的冲突。雅典实力壮大后,触角向外延伸,邻邦科林斯感觉利益受到了侵犯,自己实力不济搞不定雅典,于是求助于伯罗奔尼撒同盟的老大——斯巴达:"大哥,有人欺负我,您要替我撑腰啊!"

斯巴达人并没有贸然出兵投入战争,可见作为同盟老大还是蛮稳重的,他们对科林斯人说:"兄弟归兄弟,但打仗这么大的事不能只听你一面之词。来来来,你们当面对质,把事情给我说说清楚。"

科林斯人首先发言:"大哥啊,我们老早就说过受他们雅典人欺负,您总是不当回事,不体谅我们的难处,还怀疑我们的动机,说我们只顾自己的利益,真的好委屈。他们雅典人其实老早就有了贼心,拉帮结派,充实自己的党羽;铸船造舰,扩充海上实力;对我们三天一侵袭,天天有骚扰,这还让不让人消停了。而大哥您,还由着他们对内筑墙设防,对外蚕食你手下兄弟的利益。大哥,您不能再坐视不管了,动手的时候到了,该教训教训他们了,否则他们越来越猖狂,都要欺负到您老人家头上了,您这霸主地位岌岌可危啊!"

雅典人听闻此言怒不可遏,跳上演说台:"这是恶毒攻击。斯巴达人啊,虽然你们和科林斯人现在是一伙的,但是别忘了,和波斯人打仗那会儿,咱们也是兄弟啊。那时候,我们可是豁出了性命,保卫咱们整个希腊诸邦的利益。当时,我们雅典人有三个突出贡献:第一,提供了最多的舰船,四百艘战舰中三分之二是我们出的;第二,我们派出了最优秀的指挥官,泰米斯托克利在海战中是公认的救星,你们也很尊敬他;第三,我们体现了最忠诚的保家卫国精神。我们拯救了自己,也拯救了整个希腊世界。我们现在的兴盛繁荣不是抢来的,是靠勤劳智慧自己挣来的。我们的日子好过了,有人就眼红了,看我们不顺眼了,这没道理啊。要知道,如果发动战争,我们也不是好惹的,你们在哪条战线上出现,我们就将在哪条战线上实施反击。"这最后一句,像极了1946年乔治·凯南八千字电文中的那句"要在苏联扩张的任何地方予以坚决回击",这成为美国"冷战遏制战略"的核心。

斯巴达人听了发言，请双方退场，他们要研究研究。他们中的大多数都倾向于认为：雅典人已经公开实施侵略，必须立即宣战。但也有不同的声音，以睿智、温和著称的斯巴达国王阿奇达姆斯说："你们都太年轻太鲁莽，我过的桥比你们走的路还多，不要天真地认为能从与雅典人的战争中占到便宜。他们人口多、经济强、军备良、海上优势明显，贸然开战是要吃大亏的。小兄弟受了欺负，咱们口头抗议，意思意思就行了，千万别动真格的。"

时任斯巴达监察官之一的斯森涅莱达斯是个年轻人，他听不进老前辈的话："雅典人说了那么多，我听了半天，除了自我吹嘘，一味炫耀他们抗击波斯人的那点功绩之外，还说了些什么呢？他们以前是做过好事，但他们现在的表现很恶劣。我们不能对小兄弟受欺负坐视不管，否则以后这老大还怎么当？威信还怎么立？要给雅典人一点颜色看看。"斯巴达人随即在公民大会上进行表决，绝大多数人认为应该教训雅典人。随后，斯巴达又召集伯罗奔尼撒同盟的诸邦兄弟们开会，投票表决。在伯罗奔尼撒同盟这一边，战争就这样敲定了。

而在雅典城邦内部，遭遇重大事件，公共领域的辩论和演说也是必不可少的。每年冬天，雅典都会举行仪式，对战争中的阵亡将士予以国葬。仪式后，一位被认为最有智慧和最有威望的人将发表演说，讴歌阵亡将士。公元前431年，作为雅典的首席将军，伯里克利利用这一机会发表了战争动员演说，大意如下：我们的先祖世世代代生活在这片土地上，他们勇敢无畏，使这片自由的土地代代相传（神圣领土，不容侵犯）。我们的宪法是其他城邦模仿的范例；我们的城邦由大多数人而不是极少数人管理；我们依法解决争端，人人平等；我们热爱美、热爱智慧，虽然也热爱财富，但从不夸耀；我们关心公共事务，为幸福勇往直前；我们友爱他人，慷慨大度（世界灯塔，吾为典范）。阵亡的将士们为这片土地和土地上自由的信念而战。他们把生命奉献给城邦。他们认为，幸福是自由的成果，而自由是勇敢的成果。他们从不在战争的危险面前退缩，他们宁愿在抵抗中牺牲，也不愿在屈服中偷生。他们每个人都获得了永世常青的荣誉（为国捐躯，死而无憾）。

雅典一方，企图通过宣扬制度上和文化上的优越来获得战争的合法性，将"制度优势和文化优势"转化为战争的正义原则；而斯巴达一方，以支持同盟者、维护正义为由，企图借机打压日益强大的雅典，维护既有的地位和利益。表面上看来，双方都在讲理，都在宣称自己为正义而战，但骨子里都揣着各自的利益和算计。这场争霸战的双方其实都没有正义可言，而为战争所讲的那些理，更准确地说是在找借口，讲歪理。

战争对人性的扭曲

在和平与繁荣时期，人们的判断力和情绪相对稳定，能够遵守较高的准则。尽管也有激情和非理性的一面，但在制度的制约下，讲理成为可能。但是，当战争导致生活困苦，人性恶的一面就会急剧膨胀，并且一发而不可收，呈现出惊人的残暴。人性在战争的扭曲下会变成什么样子呢？修昔底德描写了一些可怖的战争细节："他们杀死所有他们能够找得到的敌人……被他杀害的人虽都被控阴谋推翻民主制，但事实上，有些人是因私人仇怨而被杀，也有人因债务关系而被杀……他们打着为公众谋福利的幌子，事实上是为他们自己牟取私利。为了在斗争中赢得优势，他们不择手段，不惜采取最可怕的行动。"

最初或许是出于对公平正义的渴望而战，或许是出于对钱权不公的不满而战，但随着战争的推进，所有文明的规矩都被破坏，所有公平合理的观念都被扭曲,私利、憎恨、报复成为最高的指导原则。所谓的主义和理想,不过是空洞的辞藻。人的判断力和良知因激情和傲慢而失控,化为嫉妒、仇恨、报复、反抗,以及失去理性。修昔底德继续写道:"过去被认为是不顾一切的鲁莽之举,现在被认为是忠诚的同盟者必备的勇气;谨慎地等待时机,被看作懦弱的代名词;中庸之道,被视为缺乏男子汉气概的表现;一个人如果从各方面观察问题,就表示他是一个在行动上拙劣无能的人;疯狂的暴虐,成了男子汉气概的标志;耍阴谋、搞诡计,变成了合法自卫的手段;夸夸其谈的人总是被信任,而反对他们的人总是被猜疑。"

这让人联想到乔治·奥威尔《1984》中虚构的大洋国四个政府部门:"真理部"负责撒谎,"和平部"负责战争,"仁爱部"负责刑讯,"富足部"制造短缺。大洋国和伯罗奔尼撒战争中的古希腊有着共同的特点——黑白颠倒。而这正是人心败坏、道德秩序和政治秩序颠覆的体现。

战争让人类失去了理性与情绪之间的平衡,丧失人性,只剩魔性。修昔底德认为,其根源在于人的贪婪本性,它导致了任何权力和财富都无法得到满足的狂热。雅典和斯巴达之间爆发战争并不是因为二者间的制度不同(一个是民主制,一个是寡头制),而是源于二者间的共性,即贪婪地追求权力和占有财富。

人的本性会改变吗?修昔底德认为不会,于是他悲观地预言,残酷的战争还会不断上演。不幸的是,他的预言应验了,至少两千五百年来,战争阴云始终笼罩人类上空,时而热战,时而冷战。为什么人类就是学不会从历史中汲取教训呢?也许,总会有一代又一代没有经历过战争的新人蠢蠢欲动,也许总会有人愚蠢地认为战争是捍卫荣誉、解决争端的最好手段,也许人类的贪婪本性不会改变，也许这正是修昔底德《伯罗奔尼撒战争史》的永恒价值所在。

修昔底德陷阱

"修昔底德陷阱"一词并非出自修昔底德本人之口，而是现代西方学者的创造。哈佛大学的格雷厄姆·艾利森（Graham T. Allison）教授，被认为是提出"修昔底德陷阱"概念的第一人。以古喻今，借以讨论当代国际关系，特别是中美关系问题。2017年5月，艾利森教授出版专著《注定开战：美国和中国能否逃脱修昔底德陷阱？》。随后在特朗普任内，中美两国摩擦不断，关系持续恶化，"修昔底德陷阱"一时间成为高频词。

修昔底德陷阱，简言之，指新兴国家强大到一定程度时，令传统大国感到霸主地位受到挑战，引发恐惧，于是战争不可避免，正如新兴的雅典与老牌霸主斯巴达之间的战争，结果是两败俱伤，双双衰落。这一说法的直接证据来源是《伯罗奔尼撒战争史》第一章："雅典势力的日益增长引起拉栖代梦人的恐惧，使战争成为不可避免的了。"

对此，《伯罗奔尼撒战争史》的译者徐岩松先生认为，修昔底德虽然是了不起的历史学家，他的见解也的确很深刻，但毕竟是一家之言，事实上，战争的起因非常复杂，"挑战引发恐惧"也许是原因之一，但不会是事实的全部，也不应将其视为定论。更重要的是，伯罗奔尼撒战争时代的古代城邦关系与现代国际关系之间横亘着两千五百年。以古喻今需要特别谨慎，否则说不定真的会落入某种"陷阱"。

不过，在本人看来，"修昔底德陷阱"仍可视为一种警醒。无论是传统大国，还是新兴大国，都应反思历史，放弃霸权姿态，摆脱战争思维。自己活,也让别人活。自己活得好,也见得别人活得好。有时候想想,国际关系和人际关系真的很像。有智慧的人,弱小时低调做人,踏实做事,强大时善待别人,帮助别人。而争吵、打斗、战争,不是解决争端最好的手段,永远不是。

希帕蒂亚：坠落人间的智慧女神

在古希腊神话中，女神通常是强大的，一点儿不逊色于男神，如盖亚——大地女神、泰西斯——海之女神、忒亚——光明女神、倪克斯——夜之女神、命运三女神、赫拉——权力女神、雅典娜——智慧女神、阿佛洛狄忒——爱与美女神、阿尔忒弥斯——森林女神、阿克索——健康女神、德墨忒尔——丰饶女神、尼莫西妮——记忆女神等，各有各的神通。尤其值得一提的是，在神界，执掌权力和智慧的往往是女性，但在人间，权力和智慧领域却长期将女性排斥在外。

女人：古代政治、思想领域的缺席者

女人，在古代社会归属于家庭，是生育后代所必需的。她们是男人的财产，并和财产一样，有可能被抢来抢去，如萨宾妇女，被罗马人掳掠为妻。美丽的女人更是没有安全感，如特洛伊战争中的海伦，她的名字与"红颜祸水"相连，因男人的欲望和权力而起的战争，却归罪于一个弱女子，完全没道理。

政治上，女人没有公民身份，参政议政、投票表决、参加竞选，都跟她们不沾边。她们与奴隶的区别是拥有自由，而女性奴隶连自由也是没有的。

思想上，哲学和科学领域也是男人的天下。那些了不起的哲学家们大多瞧不起女人，他们不仅否定女人的能力，而且还振振有词，给出许多"理由"。赫拉克利特、德谟克利特都有轻视、敌视女人的倾向,在他们看来"女人是麻烦制造者""最好闭嘴"。亚里士多德更是为"女人比男人低等"给出了生物学的"合理证据"——女人体温较低。他还认为,女人在勇敢、正义、决断力等方面都有缺陷。极少数为女人说句公道话的哲学家也是有的,如柏拉图,他主张"男女平等",认为女人和男人一样,有治理国家的能力。男女应该在受教育、就业、社交、法律、政治等领域拥有平等的权利。但有学者指出,柏拉图主张男女平等恰恰是要消灭女性的传统优势领域,即私人生活领域,他推崇的是公共生活(参见本书《柏拉图篇》)。毕达哥拉斯和伊壁鸠鲁也都是接纳女弟子的,但在这一点上,他们都属于非主流。

女神下凡:惊若天人

就是在这样一个对女性相当不友好的古代男权世界里,一位耀眼的女性横空出世,她以过人的才智令"女性无能说"瞬间瓦解。

希帕蒂亚:坠落人间的智慧女神(AI图)

《雅典学院》

《雅典学院》（局部）中的希帕蒂亚（中）

她就是希帕蒂亚,精通数学和天文学的新柏拉图主义哲学家,而且非常美丽。

《雅典学院》中,拉斐尔笔下的希帕蒂亚也美得脱俗。她一袭白裙,位于画作左下方。拉斐尔把她置于以毕达哥拉斯为核心的数学家群体中是有道理的,她精通数学和天文学,与毕达哥拉斯及其众弟子有很多共同语言。但如果把她置于画作的右上方,让她与独处的新柏拉图主义代表人物普罗提诺(红袍白发老者)并立,可能更合她的心意,因为她是新柏拉图主义的追随者。希帕蒂亚出生的时候,普罗提诺已经去世整整一百年,若能借"雅典学院派对"之机与普罗提诺面对面地探讨哲学问题,她会很开心。

希帕蒂亚(Hypatia,370—415),生于希腊化时代的古埃及亚历山大港。父亲席昂(Theon)是著名的数学家和天文学家,在亚历山大博物院授课、做研究,那是一个专门传授和研讨高深学问的场所。

一个小孩子,如果家里经常有大学问家来做客,与同样是大学问家的爸爸一起讨论数学、天文、地理之类的知识,这个小孩子大概不会只喜欢玩泥巴。小希帕蒂亚聪慧过人,加之耳濡目染,十岁左右就已经掌握了相当丰富的算术和几何知识,并且运用这些知识成功测量出了金字塔的高度,与泰勒斯的办法如出一辙,都是影子测量法(参见本书《泰勒斯篇》),这对于一个小孩子来说是了不起的成就。在父辈们的鼓励和赞美下,小希帕蒂亚对数学和科学越来越痴迷。

十七岁,正是高中生的年龄,希帕蒂亚参加了亚历山大港的一场全城辩论,主题是"芝诺悖论",也称"阿基里斯悖论"(参见本书《赫拉克利特篇》)。在众多男人中间,这朵清丽卓群的百合花本来就惹眼,更令人瞠目的是,就在男人们谁也说服不了谁,争得面孔耳赤之时，宛若仙子的姑娘开口了，并且一针见血地指出了芝诺的错误：" 他限制了赛跑的时间。" 顿时众声沉寂，所有的目光都投射过来，几分钟后掌声零星响起，随后掌声雷动。就这样，希帕蒂亚轰动全城，人人都知道了这位才貌双全的姑娘。一时间，仰慕者、追求者踏破了席昂家的门槛，只为一睹小姐芳容，哪怕看看女神的背影也是好的。不过，希帕蒂亚的一句话击碎了所有追求者的希望，她说：" 我只嫁给一个人，他的名字叫真理。" 希帕蒂亚终身未嫁。

亚历山大港是当时的世界学术中心。亚历山大图书馆馆藏丰富，藏有许多数学专著，包括欧几里得的《几何原本》、阿波罗尼斯的《圆锥曲线论》、阿基米德的《论球和圆柱》、丢番图的《算术》等。希帕蒂亚在读完了所有这些著作后，仰起脸对爸爸说："还有其他的书吗？" 父亲一方面为女儿强烈的求知欲感到欣喜，另一方面也真是力不从心，他自知已无法给极富天才的女儿更多的指导了，于是鼓励并支持她海外留学，继续深造。公元 390 年，希帕蒂亚乘船渡海来到雅典。二十岁的她在雅典如鱼得水，不仅精修了数学和科学，而且被历史和哲学深深吸引。在饱食雅典文化大餐后，约公元 395 年，希帕蒂亚返回家乡。

女神授艺：从者如云

希帕蒂亚回到亚历山大港后，和父亲一样，在亚历山大博物院授课并做研究。《城市广场》是一部希帕蒂亚的传记电影，就是以这一时期为主要故事背景。希帕蒂亚很快成为亚历山大港的学术明星。她主讲数学和哲学，有时也讲授天文学和力学。欧、亚、非三大洲的许多青年慕名而来，拜师求教。学生们对她的评价很高，说她不仅学识渊博，而且循循善诱，讲话如行云流水般引人入胜。

她的学生中也有基督教徒，西兰尼的辛奈西斯就是其中的一位,他后来成为托珞梅斯城主教。辛奈西斯向希帕蒂亚请教学问的信件留存至今,信中请教如何制作星盘和滴漏。他对希帕蒂亚既敬且爱,热情地赞扬希帕蒂亚不仅是一位老师,而且像慈母和善解人意的姐姐。但是,并非所有的基督徒都如此喜爱她,事实上,当时的教会对这位不信教的女科学家很恼火,攻击她为"异教徒"。尽管希帕蒂亚已经察觉到了自己的处境危险,但她仍然执着地追求科学、传讲哲学。

在希帕蒂亚的时代,《几何原本》已经成书六百多年,在一代代的手抄传录中错漏不少。她和父亲一起修订,并写了大量评注,《几何原本》在这对父女手中获得新生,成为如今这本数学巨著最可靠的溯源版本。希帕蒂亚还评注了丢番图的《算术》、阿波罗尼斯的《圆锥曲线论》和托勒密的《大综合论》,并加入自己的见解,把难懂的部分解释清晰。此外,希帕蒂亚与父亲合著了《天文学大成评注》,独立撰写了《天文准则》等。她的评注行文流畅、文笔优美、理解深刻、表达通俗易懂,使这些理论著作更易于推广普及。此外,她设计制造了用来观测天文、推测时间的星盘,发明了提取蒸馏水的设备、测定水平的器具和确定流体比重的仪器。

希帕蒂亚是新柏拉图主义哲学的传讲者,信奉普罗提诺的"太一"及其宇宙模型。但她并不热衷于神秘主义,而是侧重以数学和科学研究促进抽象的形而上学的思辨。她后来成为亚历山大港新柏拉图学院院长。

基督教史学家索克拉蒂斯(Socrates)是希帕蒂亚的同时代人,他在《教会史》中写道:"她承继了柏拉图与普罗提诺的哲学,向听讲者阐述他们的思想,许多人不远千里而来,只求能获得她的点拨。基于良好的教养,她有一种沉着从容、平易近人的气质,她经常出现在公共场合,出现在当地的行政长官面前,从不因参与男人的集会而羞窘难为情。对男人而言,由于她超凡的尊严与美德,他们只有更敬爱她。"

女神之死:黑幕降临

早期的基督教兴起伴随着愚昧迷信和宗教狂热,基督教领袖们排斥异教学说,尤其鄙视数学、天文学和物理学,基督徒不被允许"沾染希腊和埃及学术这个脏东西"。公元313年,罗马皇帝君士坦丁宣布基督教为合法宗教。教育也逐渐被置于教会的控制之下。公元325年,君士坦丁召集基督教第一次大公会议,确立"三位一体说"为基督教正统教义。此后,激进基督徒摧毁"异教文化"的行径变本加厉,更加有恃无恐,有人甚至说:"数学家应该被野兽撕碎或者活埋。"

希帕蒂娜正是生活在这样一个科学精神衰退、黑暗即将降临的时代。而她的死,意味着黑幕降临。公元412年,狂热的基督徒西瑞尔成为亚历山大港的大主教。他迅速在全城推行清除异教邪说计划,数学、天文学、新柏拉图主义等都在"邪说"之列。希帕蒂亚拒绝放弃自己的哲学主张,坚持传讲科学,提倡思想自由。那些来找她麻烦的基督徒常被希帕蒂亚驳得哑口无言。她成为他们的一颗眼中钉,他们欲除之而后快。

公元415年3月的一天,希帕蒂亚像往常一样乘马车前往博物院。路上一伙暴徒冲来,把她从马车上拉下来,迅速拖进附近一座教堂。这群残忍的野蛮人和狂热分子剥光她的衣服,毫无人性地将她屠戮致死。尖锐的蚌壳将她的肉从骨上刮下,还在颤抖的断肢被投入火中。

下图为英国画家查尔斯·威廉·米切尔的油画作品《希帕蒂亚》,创作于1885年,收藏于泰恩-威尔博物馆。画作中,庄严深

《希帕蒂亚》,查尔斯·威廉·米切尔,1885年

沉的神殿背景与鲜活美丽的生命形成鲜明对比。右下角一根灯柱倒地,想必其上的烛火已经熄灭。画家把希帕蒂亚的身体描画得极其完美,她的确是人们心中完美的女性。然而,如此完美的希帕蒂亚眼中尽是绝望和哀伤。她高举左手,似乎身体已失去平衡。这一时刻,她是如此无助,身旁的十字架闪烁着冰冷的金属光泽。教会恐怖笼罩下的群体认知此时跑偏了不只一点点。

对这一臭名昭著的恶性屠杀事件,教会有不同的说法。公元7世纪的尼奇乌主教约翰将希帕蒂亚描述成女巫:"那段日子的亚历山大港里出现了一个女哲学家,一个叫希帕蒂亚的异教徒。她所有的时间都投入魔法、天体观测仪以及乐器上,以她恶魔的巧计哄骗许多人。该城的地方长官对她过度尊崇,因为她也以魔法将他玩弄于股掌之间,他再也不像从前那样固定去教堂……一群虔信上帝的信仰者搜寻这个以魔力诱惑官员与市民误入歧途的异教女人。当他们发现她时,便上前接近,将她拉到地上,带到一所名叫西赛隆的教堂中,撕去她的衣服,拖行示众,直到她死去,焚烧她的尸体。"

这个可怕的时刻是人类历史上的一个重要转折点。希帕蒂亚之死,标志着西方古典时代的结束。这还不够,亚历山大图书馆最后的若干卷轴在她去世后几个月内被全部销毁。更糟糕的是,以清洗异教徒为名做下这桩桩恶事的西瑞尔被称为"圣人"。原有的建制处于颓败之中,学者们开始流落他乡。血光、火光中,古代的理性之光黯然熄灭,中世纪的黑幕已然拉开。那一天,这个世界损失了很多宝贵的东西。希帕蒂亚之死是"非理性的宗教迫害理性的异教"的象征(卡尔·萨根语)。

女神光彩:鼓舞后人

希帕蒂亚是智慧与美的化身,是亚历山大港的传奇。英国历史学家爱德华·吉本（Edward Gibbon）的描述是这样的："这位谦逊的处子颜如春花初绽，却有成熟的智慧，她拒绝情人的求爱，全心教导自己的门徒。最荣耀、最显赫的大人物们个个迫不及待地想要拜访这位女哲人。"（《罗马帝国衰亡史》）

与同时代的其他女人不同，希帕蒂亚并没有把自己局限在家庭生活中。她的性别意识似乎不那么强，她在男人们固守的思想领域穿行自如，与他们交谈、探讨、互动。她经常身着哲学家惯有的朴素长袍面对公众讲演。人们被她的个人魅力所折服，向她欢呼致敬，将花束抛撒给她。她强大的天赋和才华赋予她足够的自信和坚强，完全没有依附于男人的想法。当在任何问题上与他人意见相左时，她都会充分地表达并坚持自己的主张，哪怕对方是强大的教会或国家。

希帕蒂亚热爱智慧、追求智慧、拥有智慧，她散发出的自立自信的女性光彩在古代社会夺目耀眼。事实上，一千六百多年来，她鼓舞了无数人，特别是鼓舞了无数女性，在数学、科学、哲学等领域绽放光芒。而一千六百多年来，女性一步步走出黑暗，与男人比肩，是一条极其艰辛、漫长、曲折的道路。在自然科学与社会科学研究领域，如今仍以男性为主导，这与一些根深蒂固的偏见有关，比如"女性天生不适合"。

女性天生不适合吗？黑格尔认为："女性具有受教育的能力，但无法从事那些需要一种普遍能力的活动，例如那些更为先进的科学、哲学以及某些特定形式的艺术创作……女性调节自己行为的依据不是普遍性的要求，而是任意的倾向和意见。"（《法哲学原理》）与黑格尔持同样观点的人不在少数。他们认为，男性和女性天生具有能力上的差异，女性天生欠缺抽象思维能力。理由是，那些改变世界的人类最杰出的科学与哲学贡献绝大多数来自男性。

20世纪美国心理学家爱德华·桑代克（Edward Thorndike）曾宣称："男性更大的可变性意味着全国最有天赋的一百个人中，不到两个是女性；最有天赋的一千人里，女性占比不会超过二十分之一"；"世界最显赫的地位和领导权无可避免地属于男性。"他甚至认为："研究生教育提供给男性更值得，提供给女性是糟糕的投资。"令人不解的是，桑代克教授自己收了一位名叫霍林沃斯（L. S. Hollingsworth）的女研究生。霍林沃斯用自己的研究强力反驳了导师的观点。在一项对两千个新生儿（男女各半）进行心智测试的研究中，霍林沃斯发现，男婴的可变性并不大于女婴。即使男女婴儿确实存在差异，差异结果也是女性更优。三十岁的霍林沃斯已发表了九篇论文，撰写了一本专著，受聘于哥伦比亚大学从事女性心理学、儿童发展心理学研究，并迅速成为这一领域的先驱。她认为，先天禀赋只是智力发展的一部分，后天的教育与机会同样是关键因素。

诸多杰出女性，如玛丽·卡尔金斯（Mary Calkins，美国心理学协会第十四任主席，也是该协会首任女性主席）、玛格丽特·沃什伯恩（Margaret Washburn，美国国家科学院首位女性心理学家，继玛丽之后第二位美国心理学协会女性主席）、埃莉诺·麦科比（Eleanor Maccoby，斯坦福大学心理学系首位女主任，美国国家科学院院士，获得五个终身成就奖，其中一项是美国心理学会颁发的最高奖项——杰出科学贡献奖），以自己的研究和成就证明："女性并没有天生的智力劣势"。女性的成就不如男性，与其说是"天生不适合"，不如说是"性别偏见造成的机会不均等"。

克服偏见，即便不是最难的事情，至少也是最难的事情之一。从希帕蒂亚的时代至今，我们欣喜地看到了性别偏见的消减，哪怕这一过程极为漫长，进展极为缓慢。来自美国社会学家哈里特·朱克曼（Harrict Zuckerman）的研究显示："20世纪80年代中期，美国科学家和工程师的总人数约为四百万，其中女性仅为13%。但这个数字已经是十年前的二十八倍。20世纪70年代后，女性科技人员的增长速度是美国人口增长速度的两倍。"（朱克曼《科学界的精英》）在我国，性别差异问题也已进入研究者的视野，性别歧视、劳动力市场供需关系、婚姻家庭对职业生涯的影响、女性自身的职业期望与选择等都是核心议题。

不可否认，性别造成的差异是存在的，但是女性智力上的劣势并不存在，希帕蒂亚就是一个有力的证明。数千年来，人类有意无意地无视、压制、遗忘女性智慧，这是浪费了多么巨大的宝藏啊，这岂不是整个人类的巨大损失吗？让每一个人类个体都有机会散发光芒，这条路还要走多远？

奥古斯丁：理性与信仰

公元前27年，罗马的政治制度由共和国转变为帝国。罗马帝国犹如一部战争机器，版图不断扩张，西部直抵大西洋，北部以莱茵河、多瑙河为界，东部吞并了小亚细亚，南部触角伸展到埃及和北非，地中海成为帝国内海，罗马已然是一个横跨欧亚非的超级大帝国。

从奥古斯都到奥古斯丁

奥古斯都和奥古斯丁，都是罗马帝国时期的传奇人物。他们一位是帝国的开国皇帝，统驭"尘世之城"；一位是见证了帝国终结序曲的基督教主教，书写了《上帝之城》。

奥古斯都，通常是指罗马帝国的开国皇帝屋大维，全名盖乌斯·尤利乌斯·凯撒·屋大维（Gaius Julius Caesar Octavianus，公元前63—公元14）。奥古斯都（Augustus），是罗马元老院授予屋大维的一个极高的封号，意为"至尊者""神圣者"。屋大维去世后，"奥古斯都"这一称号便和"凯撒"的名字一样，成为罗马皇帝惯用的头衔，因此"奥古斯都"也是后世帝王的代称。

屋大维雄才大略，结束了长期内战，开创了罗马的黄金时代，也开启了罗马帝国的新纪元。但是他的继任者中菜鸟频出，帝国显出颓势。直到公元1世纪末，帝国一连出了五位颇有作为的皇帝，涅尔瓦、图拉真、哈德良、安东尼、马可·奥勒留，史称"五贤帝时代",帝国又现生机。然而,自从奥勒留的儿子康茂德继位后,帝国每况愈下。公元3世纪,罗马帝国已沦为雇佣军手中的玩物,谁给的好处多就让谁当皇帝。

公元4世纪初,帝国又出了一位传奇皇帝君士坦丁,他首次承认了基督教的合法地位,结束了基督教三百年来的苦难历程。而这三百年来,罗马对基督教的全国性大迫害约有十次,在尼禄、德修斯、戴克里先和朱利安等皇帝执政期间尤为酷烈。君士坦丁在位时还有一项重要战略行动,就是将帝国首都迁至东部的君士坦丁堡。君士坦丁之后的狄奥多西皇帝将基督教正式确立为国教。狄奥多西死后,他的两个儿子将罗马帝国一分为二,东罗马以君士坦丁堡为首都,西罗马以罗马为首都。公元5世纪,北部日耳曼蛮族部落入侵,西罗马帝国灭亡。东罗马帝国苟延残喘至1453年,被土耳其人摧毁。有学者认为,西罗马帝国的灭亡与中国有关。汉武帝时期(公元前141—前87),中国抗击匈奴入侵并向西扩张,迫使西部的游牧民族匈奴各部落向西逃亡,结果引发了自东向西的民族大迁徙,侵占日耳曼人的固有领地,迫使日耳曼人南下进入罗马,多米诺骨牌一张张倒下,最终导致西罗马帝国的崩溃。

奥古斯都代表了世俗的最高权力,而奥古斯丁则代表了早期基督教哲学思想的最高成就。

奥古斯丁(Aurelius Augustine,354—430),出生于北非努米底亚省的塔加斯特镇,现位于阿尔及利亚,当时是罗马帝国的附属地。奥古斯丁青少年时期接受了完备的希腊罗马文化教育。在希腊的各哲学流派中,他醉心于柏拉图哲学,曾是一位新柏拉图主义者。他以柏拉图主义为参照阅读《圣经》,发现《圣经》与柏拉图哲学有神似之处,并且领悟到了《圣经》对前世哲学的超越,

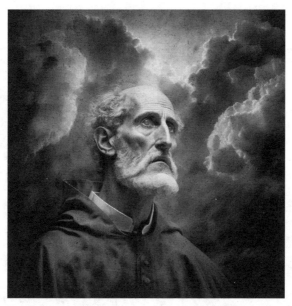

奥古斯丁：上帝的恩典是救赎唯一的希望（AI 图）

即"道成肉身"。经过长期的思想斗争，奥古斯丁三十三岁皈依基督教，四十一岁成为希波（Hippo）主教，余生都奉献给教会圣职。430 年，奥古斯丁于七十六岁时去世。

奥古斯丁对后世的影响并非来自他的主教身份，因为当时非洲大大小小的主教少说也有七八百个。令他在人类思想史上千古留名的是他的著述和思想。他的著作经他自己梳理确认大致有九十三种，此外，他还留下了超过三百封书信和超过四百篇布道词（选自他八千余次布道），堪称神学百科全书。其中最有名的当属《反学园派》《论意志自由》《忏悔录》和《上帝之城》。

基督信仰时代的到来：基督教的土壤

我们来大致梳理一下基督教在罗马的传播、发展历程：

公元 1 世纪 40 年代，基督教传入罗马帝国；

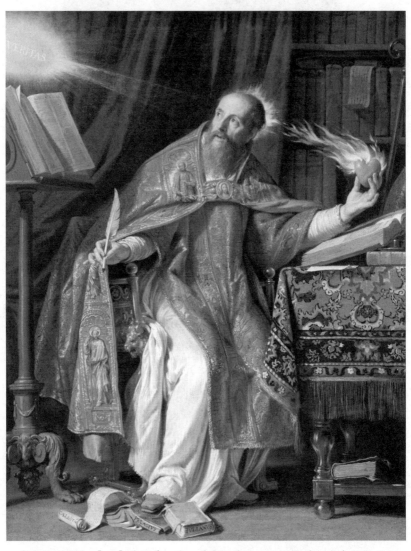

奥古斯丁肖像，[法]菲利普·德·尚帕涅作品，17世纪作，光中的拉丁文"Veritas"意为"真理"

64年，尼禄统治时期的罗马帝国开始对基督徒进行第一次大规模迫害，随后二百五十年间，基督教在罗马帝国统治者的迫害中倔强成长；

313年，君士坦丁签订《米兰赦令》，基督教在罗马帝国获得合法地位；

330年，君士坦丁将帝国首都从罗马迁至君士坦丁堡；

380年，狄奥多西宣布取缔多神教，要求全体罗马人信仰基督教；

392年，狄奥多西将基督教确立为罗马帝国国教，即官方宗教；

395年，罗马帝国一分为二，西罗马以罗马为中心，东罗马以君士坦丁堡为中心；

410年，西罗马遭日耳曼部落大举入侵；

476年，西罗马帝国被日耳曼部落消灭（开启中世纪），东罗马帝国仍然屹立；

529年，东罗马皇帝查士丁尼一世下令关闭拥有九百多年历史的柏拉图学园，教会垄断了所有的教育和思想；

1453年，信奉伊斯兰教的土耳其人攻陷君士坦丁堡，改名伊斯坦布尔。

奥古斯丁生活的时代，西罗马帝国摇摇欲坠，欧洲中世纪大幕即将开启，这是人类思想史上极为重要的一个过渡时期。此前希腊化罗马时代的哲学家们所提供的个人伦理，如伊壁鸠鲁的快乐哲学、斯多葛学派追求的内在德性、怀疑主义者提供的悬搁判断等，已经不足以帮助人们摆脱今生的苦难，人们开始循着普罗提诺新柏拉图主义的方向，开始寻求一种宗教的解答。基督教的种子就在这适宜的土壤中萌发生长了。

公元1世纪前后的罗马内忧外患,战乱不断,城邦在硝烟中变为荒城,民众颠沛流离。恺撒曾在攻占一座城后,将两千名战俘的双手砍去。庞培镇压斯巴达起义后,将六百多战俘钉上十字架,成为他凯旋路上的"风景"。更多的战败地百姓则沦为奴隶。图拉真皇帝热衷于扩张帝国版图,曾带领罗马大军横扫波斯帝国,占领波斯首都泰西封城,掠夺财宝,全城居民沦为奴隶。如果你穿越时空伫立在彼时的罗马街头,便常常会看到这样的景象:戴着镣铐的奴隶队伍绵延行进,他们或由人贩驱策,或是被赠予有战功者。男人在鞭子下背负重担,干最粗重的活;女人在露天市场被卖入娼门;孩童在灰尘中哭叫着,蹒行于母亲的裙边。西塞罗曾向罗马滥用暴力提出抗议,谴责战争是一种兽行,谴责自己的民族穷兵黩武和疯狂扩张,谴责行省的残酷剥削。他在演讲中为民众呐喊:"把我们从悲惨中拯救出来吧!把我们从恶人的牙齿中拯救出来吧!我们的鲜血只能使他们贪得无厌。"(《西塞罗传》)

汉娜·阿伦特在《黑暗时代的人们》中写道:"即使在最黑暗的时代,我们也有权去期待一种启明。"基督教酝酿的时代就是这样一种最黑暗的时代,也是人们在绝望中寻找希望的时代。当生活于水深火热之中的奴隶和贫民感到此生无望之时,他们看到了新的希望。最初的基督教传播正是在罗马社会底层展开的。公元1世纪开始,十字架上受难的耶稣基督向每一个人张开臂膀,宣示希望,好像在召唤世界投入他的怀抱:"到我这里来,受苦受难的和身负重担的人。"无论外在生活如何苦难,也无论内在德性如何不完善,人们都可以期待彼岸的天堂世界,因为有一位天父,能够将仁慈和拯救一视同仁地施派给所有有罪的和虔诚的人。这对当时的底层民众来说,岂不就是唯一完美无缺的真理吗?

理性与信仰：谁征服了谁？

古希腊哲学，无论哪一个学派，都具有强烈的理性精神，而基督教哲学则脱离了理性这条主线，它并不在意逻辑推理，它是建立在信仰之上的一种生存哲学。一生颠沛流离的20世纪德国思想家瓦尔特·本雅明（Walter Benjamin，1892—1940）曾说："正是现实中充满了无尽的绝望，我们才被赋予了希望。"罗马帝国时期，基督教被越来越多的人信奉，正是基于苦难的人生境遇，人们强烈向往着彼岸世界。对于一个生活在苦难中的基督徒来说，坚定的信仰胜过一切理性知识，辩证法在信仰面前显得矫揉造作、不值一提。

非基督徒想要理解基督教并不是一件容易的事，因为通常人们总是习惯于从理性的角度思考问题，总是想要追问为什么。当没有令人信服的证据摆在面前时，我们很难接受一个现成的结论。但是，面对基督教信仰，如果执拗地追问证据和论证过程，就会遇到一堵无法逾越的墙。这堵墙就是信仰。基督教首先是一种信仰，一种生命体验，而不是抽象的理论。在信仰面前，我们发现理性的证据失效了。当然，也有人认为"上帝假说"是一种关于宇宙的科学假说，应该像其他假说一样可以用怀疑论的眼光进行审视和分析，正如理查德·道金斯在《上帝的错觉》一书中开篇所说的那样。但是，基督徒对此并不认同，他们认为，倚重理性的怀疑论体现的正是无知人类的狂妄和自大，人类的理性与上帝的启示相比，太幼稚太可笑。这让人联想到那句犹太谚语："人类一思考，上帝就发笑。"

理查德·道金斯的《上帝的错觉》，我个人认为是一本很好的书。道金斯是一位英国生物学家，他还著有《自私的基因》等深受读者喜爱的畅销书。作为无神论者、科学家，他审视基督教的眼光是理性的和去神圣化的，他不仅批驳基督教教义本身，批驳上帝存在的可能，而且对基督教在人类历史上引发的战争、歧视、迫害等感到痛心，对当代西方社会给予无神论者的不公感到有话要说，并勇敢地说出了自己的观点："既然关于上帝是否存在，人类的理性认知无法企及，那么就应采取一种怀疑的态度，不能肯定他不存在，但也不能肯定他就是存在的。"道金斯的主张与怀疑论者皮浪先生如出一辙。在我看来，若要多维度认识和理解基督教，道金斯的观点会是有益的参考。

作为一个衣食无忧的现代人，我也习惯用理性的方式思考问题和衡量一切，但是，当面对"无知人类的狂妄自大"这样的指控时，我的心底似乎对理性的信奉有了一丝动摇，生出一些疑问：理性是不是追寻真理和知识的唯一手段？如果不是，无法通过理性获得的真理和知识是怎样的？这样的真理和知识又该如何获得？如何跨越理性的边界，进入非理性世界，那里又有些什么？

"非理性"在我们的习惯性认知中是个贬义词，总会让人联想到网络暴力，但此时，我想到了"弗洛伊德的知识"也应归入非理性（当然是通过理性的方式获得的），那显然是有益的知识。那么，"非理性"就变成了一个中性词，进而"理性"也失去了神圣光芒，蜕变为一个中性词。我不知道这样的胡思乱想意味着什么，我只知道我对理性已经没有那么确信了。著名的拉丁教父德尔图良（Tertullian，约150—约230）曾经告诫人们："当我们用理性面对奥秘并感到大惑不解的时候，首先应该质疑的不是理性所面对的奥秘，而是应该反省理性本身是否出了问题。"这话似乎有一定道理。

在基督教最初成长的几个世纪里，超理性甚至反理性的信仰构成了教会的主流意识形态，也成为从奥古斯丁到阿奎那的多数基督教神学家的基本立场。有意思的是，伴随着基督教走出逆境，从受迫害的状态到逐渐被统治者接受，再到成为国教，基督教对待理性的态度也悄然发生改变，体现出更多的包容，这或许应归于自信的力量。在基督教弱小的阶段，基督徒和早期教父展现的是"护教"的防守姿态，针对罗马统治者的政治迫害和思想偏见，竭尽全力为基督教辩护。而生存处境极大改善后，特别是中世纪基督教上升为西欧唯一的宗教信仰之后，便开始利用理性来解释基督教教义和教规，运用逻辑来构建一套神学体系。基督教由最初的教父哲学阶段（奥古斯丁就是教父哲学的集大成者）转入经院哲学阶段。经院哲学主张对教义不仅要信奉，还要寻求理解，这就需要求助于理性。理性的回归一方面丰富了经院哲学体系，但同时也埋下了批判信仰的危机。直到18世纪启蒙运动，这一危机全面爆发。

理性和信仰的关系，始终是贯穿中世纪文化的一条主线。它们究竟谁征服了谁？人们通常认为，中世纪信仰征服了理性，使其变为臣仆和侍女，但是仔细考察会发现一些相反的证据，比如，三位一体说和灵魂高于肉体说，就源于新柏拉图主义的哲学语言，而此后的神学一直受这种哲学术语的约束（希尔贝克语）；再比如，理性在经院哲学中的发展最终导致了启蒙运动时期信仰大厦的动摇和崩塌（赵林语）。这样看来，理性和信仰究竟是谁征服了谁，答案始终随时代而变。

人的内心：灵与肉搏斗的战场

在奥古斯丁的时代，生活在苦难深重的现实境遇中的人们根本不在意理性和信仰究竟谁征服了谁。如何摆脱痛苦，获得救赎，使灵魂超越死亡享受永生的极乐，才是底层人民最关心的现实问题。

而基督教神学最核心的问题就是人如何能够从罪恶中获得救赎。

奥古斯丁时代的罗马帝国气数已尽，奄奄一息，日耳曼部族的入侵即将摧毁西罗马。而此时的基督教已经成为合法宗教，并被确立为国教，教会机构相当发达。一些趋炎附势的罗马人并非因为信仰，而是基于利益的考量，纷纷涌入教会。基督徒的信仰和道德水平大大降低，教会内部也日益滋生出各种丑恶的腐败现象。一些基督徒开始思考，如何保持基督徒信仰和道德的纯洁性。他们决心与堕落的浊流文化一刀两断，与自己肉体中的各种欲望做斗争，以此磨炼意志，加强信仰。奥古斯丁就是其中的一位。

奥古斯丁四十岁时写下《忏悔录》(*Confessions*)，他回顾并反省了自己放荡的青年时代，回忆自己如何受到各种欲望的诱惑，又如何在上帝恩典的帮助下与各种欲望做斗争。书中奥古斯丁将自己的内心世界呈现于笔端，可谓惊心动魄，那里并不是一片宁静和理性的世界，而是各种情感和各种意志冲突的战场，各种非理性的冲动、罪过和对拯救的渴望彼此纠缠："这心病折磨着我，我以不同寻常的严肃态度斥责我自己，我在束缚我的枷锁中努力挣扎，想把它全部折断。"

那么，如何获得内心的宁静，也就是获得幸福呢？伊壁鸠鲁奉劝人们追求友谊、自由和哲学，远离政治；斯多葛学派认为完善内在的德性才是获得幸福的根本途径；而怀疑论者皮浪给出的答案是"悬搁判断"，做一只风雨中安静吃食的小猪。与此前诸多哲学家不同，奥古斯丁并不相信凡人能够通过自己的力量获得心灵的宁静，他认为："即使具有极高才智和充裕时间的少数人精通深邃的学问，他们也只能研究灵魂的不朽性，而不能达到灵魂的可靠的、真正的幸福状态。"(《论三位一体》)可见在奥古斯丁看来，无论人如何努力，如果没有神的恩典和帮助就永远不会获得幸福和安宁，因此他

不停地呼告:"主啊,请你不停地增加你的恩典,让我的灵魂摆脱情欲的纠缠。"(《忏悔录》)

罪恶是如何产生的:善的缺失

伴随着不断扩张,罗马帝国的版图在公元1世纪末已经接近饱和。西临大西洋;北境莱茵河与多瑙河以北是蛮荒之地,罗马人不感兴趣;埃及和北非以南广袤的撒哈拉大沙漠对罗马人来说也没有战略价值;而东边罗马人与帕提亚帝国在美索不达米亚和亚美尼亚一带展开拉锯战,东进之势陷入僵局。此时,伴随着大量财富源源不断地从被征服地流入罗马,有权有势的罗马公民便开始享受起了胜利果实,他们醉生梦死,不可救药地腐化堕落。堕落与罪恶横行,引发了奥古斯丁对罪恶问题的思考:罪恶是如何产生的?这也是一个令无数神学家感到头疼的问题。

哲学家们也思考过这个问题,伊壁鸠鲁就曾思考过罪恶根源的问题,思考过神与罪恶的关系问题。伊壁鸠鲁是德谟克利特原子理论的继承者(参见本书《伊壁鸠鲁篇》),尽管他承认神的存在,但对于神的全能全善持怀疑态度。他的怀疑基于以下的假设论证:

假设1:如果神愿意消除罪恶,但没有能力,那么神不是全能的。

假设2:如果神有能力消除罪恶,但不愿意,那么神不是全善的。

假设3:如果神既不愿意,也没有能力消除罪恶,那么他根本不配称为神。

假设4:如果神既愿意,又有能力消除罪恶,世间为什么还有如此多的罪恶?

需要指出的是,伊壁鸠鲁生活在公元前,因此他所指的神,并

《逐出伊甸园》，米开朗基罗，位于梵蒂冈西斯廷教堂

不是基督教的上帝。但无论哪路神仙，只要宣称全能全善，就必定会面对伊壁鸠鲁的质问——为什么世间还有如此多的罪恶？毕竟世间罪恶的存在是无论如何不可否认的。

面对全能全善的神与世间罪恶之间难以化解的深刻矛盾，奥古斯丁冥思苦想。事实上，他投入一生来思考这一问题，最终灵光闪现，得到答案——恶，是善的缺失。这是什么意思？什么叫善的缺失？奥古斯丁的解释是这样的，上帝是至善的，他当然教导人从善，但是人常常不听神的话，也就是善的缺失，于是产生了恶。上帝说不要嫉妒，同村一小青年学了技术回乡创业，挖鱼塘养鱼一年能赚好几万，乡邻眼红，我穷你也别想过好日子，去鱼塘投毒。上帝说不要发怒，但有人批评我的偶像，我怒火中烧，必须反击骂回去，网上没人知道我是谁，看谁骂得凶。这些都是人的罪恶。照奥古斯丁看来，人间之所以有恶的存在，不是上帝的错，而是人的错，是因为人不听上帝的善的指引，缺失了善。追溯源头，亚当和夏娃在伊甸园时，也是不听上帝的话，偷吃了智慧树上的果子，这就是善的缺失，从而为人类埋下原罪。

人类为什么不听话呢：自由意志

人为什么不听上帝的话呢？奥古斯丁把它归结为自由意志，我们可以欲求上帝，听从上帝，我们也可以不追随上帝，违背上帝，这是因为人类拥有自由意志。那么，人类的自由意志又是哪来的呢？奥古斯丁说，上帝在造人的时候，就赋予了人类一种特殊的禀赋，那就是自由。自由意志本身是好的，上帝赋予人类自由意志是希望人类从善，但是人类却误用了这宝贵的禀赋，用它来作恶。那么问题来了，全知全能的上帝明知人会误用，为什么还要赋予人类自由意志呢？

17世纪德国哲学家莱布尼茨对这一问题的回答是：在上帝的眼中，自由比善恶更重要，也就是说，让人拥有自由意志，拥有选择权，比选择善恶本身更重要。莱布尼茨认为，自由是世间最宝贵的东西，上帝为了让人享有自由，宁愿冒着人误用它的危险。

康德对这一问题的回答更有冲击力。他认为，自由之所以称之为自由，就在于它是对上帝的背离。如果人类完全依照上帝的意志行事，那根本就没有自由可言。因此，自由的第一个行为就是背叛，是作恶。也正因为如此，人可以选择作恶，也可以选择弃恶从善。自由的本质就在于不断地否定现实，超越现实；否定自我，超越自我。

黑格尔对此的解读更进一步。人之所以为人，就在于拥有了自由，否则跟其他动物就没有区别了。想来也是，这世界上的其他生物都是遵循着自然界的必然规律生生灭灭，唯独人类可以决定自己的行为。自由让人产生自我意识，首先就表现为伊甸园里亚当和夏娃违背上帝的教导，偷食禁果，拥有了羞耻感。但是，就在他们犯下原罪的那一刻，他们从动物上升为人。因此黑格尔认为，原罪是人成为人的开端,是人类告别动物走向人类社会的第一步。人类虽然被上帝逐出伊甸园,但那里没什么好留恋的,因为伊甸园是禽兽滞留的地方。从此后,人类便开启了自由意志的发展历程,不断向着上帝提升自我。

奥古斯丁有关自由意志的思考并没有后世大哲们这么深入,但这些后世大哲也都是循着他的思路走下去的,那就是,人类误用了上帝给予的自由意志。

救赎:上帝的恩典是唯一的希望

亚当和夏娃在伊甸园里犯下原罪,使他们的子子孙孙都背负这一罪孽。《圣经》上说:"罪的工价乃是死。"因此死亡成为无人能逃脱的宿命。读到此处,先生提出了疑问:"动物没有违背上帝的意志,没有罪,为什么也会死?"这是个好问题,可惜没办法请奥古斯丁来回应。奥古斯丁是个能够对矛盾问题自圆其说的高手。承接上句还有后文:"罪的工价乃是死,惟有神的恩赐,在我们的主基督耶稣里,乃是永生。"(罗马书六:23)奥古斯丁对此的解释是,原罪不是我们犯下的,我们无法通过自己的善功解除原罪,唯有依靠上帝的恩典,依靠耶稣基督在十字架上流血完成救赎。耶稣向世人昭示了罪的赦免、死而复活的希望,这样基督徒们便可以在精神上超越死亡。

值得注意的是奥古斯丁并不认为上帝会拯救所有的人,他认为,上帝的恩典只会降临到少数人身上,让他们超脱罪恶,获得永生。那么,哪些人是被上帝选择的少数人呢?奥古斯丁认为,由于所有人本质上都是一样的,同样有罪,那么这种选择就是任意的,而且是上帝预先就确定好了的。这就是奥古斯丁的"前定论"。也就是说,上帝在创世之初就已经前定了一切。有人反驳奥古斯丁,

巴西里约热内卢基督山

如果一切都是前定的，那么人类的一切道德努力岂不都是多余的？因为不管你怎么努力，上帝都不会因你从善而拯救你。那么，"前定论"将会导致道德的彻底沦丧。奥古斯丁并没有回避这一有力的质疑，他回应道：并不是因为人做了善事才被上帝选择，而是因为被上帝选择，人才会体现出美德。奥古斯丁真的很厉害，他的这个回答意味着，每一个基督徒都可以自我检视，自己是否是被上帝选择的人，只要衡量自己是否拥有足够的美德，是否从善。这样一来，"前定论"非但不会导致道德的沦丧，反而让人生出"圣徒意识"。在危难之时，圣徒意识会让人更加百折不挠、坚定勇敢，因为他们把自己的行为归为上帝拣选的必然结果。

奥古斯丁的"前定论"救赎观一度被罗马天主教会确定为正统的救赎理论。中世纪后期，情况发生了变化，人们只要肯花钱买救赎券便可以得到救赎，救赎的权力由上帝转移到了唯利是图的神职人员手中。这种信仰的堕落激起了马丁·路德的愤慨，催生了宗教改革运动。

时间观：上帝在川上

上帝预先决定了一切，而人又是有自由意志的。这是不是奥古斯丁理论中的一个漏洞呢？奥古斯丁打补丁的能力超级强大，这又涉及了他的另一个学说——创世说。

《圣经》里说，上帝用六天时间创造了世间万物。奥古斯丁认为这只是便于凡人的理解，事实上，上帝一瞬间从无中创造了万物，包括时间与空间也是在这一瞬间创造出来的。也就是说，上帝创世之前，没有时间，也没有空间。人类生活在上帝创造的时间和空间里，然而上帝却超越了所创造的时间和空间，存在于另一个时空维度里。对此该怎么理解呢？

《论语》有言："子在川上曰：逝者如斯夫，不舍昼夜。"我们可以做个类比，上帝就像孔子那样立于川上看着我们人类历史在他创造的时空中流淌，线性向前，一去不回头。而不动的上帝就是永恒。这与我们通常所理解的永恒不同，我们通常认为时间的不懈流淌、没有尽头叫作永恒。奥古斯丁认为，永恒是超越我们所处的时空之上的，没有过去，没有未来，永远只有现在，这才叫永恒。上帝的永恒视角允许他在不侵犯人的自由意志的情况下，预先知道人的行为。这也是前人从来没想到过的，奥古斯丁具有科幻小说家的潜质，以他的多维宇宙时空观为基础，一千五百多年后，好莱坞产出了《星际穿越》《黑客帝国》《盗梦空间》《星际迷航》等一系列经典科幻大片。

我思故我在：对怀疑论的驳斥

我思故我在，是笛卡儿最为人熟知的哲学命题。然而，读到奥古斯丁在《反学园派》一书中驳斥怀疑论的内容时，才恍然，原来早在笛卡儿之前一千二百年，奥古斯丁就曾经表达过"我思故我在"的思想。奥古斯丁驳斥怀疑论,准确地说是驳斥怀疑论有关"人无法获得确定的知识"这一不可知论的观点。奥古斯丁试图证明:"人能够获得确信,因此不需要在知识领域仅仅依靠可能性。"(《反学园派》)他的证明如下。

首先,我思故我在。针对怀疑论所谓"感官并不提供确定的知识",奥古斯丁认为,感官的确可能会欺骗我们,但是,当对感官表示怀疑的时候,我,作为怀疑者,是不能被怀疑的,也就是说,我必然是存在的。于是就有了一个不可驳斥的真理,怀疑者本身,是超越任何怀疑内容而确实存在的,简言之"我思故我在"。从"我存在",到"我愿望""我思维""我感觉""我知道",自我的主体确定性扩展到了与外在经验相对立的自省领域。"主体有关自我的直接确定性被看作确定性知识的一个基础,这是奥古斯丁思想的一个'现代'特征。"(希尔贝克《西方哲学史》)

其次,数学代表了一些无法怀疑的真理。尽管有些事情人无法通过感官获得,但却可以通过理性获得。数学就归属于理性范畴,$1+1=2$,$3\times 3=9$,这些数学陈述是确定性的知识。不同于通过可能会欺骗我们的感官所获得的知识,数学呈现出一些必然的、不变的真理。

第三,逻辑原则是无法怀疑的。奥古斯丁认为,怀疑论者自己也在使用逻辑原则证明他们的观点,比如高尔吉亚证明"无物存在"的时候,就纯熟地运用了逻辑学中的矛盾律(参见本书《高尔吉亚篇》)。

《反学园派》一书成书于公元386年,奥古斯丁时年三十二岁。他三十三岁归信基督教,因此反驳"不可知论"的时候,他的内心正处于思想转折的激烈斗争中。彼时,他来到了理性与信仰两种探求真理之路的交叉口。据《忏悔录》记述,他皈依基督教的契机是"花园里的奇迹"：某日正当他在住所花园里为信仰彷徨之际，耳边响起清脆的童声："拿起，读吧！拿起，读吧！"他翻开手边的《圣经》，恰好是圣保罗的教诲："不可荒宴醉酒，不可好色邪荡，不可争竞嫉妒，总要披戴主耶稣基督，不要为肉体安排，去放纵私欲。"奥古斯丁顿时感觉"有一道恬静的光射到心中，驱散了阴霾笼罩的疑云"。387年复活节，他受洗皈依基督教。选择基督教信仰，并不意味着奥古斯丁放弃理性。事实上，他将新柏拉图主义思想融入了他的信仰理论中。

道成肉身：对新柏拉图主义的神学阐释

《圣经》旧约开篇就记载了上帝创世的故事。上帝说"要有光"，就有了光。上帝说："要有天地、海洋、树木、群星、动物、人"，就有了万物。这意味着，上帝凭空创造了一切，不需要任何质料，只凭言说，这就叫"道成肉身"，对应的英文是"the Word became flesh"，原文出现在《圣经》新约《约翰福音》的开篇（一：1-14）："太初有道，道与神同在，道就是神。道成了肉身，住在我们中间，充充满满地有恩典有真理。"the Word 对应"道"，是指上帝的语言，逻各斯；flesh 对应"肉身"，是指有形的世间万物。

在希腊哲学中，"逻各斯"是指可变现象背后不变的规律，是柏拉图恒久不变的理念，后期斯多葛派也把希腊罗马的神说成"逻各斯"的化身，而基督教使"逻各斯"与上帝同一，通过上帝的言说，也就是"道"，创造万物。这像极了柏拉图的理念世界与物质世界、无形的理念与有形的万物之间的关系。

奥古斯丁曾经是一位新柏拉图主义者，在给友人的信中他曾写道："如果能够从黑暗的荆棘丛中挖出一道水渠，让普罗提诺那思想的清流暂时缓解我们的焦渴，就是我们能够对我们所处的时代做出的最大让步。"（《见证录》三：11，转引自《圣奥古斯丁》）

归信基督教之后，奥古斯丁的神学理论中新柏拉图主义的痕迹也是显而易见的。对奥古斯丁来说，真理更可能存在于内省和逻辑形式中，而不是外在的感官世界中。我们的内在生活和纯粹形式，也就是宇宙中最本质、最实在的东西，同时也代表了对作为最高存在，即上帝的永恒真理的信仰的世俗支持。这样一来，就产生了一个基督教版本的新柏拉图主义。这就是奥古斯丁哲学的核心。在奥古斯丁这里，普罗提诺的太一被诠释为基督教的"上帝"。但不同的是，太一是支配一切的永恒法则，向外流射形成物质世界，是非位格的；而奥古斯丁的上帝是造物主，是高于万物之上的一个位格，人人可敬之爱之。人通过信仰与上帝建立起内在的沟通，向他祈祷，并期待回应。作为上帝的一种高贵的创造物，人被奥古斯丁置于宇宙的中心位置，这在前世是没有过的。

奥古斯丁为哲学注入了新的概念（参见希尔贝克《西方哲学史》）：

1. 一种人类中心论的人类观。此前的希腊哲学家认为，人类是自然各物种中的普通一种，而在奥古斯丁这里，宇宙万物都是上帝为了人类而创造的。

2. 一种线性的历史观。不同于斯多葛派主张宇宙是循环的，奥古斯丁认为历史是线性发展的，是不断向前推进的。

3. 一种把上帝当作一个位格和一个造物主的上帝观。上帝是人类世界之外的一个位格，是世界的造物主。

尽管让上帝作为一个位格参与到哲学中来，但基督教哲学仍是建立在信仰之上的一种生存哲学。无论是奥古斯丁有关罪恶与救赎的思考，还是后来经院哲学关于上帝存在的证明，都与人的生存状态密切相关。只不过在中世纪，在基督教信仰成为西欧唯一宗教信仰的背景下，人们对生存哲学的思考只能通过神学的形式表现出来。"这一时期，哲学戴上了一副神的面具。"（赵林《西方哲学史讲演录》）

托马斯·阿奎那：通过理性认识上帝

亚平宁宜人的海风，曾拂动古希腊浓郁的诗情；地中海耀眼的阳光，曾孕育古罗马辉煌的制度。公元5世纪，日耳曼人南下扫平西罗马。海风依旧，阳光依旧，古典文化已零落成泥。封建领主广袤的田野里，精灵的种子在等待，这一等就是千年。漫长的中世纪，日耳曼人的生命活力、基督教的神秘主义成为西欧土地上的主宰。千年后，复兴的力量唤醒精灵，重铸往昔辉煌。

托马斯·阿奎那：通过理性认识上帝（AI图）

中世纪的基督教哲学大致分为两个阶段：教父哲学和经院哲学。教父哲学，公元2世纪到5世纪左右，奥古斯丁是集大成者，最早为基督教建立起完整的神学体系；经院哲学，公元5世纪左右到文艺复兴之前，托马斯·阿奎那（Saint Thomas Aquinas，1225—1274）是巅峰人物，建立起中世纪最全面的神学与哲学体系，其影响远超奥古斯丁。

中世纪：黑暗，并非全部

一提起中世纪，人们总是会联想到恶名昭彰的宗教裁判所、蒙昧闭塞的精神氛围，称之为"黑暗的中世纪"。但黑暗，并非中世纪的全部。基督教会尽管干了不少坏事，但也"当仁不让"地接过古典文明的火炬，承担起文化传承和蛮族教化的责任。教会用圣水洗涤了日耳曼蛮族的粗野性情，使他们走向文明。历经几百年的不懈努力，基督教会以其超越性的宗教理想和强有力的组织体系，推动了9世纪的"加洛林王朝文艺复兴"，催生了12世纪的骑士文学和哥特式建筑，孕育了早期的大学传统和独立的学术思想，也为14世纪兴起的意大利文艺复兴奠定了基础。

封建制：《权游》视角的解读

先来了解一下中世纪的封建制。由乔治·马丁的小说《冰与火之歌》改编的美剧《权力的游戏》(Game of Thrones)让不少观众着迷。该剧给人留下深刻印象的不仅有震撼的画面场景、奇幻的故事情节、颠覆的人性之战，还有北境史塔克家族的那句警语：Winter is coming。在我看来，这句话很有中世纪黑幕降临的味道。《权游》以中世纪为背景，其中的人物关系、恩怨情仇错综复杂，但家族关系线条大体清楚，体现出中世纪社会的基本特点——封建制。

从公元5世纪西罗马帝国灭亡，到公元800年法兰克国王查理称帝，这三百年间，西欧陷入群龙无首、占山为王的丛林状态。东罗马的君士坦丁堡里虽然有一位皇帝，但天高皇帝远，西边的日耳曼各部根本就不把他当回事。查理大帝死后，他的几个孙子把帝国拆成三块。直到962年，萨克森国王奥托一世再次统一罗马，建立起帝国，只不过这个罗马帝国的前面加上了"神圣"二字，意味着在神的护佑之下，散发出中世纪神权的味道。

神圣罗马帝国与此前的罗马帝国不可同日而语。此前的罗马帝国是中央集权制，通过中央向各地方行省派驻总督，牢牢抓住整个帝国的政治、经济、军事权力。而神圣罗马帝国，用伏尔泰的话说"既非神圣，也非罗马，更称不上帝国"，因为当时帝国境内大大小小的封建领主有几百个，各自为政，帝国徒有虚名。

对封建制，我们并不陌生，中国从周天子分封诸侯（约公元前1046年）到秦统一六国（公元前221年）的八百多年间就是分封制，即封建制。从时间上看，中国是这一制度的首创者，早于西欧封建制约两千年。秦一统天下后的古代中国，其实就不该称为封建制了，而是中央集权制。

中世纪西欧的封建制度很典型，国王把领土分给亲戚朋友、有功之臣，使他们成为大领主（Lord），《权游》里我们最常听到的敬语就是 My Lord。大领主再进一步分封给小领主（Vassal），一层层分下去，最底层是农奴，形成一座金字塔形状的权力结构。值得注意的是中世纪的农奴与此前的奴隶不同，他们拥有基本的人身权利。

《权游》里的九大家族：史塔克家族、兰尼斯特家族、拜拉席恩家族、艾林家族、马泰尔家族、徒利家族、提利尔家族、葛雷乔伊家族、坦格利安家族，就是九个大领主（Lord）。他们麾下还有一批小领主（Vassal），比如效忠于史塔克家族的波顿家族、卡史塔克家族、菲林特家族、曼德勒家族、莫尔蒙家族等。

中世纪，在每一片分封的地盘（采邑）上，封建领主都拥有完全的政治权力、经济权力、司法权力、军事权力、独立的外交权力，甚至还可以铸币和发行货币。而他们的义务是向更高层领主交纳赋税，并在需要的时候提供军事服务。所以《权游》里开战前，各大家族都会召集手下的小领主们开会,小领主们宣誓效忠,并承诺提供武装支持。这种权力结构造成的后果就是王权被架空,领主们各自封土建国后,都是一方封疆大吏,最高王权鞭长莫及。有些小领主也是说反就反,《权游》第三季第九集,血色婚礼的制造者,佛雷家族就曾背叛主家徒利家族,称霸一方。权力被架空,成为中世纪西欧皇帝和先秦周天子共同的命运。

那么,《权力的游戏》中九大家族争夺的铁王座又是什么呢?它就是分封制金字塔的顶端权力——王权,Throne。剧中,北至绝境长城,南抵大海,都是国王的领地,也就是王权的控制范围。国王,美其名曰"全境守护者"。和现实中的中世纪王权一样,"全境守护者"也是徒有虚名。这就耐人寻味了,血光飞溅、你死我活,结果争夺的只是一种虚无的权力,果然是一场游戏一场梦。若读者对中世纪感兴趣,推荐阅读英国作家肯·福莱特(Ken Follett)的史诗巨著《圣殿春秋》。相比《权力的游戏》,《圣殿春秋》突出了基督教会在中世纪的影响。基督教会,在中世纪是无论如何都不能被忽视的力量。

教会与王权的斗争始终贯穿于中世纪。这两种权威之间,你中有我,我中有你,无法全然分开,但任务分工明确,教会的任务是有关灵魂的,国家的任务是有关尘世的。它们有时相互利用,有时彼此抗衡。它们之间的冲突被称为"上帝"与"恺撒"之争。在漫长的中世纪,这两种权威此消彼长,始终纠缠不清。

大学传统:上溯中世纪

就在中世纪"上帝"和"恺撒"两种权力彼此争斗之时,一种新生力量已在悄然酝酿,日后将与王权和神权相抗衡,这就是大学。在古希腊、古罗马时代,已经有了一些专业学校,有训练口才

博洛尼亚大学校徽

和演说能力的，有传播哲学思想的，有训练角斗士的，有培养律师的……日耳曼蛮族入侵后，这些学校随着昔日文明被一并摧毁。罗马帝国时期，识字已在帝国范围内基本普及，而蛮族入侵后，大大拉低了西欧的识字水平。几个世纪的冲突结束后，西欧相对稳定，公元9世纪卡洛林帝国时期，查理大帝努力发掘修道院保留的古典文化遗产，积极推动教育事业，兴办了一些法律、神学等专业学校。后来又经过大约两百年的发展，公元1088年，意大利诞生了第一所综合性大学，博洛尼亚大学，它成为现代大学的雏形。

大学（universitas）这个词，最初是指雇请教师的学生法人团体，也叫学生公会，职责是聘请有资质的教师授课，并为学生租房、买书等提供帮助。与大学对应的是由教师组成的法人团体（college），即教师公会，当然是为教师服务的，帮助教师们通过授课获取报酬。后来，大学的内涵逐步演变为教师向学生传授知识的学术机构。

作为代表当时主流意识形态的权威机构，教会意识到大学在传播思想、培养人才方面的重要性，于是出钱、出场地来扶持大学教育，希望培养一批既有虔诚信仰又有深厚学问的神职人员，以便加强教会力量，与世俗王权相抗衡。一些受资助的贫困学生完成学业后跻身教会，成为神职人员。这也是他们跨越阶层的一条重要通道，穿上黑袍成为教士，便会衣食无忧、受人尊敬。

中世纪大学里的课程继承了希腊罗马时代的"文科七艺"传统。七艺被分为两组：第一组有三艺，包括语法、修辞、逻辑学，这是成为一名演说者和政治家必备的才能；第二组有四艺，包括几何、算术、天文和音乐，这是毕达哥拉斯和柏拉图推崇的学科，虽然看起来与科学相关，但在中世纪，学习这些都是要为教会服务的，比如修建教堂要用到几何学，学习音乐可以创作赞美诗。学好了七艺，只相当于完成了大学低年级的通识教育课程，接下来学生们还将分科深造，学习法律、医学、神学等。

进入13世纪，越来越茁壮的大学成为教会和王权都想争夺的对象，这反而促成了大学的独立发展。1231年，大学迎来了一个决定性的转折点。教皇颁布敕书《学问之母》，成为巴黎大学的"大宪章"。该敕书说，大学有权制定自己的规章、规则、课程设置和标准学位。这确认了大学的独立和自由，意味着大学有权在没有外部干预的情况下，决定教育的内容和形式。大学成为了独立于教会和国家的第三种势力。大学的兴起推动了经院哲学（scholasticism）的蓬勃发展。中世纪最著名的经院哲学家大阿尔伯特、阿伯拉尔、托马斯·阿奎那、波拿文德拉、邓斯·司各脱等都曾在大学读书、授课。

尽管教会对大学初期的发展给予了很多扶持，但很快发现大学已经不在自己的掌控之中了，许多"异端"思想从大学里冒出来。这是很容易理解的，人的知识增长了，精神诉求随之提升，慢慢生出批判精神，也就是产生了所谓的离经叛道的思想。15、16世纪，大学不仅培养了一批人文主义大师和宗教改革领袖，还培养了一批具有叛逆精神和科学精神的人，他们批判政治、针砭教会，只服从于真理，不听命于王权和教会。欧洲知识分子独立的批判精神源远流长，其源头就在这里。

亚里士多德主义的回归

基督教会在中世纪是一种神奇的存在，它一方面承前启后，做文化的传承者（被动的），另一方面作恶多端，做"异端"的摧毁者（主动的）。自从基督教在罗马被确立为国教后，它就开始打击和清算希腊的多神教，以及一切所谓的异教文化。希腊哲学，尤其是以理性著称的亚里士多德哲学也被归入异端。

当时保存古希腊文化火种的地方既不是希腊，也不是罗马，而是埃及的亚历山大城，但后来也没能逃脱蛮族的入侵和蹂躏。一批希腊哲学家流亡到中东，辗转经过美索不达米亚进入波斯，来到叙利亚。这些地区相继成为学习和研究希腊文化的中心，在那里，亚里士多德的哲学和科学著作相继被译成叙利亚文。而后，阿拉伯人接过了古希腊文化传承的接力棒。7世纪，阿拉伯帝国崛起，攻占埃及、北非和西班牙。830年，巴格达建立起"智慧所"，把大量叙利亚文的古希腊典籍转译成阿拉伯文。阿拉伯人很富有，他们懂得金子的价值，更懂得文化的价值，捡到宝贝似的拾起被西欧基督教世界丢弃的希腊哲学，特别是亚里士多德哲学，并发扬光大。

6至12世纪的几百年间，亚里士多德哲学沿着美索不达米亚—波斯—叙利亚—巴格达—西班牙，这条路线从东到西反向回归，成为东西文化交流史上的一段佳话。而基督教世界的十字军东征给西欧带来巨大财富的同时，也带回了希腊文明。随着与外界的商业、文化交往日益频繁，闭塞的西欧基督教世界终于打开缺口。12世纪中期到13世纪后期的一百多年间，亚里士多德的著作全部被翻译成拉丁文，犹如一道光芒，重新照亮了欧洲世界。对于基督教会而言，信仰永远是第一位的，但是除了信仰之外，一些教会知识分子，尤其是大学里培养出来的神学知识分子，开始寻求用理性的方式来论证信仰，走上了一条与早期教父哲学不同的信仰之路。经院哲学应运而生。

安瑟伦：上帝存在的本体论证明

安瑟伦（St. Anselm of Canterbury，1033—1109）通常被认为是经院哲学的开创者，六十岁时被罗马教皇任命为英国坎特伯雷大主教。中世纪的神学家始终被一个问题所困扰，即有限的、不完善的人如何能够认识无限的、完善的上帝？教父哲学家们认为，上帝至高无上，人是无法通过理性认识上帝的，强调基督教的神秘主义。安瑟伦对此并不认同，他最著名的口号是"有了信仰，还要寻求理解"。这是前所未有的。

一千多年来，对基督徒来说，信仰就是信仰，"信"就是一切。"理解"向来归入理性范畴，与信仰无关。现在安瑟伦大主教对信徒们说："有了信仰，还要寻求理解。"这是什么意思呢？安瑟伦解释道：我们不能仅仅满足于信仰，这是懒惰的表现，而懒惰也是一种罪。有了信仰之后，进一步寻求理解，

安瑟伦雕塑

托马斯·阿奎那：通过理性认识上帝 | 265

进而坚定信仰，这样岂不更好？那么，有了信仰之后，该如何"理解"呢？安瑟伦运用亚里士多德经典的逻辑三段论来证明上帝的存在。

大前提：完美之物本身是完美的，它必定存在。因为如果不存在，它就不是完美的；

小前提：上帝是完美之物；

结论：上帝必定存在。

从逻辑形式上看，这一推论无懈可击。但安瑟伦同时代的另一位神学家对此论证提出质疑，他叫高尼罗。高尼罗讲了一个迷失岛的故事。传说有一座完美的岛，叫迷失岛。既然它完美，就必然存在，但事实上，迷失岛根本就不存在，只是一个传说。因此，不应假定某物完美，就说它一定是存在的。安瑟伦的回应是：完美的东西世界上只有一个，那就是上帝，其他的东西都不能称为完美。安瑟伦的这个回应看起来霸气，但事实上却暴露出他的逻辑软肋。首先要相信上帝是完美的（完美就包含了存在），就必然得出"上帝存在"的结论；如果不信仰上帝，不相信上帝是完美的，这个证明就会瞬间崩塌。对基督徒来说，从相信上帝是完美的推导出上帝存在，其实是多此一举，还不如直接相信上帝存在来得简单直接。

七百年后，康德一针见血地指出，我兜里有一百块钱和我头脑里有一百块钱是不能混淆的，更不能因为我头脑中有一百块钱就推导出我兜里有一百块钱，否则只要在头脑里给我的资金账户加零就致富了，这是荒唐的。存在，只能凭经验来确定，即使是上帝的存在也不能通过概念推导出来。康德这话已经说得很透彻了，证明上帝存在这条路看来是走不通了，但有人站出来说："我还有其他的办法证明上帝的存在。"这个人就是托马斯·阿奎那。

托马斯·阿奎那：从不听话的孩子，到基督教的圣者

意大利阿奎诺城（Aquino）的古老城堡罗卡塞卡（Roccasecca），住着意大利一个古老的名门望族，阿奎那家族。1225年，家族添丁增口，一个男孩呱呱坠地。谁也没料到，这个男孩儿日后成了圣人。男孩出生时头顶的光环大约是凡人看不见的，但他仍然得了一个象征太阳之神的名字——托马斯，这个名字还有细心、善于分析、有灵性等美好的寓意。男孩没有辜负这个名字。1323年，这个名字的前面被罗马天主教廷加上一个"圣"字。他就是圣托马斯·阿奎那。

虔信基督教的父母希望小托马斯日后能服务于教会，最好做个主教，或者修道院院长，最不济当一名教士也行。五岁的小托马斯被送到蒙特·卡西诺的本笃会修道院上学，十四岁进入那不勒斯大学深造。谁料，孩子大了，翅膀硬了，有了自己的主张和想法，竟然在大学里加入了多明我会。多明我会和方济各会，是欧洲中世纪早期建立的托钵僧团。为了对抗当时修道僧团的腐败之风，这两个僧团的修士们以极端的方式彰显贫穷和圣洁。他们不置田产，赤脚披毡，一边托钵乞讨，一边宣扬上帝的大道。

听说托马斯要做托钵僧，父亲大怒，认为这种离经叛道的行为是对家族荣耀和阶层的背叛。想当破衣烂衫、沿街乞讨的修士，没门儿。母亲的回答同样是"绝对不行"。为了阻止儿子的荒唐之举，他们派出托马斯的几个兄弟逮住他，把他押回家族城堡，幽禁起来，迫使他放弃"一时糊涂的想法"。正值叛逆期的青少年最是执拗，经过一年多的持久战，托马斯毫不动摇。其间家人使出各种招数，包括遣一位年轻貌美的姑娘去诱惑他。托马斯通常与家人打冷战牌，这次发了飙，拿出一个烧红的烙铁像剑一样挥舞，把姑娘赶出门，还在门上烙了一个十字。从此立下誓言：贫穷、独身和顺

托马斯·阿奎那

从，决心把低级的身体欲望转化成高级的思想目标。家人最终妥协了。二十岁的托马斯终于穿上了多明我会的修士袍。

在这场亲子大战中，如果阿奎那没有坚持自己内心的渴望，只是做一个听话的乖孩子，沿着父母期待的方向走下去，中世纪或许会多一位主教，但会少一位圣者，一位最优秀的思想家。不知在类似的家庭冲突中，有多少孩子的天赋被以爱的名义扼杀，也不知有多少父母意识到自己并没有足够的智慧预知哪条人生道路对孩子是最好的。当然，父母可以提建议，但最好不要强迫孩子，让家庭成为爱的港湾，用爱去温暖和支持，让爱成为孩子前行的力量。

阿奎那有个绰号——哑牛，因为他身材魁梧，壮硕如牛，话却很少，估计这个绰号也跟他的脾气有关，他倔得像头牛。还有传说，曾有同学捉弄他，说窗外有一只会飞的牛。阿奎那立即跑去窗边看，同学哄笑，牛怎么可能会飞呢！阿奎那却说，自己宁愿相信牛会飞，也不愿意相信同学朋友会欺骗自己。而他的老师大阿尔伯特曾预言，阿奎那这头牛不鸣则已，一鸣将震惊世界。上图阿奎那的发型很特别，剃光头顶和下部，只留一圈头发环绕在周围。据说象征耶稣被钉上十字架时戴的荆棘冠。这种发型在拉丁语系地区的天主教会很常见，俗称"教士头"。

托马斯加入多明我会不久，便与大阿尔伯特相遇了，拜在他的门下。大阿尔伯特学术兴趣广泛，他赞赏亚里士多德的探索精神（这在当时是非主流的，甚至是怪异的），把传承亚里士多德哲学作为自己的使命，编纂、注释、阐述亚里士多德哲学。这样的学术熏陶显然对这位弟子产生了极为重要的影响。在大阿尔伯特的推荐下，阿奎那又前往巴黎大学神学院深造。当时托钵修士想要在大学里获得学位是非常困难的。阿奎那1256年获得神学硕士学位，这对于托钵僧来说，前所未有。而后，阿奎那便游学于各学术中心，教学、研究、撰写著作。托马斯·阿奎那一生著述浩繁，总字数在一千五百万字以上，其中最著名的是《反异教大全》和《神学大全》，从书名就能感受到阿奎那的野心，要把所有的知识纳入他的学术体系。

作为基督徒，阿奎那非常虔诚，他的著作边白里，经常有他随手写下的虔诚的祈祷文字。可贵的是，他并不认为信仰可以代替思考，他写道："来自权威的理论是最薄弱的。"正是这种精神使他成为伟大的神学家，而不只是普通的托钵修士。据说1273年（他去世的前一年），在一次弥撒仪式中，阿奎那看到了神迹，随后便停止了写作，理由是："与我得到的启示相比，我过去写的一切都犹如草芥。"所以他的《神学大全》并没有完成。尽管如此，凭借扎实系统的著述，阿奎那的成就仍然成为中世纪经院哲学的制高点。

1274年，阿奎那应教皇之召赴里昂参加宗教会议，不幸途中病故，年仅四十九岁。死后的阿奎那上了天堂，这是但丁在《神曲》里说的。但丁将阿奎那置于天堂的第四层，与其他伟大的宗教思想家共处，那里有无数的宝石，有精灵美妙的歌声。

1323年，教宗若望二十二世宣布，追封阿奎那为圣者。

《圣托马斯·阿奎那的封圣》,弗朗西斯科·德·苏巴朗,1631年作,收藏于西班牙塞维利亚美术博物馆

1879年,阿奎那的哲学被罗马天主教会采纳。教宗良十三世认定阿奎那的哲学为天主教会的思想基础,建议教士们在谈及阿奎那没有涉及的问题时要"遵从阿奎那的思考方式,得出正确的结论"。对此,罗素评价说:"托马斯主义成了罗马教会的官方教义,并按原样在教会所有的学校里讲授。除了辩证唯物主义(马克思主义的官方学说),今天已经没有任何其他哲学能够享有如此显赫的地位和强大的后盾了。"(《哲学简史》)

1880年，阿奎那被封为所有天主教教育机构的主保圣人。主保圣人，是被天主教会选定的某个国家、教区、职业等的守护圣人。

给亚里士多德披上基督教外衣

阿奎那潜心研读亚里士多德哲学，并将其吸纳进自己的神学体系中。这一融合影响极为深远，六百年后，罗马天主教会将其认定为首选哲学。在亚里士多德构想出的等级宇宙模型（参见本书《亚里士多德篇》）中，最高等级"纯现实"，居于人类之上，是一切事物趋向的最高目的和终极动力。亚里士多德把它称为"第一推动者"或者非人格化的"神"。这个"纯现实"，被阿奎那替换为基督教的上帝，一个人格化的神。

亚里士多德和阿奎那都是从底部出发，一步步朝上走向神，而新柏拉图主义者则是从神（太一、理念）出发，一步步朝下走向物质世界。前者从现象出发探知最高原则，后者从最高理念出发澄清现象。这是新柏拉图主义和亚里士多德主义之间最根本的差别。

关于理性，阿奎那认为，人借助理性可以认识到宇宙的许多原则，不仅如此，通过理性人还可以认识到一部分基督教真理，尽管不是全部，但理性可以把人引向上帝。也就是说，理性和启示是部分重叠的，这为阿奎那运用理性证明上帝的存在铺平了道路。

阿奎那：上帝存在的五路证明

不同于安瑟伦的本体论证明，阿奎那提出了上帝存在的五路证明。阿奎那认为，安瑟伦论证的前提是信仰，对于没有基督教信仰的人是没有说服力的，而他要做的就是说服那些没有信仰的人，使之产生信仰。

证明一：宇宙论证明，推动—受动序列

人可以感觉到事物的运动变化，究其原因，某一事物运动是由于有另一个事物推动它。向前追溯，每一推动者又被其他的事物推动。就这样，形成了一个推动—受动的链条，前后延伸。而这个链条的开端，必然有一个不动的推动者，他启动了整个系列，自己却不受任何东西推动。这个"不动的第一推动者"，阿奎那称之为上帝。

证明二：因果性证明，因—果序列

经验告诉我们，没有事物是自己的动力因，每一事物都可以前溯到它的动力因，由此上溯，必然有一个终极的动力因，即"第一因"，就是上帝。

证明三：必然性证明，偶然—必然序列

世上万物的存在都是偶然的，也就是说，它完全有可能不存在，它的存在不是必然的。比如我喝水用的杯子，我没有买它，或者把它打破了，或者它压根就没被生产出来都是可能的；如果他爸爸娶了另外一位妻子，阿奎那这个人也有可能不存在；美国号称当今世界第一强国，而如果1620年"五月花号"没有从英国普利茅斯港启程前往北美大陆，或者在海中遭遇风浪沉没了，或者抵达了另一片大陆，美国也是有可能不存在的。

尽管我们经验范围之内的万事万物都具有偶然性，但如果一切都是偶然的，却不可思议。因为一切都是偶然的，在理论上意味着有某个时刻一切都不存在，如果在某个时刻一切都不存在，则意味着此后任何事物都不可能存在，这与我们所处的感官世界相违背。因此偶然之外，必定有某些东西是必然的，在阿奎那看来，这个"绝对必然的存在"就是上帝。

证明四：基于最高程度的完满的证明，完美序列

我们看到的世间万物或多或少都是有缺陷的，都不完满。这个从不完美到完美的序列，终点就是"最完美的东西"。尽管我们没有经验过绝对的完美，但通过理性，我们可以延伸认知，认识到有这样一个完美的存在，它就是上帝。

证明五：目的论证明

阿奎那的目的论证明基于亚里士多德的目的论主张。亚里士多德认为："自然绝不会做无用或无目的之事。"这并不是说自然像人一样，为了达到某个目的做某事，而是指事物的自然倾向，比如太阳存在的目的是照耀大地使万物生长，草儿存在的目的是养育牛羊。这个秩序井然、结构良好的宇宙不是偶然的、随意的，而是有预谋的、有设计的。其背后伟大的设计者，在创造世界的时候就把某种目的性赋予了万物。这个世界的总设计师，就是上帝。

以上就是阿奎那有关"上帝存在"的五路证明。需要指出的是，阿奎那论证的只是"上帝存在"的问题，而有关"上帝本质或属性"的问题，阿奎那认为是无法通过理性获得答案的，只能依赖启示和信仰。阿奎那有关上帝存在的证明，以所有人的经验作为出发点，避免了安瑟伦从概念出发得到概念的原地打转，因此更具说服力。

对阿奎那论证的反驳

如果你感觉阿奎那的论证好像哪里不大对头，说明你很敏锐，他的论证并非无懈可击。

反驳一：没有首项的序列是不可能的吗？

阿奎那的前四种证明有一个共同的特点，即都要找出一个序列的首项。比如，推动—受动序列中的"第一推动者"，因—果序列中的"第一因",必然—偶然序列中的"绝对必然",完美序列中的"最完美"。那么,为什么在某一序列中必定有一个首项存在呢?宇宙为什么非要有起点呢?罗素就举了一个反例:以 -1 为末位数的负数序列就没有首项。马克思唯物主义哲学观也认为,物质世界在时间和空间上都是无限的。

关于首项问题,康德在他的《纯粹理性批判》中也有涉及,认为它超出了经验范围。也就是说,首项问题涉及信仰。如果相信有首项,那么就倾向于阿奎那,容易走向上帝;如果不相信有首项,就倾向马克思,容易走向唯物主义。

反驳二:即使有首项,为什么一定是上帝?

有人退而求其次,承认首项的存在,但问题并没有解决。即使存在第一因、第一推动力,怎么能确定它就是一个人格化的上帝呢?它可能就是一次大爆炸。再退一步,即使第一因、第一推动力是一个人格化的神,但它为什么一定是基督教的上帝,而不是伊斯兰教的真主安拉,或其他宗教的神呢?说来说去,说到底,还是信仰的问题。

阿奎那的理论体系太过庞大,我们的篇章只涉及其中的一个问题,即上帝存在的证明。他的大量作品还论及了善的生活、永恒的拯救、永恒法(一个神学版本的自然法理论)、善恶问题、伦理—政治问题、国家与教会关系问题(教会高于国家)、存在哲学、灵魂和肉体、认识论(知识开始于感觉经验)等很多内容。感兴趣的朋友可以延伸阅读希尔贝克《西方哲学史》的相关章节。

事与愿违:谁料竟是一匹特洛伊木马

经院哲学用理性来证明上帝的存在,本来是想进一步加强基督教信仰,但是理性可不是那么好驾驭的。理性的运用使早期建立起来的基督教神秘感和神圣感受到挑战，导致信仰被解构，事与愿违。20世纪美国哲学家威尔·杜兰特（Will Durant）曾把亚里士多德的哲学比喻为希腊人留给基督教的"特洛伊木马"。那么，把这匹特洛伊木马拖进基督教世界的正是托马斯·阿奎那。

阿奎那之后，经院哲学的论证之风日盛。经院哲学家们试图论证各种教义和教条，其中不免荒诞的命题，如他们会讨论"一个针尖上能站多少个天使"、"上帝能不能创造出一块连他自己也举不起的大石头"（这个问题将"上帝万能论"置于尴尬的境地）、"生来就有两个头，应该被当作一个人还是两个人受洗"、"亚当、夏娃有没有肚脐眼"（他们都不是母亲肚子里生出来的，肚脐眼好像是有点多余），等等。

无论如何，经院哲学意味着理性的回归，成为沟通古代哲学和近现代哲学的桥梁。它孕育了文艺复兴、启蒙运动时期的理性精神。待羽翼丰满，启蒙理性将对基督教信仰展开猛烈批判，神学大厦便摇摇欲坠。从这个意义上说，各位经院哲学家们为推动人类进步做出了不可磨灭的贡献，虽然这与他们的初心并不一致。

奥卡姆的威廉：挥舞着一把剃刀的人

公元前 333 年，亚历山大大帝东征来到阿拉伯半岛，攻占了曾经辉煌一时的古伦帝那王国首都戈迪乌斯城。城中宙斯神庙里一辆古老的战车上，摆放着传说中的"戈耳狄俄斯之结"。相传一位智者用巧妙的手法打了这个结，解开它的人就是注定的亚洲之王。无数人尝试过，但从未有人打开过。亚历山大会不会是那个注定的亚洲之王呢？亚历山大来到宙斯神庙，驻足观察那个结，突然间从腰中拔出佩剑，一剑将绳结斩为两段。就这么简单，绳结被解开了。亚历山大果然是注定的征服者，后来建立起前所未有的横跨欧亚非的大帝国。

用简单的办法解决复杂的问题，"亚历山大之剑"与"奥卡姆剃刀"有异曲同工之妙。

奥卡姆的威廉：生于奥卡姆

奥卡姆的威廉（William of Ockham，1285—1349），出生于英国萨里郡的一个小村庄，这个村庄叫奥卡姆（Ockham）。也许名叫威廉的人比较多，在牛津大学读书的时候，他将自己的名字注册为"奥卡姆的威廉"，后来也有人称他为威廉·奥卡姆。奥卡姆这个地方，因威廉而闻名哲学界，因"奥卡姆剃刀"而闻名全世界。

13 世纪，西欧出现了两个新的修道僧团，多明我会和方济各会。托马斯·阿奎那是多明我会的修士，奥卡姆的威廉是方济各会

奥卡姆的威廉：挥舞着一把剃刀的人
（AI 图）

2021年喀麦隆发行"亚历山大之剑"
与"戈耳狄俄斯之结"纪念币

的修士。这两个会的思想家在"共相问题"上有分歧，多明我会倾向"实在论"，方济各会倾向"唯名论"。要了解奥卡姆的威廉，共相是个绕不开的问题。

共相问题引发的争论

共相，简单地说，就是柏拉图的"理念"。我们来回顾一下柏拉图的理念。古代哲学家都喜欢寻找现象世界背后永恒不变的东西，赫拉克利特称之为"逻各斯"，毕达哥拉斯说那是"数"，老子为其命名为"道"。苏格拉底把这一普遍性探究延伸到道德领域，寻找真善美的"普遍定义"。柏拉图吸收了前辈哲人的养分，将现象世界与其背后永恒存在的东西截然分开，创造了一个"理念世界"，并宣称现象世界中的每一种易变的事物在理念世界中都有与之相对应的不变的"理念"（idea）。理念，是事物的普遍形式，先于事物，独立于事物，是万物存在的依据。按照柏拉图的理念论，尽管现实世界中的恐龙已经灭绝，但恐龙的共相（理念）依然存在于理念世界。再比如，无论你是否理解什么是正义，无论这个世界上是否存在正义，正义的共相（理念）不依赖于任何外在的东西，独立地、永远地存在。柏拉图的理念论，引发了后世哲学界的争论，主要围绕以下三个问题展开：

问题一：理念是客观存在的实体，还是人头脑中的观念？

问题二：理念在逻辑和时间上，是先于，还是后于有形事物？

问题三：理念是独立于可感事物的，还是寓于可感事物之中的？

实在论认为，理念是客观存在的、先于、独立于可感事物的，简言之，理念是实在的；唯名论认为，理念只是人头脑中的观念、后于、寓于可感事物之中的，简言之，理念只是事物的名称。实在论和唯名论之间还有一些折中派，有的倾向实在论，有的倾向唯名论。表面上看，共相问题是纯粹的哲学理论问题，与基督教神学关心的原罪与救赎等生存论问题关系不大，但共相问题之争在中世纪尤为激烈，这是因为"实在论"与"唯名论"争论的结果事关重大，一不小心，可能会动摇基督教信仰。

实在论与基督教的教义高度协调，主张共相（理念）先于和独立于个别事物而存在。《圣经》记载，上帝创世时说，要有光，要有天、地、海、树木、众星……于是就有了光，有了天、地、海、树木、众星……这就说明，事物的概念和本质，也就是共相，是先于客观事物而存在的。在现象世界还不存在的时候，共相就已经存在于上帝的头脑中了。对此，用唯名论就很难解释了。唯名论主张共相只是事物的名称，是观察事物之后归纳而来，这就与基督教的"创世说"无法契合了。此外，基督教的"原罪说"（人类世世代代继承了他们的祖先亚当和夏娃的原罪）、"圣餐说"（饼和酒由基督耶稣的肉和血转化而来）、"三位一体说"（上帝既是一个位格，也是三个位格：圣父、圣子、圣灵）、"神人和合说"（基督在十字架上流血，救赎了人的罪恶，从而使人获得拯救）等，也都是实在论更容易阐释。因此，实在论是经院哲学的主流观点，而唯名论往往被斥为异端。

唯名论：信仰的归信仰，理性的归理性

经院哲学的早期（400年前后—1200年前后），实在论占主导地位，代表人物是安瑟伦，认为共相（理念）比实体更本质，他提出的上帝存在本体论证明的就是最好的例证，从上帝的概念直接推导出上帝的存在。经院哲学的鼎盛时期（1200年前后—14世纪初）出现了一些温和的观点，托马斯·阿奎那是折中派的代表。他认为，共相问题要一分为二来看，从上帝的视角看，共相先于实体，因为上帝从他自己的思想中创造了实体；而从人的认识角度看，共相寓于实体之中，因为人首先凭借感觉经验认识实体，然后从特殊中归纳出一般，认识到共相。经院哲学的后期（14世纪初—文艺复兴开始），方济各修会有三位著名的唯名论者，罗吉尔·培根（Roger Bacon）、邓斯·司各脱（Duns Scotus）、奥卡姆的威廉，人称方济各修会"三杰"。他们注重经验，捍卫唯名论，预示了新时代哲学的降临。"三杰"都是基督教会的修士，他们的主张当然是以基督教信仰为前提的，那么，他们是如何在坚持基督教信仰的同时合理阐释自己的理论主张的呢？

共相的问题其实是一场信仰与知识之间关系的争论。早期教父哲学家认为，启示和信仰，是理性无法企及的。经院哲学阶段，自从安瑟伦提出"有了信仰，还要寻求理解"，哲学家们便前赴后继开始尝试运用理性解读信仰，托马斯·阿奎那上帝存在的"五路证明"达到了这一尝试的巅峰。经院哲学的后期，以"三杰"为代表的一众唯名论者宣称，信仰和理性是根本不同的，不要混为一谈。

在唯名论者看来，上帝最重要的特点不是理性，而是意志。上帝拥有绝对的自由意志，比如他可以让太阳西升东落，让水从低处往高处流，让人返老还童，让一切不可思议的事情发生。上帝想干什么就干什么，人类通过有限的理性是不可能认识上帝的，这超越了人的能力范围。以往那些用理性对上帝存在的证明和对神学教义的解读都是无效的。

美国杜克大学哲学教授米歇尔·艾伦·吉莱斯皮曾在《现代性的神学起源》一书中评价唯名论者们的这个观点："唯名论试图从神的面前揭下理性主义的面纱，揭示了一个反复无常的神，其能力令人恐惧，不可认识，不可预知，不受自然和理性的约束，对善恶漠不关心。这种对神的看法把自然秩序变成了个体事物的混乱无序，把逻辑秩序变成了一连串名称。"尽管令人不安，但这段评价揭示了唯名论者的现代意义——亚里士多德建构的等级宇宙秩序（人类处于上帝之下，万物之上）被打破。用吉莱斯皮的话说："人类失去了自然秩序中的尊贵地位，被抛入一个无限的宇宙漫无目的地漂泊。"然而这正是现代科学展现在人类面前的图景——一种等级的、有限的宇宙被一种开放的、无限的宇宙所代替。在这个无限的、开放的宇宙中，迷失了方向的人类该何去何从，如何安顿自我？这个问题有待宗教改革和文艺复兴时期的人们来回答。

唯名论者在信仰和理性关系问题上回归到了中世纪早期教父哲学阶段，信仰的归信仰，理性的归理性；神学的归神学，哲学的归哲学。这就为唯名论者摆脱异端罪名提供了可能。既然共相问题被归入纯哲学范畴，不牵扯信仰，那么唯名论者就可以放心大胆地表达观点了。

首先，他们认为共相并非独立存在，而是寓于个别事物之中的，比如"正义"并非独立存在，只存在于正义的社会和正义的人类个体之中。"人民"也不是独立存在的抽象概念，而是由一个个活生生的人来体现。这令人联想到电视剧《走向共和》中袁世凯的那句经典台词："人民？我从来没有见过什么人民。我只见过人，一个个活生生的人。"

其次，在时间和逻辑上，共相是后于个别事物的，是对个别事物进行经验观察后归纳而来的。比如通过观察我们发现，有一种长翅膀的动物，能够飞翔，我们把它们命名为"鸟"。那么，抽象的鸟的概念，即鸟的共相，就是在观察一只只具体的鸟的基础上归纳得来的。

由此可见，唯名论者很看重观察和经验。方济各修会"三杰"之一罗吉尔·培根于13世纪就提出，真正的知识应该从事实和经验中得来，他还尝试做了一些科学实验。这为三百年后，16世纪的另一位培根，弗兰西斯·培根（Francis Bacon）的经验论哲学奠定了基础。

捍卫唯名论的方济各修会"三杰"都是英国人。英国学者身上散发出某种共同的气质，清新的经验意识比较浓，神学的晦涩执拗比较淡。这或许与岛国生活有关。英国游离于欧洲大陆之外，英国人认识世界更倾向于依赖经验，而非抽象的形而上学。这使得英国人成为近代经验论哲学和实验科学的开创者。

奥卡姆的威廉：没能逃脱异端指控

奥卡姆的威廉在牛津大学攻读哲学，但一直没有获得硕士（Master）学位（相当于现在的学士）。在本书《托马斯·阿奎那篇》中我们提到过，托钵修士在大学获得学位是很难的。从阿奎那时代到威廉的时代，半个多世纪过去了，情况看来并没有明显改观。威廉后来又去了巴黎大学深造，他能言善辩，人称"驳不倒的博士"。

能言善辩之人通常思想活跃。那些思想活跃又善于表达，而且逻辑严密"驳不倒"的人很容易招致麻烦，特别是在中世纪。果然，奥卡姆的威廉惹恼了罗马教廷，因言获罪。并不是因为他的唯名论主张，而是因为威廉反对教皇的"绝对君主制"，同时认为，教会不应该拥有私人财产。这下子可捅了马蜂窝，触动了教廷最核心的利益。教皇约翰二十二世宣布奥卡姆的威廉为"异端"，开除教籍，投入位于法国的亚维农宗教监狱，接受异端审查。教会还聘请了六位神学家研究威廉的著作，结果有五十一篇被判为"异端邪说"。这一结果令威廉处境险恶，凶多吉少，很可能被送上火刑柱。威廉果断采取行动，在一个月黑风高的夜晚，越狱逃往意大利比萨城。相传奥卡姆对神圣罗马帝国皇帝路易四世说："你若用剑保护我，我将用笔保护你！"路易四世收留了威廉，作为回报，威廉撰文支持路易四世拥有控制神圣罗马帝国辖内所有领土的权力。有人以此为由，说威廉为了活命，向世俗政权妥协，其实威廉的主张从来没有偏离方济各修会的信条，他并没有背弃自己的信仰。

教会本应是一个纯粹的精神机构，职责是引导信众的灵魂进入天堂，但是，随着权力不断加强，教会利用特权攫取了大量的世俗利益。中世纪中期，教会成了西欧最大的庄园主，拥有大片土地。中世纪后期，教会和修道院拥有的田产已占西欧可耕土地的三分之一以上，富可敌国。形成了权力游离于世俗国家政权之外、利益又渗透于世俗王国之中的"上帝之国"。"绝对的权力导致绝对的腐败。"（约翰·阿克顿《自由与权力》）逐渐地，修道院从磨炼意志、修炼灵魂的神圣场所蜕变为兼并土地、获取利益的经济实体，修士们也在物质利益的诱惑下走向腐败堕落。就这样，修道僧团一个个涌现出来，又一个个腐败下去。

13世纪，出现了两个托钵僧团，一个叫方济各修会，一个叫多明我修会。尽管这两个修会在哲学主张上有差异，但在生活方式上，都拒绝财富和权力的诱惑。他们以贫穷标榜圣洁，不置田产，赤脚披毡，托钵乞讨。所以奥卡姆的威廉主张教会不应该拥有私人财产，主张领土归世俗国家，这正是他一以贯之的信念，是他拒斥教会腐败，主张信仰回归精神本源的初心所在。而政治上，他从保守立场出发捍卫立宪政治，反对教皇独裁，成为新教的先驱之一。路易四世死后，罗马教廷寻求与威廉和解。然而，此时欧洲黑死病暴发，夺去了威廉的生命，和解文件还没来得及签署。

奥卡姆的威廉不仅主张在生活上尽可能做减法，事实上，他主张所有的一切都宁简勿繁。他在著作《箴言书注》二卷十五题中说："切勿浪费多余工夫去做本可以较少工夫完成之事。"这就是"奥卡姆剃刀"（Occam's razor）的原始表达。

奥卡姆剃刀：值得你拥有

奥卡姆剃刀很锋利，哲学、科学、政治、经济、管理、刑侦、语言、建筑、美学等当代各学科，甚至生活的方方面面，都可以运用奥卡姆剃刀，删繁就简，在混沌荆棘中开出一条坦途。在共相问题之争中，奥卡姆的威廉抄起这把剃刀首先把"共相"这种他觉得多余的东西给剔除掉了。后来的宗教改革派更干脆，把垄断精神世界长达一千多年的教会也给剔除掉了，因为他们主张每一个信仰者都可以直接与上帝建立沟通，这使得教会成为多余的实体。难怪宗教改革派领袖马丁·路德认为奥卡姆的威廉是经院派最重要的学者。在自然科学领域，奥卡姆剃刀同样好用。表述为，理论应尽可能简洁，如果同一个问题有多种解决方法，每一种的结果都有效，那么就选那个最简洁的。于是"地心说"被干净利索地剔除。

在亚里士多德的宇宙模型中，地球是静止的，太阳、月亮、所有的星星都围着地球转。后来的天文学家托勒密也是地心说的拥趸。当时的观测设备已经比亚里士多德的年代进步多了。托勒密发现，以地球为中心进行观测，太阳的运动轨迹并不规则，因此他开动自己超级强大的运算能力，用了四十至六十个圆套圆的方法，精确地计算出了太阳运动的轨迹。这让后世的科学家们赞叹不已，即使借助当代计算机，完成这么复杂的运算也不是一件容易的事。然而，波兰天文学家哥白尼发现，如果以太阳为中心来描述地球的运行，只需要八至十个圆就能计算出地球的运动轨迹，"日心说"就这样被提了出来。随后，开普勒进一步把哥白尼的正圆修正为椭圆，这样一来，开普勒只需要一个椭圆就解释了地球围绕太阳的运动轨迹问题。来做个总结：

1. 托勒密的地心说，需要四十至六十个圆
2. 哥白尼的日心说，需要八至十个圆
3. 开普勒的日心说，只需要一个椭圆

尽管托勒密和哥白尼都能自圆其说，但依据奥卡姆剃刀原则，我们选择支持开普勒的日心说，因为它最简洁。爱因斯坦也说过：凡事力求简洁（Everything should be made as simple as possible）。很快，物理学的"以太"也以奥卡姆剃刀为原则，被毫不留情地剔掉了。

如果有一种东西不能以任何形式被观察和验证，那还是剔掉为妙，比如你总感觉烟囱里藏着一只会吞云吐雾的龙，但是任何人都看不到、摸不到它，也没有办法通过任何手段检测到它，那么，依据奥卡姆剃刀原则，相信这条龙不存在是最合理的，直到有确实的证据证明它存在为止。当然，同一只烟囱，你相信每年圣诞夜圣诞

老人都会从里面爬出来送礼物给你,第二天早晨果然在枕边看到了礼物,证明圣诞老人的确存在。好的,完全没有问题,直到有一天有确凿的证据证明这些礼物是妈妈悄悄放在你枕边的。

同理,平行宇宙是否存在?前生后世是否存在?《黑客帝国》里的虚拟世界是否存在?当你对这些问题感到困惑时,都可以自问,它们存在或不存在,对现实世界是否有影响?它们存在的世界和它们不存在的世界,哪一个更简洁?两相比较,如果它们存不存在对现实世界没影响,如果没有它们的世界更简洁,那就当它们不存在,直到可信的证据出现为止。"如无必要,无增实体",让我们踏踏实实地活在简洁、确实的生活中吧。

也许你注意到了,奥卡姆剃刀的简洁原则里似乎隐藏着一个漏洞。"求简"和"求真"是一回事吗?在追寻真理的道路上,奥卡姆剃刀会不会带偏了方向呢?我个人认为,奥卡姆剃刀的准确性非常高。追寻真理是终极目标,但问题在于真理在哪里?通过何种途径寻求真理?奥卡姆剃刀提供的正是一种求真的路径,简洁实用,可操作性强。在没有更好的方法出现以前,我愿意买一把这样的剃刀随时备用。

但也请注意,爱因斯坦那句话还有后半句:"Everything should be made as simple as possible, but not simpler."前半句"凡事力求简洁"意思明确,也就是说,奥卡姆剃刀很好用;后半句"但不能过于简洁"又是什么意思呢?也就是说,奥卡姆剃刀不能滥用,不能无视现实的经验证据。刀具有风险,使用需谨慎。

补记1:先生看了初稿说:"奥卡姆的威廉无意间发现了上帝的一个奥秘,简洁与真理之间的距离也许没有我们想象的那么大。"

补记2:"共相问题"非常复杂。概念与实体,本质与存在,到底哪个在先，哪个在后？直到现在，还在各理论派别的争论之中，比如以萨特为代表的存在主义强调，存在先于本质，一切的本质都在于自己的选择，没有选择之前是没有本质的，但复旦大学哲学系杨泽波教授认为，存在主义哲学家慧根有限，并不真正了解人性，正确的说法不应是"存在先于本质"，而应该是也必须是"本质先于存在"。

复旦大学是我的母校之一。复旦人喜欢自诩为有"自由而无用的灵魂"，呼应庄子的"无用之用是为大用"。此处"无用"通常被解释为不以功利为目的的精神追求。那么，这种对于精神和理想的追求，不就是柏拉图的"理念"吗？不就是柏拉图理念世界构建出的对真善美不断地渴望吗？尽管"无用"，但这种"无用"无论如何都不该被剔除。

马丁·路德：人心直面上帝

中世纪千年，在基督教信仰的笼罩下，哲学的演进举步维艰。正当人们以为维持现状是唯一选择的时候，出大事了。中世纪末期，西欧文化领域一南一北两声惊雷炸响：一是文艺复兴，要伸张人的感性权利；二是宗教改革，要重建人的信仰权威。

文艺复兴与宗教改革

文艺复兴与宗教改革都把矛头指向中世纪罗马天主教会，批判教会的虚伪与堕落。然而，它们的精神气质和文化诉求并不相同。

15、16世纪，文艺复兴的人文主义者们以意大利为中心，在整个拉丁文化圈掀起了复兴古希腊、古罗马文化的热潮。涌现出一大批杰出的文学家、诗人、艺术家，包括大名鼎鼎的彼特拉克、拉伯雷、塞万提斯、波提切利、达·芬奇、米开朗基罗、卡拉瓦乔、拉斐尔、提香等。借助古代哲学、文学和艺术的帮助，试图使基督教更富人情味。人文主义者们热情讴歌人世间的美好，鼓励人们追求幸福，满足欲望，反对中世纪基督教的禁欲主义。有意思的是，教皇和主教们对人文主义者们并不反感，甚至和他们交朋友，请他们把倡导理性、展现人性的作品绘制在大教堂的穹顶和墙壁上。教皇和主教们也是人，他们内心深处的人性也在禁欲的桎梏中蠢蠢欲动。人文主义者们主张基督教信仰多一点人性，也许正暗合了他们内心的渴望，所以并没有遭到教会的打压。

宗教改革者们就没这么幸运了。虽然他们高举纯洁基督教信仰的大旗，更符合基督教精神的实质，但他们的要求不偏不倚点中教会的死穴，因此宗教改革者无一例外都是教会的死敌，他们之间的宗教战争旷日持久，最终导致了基督教的分裂。

富庶的南部意大利经济发达、文化繁荣，人们拥有的艺术鉴赏能力是北方蛮族无法比拟的，而普遍缺乏教养的北欧日耳曼人不喜欢阳春白雪，因此文艺复兴在北欧的影响极为有限。16世纪的北部欧洲跟五百年前没什么两样，德国仍处于三百多个诸侯国分治的封建状态，经济落后、文化蒙昧，但那里的人们宗教信仰更虔诚，民风更淳朴，道德更纯净。他们看不惯意大利人的自由散漫，对罗马教会的堕落和腐败更是厌恶和不能容忍。宗教改革正是发端于此时的德国，影响整个欧洲，甚至全世界。黑格尔把文艺复兴和地理大发现称为近代"黎明的曙光"，而把宗教改革称为"黎明曙光后继起的照耀万物的太阳"（黑格尔《历史哲学》）。

教会的堕落：金钱与灵魂握手成交

基督教最初是在罗马社会底层发展起来的。早期的基督徒群体无权无势，要什么没什么，全凭坚定的信仰和高尚的道德对抗罗马帝国的残酷迫害。早期的教会是基督徒的自发组织，主张"打右脸，奉上左脸"（马太福音五：39），以非暴力的宽忍精神对抗暴戾。就这样，基督教倔强成长，发展壮大。然而，当基督教成为合法宗教，特别是成为国教后，情况发生了改变。

首先，教会神职成为美差。由于手握灵魂进入天国的特权，一旦穿上教士黑袍，不仅能够获得尊重，还能捞到各种世俗利益。《红与黑》中，于连忖度前程时，司汤达这样写道："四十岁的司铎（神职的一种，介于主教和助祭之间）就有十万法郎的年俸，论收入,等于拿破仑名将的三倍。可见,应去当教士。"可见,选择神职,信仰并不是最重要的,利益才是第一考量。顺便说一句,《红与黑》中的"黑"指的是黑袍教士,"红"则是指红袍贵族。

其次,早期神职由信众推选,中世纪改由上级教会委任。早期的神职人员是由信众推选的,他们信仰坚定,道德水平高,得到人们的信赖。与此同时,他们很容易成为罗马统治者迫害基督徒的首选对象,承受的风险也更高。基督教一统天下后,神职改由教会最高权力中心罗马教廷一级级委任,形成了一个教阶严格的组织,像蛛网一样遍布各地。稀缺资源的分配权掌握在少数人手中,权力寻租不可避免,腐败滋生也就不足为奇。有钱的贵族更有机会得到抢手的教会职务,他们不仅把奢靡之风带入教会,也趁机捞取更大的利益。意大利佛罗伦萨富有的美第奇家族就出了四任教皇。

此外,金钱与灵魂握手成交。基督教早期是以公开忏悔的方式来赎罪的,忏悔者当众跪地忏悔,请教友们为他祈祷得到主的宽恕。这样的忏悔不是一两次就可以得到宽恕,要历经多次,甚至数年。公元7世纪以后,教会颁布了折算制度,有罪者可以通过做苦役来赎罪,不想做苦役的也可以折算成金钱,交了钱,就算赎了罪。金钱与灵魂之间的交易就这样被明码标价。13世纪开始,罗马教会又想出一个更简单的办法,发行"赎罪券"。赎罪券不仅可以赎活人的罪,还可以代赎炼狱里死人的罪。法国启蒙思想家保尔·霍尔巴赫评价赎罪券是教皇和主教们为作恶发放的许可证,不合法的行为就此合法,甚至值得表彰,因为充实了他们的钱柜(霍尔巴赫《袖珍神学》)。教会虽然发了财,但"赎罪券"却激起一批信仰纯正、道德严肃的基督徒的强烈反感。他们指责教会打着神圣信仰的大旗从事捞钱的卑鄙勾当。赎罪券,成为宗教改革运动的直接导火索。

宗教裁判所：火刑柱上的罪孽

什么是火刑？霍尔巴赫调侃地答道："火刑，是偶尔献给神的美味肴馔。它是隆重地用异教徒和犹太人烧烤而成的，其目的在于更有把握地拯救他们的灵魂并教育观众。不言而喻，仁慈的父总是特别喜爱这道菜的。"（《袖珍神学》）

为仁慈的父烹制这道大餐的正是中世纪的宗教裁判所。什么样的人有资格成为食材，完全由宗教裁判所说了算。被架在火刑柱上炙烤的异教徒不仅有犹太人，还有穆斯林、波希米亚人、吉卜赛人，还有"女巫"、科学家、持不同宗教见解者、挑战教皇权威者等。没有什么人是绝对安全的，一句话、一个眼神、一种情绪的流露都可能成为定罪的依据。早期的基督教凭借着宽忍精神和非暴力主义对抗罗马统治者的残酷迫害，赢得了欧洲。一旦唯我独尊，便表现出极度的不宽容，对一切异端格杀勿论，对一切异教文化斩草除根，暴戾之气四溢。

把持宗教裁判所的并不是热爱金钱、道德堕落的教会修士，正相反，是一批信仰坚定、道德纯净、对世俗利益无欲无求的基督徒。成立于12世纪的两个托钵僧团，多明我会和方济各会，不仅出了托马斯·阿奎那、奥卡姆的威廉这样的神学家，也出了暴虐残忍的异端铲除者。托钵僧团的修士们起初以极端的方式对抗教会腐败之风，为了彰显贫穷和圣洁，不置田产，赤脚披毡，托钵乞讨。在当时教会普遍堕落的背景下，托钵僧团可谓是一股清流。13世纪，这两个托钵僧团被罗马教廷委以重任，组建宗教裁判所，从肉体上铲除"异端"。托钵修士不爱财、不爱色、不爱美食、不爱艺术，弃绝人世间的七情六欲和正常享受。当这些禁欲者把自己恪守的有违自然的极端要求强加于他人，同时又掌握了生杀大权的时候,恶魔现世,一幕幕人间惨剧便开始上演。

宗教裁判所遍撒密探,织成一张大网捕捉"异端",同时鼓励告密,授予告密者一定时限的免罪符。任何人的任何言论、情绪都可能被指责为异端。于是,我们看到了茨威格笔下的恐怖:"哪里允许告密,甚至期待人们告密,那么平素正直诚实的人出于恐惧,也会变成告密者:只为摆脱嫌疑,免得人家说自己'犯了有损上帝荣誉之罪',每个人都斜眼偷觑自己身边的人。几年之后,教会监理会'完全可以停止布置任何监视',因为所有人已经自觉自愿地变成了监督者。污浊的告密洪流不分日夜,恣意涌流,使得精神上的宗教法庭的磨轮不断地旋转。"(茨威格《良心反抗暴力》)仆人告主人,妻子告丈夫,子女告父母。一个老妇因说了一句"上帝要是不帮助我,就让魔鬼帮助我吧"而被烧死。另一个老妇被宣判为女巫是因为邻居告发她家的奶牛产奶量比自家的多一倍。一旦被认定为异端或女巫,那就在劫难逃了,等待他们的唯有酷刑和死亡,任何申辩都会成为新的罪证。一份宗教裁判所的操作指南对认定女巫"很有帮助":如果她("女巫")眼珠转动,说明正在寻找魔鬼;如果她目光呆滞,说明已经看到了魔鬼;如果她沉默不语,说明魔鬼扼住了她的喉咙,不让她招供;如果她垂头丧气,说明她已经承认了自己的罪过;如果以上均不奏效,还有一招,把她装进麻袋丢到河里去,沉下去的不予追究,浮上来的肯定是女巫。除了用火把她们烧死,没有别的办法能够拯救她们。

从13世纪建立宗教裁判所到16世纪宗教改革前,遭受宗教裁判所迫害的异端多达三十万人,其中十万余人被送上火刑柱。其灭绝人性的疯狂和野蛮,相较于罗马人对基督徒的迫害,有过之而无不及。令人不解的是,所有这些惨绝人寰的恶行都是以仁慈而神圣的上帝为名,出发点都是虔诚无比的宗教动机。这种扭曲的宗教净化行为与其说是热情,不如说是疯狂。反抗压制、反抗暴力、反抗迫害,教会恶行最疯狂之时,也必将是宗教改革到来之日。

马丁·路德:不要惹恼一个普通的德国修士

1510年,一个名叫马丁·路德(Martin Luther,1483—1546)的年轻德国修士怀着朝圣的心来到意大利罗马。看到罗马第一眼时他高呼:"啊,圣罗马城!"作为身处世俗社会的现代人,我们很难体会一个中世纪修士的宗教激情,但热望落空之后的失落心情,想必古今中外没什么大的区别。路德在罗马城的所见所闻很快就刷新了他对圣城和教会的认知。

路德当时对罗马的历史文化和文艺复兴都没什么兴趣,他向往的是圣城罗马,想要在这里参加弥撒,参观教堂,敬拜神龛和圣物,获得内在的属灵上的进益。然而,圣城街景首先强烈地刺激了

马丁·路德:人心直面上帝(AI 图)

他的感官。从塞维鲁凯旋门到弗拉维露天剧场，古代神圣大街的两侧布满破烂不堪的房子。一千年前，罗马被日耳曼蛮族征服，但征服者不会从地下开采石料，古罗马议事广场便成了蛮人的采石场。千年累积，那些破烂房子的地基下，蜷缩着奥林匹斯诸神的残肢；多神教神殿的废墟上，拥挤着基督教的教堂；马路上，垃圾、尘土、粪便抬高了路基；附近牛马市场传来牲口的叫声，那里曾是公众聆听西塞罗演讲的地方；天空晴朗，空气中弥漫着一种烧焦的气味，不浓重，但令人不安和厌恶；教堂门口张贴着昨日焚烧女巫的通告，他一下子就明白了那可怕气味的来源，涌起本能的厌恶。

感官冲击尚且能忍，但圣城神父的无知、轻浮和不庄重却远远超出了路德的内心承受能力。路德念诵一遍弥撒的时间里，他们已经念了五六遍，还一再催他"快点，快点"。有些神父在领圣餐时居然轻蔑地说："这是饼，而且永远是饼；这是酒，而且永远是酒。"听闻此言，北方远道而来的虔诚信徒惊骇不已。他自然也听说了不少罗马神职人员包括教皇本人的丑闻故事。乌烟瘴气、物欲横流，如果世间有地狱，恐怕就是当时的罗马。

马丁·路德，出生于德国一个普通的农民家庭。1501年进入爱尔福特大学（University of Erfurt）攻读法学。这是德国最好的大学之一，有着经院哲学传统。毕业那年，路德在野外经历了一次雷电暴雨的突袭，差点送了命，他对天哭喊："圣母救我，我愿做修道士。"逃过这一劫后，他放弃了继续攻读法学的原计划，进入奥古斯丁修道院成为一名虔诚的修士。他把这一选择称为上天的召唤，不可抗拒。罗马归来，圣城的光环连同教会的权威都流进了罗马下水道，路德将积聚的郁闷与失落暂时埋在心底，进入维滕贝格大学继续深造，1512年获得神学博士学位，1515年在维滕贝格大学任神学教授。

在中世纪，"钱能通神"百试不爽，1514年又应验了。德国勃兰登堡的选帝侯（指拥有"罗马皇帝"选举权的诸侯）亚尔贝特从教皇利奥十世手中买到了德国境内迈因兹大主教的职位。为了筹钱，亚尔贝特与教皇勾结，以建造教堂为由发行赎罪券。修建教堂历来是耗时、耗资、耗力的巨大工程，比如修建巴黎圣母院大教堂历时一百八十二年，修建意大利比萨大教堂历时二百八十七年，修建德国科隆大教堂历时六百三十二年，西班牙巴塞罗那的圣家族大教堂从1882年光绪年间开始建造，计划2026年完工。修建教堂的大笔资金从哪来呢？当然是信徒。

中世纪的德国本来经济就不发达，老百姓的日子过得紧巴巴，还要交"什一税"（依据《圣经》耶和华对摩西所言："地上所有的，十分之一是耶和华的"，利未记二十七：30，教会规定信徒十分之一的收入要上缴教会）。沉重的赋税已经压得人喘不过气，赎罪券更是雪上加霜。负责在德国兜售修建圣彼得大教堂赎罪券的是一位有经验的多明我会修士，名叫帖次勒，他想出一句绝妙的广告词："钱箱银币叮当响，炼狱灵魂升天堂。"在路德看来，这不仅荒谬，而且是对基督教彻头彻尾的亵渎，是金钱与灵魂赤裸裸的交易。路德怒不可遏，拍案而起，心中压抑已久的不满彻底爆发。

宗教改革：一石激起千层浪

1517年10月31日，在维滕贝格教堂门口，马丁·路德贴出《九十五条论纲》并附言："欢迎辩论！"宗教改革运动的大幕正式拉开。《九十五条论纲》阐明了三个要点：

第一，赎罪与金钱无关。基督徒不需要赎罪券，每个人只要内心真正悔罪，就能得到上帝的赦免（第三十六条）。

第二，教会行为违背基督教精神。有钱不接济穷困者，而去购买赎罪券,得到的不是教皇的免罪,而是上帝的愤怒(第四十五条)。

第三,教皇无权免罪,哪怕是最小的罪。如果教皇可以为了可鄙的金钱释放炼狱里的人,那他干嘛不本着爱心清空炼狱,让所有人从那里出来?(第七十六条、八十二条)

一石激起千层浪,《九十五条论纲》立刻引来众人围观,半个月传遍全德国。绝大多数德国

马丁·路德

《路德在沃尔姆斯帝国会议上的陈述》,
安敦·冯·维讷(Anton von Werner)作品,1877年作

民众支持路德，认为他吐出了人们胸中淤积已久的愤懑。对此，教皇起初没上心，以为是哪个醉汉在胡说八道，但很快发现不对头。先派了一些神学家来辩论，路德也是博士，想要在神学辩论中赢他并不容易，而且教会理亏，各路神学家纷纷败下阵来。教皇使出第二招，宣布路德为"异端"。然而，此时的路德已经不是一个人在战斗，大学生、民众，还有许多贵族，都力挺路德。教皇不得已使出最后的杀手锏，宣布革除路德的教籍。革除教籍，也叫绝罚，受罚者禁止参与圣事、圣礼，禁止其他教徒与其交往，死后不得进入天堂。路德针锋相对，当着众人的面把教皇的绝罚令给烧了，还宣称教皇和红衣主教们不是真正的基督徒，而是魔鬼。路德硬碰硬地与教皇公开决裂，彻底闹掰。

叫板教皇可不是闹着玩的，但几个回合下来，路德好像没吃什么亏，反而赢得了更多民众的支持，被视为英雄。事实上，这位英雄的处境相当危险，他面对的不是一般的敌手，而是异常强大的教会和教皇，还有神圣罗马帝国皇帝查理五世。这简直就是以卵击石，蚍蜉撼树。查理五世要求路德在沃尔姆斯帝国议会上为自己的观点辩护。这是一个专为路德设计的局，目的是借机把路德斥为异端，送上火刑柱。路德不是没看到危险信号，但他还是交代好后事，毅然前往。他的勇气和信念感染了许多民众，一路赶来，所到之处民众纷纷加入，到达目的地沃尔姆斯的时候，他已然率领了一支浩浩荡荡的"大军"。市民们打开城门，夹道欢迎这支大部队。帝国会议上，路德慷慨陈词，充分表达了自己的主张，并以"这就是我的立场"结束发言。这句斩钉截铁的话被罗伦培登引用，成为《这是我的立场——马丁·路德传》的书名。辩论那日，帝国议会大厅被支持路德的人们挤得水泄不通，人心所向昭然，查理五世不敢犯众怒，只得放路德离开，但不许他留在德国，在德国全境下达通缉令缉拿他,并焚烧他的著作。

翻译《圣经》:从拉丁语到德语

路德不仅得到民众的支持,许多贵族也站在他这一边。德国萨克森的选帝侯支持路德,派人在半路上"劫持"了他,将他安顿在埃森纳赫附近的瓦尔特堡,这是一处安全的藏身之所。由于通缉令始终没有解除,马丁·路德的后半生基本都是在这里度过的。

路德是一个热爱鲜活现实生活的人。隐居期间,路德与一位前修女公开结为夫妻,打破了天主教会神职人员表面独身、实则放荡的虚伪。他们生了五个孩子,过着恬静的生活。1530年圣诞节,路德为小儿子写了一首歌,歌中唱道:"谁若不爱美酒、女人和歌,他就终身是个大傻瓜。"在中世纪沉闷的氛围中,这种朝气蓬勃的世俗生活令人耳目一新,是活生生的新教感召。这并非路德隐居生活的全部,路德始终关注并指导着德国的宗教改革运动,同时完成了一件意义深远的事——将《圣经》从拉丁语翻译成德语。

中世纪欧洲的精神世界被基督教垄断,《圣经》是最重要的知识和智慧来源。然而对于德国普通百姓而言,《圣经》离他们很远,一方面,书写《圣经》的语言是拉丁语,普通百姓看不懂;另一方面,罗马教会规定平信徒不得直接阅读《圣经》,否则会被视为异端。这样一来,《圣经》的解释权就完全落入教会手中。乔治·奥威尔在《动物庄园》中写道:"猪庄严地宣布:'本庄园所有动物在法律面前一律平等。'但动物们发现,本庄园的法律只有猪才看得懂,只有猪才有解释权。"

有了德文版《圣经》,德国的普通百姓意识到,圣经教义和现有社会秩序之间存在着巨大差异,出错的当然不会是《圣经》,必定是现有社会秩序的制定者,也就是教会。人们对教会的反感和反抗愈发强烈，正如路德所言，人们意识到自己不需要教会扮演传话者，而是可以直接聆听上帝的教诲，与上帝进行对话和沟通。德语也从不登大雅之堂的蛮族语言，成为一种解读圣言的神圣语言。对于德国，对于德国语言，对于德国民众的精神生活而言，德文版《圣经》的诞生都意义重大，这是一次精神启蒙，是德国人灵性上的一次脱胎换骨，对德国建立自信从而在欧洲崛起至关重要。

在宗教改革运动的诸多助推力量中，中国的造纸术和印刷术也相当给力。古希腊人主要用石板、泥板写字，古罗马人开始用羊皮纸和牛皮纸，虽然更容易书写，但皮制纸张昂贵，且不易保存。《圣经》起初就是写在羊皮纸上的，由于是手工抄写，篇幅又很长，成本极其高昂。图书馆里供神父学习的《圣经》都是用链子拴在桌子上的。12世纪造纸术传入欧洲，大大降低了书籍成本。1450年前后，德国人谷腾堡受中国活字印刷的启发，用合金制成字母活字，印刷书籍。书籍由奢侈品迅速成为普及品，《圣经》大量印刷发行，普通百姓也能买得起，教会再也拦不住普通人直接阅读《圣经》了。而马丁·路德声讨罗马教廷的一份份檄文也得益于印刷术，在大众中快速传播。

因信称义：自由意志与预定论

"因信称义"是马丁·路德宗教改革思想的核心。这要从"原罪与救赎"这对基督教信仰中的核心概念说起。亚当和夏娃偷吃禁果，犯下原罪，被逐出伊甸园。他们的子子孙孙都因此背负罪孽。耶稣来到人间，在十字架上用鲜血救赎了人类。耶稣死而复活，昭示了灵魂重生的希望。

关于原罪与救赎，早期教会的正统理论是奥古斯丁的预定论。简单地说，奥古斯丁认为，我们作为亚当和夏娃的后代，身负原罪，无人能逃。而原罪无法通过人自身的道德努力来解除，只能依靠上帝的恩典来救赎。并不是所有人都会被拯救，上帝只拣选少数人，而且是在创世之初就预定好的。这就是预定论。有人质疑预定论会造成道德败坏，既然能否得到救赎已经预定好了，再怎样努力都无法改变，那为什么还要自我道德约束呢？还是堕落更畅快。对此，奥古斯丁回应称，被上帝拣选的人必定会表现出高尚的道德和虔诚的信仰。也就是说，是不是被拣选者，可以通过行为来检验。于是圣徒辈出，他们相信自己就是被拣选的人，拥有强烈的宗教使命感和圣徒意识，为了信仰可以付出任何代价。在受迫害的漫长岁月里，基督教于逆境中成长，预定论功不可没。

当基督教走出逆境，成为国教后，奥古斯丁的预定论便逐渐被摒弃，自由意志论占了上风。所谓自由意志论，是指人的道德表现决定了是否能够被上帝拣选。表现得好，听教会的话，就可以得救。换言之，能不能得救，决定权已由上帝的手中转移到了教会手中。于是，人们捐钱捐物给教会，参加十字军，购买赎罪券，希望用善功换来拯救。教会这种依靠外在善功获得拯救的说法也叫"善功称义"，被马丁·路德认为是无稽之谈，他反对自由意志论，坚信人依靠内在的信仰才能得救，也就是"因信称义"。

"因信称义"可以在《圣经》中找到源头：这义是本于信，义人必因信得生（罗马书一：16）。如同文艺复兴回归古代、回归经典，宗教改革也回归《圣经》、回归早期的教父哲学。路德首先回归到了奥古斯丁的预定论。路德坚信，人类得到拯救完全出于上帝的恩典，人唯一具有的只有虔诚的信仰。一句话，上帝并不在你的身外，就在你的心中。这意味着虔诚的信仰是获得灵魂救赎的唯一依据，外在的、教会推崇的一切善功都是多余的，依据奥卡姆剃刀原则，都可以被剔除。从此，每一个基督徒都可以凭借内在的信仰直接与上帝沟通。

路德重建了人与上帝的关系，在人的心中赋予了宗教新的内涵，这与人文主义一样，重新发现了人的价值，因此宗教改革被看作是人文主义在宗教神学领域的延伸，是基督教历史上的一次划时代变革。马克思评价马丁·路德："他破除了对权威的信仰，是因为他恢复了信仰的权威；他把人从外在的宗教笃诚中解放出来，是因为他把宗教笃诚变成了人的内在世界。"（马克思《〈黑格尔法哲学批判〉导读》）

由于强调上帝的绝对意志和绝对权威，路德贬斥人类的理性。他认为，人类的堕落已将所有能力败坏，包括理性。理性常常是傲慢的，它试图说明信仰的真理，而这是理性所不能及的。真正的信仰要求体验，而非证明。这全盘否定了托马斯·阿奎那运用理性认识上帝的努力。理性在人类思想史上就是这样，一次又一次，在认识与否定，重新认识与重新否定中，艰难跋涉。

尽管理性在路德这里遭遇到了挫折，但是路德发起的16世纪欧洲宗教改革却大大推进了人类历史演进。1517年路德在维滕贝格教堂大门上张贴《九十五条论纲》的时候并没有想到要搞宗教分裂，建立一个新教派，他只是想通过抨击教会的腐败来纯净基督教信仰，而一旦采取行动，事态的发展便脱离了任何人的掌控。此后欧洲各国纷纷加入，宗教改革渐成星火燎原之势。

基督教在原有东正教、天主教两个支派基础上，又分离出新教。而新教从一开始就是一个松散的阵营，包含很多宗派，马丁·路德的教派被称为"路德宗"，因强调"因信称义"也被称为"信义宗"，后来也叫"福音派"。除了路德宗，还有英国的安立甘宗（又叫圣公会）、瑞士的加尔文宗（又叫正宗、改革宗）等。17世纪，西欧社会新教宗派层出不穷，时至今日新教究竟有多少宗派无人知晓。在众多新教宗派中，加尔文宗是影响最大的一支。

加尔文主义：将世俗生活神圣化

约翰·加尔文（John Calvin，1509—1564）出生在法国，比马丁·路德小二十六岁，属于第二代宗教改革家。他接过路德的接力棒在1530年前后成为重要的宗教改革力量。加尔文出生的时候，北欧宗教改革运动已经如火如荼，他所在的法国也有不少新教徒，但法国的天主教势力强大且与王室勾结，所以法国仍然是天主教的地盘。加尔文早年间持新教思想，在法国境内被斥为"异端"，不得不离开。当时瑞士日内瓦的宗教改革运动刚刚起步，加尔文受朋友之邀来到日内瓦参与主持宗教改革运动。加尔文比路德更为激烈和不妥协。

约翰·加尔文

马丁·路德已经够不妥协和不宽容的了，他面对强劲的罗马教廷毫不退让，其勇气和坚定令人敬佩，但在随后的农民战争中，他对农民同样展现出冷酷无情。宗教改革运动兴起之后，德国底层农民纷纷觉醒，他们不仅反抗教会，也反抗封建领主的压迫。在1524年至1526年爆发的德国农民战争中，路德支持封建主镇压农民。在路德看来，上帝是绝对的最高的权威，世俗权力来自上帝，权力拥有者向人民挥剑是在侍奉上帝："对人民你必须握拳回答，直到鲜血从他们的鼻子淌下。"路德还明确表达了反犹主张，著有《论犹太人及其谎言》，声称基督徒的责任就是烧毁犹太教堂，拆掉犹太人房屋，迫使犹太人做苦工。在路德的时代，反犹情绪在基督教世界很普遍，可追溯到早期犹太教与基督教的宗教斗争，属于两种宗教信仰之间的矛盾，精神领域的交锋。而纳粹反犹源于种族仇恨，搞基因灭绝。所以，尽管纳粹利用路德的反犹言论搞宣传，进而展开种族清洗和大屠杀，但二者是有区别的，不能简单画等号。

加尔文的神学理论比路德走得更远。他认为，人类因原罪而败坏，甚至新生儿也足以下地狱。作为罪人，任何人都不值得拯救，上帝预定拯救一部分人，只不过选择了宽恕他们。一个人被拯救的唯一外在证据就是他的行为，因此，尽管新教不强调善功，但许多新教徒辛勤工作，并视之为被拯救的昭示。按照马克斯·韦伯的观点，现代资本主义的繁荣正是得益于这些新教徒的辛勤劳作（韦伯《新教伦理与资本主义精神》）。

加尔文的新教伦理体现在他的宗教改革举措中，主要有五个方面。

第一，废除主教制度，恢复基督教会早期的长老制。也就是废除主教专制，改由长老们集体决定教会事务。这有点类似罗马元老院制度。

第二，简化宗教仪式。那些宗教礼仪中的繁文缛节能简则简。此举大受民众欢迎。

第三，改组市政议会。市政议会由教会长老和市民代表共同组成。这使得加尔文在日内瓦很快集政教大权于一身。

第四，主张圣洁的信仰和勤俭的生活。反对浪费，拒斥赌博、酗酒、卖淫、娱乐等，认为这些会玷污信仰、败坏道德。这些听起来不错，但这并不是倡议，而是强力干预，当时在日内瓦，赌场、酒肆、妓院、剧院等娱乐场所都是被禁止的。加尔文对自己要求苛刻、圣洁、清简，也要求所有人跟他一样，这就让人受不了了。更要命的是，他要求所有人在思想上与他保持高度一致，否则性命不保。他在日内瓦建立起庞大的监察网络,纠处生活言行不合规者,查找"异端",消灭与自己神学观点不一致的人。相比罗马教会,他竖起了更多的火刑柱,将异端分子和跟他神学观点不一致的人投入火堆。

第五,鼓励人们勤俭致富,认为这是荣耀上帝的一种表现。世俗劳动被赋予神圣性,人们把目光从虚无的天国转向实实在在的世俗生活。勤奋努力、勤俭持家、积累财富,都可以成为被上帝拣选的证明。宗教生活与世俗生活被和谐地统一在一起。这一生活伦理影响深远,成为资产阶级财富积累的理论依据,客观上推动了近代资本主义的发展。

生活在法国的加尔文宗信徒,被称为"胡格诺派"。1572年,巴黎天主教贵族勾结王权屠杀胡格诺派,制造了著名的"圣巴特罗买惨案",数万信徒惨遭杀戮,塞纳河水都被血水染红,法国的新教势力元气大伤,天主教在法国站稳了脚跟。生活在英国的加尔文宗信徒,被称为"清教徒"。1620年,英国一批清教徒因不满宗教迫害,搭乘"五月花"号前往北美大陆,在如今美国东海岸马萨诸塞州的普利茅斯港登陆,成为美国的第一代移民。

新教开端于德国,随后在北欧蔓延,英国、荷兰、丹麦、挪威、瑞典、芬兰等国纷纷纳入新教版图。新教的向南渗透止步于法国,法国以南只有瑞士日内瓦信仰新教,法国、意大利、西班牙、葡萄牙等仍然坚持天主教信仰。几个世纪过去了,回看西欧各国,会发现一个有趣的现象,几乎所有改信新教的国家都成为新兴资本主义强国,而坚持天主教信仰的国家,尽管如葡萄牙、西班牙在15、16世纪很强大,但后来在资本主义竞争中纷纷败落。欧洲各国的殖民地也呈现出以上特点,北美英属殖民地信仰新教,已成为全球最发达地区,而拉丁美洲等欠发达地区的宗主国多为西班牙和葡萄牙，信仰天主教。

走出中世纪：从烧死异端到理性、宽容

宗教改革导致了教派分离，新教由天主教分离出来，新教各派之间也有着巨大的分歧。16世纪，不同教派之间在信仰问题上无宽容可言，相互敌视，诉诸武力。这种偏执和仇恨导致了旷日持久的战争，任何一个新教派的出现都伴随着血与火的洗礼。欧洲著名的"三十年战争"（1618—1648）就是这一时期的大规模宗教战争，几乎所有的欧洲国家都卷入其中。

战争打了三十年，不分胜负，参战各方都疲惫不堪，1648年各方终于坐下来和谈，签订了《威斯特伐利亚和约》。这个和约在欧洲划了一条南北分界线，分界线以北是新教的势力范围，以南是天主教的势力范围。这条线影响深远，时至今日，分界线以南地区仍以天主教信仰为主，以北新教徒占了人口的大多数。《威斯特伐利亚和约》还规定，如果某一封建领主改变信仰，不得强迫其臣民随其改变信仰，这赋予了民众更多的宗教信仰自由，而大约一百年前签订的《奥格斯堡和约》规定，臣民要随领主的信仰。《威斯特伐利亚和约》签订后，人们越来越认识到宗教分裂已成事实，若要避免战争过上安生日子，就需要有更多的宽容，承认不同宗教信仰的合法性。

17世纪中叶，宗教宽容逐渐取代了宗教专制，尤其在英国、荷兰等地。英国哲学家洛克在《论宗教宽容》一书中写道：《圣经》从来没有教我们对不同信仰的人采取暴力。法国哲学家培尔也大力主张宽容，批判宗教暴行，他指出，《圣经》虽然宣扬和平主义，但基督徒们所到之处却对各种异教徒赶尽杀绝，比起宣扬圣战的伊斯兰教更加不宽容。众多知识分子的大力倡导，加之历史的车轮已

然转向，欧洲终于迎来了宽容的时代。首先，在基督教内部，天主教与新教之间，各新教支派之间，都更为宽容；其次，基督教对待其他宗教，如伊斯兰教，也更为宽容；再次，宗教信仰者与无神论者之间，宽容以待；后来，宽容精神逐渐渗透到生活的各个领域，如政治、道德等。如今，宗教信仰自由，同生命权、财产权、言论自由等一样，成为被普遍认可的基本人权。

宽容精神促进了17至18世纪西方民主和科学的发展。"德先生"和"赛先生"在20世纪初传入中国，成为新文化运动的两面旗帜，催生了中国近代翻天覆地的变化。

民主与科学的发展也意味着理性的回归。从服从权威到开始怀疑，17世纪的西方近代哲学重新启动，加速发展。黑格尔认为近代哲学原则"是从自身出发的思想，源于人的内在性探索，这种内在性一般地表现在基督教里，是新教原则"（《哲学讲演录》）。哲学家们以"怀疑"为起点，重新认识世界，认识人类自身。以弗兰西斯·培根和笛卡儿为代表的"经验论"和"唯理论"两大派别的讨论即将登场。

回看中世纪末这两场轰轰烈烈的运动。文艺复兴，是在富庶的南欧展开的一场人性回归运动，借助古典文化弱化神性、彰显人性，促进了文艺繁荣，唤醒了人性复苏，但并没有对教会带来真正的威胁。宗教改革发端于偏远的北欧，它的动机是纯洁宗教信仰，不想却导致了基督教的大分裂，近代西欧民族国家在此基础上纷纷崛起。它否定个体灵魂与上帝之间存在中介，重建人与上帝之间的关系，让人心直面上帝，使人获得崭新的自由，为随后宽容和理性的回归铺平道路。而勤俭致富荣耀上帝的新教伦理，则为资本主义发展提供了不可或缺的信仰理论支撑。持续千年的中世纪终于走到尽头，人类近代史的大幕即将开启。

马基雅维利与《君主论》

因《君主论》,马基雅维利被视为现代政治思想的奠基者;也因《君主论》,马基雅维利被斥为邪恶导师。《君主论》诞生以来的五百多年间,推崇他的、厌恶他的都大有人在,他究竟是大师,还是恶魔?不妨抛开是非判断,让我们直面他所处的时代场景,尝试还原其思想的真实面目。

马基雅维利:政治与道德相分离(AI 图)

古希腊哲学家柏拉图、亚里士多德等在讨论政治的时候,将伦理与政治融为一体,视政治的最终目的为"好的生活"。一千多年来,德君善政,即使没有在实践中一以贯之,仍被历代政治研究者白纸黑字地写进君主的教科书里,也仍被历代君主信誓旦旦地挂在嘴上,是一种被广泛认可的价值观。现在的情况也大抵如此,以德治国、德治兴邦、国无德不兴,人无德不立等口号在现代政治语境中随处可见。

时间来到中世纪与近代早期的转折点上,一位不起眼的意大利公务人员不仅抛弃了千年道德传统,而且公然唱反调,主张为了保住权力、维持稳定，君主可以无视道德。他就是马基雅维利，将伦理从政治中剥离出来，正义、道德、宗教在政治行动中统统丧失了优先性，沦为实现政治目的的手段。这是赤裸裸地宣称政治是肮脏的，而政治家为达目的可以不择手段。

《君主论》令很多人大惊失色，甚至失声惊叫，认为书中论调对政治生活的道德基础构成了最严重的威胁。耶稣会的修士们视作者为"魔鬼的罪恶同伙"；莎士比亚说他是"心狠手辣的马基雅维利"；罗素说《君主论》是"为暴徒写的手册"；英国历史学家、政治家麦考利勋爵提起马基雅维利时也紧锁双眉说，文学史上再也找不出一个像他这样广泛招人厌恶的家伙了；马克思、恩格斯谴责马基雅维利主义原则的时候，同样言辞激烈；然而，意大利的独裁者墨索里尼对《君主论》赞不绝口，为再版的《君主论》写序；拿破仑·波拿巴认为，塔西佗写的都是小说，吉本的书冗长啰嗦，只有马基雅维利的著作才真正值得一读；更多的政治家则是内心认同，表面上坚决与之划清界限。

毫无疑问，马基雅维利已在历史上留下大名，但并不是什么好名声，由他的名字衍生出的词沿用至今：马基雅维利的（Machiavellian），用以形容不惜代价攫取利益的权谋政治家，以及那些精于投机、算计、丝毫没有道德感的人；马基雅维利主义（Machiavellism）是狡诈、阴险和政治事务中背信弃义的代名词。

这样的历史定位对马基雅维利公平吗？把他与邪恶等同起来，是否存在曲解？如果他的《君主论》仅仅是一本推销厚黑学的小册子，为什么他有资格被奉为现代政治学的奠基人？《君主论》到底有哪些惊世骇俗的政治原则和政治见解？要回答这些问题，首先要避免两个陷阱：第一，避免主观价值偏好的先入为主，对马基雅维利进行诋毁谩骂。第二，避免将马基雅维利高举为现代政治兴起的象征性符号,似乎他只是新时代的逢迎者。简言之,要还原真实的马基雅维利及其《君主论》,需要多一点对其本人的宽容和理解,多一点对其思想动力的深入探究。让我们从还原马基雅维利的真实语境开始。

一位年轻公务员:人文学养与外交才能兼备

尼科洛·马基雅维利(Niccolò Machiavelli,1469—1527)生活在文艺复兴末期的意大利。当时的意大利处于分裂状态,政治以城邦为单位,诸多城邦小国如佛罗伦萨、比萨、威尼斯、米兰、那不勒斯等,彼此间的关系极为复杂,往往因利益冲突,相互算计,明争暗斗,时而合纵连横,时而彼此交战。处于分裂状态的意大利,也让诸多强大邻邦都想对其施加影响,从而谋得好处,比如西班牙、法国、英国等。内政外交彼此纠缠,政治的复杂性可想而知。

政治上的分裂对于人类思想的发展而言,并不是件坏事,个人政治才能有了发挥的舞台,人们对于政治问题的思考也有可能达到大一统时期无法企及的深度和高度。罗素发现,人类文明史上的几座高峰都不是出现在大一统时期,而是出现在政治高度分裂的时期,比如古希腊、中国的先秦时期、文艺复兴时期的意大利、19世纪初的德国等。"这是一个需要巨人,而且产生了巨人的时代。"恩格斯所说的这个时代,正是马基雅维利所处的中世纪向现代社会过度的时代。

马基雅维利的父亲是佛罗伦萨的一位职业律师。这个律师家庭虽然不富裕,门第也不高,但与城中最有声望的人文学者圈子交往甚密。热衷于人文研究的父亲很在意儿子的启蒙教育,马基雅维利七岁便开始接受正式教育,十二岁师从著名学者保罗·达·隆齐里奥内。至于他是否上过大学,并没有确实的记载,有人推测他在佛罗伦萨大学完成了学业（昆廷·斯金纳《马基雅维里》），也有人估计他能力不足没考上大学（盐野七生《我的朋友马基雅维利》）。

无论如何，马基雅维利的人文学养是不容置疑的，他的不朽著作就是证明，不仅有最为人熟知的《君主论》，还有《论李维罗马史前十卷》（简称《李维十论》）、《佛罗伦萨史》等。利普修斯（Juste Lipse）评价他的才华："如燃烧的烈焰，深邃而遒劲。"通常抨击马基雅维利的人只针对他的观点，很少有人质疑他的学养和才华，除了他的朋友、历史学家巴尔基说他是一个"没什么学问的人"。好在年长马基雅维利十七岁的佛罗伦萨人列奥纳多·达·芬奇也自称是一个"没什么学问的人"。这话说自己是谦虚，评价朋友就让人嗅出了一股酸酸的味道。

马基雅维利拥有深厚学养还有另一个佐证，1498 年，二十九岁的他被任命为佛罗伦萨共和国第二国务厅长官，兼任第一国务厅长官秘书。这一职位对受聘者的要求是：外交才能与人文学养兼备。当时共和国第一国务厅长官是一位著名学者、大学教授，而他的继任者也是学者，一直从事人文研究，不断发表人文著作。可见，当时佛罗伦萨任命政府官员很看重人文修养，学而优则仕，在当年的佛罗伦萨共和国是一条从政的通路。马基雅维利除了承担日常的文书工作外，很重要的一项使命是代表军事九人团（共和国外交关系委员会）出使各国，并发回详细的外务报告。

一位成熟外交官：十五年见闻有感

1500 年，他第一次获得出使的机会，前往法国觐见路易十二，请求法国国王帮助佛罗伦萨征讨比萨人。年轻的外交官敏锐地发现，法王对优柔寡断、软弱混乱的佛罗伦萨政府充满鄙夷和不屑，对佛罗伦萨人的命运也丝毫不感兴趣，他关心的只是行动能给法国带来什么好处。没有强大军力和充足财力的支撑，佛罗伦萨人的自视清高在法王看来很可笑。这次出使是外交实践的第一课，深深触动了这位年轻的外交官，他后来在《君主论》中反复强调：胆怯懦弱会被蔑视，优柔寡断是危险的，战争和政治都需要果敢行动，否则就意味着灭亡。

教皇亚历山大六世的私生子塞萨尔·博尔吉亚1501年受封为罗马涅大区公爵，为了得到与之相配的土地，博尔吉亚展开了一系列掠夺攻势，1502年直逼佛罗伦萨，要求派代表订立城下之盟。这个棘手的差事落到马基雅维利身上，他在博尔吉亚宫廷逗留了四个月，与公爵本人多次会面，当面领教了这位政治家的谋略和野心。马基雅维利在发给军事九人团的密件中描述了公爵超凡的勇气、出众的才能和强烈的目标意识，说他可以用一切可能的手段在短时间内成就霸业。

1502年12月，罗马涅人控诉博尔吉亚的副手雷米罗在该省采用高压手段。而事实上，雷米罗只是执行公爵的命令，且成效显著，该地区很快恢复了和平与秩序。但是，为了平息民众的怒火，博尔吉亚将雷米罗召到罗马涅大区的伊莫拉镇，马基雅维利在《君主论》中写道："一个早晨，雷米罗曝尸切塞纳广场，尸体旁放着一块砧木和一把血淋淋的刀子。"这血腥场景令人不寒而栗，但马基雅维利的视角与众不同，他认为博尔吉亚的霹雳手段体现了一种值得称颂的君主能力，既让人民感到心满意足，又让他们惶惑不安。可是，冷血斩杀听命于己的副手，以后还有谁愿意追随这样的君主，忠心辅佐他呢？

马基雅维利很快发现，博尔吉亚并不是他理想中的完美君主，他犯了一个致命的错误。在新任教皇的候选人中，博尔吉亚支持罗韦雷，条件是当选后任命其为教皇军统帅。马基雅维利认为，这一政治结盟是博尔吉亚的重大误判，因为亚历山大六世任教皇期间，罗韦雷曾被迫流亡十年，他不会这么快就忘记前仇，真心实意与仇人的儿子结盟。果然，罗韦雷（尤利乌斯二世）当选教皇后，迟迟没有下达对博尔吉亚的委任。此时，马基雅维利向军事九人团汇报说，公爵让无节制的自信迷了心窍，正慢慢滑进坟墓，他对佛罗伦萨的威胁已经解除。

新教皇尤利乌斯二世是马基雅维利的又一位老师。在与博尔吉亚的较量中，马基雅维利观察发现，尤利乌斯处理复杂问题的手法极其简单有效。当选教皇前，他向公爵慷慨许下诺言，并坚称自己"一诺千金"，而当选后立刻翻脸，不但拒绝履行承诺，还逮捕并囚禁了博尔吉亚。目睹这一系列神操作，马基雅维利在《君主论》中感叹道："这位教皇光明正大地着手清偿债务，把它们一笔勾销。"马基雅维利还详细地分析并总结了从博尔吉亚身上学到的经验教训，他写道："公爵根本不该认为别人的话比自己的话更值得信赖。任何人如果相信给予新的恩惠会使大人物忘却旧的伤害，他就是自欺欺人。这就是他最终灭亡的原因。"

《君主论》中的反面教材还不止博尔吉亚一个，他对另一位重量级国君——神圣罗马帝国皇帝马克西米利安的评价更糟糕。这位皇帝曾打算进军意大利并在罗马加冕，还以此为借口要求佛罗伦萨支付一大笔赞助费。马基雅维利因此被派去打探帝国动向，在帝国宫廷逗留了一年之久。他对这位皇帝的总体评价是四个字：昏庸无能，认为他几乎没有治国所需的任何素质，总是犹豫、轻信，任何一种不同的观点都会让他立刻动摇。《君主论》中，马基雅维利以此警告君主，缺乏决断会招致怎样的危险。这将大大削弱领导权，令所有人失去方向，沮丧透顶。

在领教了这些失败的治国之道后，马基雅维利总结道：不能随时势的变化而主动做出调整,总是被时势所裹挟,被机运所控制,是他们共同的、全局性的致命弱点。博尔吉亚任何时候都目空一切,马克西米利安永远都优柔寡断,尤利乌斯二世从来都冲动亢奋。如果他们能够抑制个性,适应时势,而不是企图用个性来改造时势,他们的功业会更为辉煌。这也是《君主论》的核心观点。

一个失业中年男:急需命运女神的眷顾

1512 年,西班牙人进攻意大利,佛罗伦萨人不战而降,共和国瓦解,被流放了十八年的美第奇家族重返佛罗伦萨,开始了新一轮君主统治。著名的美第奇家族从 1434 年开始成为佛罗伦萨的统治者,始终与这座城市的发展捆绑在一起,前后长达三个世纪。1494 年,法国人入侵佛罗伦萨,美第奇家族被流放。

1512 年,伴随着共和国的瓦解,马基雅维利失业了。作为前朝官员,他被判处在佛罗伦萨国土上监视居住一年,保证金高达一千佛罗林,相当于他十年的薪俸。对一个四十三岁的男人来说,这意味着事业、财富一切清零。马基雅维利和其他失业的中年男人一样要面对生活的窘境,他是四个孩子的父亲,要养家糊口。然而,这些并不是最糟糕的,1513 年,他被误认为卷入一起针对美第奇政府的未遂政变,一番酷刑折磨后被投入监狱,外加巨额罚金。身处绝望的无底深渊,马基雅维利在《君主论》中感慨道:"时运的恶意强烈而执拗。"

马基雅维利半身像

命运女神最难揣度,你永远不知道她的下一步安排会如何。入狱两个月,命运女神对马基雅维利露出微笑,新教皇利奥十世登基大赦,他出狱了。但出狱后,马基雅维利仍然高兴不起来,眼看着来年又一个孩子就要降生,一家七口等着他养活,没有收入可不行。他急于找工作,摆脱财务危机。马基雅维利指望已经在美第奇政府谋得差事的前同事韦托里帮忙,为新统治者效力,也打份工,领份薪水。他给韦托里写信,希望得到老同事的推荐。在一封封长信中,他分析法国和西班牙对意大利的野心,滔滔不绝地表达自己的政治主张,但很快他意识到韦托里不愿意帮忙。道理很简单:您这么有才,把我显得很蠢。推荐你,没门!

《君主论》:献给洛伦佐·德·美第奇

马基雅维利对时局和治国术的思考并没有就此终止。赋闲在家的日子里,他完成了从政治参与者到政治分析者的转型,开始系统总结自己的外交经验、历史教训和治国原则。在他人生中最灰暗的1513年年底,《君主论》诞生了。他把这本见解非凡的书献给洛伦佐·德·美第奇,希望新统治者慧眼识才。事实上,这本书并没有帮助他重返政治舞台,却让他在人类政治史上占据了一席之地。与其他同题材的著作不同,《君主论》压根没打算为以德治国提供任何忠告,相反,承认某些恶德有助于维护政权。"马基雅维利""马基雅维利主义"也正因此有了邪恶的味道。《君主论》究竟阐释了哪些独到的见解呢?

一、君主追求的目标是什么?

托马斯·阿奎那在《君主统治》中强调,好的统治者应当拒绝尘世荣耀和财富的诱惑,以确保获得天国的奖赏。这是马基雅维利时代基督教背景下正统的君主目标定位。对此,马基雅维利并不买账，他的观点刚好相反，人注定要竞逐的最高奖赏正是尘世间的荣耀，新君主甚至有机会获得加倍的荣耀：不仅能建立国家政权，还能够以"好的法律、强大的军队、典范的行为"来巩固政权。

马基雅维利把君主的目标分为两种：最基本的目标是维持政权，也就是确保政治稳定。从马基雅维利的论证来看，其中还蕴含着一层逻辑，即这是保护公民使他们免遭侵犯的唯一途径。此外，还有更高的目标，即获得名誉和荣耀。这并非他的独创，受文艺复兴时期人文主义者们回归古典的影响，马基雅维利追寻亚里士多德、西塞罗、李维的政治主张，认同政治家的最高追求是"名誉和荣耀"。

二、君主如何巩固政权？

马基雅维利认为，君主巩固政权最重要的是要建立自己的军队，以"国民军"代替"雇佣军"。富庶地区的人都很惜命，当时的意大利各邦君主大都依靠雇佣军作战。马基雅维利嗅出了这种做法的危险性，认为绝不能把国家命运交托给毫无忠诚可言的雇佣军，"如果他们还没有毁掉你，那只是暂时的"。1500年，在佛罗伦萨征讨比萨的战争中，加斯科涅雇佣兵临阵脱逃，瑞士雇佣军因军饷哗变。他强调，拥有自己的军事力量是立国之本。当然，他也没有忘记由于佛罗伦萨的军力太弱当年在法王路易十二那里遭受的冷嘲热讽。

马基雅维利曾亲自参与佛罗伦萨"国民军"的创建和招募，尽管后来的实战中，他的国民军被西班牙步兵轻松击溃，但并没有动摇他对国民军的信心。《君主论》中，他仍然力主美第奇家族的当务之急就是建立佛罗伦萨自己的武装。马基雅维利承认，国民军并非战无不胜，但他坚信，这样的军队比其他任何武装都好得多。

三、君主治国靠什么?

古罗马政治思想家认为,单靠人的努力是不够的,统治者必须同时依靠命运女神的护佑,才可能实现最高目标,赢得名誉和荣耀。如何赢得命运女神的青睐呢?西塞罗的回答是:如果我们的行动源于对德性的渴望,而不是盼望赢得荣耀,那么反而最可能赢得时运女神的庇佑而获得荣耀,因为荣耀就是德性的奖赏(西塞罗《图斯库兰论说集》)。可见在西塞罗看来,"德性"是成功君主的必备品质,简言之,以德治国。

文艺复兴时期的人文主义者们纷纷继承以德治国的观点,在各种指导君主言行的著作中,都将拥有德性视为君主成功的关键。乔瓦尼·蓬塔诺就宣称,德性是世界上最辉煌的东西,甚至比太阳还灿烂,因为盲人看不到太阳,却能清楚地看见德性。任何统治者若想达到最高目标,就必须在所有公共行为中毫不懈怠地遵从德性的命令。

马基雅维利对此并无异议,《君主论》中他明确提出:新君主维持政权取决于他是否具备一定的德性。讲述失败君主案例时,他指出,这只能怪他们没有认识到,唯一有效、可靠且持久的防御必须建立在自己的德性之上。需要注意的是,有别于智慧、公义、勇敢、节制等传统美德,马基雅维利所指的君主德性有其特定内涵。

四、君主的德性是什么?

西塞罗在《论义务》开篇列出了一系列君主德性。其中最核心的是"正直",意味着信守承诺,与所有人交往永远都光明正大。塞涅卡在《论仁慈》和《论恩惠》中强调了另两种君主德性"大度"和"慷慨"。他们提醒人们,要想赢得名誉和荣耀,就必须始终遵照德性行事。只有通过符合道德的方法,才可能实现目标。任何相反的表象都是欺骗性的,符合道德的永远是理性的。

文艺复兴时期的人文主义学者们几乎全盘接受了古罗马思想家的观点，如帕特里奇在《国王与国王的教育》一书中，罗列了四十种君主应当培养的美德。君主的建言者们坚信，君主采取的理性行动永远应是符合道德的，直至将"正直是最好的政治"作为一条金科玉律。中世纪，从基督教立场出发，还增加了一条强调道德的理由：即使通过不义手段获得了利益，在接受上帝公义审判时，这些好处也会被一笔勾销。

马基雅维利在探讨君主德性时，提醒读者："我深知这个话题许多人都写过，但我要说的与别人的见解有所不同。"

马基雅维利的新道德体系

马基雅维利对现存的善恶观抱持怀疑态度，不认为传统道德是绝对的和普遍的，那些公认的善很多时候配不上美德之名，甚至容易造成灾难，他宁愿说它们"似乎是美德"，而一些公认的恶德更可能巩固我们，他宁愿说它们只是"看上去像恶德"。

伦理与政治：相分离

中世纪，人们默认自然法是一种客观存在，为人们，包括统治者，提供行为规范，明确规定什么是善，什么是恶，什么是正当，什么是不义。马基雅维利并没有否认这些传统价值规范，如慷慨、仁慈、诚实等美德。他的观点是，如果君主能践行美德，自然值得称颂，但君主的目标是巩固政权，获得名誉和荣耀，若要实现既定目标，在一个恶棍横行的现实世界里，道德的并不总是理性的，君主若完全遵照美德行事，往往会铸成灾难性的后果。在《君主论》中，马基雅维利提及的一个案例是佛罗伦萨发生动乱时，统治者为了避免恶名，坐视劫掠、凶杀，这种所谓的仁慈在他看来对国家、对人民是一种更大的灾难、更大的恶。此时统治者就应该不顾恶名,有勇气重判首犯、以儆效尤,使用强力恢复和平与秩序。

马基雅维利就此引出了"恶劣的仁慈"和"妥善的残酷"两个概念。可见,在马基雅维利这里,"仁慈"不再具有天然的道德优势,"残酷"也失去了天然的恶劣品质。人并非生活在柏拉图的理想国中,也并非生活在奥古斯丁的天上之城,而是生活在善恶并行、多变复杂的人间。他写道:"人们实际上怎样生活与人们应当怎样生活,两者差距如此之大,以至于一个人要是为了应当做什么而置实际上做什么于不顾,那么他非但不能自保,反而会招致毁灭。"

批判了"唯传统道德论"之后,马基雅维利干脆地亮出底牌:必要时,君主必须做违反传统道德的事。他认为,行善与否要视情况而定,情况允许时,君主行善值得称道,但情况不允许时,他就必须要有为恶的意愿和决心,他还必须准备好接受这样一个事实:为了维护国家和政权,他会经常做背信弃义、抛弃仁慈、不讲人道的事。他提醒明智的君主,不要在意自己是否会因作恶留下恶名,因为不为恶他将难以维持权力,在维持政权的过程中,批评和恶名只不过是不可避免的代价,君主必须承受。

至此,马基雅维利颠覆了"德性"这个关键概念的传统内涵,抛开一切凌驾于现实之上的浪漫主义色彩,一针见血地指出,君主为了实现自己的目标,必须有能力和勇气去做一切形势所迫之事,无论它们碰巧是邪恶的还是高尚的。简言之,马基雅维利的"君主德性",是一种不受道德拘束的、审时度势采取行动的实用主义道德。至于君主在私生活领域是否要坚守道德节操?马基雅维利对此不以为然:"明智的君主如果能做到,那就努力避免恶德;但如果发现改不了,就一定不要为这些普通的道德毛病花费不必要的心思。"

关于宗教，与他的实用主义和理性原则一脉相承，马基雅维利认为，只要能够帮助君主巩固政权，获得一定的社会凝聚力，那么宗教信仰就是可以被利用的，至于君主是否真的信奉，或者该宗教正确与否，根本无关紧要。

狐狸与狮子：要合体

西塞罗在《论义务》中有过一个类比："无论是用武力还是靠欺诈，两者都是兽性的；欺诈属于狡猾的狐狸，武力则属于狮子。二者在人都是不合适的，而欺诈更可鄙。"马基雅维利借用了这个类比，但结论与西塞罗截然相反，认为君主若要成就大事，就必须学会利用人类身上的某种兽性，必须学会既像狐狸又像狮子，像狐狸那样识别陷阱，像狮子那样不畏豺狼。詹姆斯·麦格雷戈·伯恩斯也借用了这个典故，为罗斯福传记起名为《罗斯福：狮子与狐狸》。

马基雅维利对"重义守信"相当不以为然，他的原话是："当遵守信义变得对他不利时，并且当使他做出承诺的理由不复存在时，一位审慎的统治者就不能，也不应该，遵守信义。"前文提及的教皇尤利乌斯二世对付博尔吉亚就是典型案例，尤利乌斯利用博尔吉亚的支持登上教皇宝座后翻脸不认人，置博尔吉亚于死地。马基雅维利在外交生涯中领教过太多政治人物的背信弃义，以及背信弃义帮助他们捞得大量好处。他对此见怪不怪，甚至大加赞赏，更过分的是，他提醒君主们要懂得掩饰，把狐狸尾巴藏好，为恶的同时最好不要给人留下为恶的印象。

以下是他最臭名昭著的言论："对于一位君主来说，事实上没有必要拥有美德，但却很有必要显得拥有它们。我敢说：拥有它们并且始终遵守它们，将是有害的；但是显得拥有它们，却是有益的。要显得仁爱慈善、笃守信义、讲求人道、诚实可靠、虔敬信神。"这是不折不扣的伪善,历史上还从来没有人把伪善说得这么理直气壮:"要做一个伟大的伪君子和假好人。"本文参考的《君主论》是中央编译出版社出版的拿破仑批注版。在十八章此处,拿破仑批注如下:"通常来说,通过背信弃义从臣民身上得到的好处比从其他地方得到的更多。我有专门处理这种问题的智囊团。"他在"伪君子和假好人"处批注道:"最精明的人都比不上我。教皇会证明这一点。"马基雅维利的后世同道者甚众,远不止拿破仑一个。

然而,任何有理性的人都会意识到,虚伪、欺骗总有一天会露馅,狐狸尾巴早晚会露出来。其实,前辈政治家不是没想过用伪饰获取荣耀,但最后都摒弃了,如西塞罗在《论义务》中就曾讨论过这个问题,他宣称:"如果有人认为他可以凭伪装、空洞的表演、伪善的言谈和表情获得持久的荣耀,那他们就大错特错了。真正的荣耀根扎得牢,枝伸得广,虚伪的东西都像娇弱的花朵转瞬凋谢。任何伪善都是不能持久的。"不得不承认,这是一种更高明的见解。也许是意识到自己的观点有漏洞,马基雅维利在一番宏论之后打了个补丁:"如果可能的话,还是不要背离良善之道;但如果为必然性所迫,就要懂得如何走上为非作恶之途。"

受人爱戴,还是被人畏惧?

君主最好是既受人爱戴又被人畏惧,但这很难做到,如果必须有所选择,该怎么办呢?西塞罗在《论义务》中曾给出经典答案:"畏惧只是维持权力的一个无力的保证,相反,爱戴却可以使人放心地永远保持权力。"

马基雅维利完全颠覆了这一经典答案,他奉劝君主,爱戴和畏惧若只能二选一,一定要选畏惧。他进一步给出论证:爱戴,是靠恩义这条纽带来维系的,然而人性是恶劣的,他们忘恩负义、容易变心,是伪君子和假好人,是逃避危难、贪财好利的,任何时候,只要对自己有好处,他们便会背弃你,把这条纽带切断;畏惧,则由于害怕受到你绝不会放弃的惩罚而维系。如果你让他们害怕,他们就不敢贸然触犯或伤害你,这样就更容易管理国家。人们对惩罚的恐惧从不会让你失望。可见,在马基雅维利的眼中,统治者和被统治者都不是什么好人,政治的本质是以恶制恶。要想在政治上取得成功,就必须欺骗和暴力两手抓。他补充道:如果你指挥一支庞大的军队,那就更有必要在士兵心目中树立起既可敬又可怕的形象。如果只有德能,而没有士兵的畏惧,就绝不可能让军队团结一致执行任何军事任务。此处,他以汉尼拔严酷治军取得一个个胜利当正面例子,以西庇阿放纵仁慈遭部队反叛作反面教材。

马基雅维利再次明确:"人们爱戴君主是出于他们自己的意愿,而畏惧君主则是出于君主的意愿;那么,一位明智的君主就应当立足于自己的意愿而不是他人的意愿。"此处,拿破仑有批注:"这始终是最安全的。"

马基雅维利与韩非子的跨时空对话

马基雅维利的观点令人联想到早于马基雅维利一千七百多年的中国法家学说,那是更为博大精深的权术厚黑学。事实上,法家韩非子的一些观点更为犀利。马基雅维利与韩非子的共同之处在于,对人性的基本判断——人性恶,并以此作为思考问题的前提,人性的本来面目就是趋利避害。

韩非子著名的例子是:家里生了男孩很开心,生了女孩就把她处理掉,因为养儿防老,但养女儿是要赔钱的(《韩非子·六反》)。父母对子女的感情,毫无疑问是人世间最排除利害考量的一种感情了,尚且"以计算之心相待",那么还有什么能够超出利害考量的关系存在呢?韩非子还有一些冷酷、犀利的观察,比如棺材店的人盼望人死，造轿子的人盼望人升官。他认为，并非棺材店的人就坏，造轿子的人就好，他们都只是盼望自己的生意好而已。因此，利害关系是主宰人行为的基本法则，甚至就是人性的本质。

既然"人性恶"是一个基本事实，那么统治者靠什么来统治这样的人呢？韩非子的答案很简单，利用人们趋利避害的本性，使用"赏罚二柄"，换言之，"威胁""利诱"。

在韩非子和马基雅维利身上，我们又看到了历史和人性的相似之处。他们奉行的都是基于现实考量的理性主义原则。

理性，是西方哲学史的核心概念。被视为理性的活动通常是明智的、恰当的、必要的，或者其目的指向真理与美好（《牛津哲学词典》）。与理性相对应的有两个英文单词："reason"和"rationality"。童世骏先生认为，reason 对应"价值理性"，指"讲道理"；而 rationality 对应"工具理性"，指"有办法"。

马基雅维利和韩非子的理性，毫无疑问，对应的是工具理性，即"有办法"，也就是有途径达到一个目标、有效率实现一个目标，而不管这个"目标"是什么，不管使用什么手段。没有理性的价值追求，只有理性判断，只为实现既定目标选择更加有效的手段，而不顾及人类生存的真正价值所在。一味注重"工具理性"是非常危险的，将为人类生存带来潜在威胁。

马基雅维利与达·芬奇的面对面交谈

马基雅维利与达·芬奇是同时代的意大利佛罗伦萨人。梅列日科夫斯基在《诸神的复活：列奥纳多·达·芬奇》一书中，为他们安排了郊外小客店邂逅的场景。史实依据无从考，但不失为传记作家的合理联想。两位历史巨人的邂逅是存在可能性的，书中对话相当有趣，内容符合逻辑。以下节选几段，编辑分享。

1502年12月底,达·芬奇前往谒见公爵博尔吉亚,就是我们前文提及的塞萨尔·博尔吉亚,商讨在公爵新近占领的城市里建造宫殿、学校、藏书楼等。风雪夜,一家郊外车马店已客满,好在公爵给达·芬奇开了一张过路公文,店主愿意把自己的房间腾给他。

在嘈杂混乱的餐厅里,达·芬奇刚坐下就听到了一个尖细的嗓音激动地发表演讲:"先生们,我可以从古代史和近代史上找出许多事例来证明这一点,像数学一样精确!请想一想那些在军事上有过辉煌战绩的国家——罗马人、拉塞达埃蒙人、雅典人以及阿尔卑斯山北麓的许多部族。所有伟大的征服者都从自己本国人民中间招

马基雅维利肖像

募兵员：尼恩从亚述人中间，居鲁士从波斯人中间，亚历山大从马其顿人中间……"

有人插话道："尼科洛先生，法兰西拥有骑兵队，还有炮兵队，别说您的步兵，就是一座悬崖也能给轰塌。"

尼科洛先生发火了："诡辩！诡辩！您就等着瞧吧，北方蛮族的大军将要让意大利人清醒过来，他们将会看到雇佣兵的无能！……"

达·芬奇惊奇地发现，这位尼科洛先生的谈话中，真理与谬误、无比的勇气与对古人的亦步亦趋混合在一起。他仔细审视："他身穿深红色呢绒长袍，款式庄严，上面打着直褶，佛罗伦萨共和国那些很有地位的国务活动家以及外交使团的秘书一般都穿这种长袍。不过这件长袍已经旧了：不太显眼的地方有弄脏的痕迹，袖子磨得光亮。虬筋盘结的大手上沾着墨水，中指上磨出了茧子，经常书写的人的手都是这样的。四十来岁，身材瘦削，肩部很窄，脸形棱角分明，很有生气，但表情却十分奇特。谈话时偶尔仰起很小的头，扁平的长鼻子朝上翘起，很像鸭子嘴，眯缝着眼睛，下唇向前噘起，现出一副沉思的模样。他看着交谈者头部的上面，仿佛是注视着远方，好像是一只目光敏锐的鸟注视着远处的一个目标，伸着细长的脖子，全神贯注。高高的颧骨和黧黑的面颊上神经质地现出红晕，尤其是那双灰色的大眼睛聚精会神地看人，透露出内心里的烈火。"

由于尼科洛先生已经拖欠房费，第二天店主让他腾房间。尴尬之时，达·芬奇伸出援手，邀请尼科洛先生与他同住。梅列日科夫斯基记录下这两位意大利文艺复兴时期的大人物相聚的历史性场景。首先双方自报家门：在下尼科洛·马基雅维利，佛罗伦萨共和国九人委员会秘书；在下列奥纳多·迪·赛尔·皮耶罗·达·芬奇,建筑家、画家。他们聊得很投机,谈话轻松自然,充满信任,尽管性格截然相反,但都很孤独,并且喜欢思考。

"您说政治应该是一门准确的学问,就像以数学为基础的各门自然科学从试验和对大自然的观察中获得可靠性一样。我是不是应该这样理解您的意思?"

"正是,正是!"马基雅维利拧起眉毛,眯缝着眼睛,"我想要告诉人们的是以前任何人从来都没有谈到过的。柏拉图在《共和国》里,亚里士多德在《政治学》里,圣奥古斯丁在《论上帝之城》里,都没有谈到过的支配一切民族生活并且处于人的意志之外、处于善恶之外的自然法则。大家都谈到过什么是善与恶,高尚与低贱,想象中的政府应该是什么样的,可是实际上却没有而且也不可能有这样的政府。我想要说的不是应该是什么,也不是好像是什么,而只是它实际上是什么。我想要研究被称作共和国和君主国的机体的本质——排除爱与憎,赞扬与否定,就像数学家研究数目的本质,解剖学家研究人体的构造一样。我知道,这很困难而且很危险,因为人们在任何领域里都不像在政治领域里那样害怕真理,为它而进行报复,可是我仍然要把真理告诉给他们,哪怕是他们过后要把我投进火堆里烧死,就像烧死吉罗拉莫修士那样!"

"尼科洛先生,您如果能实现这个构想,那么您的发现所具有的意义就不亚于欧几里得的几何学或者阿基米德的力学研究。"言及此处,达·芬奇不由想起了自己三十年前完成人体内脏器官绘图本后,在书的空白处写下的一句话:"让至高无上的上帝帮助我研究人的本质、他的习惯和习性吧,就像我研究人体的内脏器官一样。"

以上对话如此精彩,马基雅维利和达·芬奇仿佛就在眼前,有血、有肉、有灵魂地复活了。感兴趣的朋友可以阅读原著,达·芬奇传记《诸神的复活：列奥纳多·达·芬奇》。毛姆也写过一本有关马基雅维利的书，叫《彼时此时：马基雅维利在伊莫拉》，史实清晰，细节的文学创作意味更浓郁，当故事听听也不错。

魔性与神性的交战：人性的永恒主题

公平地说，在马基雅维利创建的道德体系中，不是不讲道德，而是不讲具有无条件优先性的道德；不是不重视道德的地位与作用，而是拒绝将道德视为一切行动的前提。我们可以说马基雅维利将道德置于政治之下。善与恶等伦理命题其实并不在马基雅维利讨论的范围内，他只关心什么是现实政治目的，特别是维护政治稳定的最佳手段，也就是如何采取行动获得成功。"政治就是行动，而行动则是为了成功。"雷蒙·阿隆在为法文版《君主论》作序时指出，马基雅维利把这个道理说穿了。正因为如此，阿隆将马基雅维利视为"政治科学的创始人"。

然而，始终有一个问题萦绕不去，马基雅维利究竟为什么让人爱不起来呢？准确地说，他为什么遭人恨呢？我想还是在于其邪恶手段本身。我宁愿相信，任何依靠邪恶手段才能达到的美好的、善的目的，其本身就是可疑的。美好和善，永远是值得人们追求的目标，邪恶的手段永远是邪恶的、被唾弃的。

美剧《权力的游戏》是马基雅维利理论直观、劲爆的展现，血肉横飞、尔虞我诈，为攫取权力摒弃一切道德教条的一幕幕中世纪大戏相当精彩。故事中，与去道德化主线相抗衡的还有一条琼·斯诺捍卫传统正义、道德的平行线。两条主线的交织、缠斗，不正是数千年来人类外在抗争、内心挣扎、至今仍不分胜负的永恒主题吗？

弗里德里克·梅尼克写道："马基雅维利的学说，是一柄刺入西方人政治学躯体的利剑，使它哀号，使它和自己开战。"（梅尼克《近代史中的国家理由观》）照我看，这柄剑不只是刺入西方人政治学躯体，它刺入所有人类的躯体，搅动人类天性中的魔性和神性。也许我们要学会接受这样一个事实：魔性与神性将长期共存，在可预见的和不可预见的将来，这场战斗或将永远持续下去。

霍布斯与《利维坦》

并不是所有人都能幸运地生活在和平年代。托马斯·霍布斯（Thomas Hobbes，1588—1679），英国人，近代政治科学的奠基者，生逢乱世。人常说乱世出英才，但乱世中的英才是不幸的，霍布斯穷尽一生想要证明：人类最大的恐惧远非严酷的专制，而是社会的混乱，最坏的专制好过无政府状态的危害。

和平与秩序，霍布斯如此向往，他把这种渴望融入思想，形成体系，写进著作，成为大师。虽然

霍布斯与利维坦（AI 图）

他的理论并不被所有人接受，甚至被很多人厌恶，但无论如何，它无法被忽视。让我们首先走进他的时代，走进 16、17 世纪社会矛盾尖锐的、战争频发的英格兰。

英国宗教改革：由一桩离婚案引发

英国人 7 世纪就皈依了罗马天主教，但由于英国与欧洲大陆之间隔着英吉利海峡，罗马天主教廷鞭长莫及，影响有限。尽管英国

最高的教职坎特伯雷大主教是由罗马教廷任命的，但他们都是英国人，难免胳膊肘向内拐。16世纪马丁·路德在欧洲大陆掀起宗教改革风暴之时，英国人并没觉得有什么改革的必要，他们始终支持罗马天主教会，直到英王亨利八世动了离婚的心思。

亨利八世的原配皇后凯瑟琳，是西班牙公主，给他生了六个孩子，但只有一个女儿活了下来，就是后来的"血腥玛丽女王"。亨利八世四十多岁的时候，皇后已经无法再生育了，亨利渴望一个合法的儿子继承王位，他想离婚另娶。

按照天主教的规矩，一夫一妻，婚是不能随便离的，国王也不例外，因为婚约是在上帝面前缔结的。国王想离婚必须经过教皇同意，但是这事教皇不同意，因为凯瑟琳是当时欧洲势力最强大的神圣罗马帝国皇帝兼西班牙国王查理五世的姨妈，教皇指望查理五世帮忙平息路德烧起来的宗教改革大火，不敢得罪，只好对不住亨利八世了。

亨利八世也不是好惹的，他把教皇任命的枢机主教兼大法官处死，随后任命了一位支持他离婚的低级教士为坎特伯雷大主教，并在其主持下离了婚。教皇一怒之下，绝罚亨利八世，革除他的教籍。亨利八世一不做二不休，1534年推动国会颁布《至尊法案》，明确英格兰国王同时是英格兰教会（安立甘宗）的最高首脑。这意味着，英格兰教会不再听命于罗马教皇，英国就此成为一个新教国家。与此同时，法案还宣布没收教会财产，一些新兴的乡村贵族和地主趁机低价收购了大片教会土地，发展畜牧业和纺织业，英国最早的资产阶级正是在这样的背景下应运而生。

但是亨利八世的问题并没有就此解决，他的第二任皇后还是没能生下儿子，只生了一个女儿，就是后来的伊丽莎白一世。本着不生儿子不罢休的原则，亨利八世故技重施，先后迎娶了六位皇后，只得了一个儿子。亨利八世去世时,这个儿子只有十岁,也很快夭折。这都是命啊!强大如亨利八世,也无法与命运抗争。在命运的安排下,英格兰女王终于登上了历史舞台,尽管女王的历史功绩毫不逊色,但是当年女人当国王只是一个无奈的选择。

女王登场:每一个都不简单

英格兰的第一位女王是亨利八世的大女儿玛丽(Mary I,1516—1558)。玛丽记恨父亲抛弃母亲,上台后不久就开始清算,支持他父亲离婚的那些人和宗教改革派纷纷被送上断头台。一时间人头滚滚,血流成河,史称"血腥玛丽"(Bloody Mary)。现在有一款鸡尾酒就叫"血腥玛丽",红红的,番茄味道。玛丽是个坚定的天主教徒,拥有罗马教皇和神圣罗马帝国皇帝两个实力派大靠山。她意欲在英国恢复天主教信仰,但这事太难办,最大的阻力来自在"教产还俗"过程中低价收购了大量教会田产的新兴资产阶级,历史已无法倒退。没过几年,玛丽死去,没有子嗣。

英格兰的第二位女王是亨利八世的二女儿伊丽莎白,就是开创了英国资本主义成长黄金时代的伊丽莎白一世。她在位四十五年(1558—1603),沿着父亲开创的宗教改革道路前进,颁布了《三十九条教规》,巩固了安立甘宗的英国国教地位,还强调英格兰国王必须信奉安立甘宗,不得是天主教徒,这意味着"血腥玛丽"企图复辟天主教的事情再也不可能发生。当时英国社会政治动荡,宗教矛盾突出,伊丽莎白铁腕强悍、精明能干、大权独揽,各种势力都被她治得服服帖帖。在她的治下,资本主义迅猛发展,伟大人物纷纷涌现,托马斯·霍布斯就是其中之一,此外还有弗兰西斯·培根、莎士比亚、本·琼生等。伊丽莎白一世终身未嫁,没有子嗣。

斯图亚特王朝：国无一日宁

伊丽莎白执政晚期，英格兰各种矛盾愈演愈烈，不仅是天主教与安利甘宗之间，清教徒与国教会之间的矛盾也日趋白热化。伊丽莎白去世后，都铎王朝绝嗣，只能由近亲苏格兰斯图亚特王朝的詹姆斯国王兼任英格兰国王。詹姆斯原本是天主教徒，改信了安立甘宗后成为英王詹姆斯一世，但他骨子里仇恨新教，对清教徒采取了更为严厉的镇压措施。清教徒不堪迫害，远走北美新大陆就是在这一时期。本已尖锐的宗教矛盾进一步激化，进而转向政治矛盾，政治革命一触即发。詹姆斯一世死后，他的儿子查理一世执政期间，旨在推翻斯图亚特王朝的革命终于爆发，史称英国资产阶级革命，通常被视为西方近代史的开端。

1642 年，国会与国王开战，内战打响。

1645 年，国会派与清教徒联手成立的"新模范军"击败了国王的军队。

1649 年，建立共和国，成立护国政府，克伦威尔任"护国主"，查理一世被砍头。

1660 年，查理一世的儿子查理二世夺回政权，复辟了斯图亚特王朝。

1685 年，查理二世去世，他的弟弟詹姆斯二世继位，想恢复天主教，激起各方强烈反对。

1688 年，"光荣革命"推翻詹姆斯二世，英国建立起君主立宪政体。

这就是托马斯·霍布斯所处的国无一日宁的剧变时代。了解这个时代背景对我们理解这位思想家非常重要。和平与秩序，是他终生所求却不曾拥有的东西，"他政治著述的焦点是有必要建立一个可以确保和平与秩序的政府"(希尔贝克《西方哲学史》)。

霍布斯的《利维坦》：怪兽出没，请注意

1651年的英国，已不是王国，而是共和国。查理一世两年前被送上断头台，成为欧洲历史上第一位被公开处决的国王，比排名第二的路易十六早一百四十四年。此时英国的头号人物是"护国主"克伦威尔，他是内战中的国会军首领。内战爆发后，王室成员纷纷外逃，流亡法国等欧洲国家，笼络各方势力，伺机东山再起。跟随王室成员一起外逃的还有不少保王派，包括与王室过从甚密的托马斯·霍布斯。霍布斯流亡法国期间，成为后来复辟的英格兰国王查理二世的数学老师。

1651年，托马斯·霍布斯在法国巴黎出版了《利维坦》，倡导"绝对君权"，提出"君权民授"(而不是"君权神授")思想，标志着与此前的几乎所有政治见解的断裂，在欧洲思想界激起轩然大波。霍布斯1640年从英国逃到法国，1651年《利维坦》出版后他又从法国逃回英国，这次是因为流亡法国的保王派憎恨他提出的"君权民授"思想，法国教会也讨厌他书中的无神论倾向。

"利维坦"(Leviathan)，《圣经》(《约伯记》第四十一章)中的一头怪兽，类似巨鳄或巨蟒，身披鳞甲、满嘴尖牙、口鼻喷火、力大无穷、刀枪不入，是水域里的魔王。"贝希摩斯"(Behemoth)则是一种身形庞大、健壮有力的陆生动物，是陆地之王(《约伯记》第四十章)。

霍布斯的两本重要著作，一本名为《利维坦》，一本名为《贝希摩斯》(有关英国内战史)。为什么用两只神兽的名字来命名呢？霍布斯并没有明确地回答这个问题。按照英国历史学家保罗·西沃德(Paul Seaward)的解读，最可能的是霍布斯将"利维坦"和

《利维坦》初版封面

"贝希摩斯"视为一对"对立关系"。如果"利维坦"意味着强大的国家权力，那么"贝希摩斯"就是指同样强大的教会权威。霍布斯在回应英格兰教会批评时曾说：如果一名教士准备对《利维坦》进行回应，那将是"贝希摩斯对抗利维坦"。而马丁·路德更早地用"贝希摩斯"指代教皇及其支持者。西沃德的分析是有道理的，《利维坦》初版的封面就是个有力的佐证。

《利维坦》的初版封面很有冲击力，上方的巨人就是利维坦，左手执杖、右手持剑，作为一方国土上的绝对权威，守护着人民的安全。请仔细看，利维坦的身体由无数小人组成，这些小人就是国民个体。封面下方，世俗君权与宗教神权的标志左右相对，城堡、王冠、加农炮、步枪、长矛和军旗、交战的场景，对应教堂、主教冠冕、尖头的标记、辩论中的三段论和两难标志、宗教会议的场景。

《利维坦》讨论的重点并不是君权与神权的对立，而是更为重要的君权来源问题。在中世纪，"君权神授"毋庸置疑，但霍布斯告诉人们"君权民授"才是正解。他详细阐述了这个在当时可称为惊世骇俗并给他招致了极大麻烦的理论观点。

霍布斯和他的朋友们：往来无白丁

托马斯·霍布斯，1588年生于英格兰南部威尔特郡马尔梅斯堡镇（Malmesburg）。这年5月，伊丽莎白一世的海军迎战来袭的西班牙"无敌舰队"，把西班牙人打得落花流水，英国海军的威名由此确立。霍布斯的母亲听说西班牙人逼近，吓得早产，生下了霍布斯。霍布斯的父亲是当地的教区牧师，曾在墓地与同事斗殴，这在当时是绝对禁止的，被迫逃遁他乡，把小托马斯托付给弟弟，也就是托马斯的叔叔照料。

霍布斯在自传中说自己是双生子，孪生兄弟叫"恐惧"（fear），这显然是个比喻，他伴着母亲的恐惧降生，自己的一生也始终处于战乱的恐惧之中。恐惧，在他的《利维坦》中也扮演了核心角色，但恐惧究竟是指霍布斯的个人心理，还是指人的普遍心理，就说不好了。从他的著作中我们可以确信，他并不是个胆小的人，他善于表达，而且锋芒毕露，他个性上也许有点羞怯，但在知识层面上，他从不缺少自信。

1602年，霍布斯进入牛津大学莫德林学院（Magdalene Hall），

1608年毕业后留校当老师。后来在校长的推荐下成为名门望族卡文迪许家族的家庭教师。这是霍布斯书写辉煌人生的一个契机，他得以进入一流图书馆，并伴随贵族学生两次游历欧洲大陆。在法国，他与哲学家笛卡儿、数学家伽桑狄成了朋友，在意大利，他把科学家伽利略纳入自己的朋友圈，这些伟大的人物一相遇就碰撞出耀眼的火花。

伽利略使霍布斯对物理学产生了极大的兴趣，对运动的一些新概念非常着迷。霍布斯认同伽利略的机械物理学理论，并把机械论延伸到国家的运作，甚至是人的生命运动中。《利维坦》开篇，霍布斯令人耳目一新地提出，生命是某种机械运动："心脏是发条，神经是游丝，关节是齿轮"。国家也差不多："主权是人造的灵魂，行政人员是人造关节，法律是人造的理智，赏罚是神经，个人资产和财富的集合是实力，动乱是疾病，内战是死亡。"

笛卡儿将数学的形式证明用于人类思维，霍布斯受其启发，也开始思考运用数学解释人类的思想与行为。他给"感觉""想象""欲望""权力""法律"等下定义，通过定义之间的加加减减，推导出新的定义或答案。这就是他研究社会问题的方法。比如，我们观察一个"物体"，这个物体可以"自主运动"，我们说那是一个"动物"，即"物体 + 自主运动 = 动物"。我们发现，这个物体除了自主运动之外，还可以"理性思维"，我们说这是一个"人"，即"物体 + 自主运动 + 理性思维 = 人"。对于一个理性主义者，难道还有比从公式中推导出来的结论更具有说服力的吗？

哲学家弗兰西斯·培根与霍布斯的关系更为密切。霍布斯曾给培根做过五年秘书，深受其经验主义方法论的影响。培根认为思辨要从归纳观察开始，而不能假设无法观察的事物的存在。他提出了一套方法论，也就是"归纳法"，与亚里士多德的"演绎法"恰好

托马斯·霍布斯,约翰·马歇尔·怀特作品

相反,这对早期的霍布斯产生了深刻影响。

霍布斯是个思维敏锐、特立独行的思想者。他褐色的眼睛异常明亮,眼神清澈而有生气。认真谈话时,眼睛闪闪发光,好像火焰在燃烧;笑起来时,眼睛隐没在笑容里,睿智而幽默;讨论问题时,很严肃,圆睁双眼。他身高六英尺,约一米八三,在当时是很高的。他饱读诗书,他的思想要比他的阅读更丰富。他常说:"如果和别人读的书一样多,就不要指望比别人知道的更多。"(《霍布斯传》)

霍布斯的成就很难被归入某一门学科,他不仅是数学家,也是社会学家和政治学家,还在光学领域做出过突出贡献。他最大的成就是《利维坦》,有人说,如果没有霍布斯的《利维坦》,就不会有洛克的《政府论》,也不会有卢梭的《社会契约论》,而他的唯物主义倾向也作为一份重要遗产传给了后来的启蒙思想家，并得以发扬光大。霍布斯理论上的成就已经超越了《君主论》的作者马基雅维利，达到了一个新的高度。

霍布斯的突破与挑战：具有革命性

霍布斯和马基雅维利一样，是现代国家的伟大建构者，他比马基雅维利更具现代性。马基雅维利讨论的是君主，霍布斯讨论的是君权，强调君权来自人民的契约；马基雅维利主要是基于个人经验分析问题，而霍布斯研究问题的方法更科学，分析更透彻；马基雅维利重视武力，霍布斯重视法律。换言之，相对于马基雅维利，霍布斯为现代国家提供了一个更为精确的秩序框架。他们都意识到了自己是时代的革命者。马基雅维利在《君主论》第十五章中说，他是第一个去审视事物真相的人；霍布斯也确信，自己与伽利略和培根等一样，是早期科学革命的创立者，是亚里士多德经典的自然科学和政治科学的革命者。

亚里士多德主张万物都是有目的的，都朝向自己的目的运动，而终极目的是善（good）。霍布斯主张人类最主要的行为动机不是善，而是免除恐惧的渴望。他批判亚里士多德"人天生是政治动物"的观点，认为人类进入社会不是为了自我完善，而是逃离死亡的恐惧。对霍布斯来说，政治的选择题不是"好"与"坏"，而是"生"与"死"。和马基雅维利一样，霍布斯认为政治斗争非生即死，这是对亚里士多德政治理论的根本性挑战。

霍布斯还把英国内战归咎于亚里士多德的影响。亚里士多德主张人天生是政治动物，只有在社会和城邦中才能实现自我，这一思想备受当时英国共和派的推崇。共和派宣称，由于我们要完善自我，在政治生活中，我们要用自己制定的法律来统治自己，而不是听命于君主。霍布斯将这种人民自我统治的愿望,视为内战的原因。霍布斯主张,人民与其直接参与政治统治,不如从政治中抽离出来,服从于某个权威,他称之为"君主"。他在《利维坦》开篇指出,由国民整体构成的"利维坦",是艺术,是"人造的人",远比自然人更强大,是以保护自然人为目的的。他所说的君主,可以是一个人或是某个集体。

紧接着,在《利维坦》中霍布斯向我们说明了一个非常重要的问题,即权力的来源,也就是权力的合法性问题。在思考创建国家时,这是个绕不开的问题。如今这个问题仍然困扰着阿富汗、几内亚等国家,那里的人们正在苦苦寻觅合法权力。想要帮助他们,除了空投食物和水,或许还需要空投一些《利维坦》。是什么让权力合法化,并获得人们的认可呢?霍布斯讲了一个故事,一个"自然状态"下人与人之间关系的故事。

霍布斯的自然状态:不安的梦魇

自然状态,在霍布斯眼中,并不是陶渊明的那份悠然,也不是伊甸园的那种美好,而是一种冲突和战争的状态。霍布斯为自然状态定义了三个特征。

第一,平等。每个人在能力上都相对平等,包括体力和智力。这是一种不安全的平等,体力上即使最弱小的人运用密谋或与他人联盟,也有可能杀死最强壮的人;智力上的差别就更小了。在没有权威约束的情况下,每个人的生命都同样危险,每个人都会感到恐惧。

第二,竞争。因为能力相对平等,资源相对有限,就会产生竞争。由于没有统一的权威和可遵循的准则,每个人都是以自我为中心,为了确保自己利益的最大化,不惜使用任何手段牺牲其他人的利益，于是侵占或攻击不可避免，战争随时可能爆发。

第三，荣誉。人类天生追求荣誉。每个人的内心都渴望得到同伴的认可，或是让那些反对他的人感到畏惧。追求荣誉是自然状态下引发痛苦的另一个重要原因。

没有政府和法律的"自然状态"充满恐惧，人与人彼此虎视眈眈，不知对方下一步会干什么。关于自然状态，霍布斯有一句常被后人引用的名言："人们不断地处于暴力、死亡的恐惧和危险之中，生命是孤独的、贫穷的、肮脏的、残忍的、短暂的。"（《利维坦》第十三章）也许生命短暂在自然状态中是值得庆幸的。

霍布斯的人性论：人性恶

霍布斯把自然状态的恐怖归因于人的本性，也就是"人性恶"。这决定了人们无法自然地团结在一起，构建和平、和谐和友爱。人性难道会比狼性更恶？我们不禁产生疑问。毕竟狼群也会协作捕猎，分食战利品，照顾老弱病残。狼在自然状态中，并没有出现个体对个体的攻击。和狼群一样，自然界有许多物种是群居的，如蚂蚁、蜜蜂、企鹅，脱离了群体的个体很难生存。任何物种若处于霍布斯构想的个体之间持续战争的自然状态，恐怕都无法长久地繁衍生息。

基于霍布斯对人性的判断，他认为，和平只有通过理性，通过他所创造的"人造的人"才有可能实现。也许"理性"才是霍布斯的重点，他想说的是，虽然人的本性会把我们引向自然状态，但是理性会指引我们走出困境。霍布斯的这一观点与亚里士多德"人天生是政治动物"的主张截然相反。那么，霍布斯需要进一步给出理由说服我们：为什么我们要相信你的故事，而不是亚里士多德的故事？霍布斯回答说，如果你不相信，就请想一想自己经常做的事情吧：外出时锁好门，睡觉时关好窗，夜晚结伴出行，钟点工来打扫时锁好贵重物品。你在做这些事的时候，分明知道有法律和警察，但你还是会采取自我保护措施。这是有一定说服力的，至少霍布斯列举的案例如今仍在上演。霍布斯想提醒人们，不信任他人并保持戒备是人性的本来面目。

在霍布斯的自然状态下，每一个人都感受到来自他人的压力，并努力承受和对抗这种压力。这种压力启发了弗洛伊德的文明理论，即文明来源于对欲望的压制，而非满足。如果我们想要的一切都能够立刻得到满足，就不会有文明。人类创造的伟大艺术成就、科学成就，都源自内心的欲望表达，源自对痛苦的承受。霍布斯的自然状态，就是人性中的焦虑和恐惧，是人与人之间的不信任和戒备，是骨子里的不安全感。恐惧，是最重要的，是基础，它指向和平，指引我们走进有秩序的文明社会。不得不承认，霍布斯看透了一部分人性的真相。他是如何做到的呢？

霍布斯的个人主义：一个思想实验

如同伽利略可以从宇宙的物质运动中归纳出定律一样，霍布斯也希望发现构筑人类共同体的基本法则。霍布斯做了一个思想实验：把国家、社会、组织、家庭拆分成最基本的单位，也就是一个个抽象的生理上独立的人类个体，就像剥洋葱那样，一层层剥下去，然后抛开一切社会关系和政治关系，抛开一切传统和习俗，把这些抽象的个体置于试管中，置于显微镜下，观察他们如何与他人互动。

值得注意的是，单一的个体的人在霍布斯之前的历史中（至少17世纪前）并不存在，人通常隶属于某个群体，是家庭成员、团体成员、社会成员、城邦成员等。直到19世纪，我们现在视之为理所当然的"个体的人"的概念才被普遍地理解和接受。托克维尔指出:"个人主义作为一种新的观念,一个创造出来的新词,可以追溯到霍布斯。"(《论美国民主》)

霍布斯的个人主义最突出的特点是强调了"人生而平等"。柏拉图理想国中的人是有明显的等级划分的,统治者是用金子创造的,管理者是用银子,生产者是用铁和铜。即使两千年后,在《利维坦》出版的1651年,英国的贵族与奴隶主们也无法认同霍布斯"人生而平等"的主张。霍布斯声称,无论体力,还是智力,人和人之间的差距可以忽略不计,或可通过其他方式弥补。"人生而平等",听起来很美好,但紧接着,霍布斯提出了一个极具争议的观点:平等导致的是永无休止的人与人之间的战争。平等,在霍布斯看来,是社会冲突的产生缘由,而不是化解之道。这个非凡的理论后来被尼采进一步挖掘阐述。

霍布斯的个人主义还在于"自由选择"。我们渴求某物,但又恐惧无法得到,因此我们在渴求与恐惧之间寻求妥协的平衡点,由此产生的自主行为,我们称之为自由选择。做选择的时候,人们会仔细衡量利弊,比如你喜欢一个女孩,想对她说"一起去看流星雨好吗?"这个邀约是有风险的,因为她可能回答"不好"。你害怕被拒绝,所以选择不开口,你就永远只是在心里喜欢她。你还有另一个选择,发出你的邀请,如果第一次的回答是不,那就尝试第二次、第三次,三次不行再选择放弃。这就是自由选择。霍布斯说我们可以自由选择。

霍布斯的个人主义还包括"渴求权力"。霍布斯认为,人的本性中包含着对权力的渴望,这是人类的一个共同倾向,即寻求对他人的影响力。他认为这种倾向并不是邪恶的,而是生存的必需。生存需要我们尽可能多地影响他人,我们不得不追求权力。这一至关重要的理念启蒙了后世的尼采和马克斯·韦伯。

一个把自私的、理性的行动者当作基本单位的社会构建理论模型，超越了霍布斯所处的时代，指向未来，成为新兴的自由主义传统中的政治理论和经济理论模式的先驱。霍布斯因此成为个人主义的代言人。

但很快我们会发现，霍布斯的理论中存在悖论。一方面他建立起一种与专制主义相对立的自由，另一方面他是专制主义的坚定捍卫者。希尔贝克先生这样解释这个问题："社会的原子化和严格的政治干预是可以并行不悖的；当人民之间不是由社会纽带连接起来的时候，使用暴力以防止无政府状态可能是必不可少的。"（希尔贝克《西方哲学史》）

霍布斯的契约论：有待完善

自然状态是一种充满恐惧的状态，如何摆脱恐惧，走进文明，过上安稳的生活呢？霍布斯认为，人们需要协同一致采取理性行动。每个人都自愿放弃一部分自然权利，将其交给一个核心权威，由这个权威来制定法律，并严惩违法者。这个权威并非来自上帝，而是来自人民。它可以是一个人，也可以是一个集体，帮助人们摆脱战争和恐惧，迈向和平与文明。

他拟了一个长长的摆脱自然状态的基本法则清单，可以归纳为三个要点。

第一，人的本性是自我保存、趋利避害，因此我们不能做伤害自己的事情。与此同时，我们也应该考虑到他人，己所不欲勿施于人。这话孔子两千多年前说过，被弟子们记录在《论语》中。类似的表达两百多年后又出现在伊曼努尔·康德的绝对命令理论中。

第二，我们放弃自己的权利，将其让渡给他人。这种权利的让渡中存在互利关系，放弃一些权利，获得一些利益，比如获得保护和安全。这就是订立契约。

第三，我们必须遵守我们订立的契约。

"我承认这个人或这个集体，并放弃我管理自己的权利，把它授与这个人或这个集体，但条件是你也把自己的权利拿出来授与他，并以同样的方式承认他的一切行为。"一个伟大的利维坦，也就是一个国家，诞生了："这就是伟大的利维坦，世俗的上帝，它赐给我们和平的生活，让我们自我保全。"（《利维坦》第十七章）

自然状态意味着战争，战争意味着不可能发展工业、文化、航海、建筑、艺术等，因为它们都是和平的成果。想想霍布斯所经历的可怕的战争和动乱，我们就理解了为什么他如此痛恨战争，将和平视为最高价值。他曾痛心地写道："最糟糕的是人们不断处于暴力、死亡的恐惧和危险中。"

与后来的洛克和卢梭的社会契约论相比，霍布斯的理论并不完善，比如以下三方面：

第一，君主被赋予了绝对权力。君主不是协议的签订方，因此他不存在毁约的可能，也没有履行契约的义务。这是霍布斯契约论最大的问题。

第二，即使出于恐惧在胁迫下加入契约，人们也有义务遵守。这明显不符合现代法律缔约自愿的原则。

第三，先订立的契约效力高于后订立的契约。照此就不可能离婚了，因为一旦结婚就是与对方订立了契约，没有新的契约可以高于前者。

霍布斯的主权理论：君主像个 CEO

霍布斯的契约论中最大的问题是统治者拥有绝对权力，对人民实施专制统治。君主并没有参与订立契约，契约对他也就没有约束力。人们是自愿地通过契约把权利转让给他，所以他就成为一个拥有绝对权力的君主。在理论上，他有权为所欲为，甚至可以剥夺人们的财产和生命，虽然他不应该这么干。此外，霍布斯还赋予君主全权审查出版和言论的权力，由君主决定哪些言论是有害的，哪些观点是可以向人民表达的。

人们为什么要接受这样一个君主呢？在霍布斯看来，摆在世人面前的是一个两难的选择：一边是无所不在的、目标不明的普遍恐惧；另一边是对象明确、拥有绝对权力的君主。两害相权取其轻，霍布斯选择了后者，哪怕它是"利维坦"，一个怪兽。霍布斯的选择不难理解，恐怖片中最令人恐惧的通常是无法摆脱的恐惧感，而不是某个具体的怪兽。恐惧感是潜藏的怪兽，它随时随地都可能出现，它让你无时无刻不处于恐惧之中，而具体的怪兽，带给人的恐惧无论如何都无法与前者相比。

霍布斯选择了拥有绝对权力的君主，那么，它与国家和人民之间的关系又是如何定位的呢？法王路易十四曾说：我即国家，国家即我（I am the state. The state am I.）。他把国家看作君主的私有财产。中国的历代皇帝跟路易十四的思路基本一致："普天之下莫非王土，率土之滨莫非王臣。"霍布斯构建的君主则完全不同。尽管霍布斯推崇专制主义和绝对君权，认为君主应当拥有绝对的和无限的权力，但在他看来，国家并不是君主的私有财产，他只是由人民任命并授权，来保卫人民的安全，保卫来之不易的和平。

这样的君主与如今的公司首席执行官（CEO）的义务和特征类似，是一个公司授权的管理者，而不是公司的拥有者。不少现代企业的CEO也有集权特征，优点是行政效率高，以个人权威迅速化解矛盾，解决问题；缺点是公司的成败很大程度上依赖于CEO个人的领导能力。

霍布斯专制主义的困境：监督和制衡的缺失

霍布斯的理论重点在于和平与秩序，虽然他意识到了统治者可能会滥用绝对权力，但他认为没有更好的办法来获得和平。霍布斯的这一主张令人生疑，尤其令人担忧的是他并没有给出任何限制或制衡绝对君权的办法，这就给君权侵害人民的利益预留了空间。后世思想家们集中火力对此猛烈抨击，洛克尖锐地发问："人会愚蠢到小心避开臭鼬和狐狸可能的伤害，却认为被狮子吃掉是安全的吗？"霍布斯会毫不犹豫地反驳：不，恰恰相反，人们正是为了不被狮子吃掉，才不得不面对臭鼬和狐狸。

问题的根源在于究竟什么才是人类最大的威胁，是无序与战争，还是专制统治？也许问题还可以上溯到霍布斯对人性的看法，人性的恶劣程度是否只能依靠一个绝对权威才能阻止他们相互残杀？如果霍布斯的基本判断是错的，或是过激的，那么一个专制政府的需求就变得不那么迫切了。即便人们为了和平，让渡权利给一个最高统治者，这个最高统治者的权力一定可以是无限的吗？监督和制衡这一权力如何可能？霍布斯把这些问题留给了后世思想者。

霍布斯的专制主义被后世摒弃，准确地说，后世思想者们对其进行了扬弃，他的社会契约概念成为养分被吸收，绝对君权被修正。洛克考虑了统治者权力滥用的问题，而孟德斯鸠则明确了权力的监督与制衡，最终成为现代西方国家立法的基础。

霍布斯的唯物主义倾向：一个隐形的无神论者

霍布斯的唯物主义倾向在中世纪很可能意味着被绑上火刑架，但他仍然白纸黑字在书中写道："宇宙，也就是所有事物的集合体，是物质性的。物体具有广延，占据一定的长宽高位置空间。物体的任何一部分也是物体，同样具有广延。因此宇宙的任何一部分都是物体，非物体不可能成为宇宙的组成部分。由于宇宙即是大全，因此在其之外就无物可言，也就无空间可言。"(《论物体》)

基于此，他认为哲学和神学中的"非物质实体"概念是自我矛盾的，毫无意义可言。当人们请他明确地说出对"上帝"到底怎么看，他拒绝回答，只是说，讨论上帝及其属性已经远超任何人的能力。有人认为，这是一个隐形的无神论者在狡辩。其实霍布斯认为，"上帝"不过是一种道听途说的名词罢了，如同一个盲人坐在火边感到温暖，并听人说这是火的缘故，于是得到了有关火的概念，但事实上，他对火的颜色、形状、变化等一无所知。人们对上帝也如同盲人对火一样，没有清晰的认知。

在提出物质宇宙的观点之后，霍布斯进一步把人类的运动、国家的运作，甚至精神层面的心理活动（大脑内部的物质运动）都看成是物质的机械运动，像钟表和机器一样。他只专注于描述机械的功能和运行，并不解释世界的终极原因和目的。这种对运动的理解，成为17世纪西方人关于运动的基本看法，后来牛顿的经典力学观也是如此。希尔贝克先生指出，在霍布斯看来，"我们不必知道谁制造了钟表，为什么要制造这块表，以及造这块表的目的是什么。理解这块表，只需要理解各部件是如何连接运作的即可"（希尔贝克《西方哲学史》）。

霍布斯的这种认识尽管具有片面性，却把以往哲学家们苦心思考的"第一推动力""终极目的"等一切经院哲学中晦涩的、形而上学的东西摒弃在自然和社会的运作之外，使哲学与神学彻底割裂开来，他因此被认定为哲学史上第一个正统的唯物主义者。

在《利维坦》中，神的权威同样让位于理性，完成了从"君权神授"到"君权民授"的历史性变革,第一次明确地把君权的依据从上帝手中转到了订立契约的人民手中。至此,近代政治哲学的理论框架初具雏形。

尽管拥有绝对权力,但霍布斯构想的君主权力来自人民,用以保护人民的安全。这其中暗藏了一种可能性,如果君主无法保障人民安全,就像查理一世那样,人民就有权推翻他,转而投靠一个更为贤明的君主。

霍布斯的无神论倾向,在那个以有神论为基调的大背景下,显得格格不入,为他招来了很大的麻烦。1666年,伦敦发生了一场火灾,造成约三千人死亡。英国国会调查过这样一种可能性:大火来自上帝的报复,针对的就是霍布斯对神的大不敬。他居然认为灵魂不存在,他一定是一个无神论者,他的书必须被烧掉,如果能把他本人烧掉那就更好了。

好在他本人并没有被烧掉,国王查理二世大概还念一点师生情分,霍布斯就此远离政治。晚年,他的兴趣转向历史和文学,八十四岁时用拉丁文韵文写了一部自传,八十七岁高龄时将《荷马史诗》译成英文。霍布斯最终活到九十一岁,1679年去世。

霍布斯从没有对自己的理论有丝毫的动摇,他认为自己在《利维坦》中所开创的有关国家起源的理论可与尼古拉·哥白尼开创的天文学、威廉·哈维开创的人体学、伽利略开创的物理学相媲美,具有科学史上的里程碑意义。他的自诩并不为过,《利维坦》系统论述的社会契约思想、君权民授理论奠定了西方近代政治学的基础。

霍布斯希望《利维坦》能被人们接受,特别是君主。他在推荐《利维坦》的一篇文章中写道:"希望总有一天君主有机会看到这本简短易懂的书,并仔细斟酌其中蕴含的思想。"其实他的书篇幅很长,初版两卷本,每本都有五百多页,而且晦涩难懂。他意识到很难找到真正读懂并欣赏他著作的人:"我所做的这一切都将是无用功,就像柏拉图要建立理想国一样。"但他始终期待有人能够将书中的真理转化为实践。

霍布斯的理论并没有被当时的英国王室接受,因为他限制了他们太多的权力;他也因赋予君主太多的权力而不被新兴的资产阶级接受;教会更不会接受一个无神论者。最终的结果就是没人喜欢他,但就算没人喜欢,也没人能够否定他的理论的开创性和重要性。

弗兰西斯·培根：知识就是力量

"知识就是力量"，上中学时，学校走廊的墙壁上就悬挂着这句名言，落款"培根"。"知识就是力量"，大约是世界范围内出现概率最高的一句校园名言语录，激励无数学子为获取知识而奋发。

两位培根：一脉相承

培根（Bacon），是个能唤起食欲的姓氏，英文是"熏猪肉"的意思，培根的祖先会不会是做熏猪肉的呢？不确定，有这种可能性，可以确认的是，培根家族并没有世世代代以熏猪肉为生，后

弗兰西斯·培根：知识就是力量（AI图）

代中出了大思想家，还不止一位，有本文男主弗兰西斯·培根（Francis Bacon，1561—1626），以及本书《奥卡姆的威廉篇》中提到过的方济各修会"三杰"之一的罗吉尔·培根（Roger Bacon，1214—1293）。两位培根都是英国人，他们的思想主张也很相似。

早在13世纪的英国，罗吉尔·培根就大力倡导科学实验。关于彩虹，亚里士多德认为那是太阳和星星之间的垂直线，塞涅卡称之为"神的笛杖"。罗吉尔·培根不敢苟同前辈们的诗意幻想，他需要更可靠、更有说服力的解释。他用晶体做实验，折射出七色光，于是得出了与前辈不同的结论：彩虹是水汽反射太阳光形成的自然现象，这已经基本揭示了事实。他还认为，人类通过实验，能够掌握制造彩虹的方法。这种标新立异，在中世纪背景下，可不会为天才的罗吉尔迎来赞誉，反而招来了牢狱之灾。罗吉尔·培根是个不幸的天才，他的不幸在于他有着远超他所处时代的思想，比同时代人更早地认识到实验的重要性和科学的价值。两百年后，他得到了应有的声誉，在15世纪成为母校牛津大学的骄傲。

三百年多后，弗兰西斯·培根将罗吉尔·培根的经验主义思想发扬光大，并创立了经验论，成为近代哲学经验论的开山鼻祖。马克思称其为"英国唯物主义和整个现代实验科学的真正始祖"，罗素说他是"近代哲学归纳法的创始人和对科学程序进行逻辑组织的先行者"。

弗兰西斯·培根（Francis Bacon，1561—1626），出身英国贵族家庭，父亲是伊丽莎白一世的掌玺大臣。他从小接受良好教育，十二岁进入剑桥大学三一学院，十五岁毕业后到英国驻法国使馆工作，后来回到英国学习法律，获得了律师资格。二十三岁跻身政界，成为议员，做了艾塞克斯伯爵的顾问。此后出任过总检察长，跟父亲一样做过掌玺大臣，五十七岁出任英格兰大法官，两年后获封圣奥本子爵。

就在一切顺风顺水的事业巅峰之时，培根被牵连进一桩受贿案。据罗素分析，这并不代表培根品行不端，他更大程度上是党争风波和政敌攻击的受害者。但培根因此被剥夺了大法官职务，被判入狱，仕途就此终结。出狱后，培根远离政治，不再为国王服务，转而为真理服务。他埋头科学实验，撰写哲学著作。他发现人类的思想世界一片混乱，需要建构一个新的求知体系。他全情投入工作，在一次冷冻实验中受了风寒不治身亡，终年六十五岁。

"知识就是力量"是培根最有力的呐喊，也是近代科学理性冲破宗教蒙昧的第一声呐喊。培根主张摒弃繁琐无用的神学证明，强调真正的知识应该从事实经验出发。哲学的目的就是要获得关于自然的知识。只有首先认识自然，才能有效地改造自然、利用自然，为人类谋福利。这就是"知识就是力量"的内涵。

弗兰西斯·培根敲响了召集智者的大钟，一种"解放的感觉……新的命运，在培根思想的触动下，在那一代人中跳动着"，整个欧洲都响应他关于"扩大人类思想帝国边疆"的呼吁。培根的脑海中常浮现这样一幅图景：一艘船穿过海格力斯之柱，驶入未知的海洋。柱上镌刻着他最喜欢的格言——勇往直前，海阔天空！
（威尔·杜兰特《哲学家》）

经验论 vs 唯理论：都将获得真知视为最高目标

每个时代的哲学家都以追求真理性的知识为己任，只是向度各有不同。古希腊哲学主要向外，面向客观世界，追寻世界的本原；中世纪哲学向内，聚焦人的主观精神和生存状态；近代哲学关注的既不是纯粹的客观世界，也不是纯粹的主观世界，而是两者之间的关系问题，也就是主体与客体、思维与存在的关系问题。如果说古希腊哲学是一种本体论，中世纪哲学是一种生存论，近代哲学就是一种认识论。

经验论和唯理论，是16至18世纪近代西方哲学的两大流派。经验论在英国发展，唯理论在欧洲大陆传承。它们几乎同时产生，既相互依存，又针锋相对，最终都陷入了不同的理论困境。然而它们都将获得真理性的知识视为最高目标，都是对中世纪经院哲学的反叛和超越。

中世纪晚期，已经有一些哲学家在考虑如何理解和支配自然，这对于他们是件棘手的事情，因为现代人理解自然的数理化知识是两百年后才建立起来的，中世纪的人们对自然的探索和利用还停留在炼金术和长生不老药的小儿科阶段。要从信仰氛围浓郁的文化环境中走出来，需要借助某种与信仰相反的力量，这就是怀疑。

怀疑，是近代西方哲学的重要工具，首先要用它摧毁旧的形而上学，才能重建新的知识论大厦，正所谓不破不立。无论是以培根为代表的英国"经验论"，还是以笛卡儿为先导的欧洲大陆"唯理论"，都举起了"怀疑"这把铁榔头，一锤锤砸向经院哲学的铜墙铁壁，砸开了一个大豁口。

在对形而上学的经院哲学进行怀疑之后，经验论和唯理论都转向了"经验"，以经验为基础寻求新的哲学出发点。不同之处在于，培根的经验论从外在的感觉经验出发，通过人的感官来感受客观存在的具体事物；而笛卡儿的唯理论则从内在的经验出发，进行自我反省，对内在的心理活动、情感、欲望等进行反省。

这两大学派以怀疑和经验为基础各自建立起哲学体系后，很快分道扬镳。经验论，走上了运用归纳法获得真知的道路。通过观察自然现象，整理实验数据，归纳总结出一般性的规律。归纳法是从个别到一般的方法。唯理论，走上了运用演绎法获得真知的道路。

牛津大学自然历史博物馆中的罗吉尔·培根像

与归纳法刚好相反，演绎法从一般的原理出发，通过逻辑推理，得出具体的结论。演绎法是从一般到个别的方法。

经验论在英国崛起与英国的地理位置有关。作为岛国，英国远离欧洲大陆，受经院哲学传统的影响较小。欧洲大陆的人们热衷于形而上学之时，英国人已经在经验领域有所作为，弗兰西斯·培根继承前辈英国经验主义的衣钵，确立了通过经验获得真知的认识论路线，后继的英国哲学家和科学家们大都沿着这条路走下去。唯理论肇始于欧洲大陆，那里的哲学家们从经院哲学的土壤中成长起来，喜欢建立庞大的哲学体系，习惯于从抽象的原理出发，进行演绎推理。这导致他们走上了一条与英国人相反的求知道路。

归纳法 vs 演绎法：都陷入无法克服的理论困境

英国的经验论强调归纳，欧洲大陆的唯理论强调演绎，但他们有着共同的哲学追求，都将获得真理性的知识视为最高目标。真理性的知识需要具备两个条件：第一，具有普遍性，放之四海皆准；第二，具有开放性，可以不断拓展更新。经验论和唯理论的哲学家们沿着各自的道路向前走，最终都发现陷入到了无法克服的理论困境之中，无法让自己追求到的知识同时具备以上两个条件。

经验论从感觉经验出发，这一出发点是毋庸置疑。一只乌鸦停在树上，它是黑色的，这是所有感官正常的人都认可的事实。通过观察人们发现，第二只、第三只……第一百只乌鸦都是黑色的，于是运用归纳法人们得出结论：乌鸦是黑色的。这其中的问题在于，我们并不确定第一百零一只乌鸦是否是黑色的。也许经验论者观察了更多只乌鸦，一千、一万、一百万、一千万……但是，无论如何庞大的观察数据 n 显示乌鸦是黑色的，在理论和逻辑上，n+1 也有可能不是黑色的。事实上，白乌鸦跟黑天鹅一样，很罕见，但的确存在。

归纳法得出的结论不具备真理性知识的第一个要求，普遍必然性。这就是经验论归纳法遭遇到的理论困境，因为经验是有限的，人的观察是有限的，无法穷尽所有。但经验论运用的归纳方法可以不断扩展和更新知识内容。

唯理论从公理出发，通过演绎推理，建立起自己的知识论体系。公理本身被认定为不证自明的天赋观念，是最普遍、最抽象的原理，如几何学的基本命题。那么，以确凿无疑的公理出发，通过确凿无疑的逻辑演绎，得出的结论也一定是确凿无疑的。比如亚里士多德经典的三段论：大前提，人都会死；小前提，苏格拉底是人；结论，苏格拉底会死。只要前提是正确的，唯理论通过演绎法获得的知识必然是正确的，是具有普遍性的。然而，问题恰恰在于，如何确定唯理论的前提本身是正确的。唯理论者们回答说，那些前提是天赋的，是不证自明的。这一说法有强词夺理之嫌，比如：大前提，地球是宇宙的中心，任何星球都围绕地球转；小前提，太阳是宇宙中的星球；结论，太阳围绕地球转。这就是一个典型的由于前提错误，引发的结论错误。在地心说时代，地球是宇宙的中心被当作公理，不证自明。

唯理论还隐含着另一个难题，通过演绎建立起来的知识体系无法更新拓展出新的内容，因为结论已经包含在了前提之中，无法拓展和更新。也就是说，唯理论获得的知识不具备真理性知识的第二个要求，开放性。

可见，经验论的起点没问题，但通过归纳法得出的结论不具备普遍必然性；唯理论的推演方法没问题，可以得出普遍必然的结论，但却建立在可疑的独断论起点之上，而且无法获得新的知识。

《新工具》：归纳—演绎

《新工具》是弗兰西斯·培根最重要的哲学著作，出版于1620年，表面上看针对的是亚里士多德的《工具篇》，而事实上，他认为以前的理论研究方法和基础都是错误的，自然无法获得有效的结论。尽管这种态度过于独断，但他的确开启了人类文明史上的一场雄心勃勃的伟大事业。培根强调必须重新开始，用一种新工具来研究和探索事物，发现真理。

其实，跟亚里士多德一样，培根也重视理性。作为经验论的创始人，培根提出一切知识来源于感觉经验，但他并不否认理性在获得真知过程中的重要性。他批判单纯依靠感觉经验的实验家和单纯依靠推理的推论家："实验家如蚂蚁，只会采集和使用；推论家如蜘蛛，用自己的身体来编织蜘蛛网。"他推崇经验与理性的结合，获得实验资料后，还要运用理性对其进行加工和分析，以揭示规律性的知识："蜜蜂采用折中之道：在田中庭院里采集鲜花原料，用自身力量来改变和消化所采集的材料。"

如何像蜜蜂那样,将经验与理性结合起来运用,获得新的知识呢?培根为我们提供了不同于单纯归纳法,也不同于单纯演绎法的"归纳—演绎法"。简言之,从经验出发观察客观世界,归纳获得的经验知识形成假说,再从这个假说出发演绎出某个命题,再通过观察进一步检验这个命题,最终获得一个开放性的结论。

归纳法:观察→归纳→结论。

演绎法:公理→演绎→结论。

归纳—演绎法:观察→归纳→假说→演绎→命题→观察验证→开放性的结论……

"归纳—演绎法"获得的结论是开放性的,研究过程可以是一个无止境的螺旋。它有可能在未来的观察中被证实,也可能被证伪。如果眼下仍没有被证伪,我们就接受它的正确性,直至相反的证据出现;如果被证伪,那就抛弃它或完善它。若要完善它,则又可以开启新一轮归纳—演绎法的探索。就这样,向真理性的知识步步靠近。通过"归纳—演绎法",弗兰西斯·培根天才地将理论和实践结合在了一起。运用这种动态的求知方法,人们获得了新的知识,不仅有效地帮助人类改善生活,还描绘出了一幅积极进步的历史发展图景。

除了《新工具》,培根还有一本书名叫《新大西岛》,可谓当时的科幻小说,描绘了借助新工具,人类将要生活于其中的新社会,里面的很多大胆设想早已成为现实,如植物的嫁接、高倍望远镜、精密显微镜、水下航行的船只、远程攻击性武器等。培根的新大西岛不同于柏拉图的理想国,他设想的新社会中的人们运用自然科学发展技术,支配自然,创造美好生活。新大西岛颠覆了人只能在来生获得拯救的信仰核心。要改变人的生存状态,获得好的生活,不在来世，而就是在此生。历史的核心不再是神的恩典拯救，而是人的自我救赎。

四幻象学说：直指迷信与偏见

创造美好生活，需要人类自己努力追求，发现真知，运用真知。培根坚持认为，只要使用正确方法，每个人都能发现真知。也就是说，探求真知不再专属于某个天才群体，如哲学家、科学家。这个主张成为科学平等主义的基本立场，为未来人类寻求政治平等开辟了道路。不仅指引方向，培根还给出了具体而有针对性的行动方案，首先要破除人性中的各种迷信和偏见。他发现："迷信和神学的混合物对哲学的腐化……流毒甚广，危害巨大。"正是各种迷信和偏见搅乱了人们的心灵，阻碍人们获得真知。他将其归纳为"四幻象"，分别是："部族幻象""洞穴幻象""市场幻象""剧场幻象"。

"部族幻象"，植根于人类本性之中，植根于人类部族或种族之中。人类在认识自然界中的事物时，不是以客观事物本身为尺度，而是以自己的主观感觉和成见为尺度，从而掺杂许多主观成分。这让人联想到普罗泰戈拉提出的"人是万物的尺度"，以及如今我们常说的"人类中心论"。培根认为，这使人类固化了自己的思维模式："人类理解力犹如一块凹凸镜面，由于融入了自己的特性，无法正常接收光线，从而扭曲了事物的本质，改变了事物的本色。"（《新工具》）20世纪美国记者沃尔特·李普曼在《幻影公众》中讲过一个故事可以为培根的部族幻象做个注脚：为除鼠患而养猫的一位和善的老奶奶在田鼠的眼中必定和一个养老虎的巫婆一样可憎，在"田鼠安全联盟大会"上，她会被奋力声讨。

"洞穴幻象"，指个体因素导致的假象。培根借鉴柏拉图的"洞穴之喻",认为每个人都有自己的洞穴,也就是自己独特的个性特征、生活环境、社会交往、受教育程度等,从而一个人从自己的视角出发看世界,世界就会被扭曲,形成自己的认知偏见。他引用赫拉克利特的话解释说:"人们都是在自己的小天地里追求科学,而不是公共的大天地。"也就是我们中国人所说的"坐井观天"。一百年后,康德在提出革命性的先验哲学时,也许受到"洞穴幻象"的启发。康德认为,所有知识始于经验,这毋庸置疑,但与此同时,所有知识都是由主体赋予形式,就如同人们戴着不同的眼镜看到不同的世界。

"市场幻象",是人们通过彼此交往和彼此联系形成的,犹如在市场上交换商品做买卖。由于交往要通过语言,而语言在使用和理解过程中常常出现偏差,就会造成理解障碍,甚至混淆试听,将人们引入歧途,引入无数空洞的争论和无聊的空想之中。市场幻象不仅针对人们的日常交往,还针对经院哲学对概念的滥用。

"剧场幻象",更明确地针对经院哲学的各种教条和某些错误的论证方法。培根认为,这些教条和方法已经渗透人心。而一切对所谓的权威、教条和传统哲学体系的盲目崇信,就好像我们盲目崇信舞台上上演的戏剧一样。请不要忘记,那只是在演戏,"是按照虚幻的舞台布景样式创造出来的世界"。

人们一旦接纳某种观点就会生拉硬拽地找到其他一切可能的东西来支撑这种观点,即便有更多的、更有分量的相反证据摆在面前也会被忽略。为了说清楚这种"先入为主"的偏见,培根举了一个例子,一个人在教堂看画,画中是一些因祈祷神保佑船只安全而生还的人。身边的人问他是否相信了神的威力,他反问道:"那些祈祷后仍被淹死的人又在哪里呢?"培根进一步批驳一切迷信,包括占星、解梦、抽签诸如此类,都如出一辙,人们撇开与己不合的见解，只接纳与己相合的。这一深刻洞见在李普曼的《幻影公众》中被引用，以展现人认识世界的有限性和与生俱来的偏见。在李普曼的另一部著作《公众舆论》中，他将培根的"四幻像学说"演化为"拟态环境"理论和"刻板印象"理论，成为传播学基础理论的组成部分。

"四幻象"并非不能克服。在培根看来，只要我们弄清错误产生的原因，找到正确的方法，就可以超越"幻象"，获得可靠的知识。这种方法就是"归纳—演绎法"，是所有真理的根基和源泉。值得一提的是，弗兰西斯·培根的"四幻象学说"并不是批判人类固有偏见的源头，我们还可以向上追溯到13世纪的罗吉尔·培根。罗吉尔提出人类认识真理有四个主要障碍，包括：1. 迷信脆弱且不恰当的权威；2. 长久的习俗；3. 无知民众的意见；4. 以虚夸的智慧掩饰无知。

今天，当我们谈论沃尔特·李普曼对传播学的贡献之时，不应忘记弗兰西斯·培根；谈论近代经验论创始人弗兰西斯·培根的伟大时，不应忘记科学实验的前辈、破除人性偏见的先驱罗吉尔·培根。人类知识的传承与发展是一条链，在传承的基础上不断超越。

知识就是力量：当下的反思

从实用主义出发，培根在17世纪提出"知识就是力量"，可谓振聋发聩。数百年间，在这句话的感召下，人类摆脱了无用的形而上学，不断征服自然，改造自然。借助科学、技术两翼齐飞，人类发展不断提速。培根时代至今的四百多年，刚好与近代史开启并伴随科技大发展同步，这四百多年人类所取得的物质文明成就远超以往数千年。

在赞美"知识就是力量"的同时，人们也开始反思，它是否过于强调知识的"学以致用",而忽略了知识的"学以致知"?

古希腊哲学家对知识大多持"学以致知"的态度,也就是为了求知而求知,这种超功利的求知态度在希腊哲学史上矗立起一座又一座高峰。中世纪神学也是一种学以致知,不同的是,它混杂了对人生得救的渴望,最终走向了狂热与虚幻。16世纪以后,随着自然科学和社会经济的发展,知识的实用性特点越来越突出,培根吐出六个字——知识就是力量,惊醒众人!知识终于从天国重返人间,成为人类征服自然、改造自然、为人类谋福利的重要工具和手段。

然而我们不该忘记,知识,尤其是哲学知识,在产生之初本是一种增进智慧、陶冶性情的崇高学问。数百年来,知识的本来面目遮蔽于功利诱惑的面纱之下,眼看着人类为了追求利益不惜代价。其实,知识不仅是征服自然的力量,也是人类心灵的栖居之所。知识不仅是工具和手段,也是目的本身。

如今人们在学习一门知识的时候常常会问,学它有什么用?这个问题本身就是把知识当成了工具。当求知被赋予了明显的功利色彩,以至于求知过程变得枯燥和煎熬之时,我们需要走出自己的洞穴,结束坐井观天的状态,唤醒求知最原始的价值内涵——求知不仅为了有用,还因为求知本身就是目的,求知的过程就是快乐的、愉悦的。

另一种反思在于,知识作为一种力量是否已被滥用?

人类作为万物之灵,在地球上繁衍生息上万年,敬畏自然的历史漫长而悠久。近代以前,人类敬畏自然,以谦卑和恐惧的心态面对自然。数百年来,人类看到并挖掘出自身的巨大潜力,它如此强悍,使人类自我膨胀,要求控制、利用、指挥自然。面对日益恶化、枯竭的自然资源,也许未来有一天,膨胀的人类终会意识到,知识的力量并非是一种可以无节制、无底线滥用的力量。尽管我们还在不断掌握知识这种力量，但要运用好这种力量，做到在创造美好生活的同时与大自然和谐共生，还需要人类拥有更高的智慧。

补记：

先生说："佛教也要求去虚妄，求正见。般若就是智慧知识，和培根有共通点。在爱智者和求智者的眼中，智慧的力量高于一切。若有机会在赫拉、雅典娜、阿芙洛狄忒之间做选择，别犹豫，选雅典娜。"

笛卡儿：我思故我在

大约四百年前的一个冬天，一个二十岁出头的法国青年身着戎装，整天坐在壁炉边眉头深锁。是经济拮据？不是，他没什么经济压力，家族资产的利息就足够他维持体面的生活了；是为爱所困？也不是，虽然他的爱情故事被演绎成矿泉水广告，但落魄哲学家与美丽公主的忘年爱情故事并不是真实的故事，只是个传说；是在操心人类命运？这个有点靠谱了，令他困惑的是个哲学大问题，他要为人类知识找到坚实的基础。

壁炉边的哲学沉思

这个思考大问题的年轻人就是哲学史上大名鼎鼎的若内·笛卡儿（René Descartes，1596—1650）。笛卡儿出生于法国一个新兴贵族家庭，大约十岁起进入当时欧洲最著名的学校拉弗莱什耶稣会公学（La Fléche），在那里读了八年书，所学课程包括神学、哲学、历史、文学、修辞、数学、法学、医学等。

和很多年轻人一样，笛卡儿不喜欢老师教的那些知识，不是因为知识枯燥难懂，他很聪明，掌握这些知识根本不费劲儿，他不喜欢是因为除了数学之外，哲学、逻辑、神学等在他看来都没有坚实的基础，很可能是虚假的，这些既有的知识本身是值得怀疑的。修完了全部课程后，他发现自己陷入了疑惑和谬误的重重包围："努力求学并没有得到别的好处，只不过越来越发现自己的无知。"

笛卡儿：我思故我在（AI 图）

(《谈谈方法》) 这不禁让人怀疑笛卡儿被苏格拉底附体了，他不仅和苏格拉底一样发现了自己的无知，还继承了他的怀疑精神，但苏格拉底也是他怀疑的对象，笛卡儿彻底地怀疑一切，他想要找到无法被怀疑的确定性。

笛卡儿抛开书本，投入现实世界。当时的欧洲正经历三十年战争（1618—1648），这是一场新教徒与天主教徒之间的宗教战争，几乎所有欧洲国家都卷入其中。笛卡儿没有置身事外，他入伍当了兵。1619—1620 年的冬天，笛卡儿所在的部队驻扎在德国巴伐利亚，由于当时战事平静，这个二十三岁的年轻士官把大量时间消耗在一所旧宅子的壁炉边，陷入沉思。

1619 年 11 月 10 日晚，笛卡儿在梦中看到了一部字典和一本诗集，并清楚地意识到，字典象征着各门学科的综合，诗集象征着哲学和智慧的统一。这梦境如此清晰，几乎与现实无法分辨，笛卡儿认为这是上帝的启示。究竟是怎样的启示，笛卡儿没有明言，但有两个不算离谱的推测。

启示一：此前被视为彼此分离的学科，算术、几何、音乐、天文、光学、力学等，都可以找到某种统一性。后来笛卡儿在数学中找到了这种统一性。他首先融合了几何和代数，发明了解析几何，成为高等数学的奠基者。后来他又将几何的严密逻辑运用于哲学。

启示二：梦境如此真实，我们以为的真实世界难道不会是梦境吗？这使他对人类感官获得的知识产生了怀疑。

1620年的春天，笛卡儿从那所旧宅子里迎着温暖的阳光走出来，浑身散发着光芒。这位未来的大哲似乎已经触及了一种总的方法，一种原则上适用于所有科学问题的方法。

壁炉边是个好地方，温暖舒适、状态松弛，思想的闸门容易打开。笛卡儿后大约三百年，1933年，美国有一位总统在壁炉边发表了一番谈话，史称"炉边谈话"，提振了大萧条时期的国民士气。炉火跳跃，思想的火焰也上下纷飞。

移居荷兰：究竟为什么？

离开温暖的壁炉，笛卡儿开始游历意大利诸邦，结交教廷高层，随后返回法国，并定居巴黎。笛卡儿热爱巴黎，贵族出身加之才思敏捷，他很快结交了不少社会名流，建立起自己的朋友圈。奇怪的是没过多久，1629年三十三岁的笛卡儿卖掉了部分家产，离开了他热爱的法国，离开了如鱼得水的社交圈，前往荷兰定居。多数学者认为，是荷兰自由宽容的思想氛围吸引了他。这是个合理的猜想，荷兰确实是个专心做学问的好地方。但也有学者认为事情没那么简单，这也许是一场政治流亡。

有历史学者认为，笛卡儿要逃离的不是他热爱的法国，而是国王路易十三和首相黎塞留（Richelieu）统治下的法国。笛卡儿往来的贵族朋友圈被指与反对黎塞留的密谋政变者过从甚密。1628年黎塞留开始对政敌动手。1629年感受到政治威胁的笛卡儿移居荷兰。(参见 Harold J. Cook: The Young Descartes: Nobility, Rumor, and War)

从笛卡儿此后的人生经历来看,他的确对来自教会和政权的敌意都很敏感,并努力避免与任何一方发生冲突。他的后半生都是在荷兰度过的,主要著作《谈谈方法》(又名《方法谈》)(1637)、《哲学原理》(1644)、《形而上学的沉思》(又名《第一哲学沉思集》)(1647),都诞生在荷兰。

即使是在言论宽容度很高的荷兰,笛卡儿具有颠覆性的观点还是引来了围攻。《形而上学的沉思》出版时,书后附有六组驳难,其中四组来自经院哲学家,另外两组分别来自霍布斯和伽桑狄。经院哲学们嗅出了笛卡儿哲学中的批判味道,天主教会把笛卡儿的著作列为禁书。尽管笛卡儿在荷兰和法国也赢得了一批追随者,但总体而言,他的理论始终被质疑和否定包围,他的一生是在被压制、被禁止、被批判、被围攻中度过的。不友好的环境迫使他回归自身,回归思维。要让自己被接受,笛卡儿有三个选项:

第一,"改邪归正",进行自我批判,修正自己的观点,以适应他人;

第二,隐晦表达,避免触怒教会;

第三,让反对者闭嘴,找到毋庸置疑的、任何反对者都无法反驳的起点。

笛卡儿选择了最后一个,于是"我思故我在"横空出世。

哲学家与公主的忘年恋:传说而已

生命的最后一年,笛卡儿离开荷兰前往瑞典。瑞典首都斯德哥尔摩阳光微醺的街头,一辆皇家马车穿尘而来。公主的视线被街边一位专注于数学运算的老人吸引,她下车讨教,临别嫣然赠水。没过多久,老人受邀入宫成为公主的数学老师。他们日日相伴,超群的智慧撞击青春的韶华,年龄和身份都无法阻挡爱情的萌发。传说中,可恶的世俗力量总是美好爱情的摧毁者。数学家被国王流放,他寄给公主的所有信

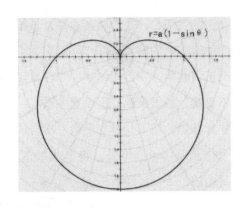

件都被拦截,除了一封只有简单公式的信被交到公主手中:$r=a(1-\sin\theta)$,公式为证,爱意永恒。他就是笛卡儿,她就是瑞典公主克里斯蒂娜。这个浪漫传说并非事实,事实上,它距离事实相当遥远。

三个事实的澄清:第一,与笛卡儿相识时,克里斯蒂娜(Christina,1626—1689)已经是女王,并非公主;第二,笛卡儿从未潦倒落魄,更谈不上流落街头;第三,除了师生之谊,他们之间是否萌生过爱情不可考,但不排除双方或一方有过类似的情愫。

笛卡儿终生未娶,但他有过爱情,年轻时还曾卷入过一场爱情决斗。据说他只轻声说了一句,就让挑战者放弃了。他说:"你的生命不该献给我,而该献给那位夫人。"他还有过一个非婚生女儿,可惜五岁就夭折了。他说这是他一生中最伤心的事。

拥有智慧的男人总是不乏追随者,笛卡儿最著名的两个异性追随者,一个是波西米亚的伊丽莎白公主,另一个就是瑞典的克里斯蒂娜女王。笛卡儿在荷兰期间,曾与克里斯蒂娜有过书信往来。克里斯蒂娜向笛卡儿征询对灵魂冲动的看法,并与他讨论道德、哲学等问题。笛卡儿将自己的著作《灵魂的冲动》赠给女王,备受女王赏识。1649年克里斯蒂娜通过法国驻瑞典大使皮尔·山虞(Pierre Chanut)邀请笛卡儿到斯德哥尔摩做她的家庭教师。笛卡儿婉拒了

女王的邀请，一是因为瑞典是新教国家，而他是天主教徒，二是因为他对瑞典的酷寒天气心怀恐惧。克里斯蒂娜心有不甘，一方面赏识笛卡儿的才华，不愿错失一位良师；另一方面，女王不习惯，也不喜欢，被人拒绝。据说女王派了一艘军舰去荷兰迎接笛卡儿。被如此礼遇，笛卡儿只好遵命，况且成为帝师似乎是所有哲学家的一个执念。1649年9月，笛卡儿抵达了瑞典。他的苦日子，或者说要命的日子，接踵而至。

女王要求笛卡儿清晨5点给她上课。可怜的笛卡儿几十年来养成了睡懒觉的习惯，他十岁上学的时候，父亲就以儿子体弱多病（事实确实如此）为由，拜托远房亲戚、拉弗莱什耶稣会公学校长多多关照，校长特许笛卡儿不用出早操，可以睡懒觉。瑞典位于欧洲的最北端，再往北就是北极圈了。寒冬清晨，北风呼啸，一个蜷缩的身影艰难地穿越斯德哥尔摩最多风的广场走向王宫。用笛卡儿

《笛卡儿与克里斯蒂娜的争论》局部，尼尔斯·福斯贝里作品，1884年作

自己的话说:"这个国家,人的血液是要像河流一样冻结成冰的。"他得了肺炎,1650年2月病逝,终年五十四岁。

如果女王出于起码的人之常情,体谅老师,尊重他的作息时间,爱惜他的身体,笛卡儿想必不会英年早逝。女王大约是一种没有人之常情的人类。罗素评价她:"自以为是君主,就有权浪费伟人的时间。"克里斯蒂娜本无恶意,她尊重知识,尊重有知识的人,但她万万没料到自己在哲学史上留名是因为间接害死了一位伟大的哲学家。这位伟大哲学家的离世令人扼腕痛惜,而令人不解的是笛卡儿为什么不提出反对,捍卫自己睡懒觉的权利?这或许说明他们之间不是一种平等的对话关系。只有平等,至少人格上的平等,才会生发爱情。

寻找确定性:首先怀疑一切

如果你生于中世纪晚期,接受的是传统经院哲学教育,教士们告诉你地球是宇宙的中心,所有的天体都围绕地球做完美的圆周运动。你抬头看天,好像一切都如他们所言。长大后你听说,一个叫伽利略的人通过望远镜观测发现天体的运行轨迹不是完美的圆,有的是椭圆,有的很不规则,而地球很可能是太阳的一颗行星,围绕着太阳运动。此时的你内心会受到怎样的冲击?作何感想?是否会怀疑自己学过的那些知识?笛卡儿经受的就是这样一种极具颠覆性的冲击,他亲身经历了旧知识被新科学所撼动,他意识到不光是天文学,人们把大量错误的意见当作正确的加以接受,以至于建立在不可靠原则上的所有知识都是可疑的、不确实的。

笛卡儿想要确保知识是可靠的,怎么办?必须填补基础理论的空白,将知识建立在毋庸置疑的基础之上。在《形而上学的沉思》中,他写道:"如果我想要在科学上建立一些牢固的、经久的东西,必须在我的一生中有一次严肃地把我从前接受到心中的一切意见一起去掉，重新开始，从根本做起。"笛卡儿生出了一个野心勃勃的构想，要建立一个像几何学那样严谨的知识体系。这需要找到一个像几何学公理那样毋庸置疑的前提。如何才能找到知识体系的公理呢？笛卡儿运用的是"怀疑"。

怀疑，是近代西方哲学的重要工具。16、17世纪之交，在笛卡儿生活的年代，中世纪即将落幕，信仰被怀疑取代，成为新时代的精神内核。人们要摆脱信仰氛围浓郁的中世纪文化氛围，需要借助与信仰相反的力量，这就是怀疑。先用怀疑摧毁旧的形而上学，才能重建新的知识论大厦。无论是培根代表的英国经验论，还是笛卡儿代表的欧洲大陆唯理论，都不约而同地起步于"怀疑"。

被苏格拉底附体的笛卡儿用怀疑的目光审视一切。事实上，他比苏格拉底的怀疑更彻底，他不仅怀疑既有的知识，还怀疑人的感官，怀疑人感知到的整个世界。笛卡儿在《谈谈方法》一书中明确阐释了他的怀疑方法，书中列出了四条箴规。

第一，绝不把任何我没有明确地认识其为真的东西当作真的加以接受。也就是说，小心避免仓促的判断和偏见，只把那些十分清楚明白地呈现在我心智之前，使我根本无法怀疑的东西放进我的判断之中。

第二，把我所考察的每个难题，都尽可能地分成细小的部分，直到可以而且适于圆满解决的程度为止。

第三，按次序引导我的思想，从最简单、最容易认识的对象开始，一点点上升到对复杂对象的认识。即便是那些彼此间没有自然先后次序的对象，我也给他们设定一个次序。

第四，把一切情形尽量完全地列举出来，尽量普遍地加以审视，使我确信毫无遗漏。

笛卡儿对自己的这四条箴规很满意,声称它们"包含了全新的逻辑,可以取代亚里士多德的三段论",并恭喜自己用如此简洁的法则替换了被奉为圭臬一千多年的亚里士多德的逻辑体系。尽管有卖瓜之嫌,对他的质疑声也此起彼伏,但笛卡儿挥舞他的四条箴规,通常称为"怀疑的方法",真刀真枪地开始检验一切。

首先,笛卡儿怀疑人类的感觉经验。人们总是习惯于把感官提供的外部信息视为真实,笛卡儿认为,感官提供的信息并不可靠。想想插在水中的桨吧,它看上去是弯曲的,这是光线跟我们玩的把戏,还有沙漠里的海市蜃楼。即使你认为自己看得真切,又怎么能确定自己不是在做梦呢?你说这是我切身感觉到的。对不起,感觉是可以骗人的。感觉只要骗过我们一次,它就与确定性无缘了。

其次,笛卡儿怀疑人类既有的知识,认为它们建立在不可靠的基础之上。需要指出的是,被笛卡儿怀疑的知识并不意味着它们"不真",只意味着它们"不可靠",不能成为知识的基础。他在《形而上学的沉思》中写道:"我仅仅是在考虑最极端的一种怀疑形式,正如我反复强调的,这种怀疑是形而上层面的,是夸张的,绝不可以应用于现实生活。当我说任何事物只要引发丝毫怀疑,就有充分理由予以怀疑时,我指的正是这种怀疑。"

此外,笛卡儿还怀疑数学观念。一加一等于二吗?正方形有四条边吗?两点间直线最短吗?这些看似毫无疑问的问题,在笛卡儿看来也是可以怀疑的,因为数学观念来自人的思想,人的思想是值得怀疑的。他做了一个思想实验:如果有一个邪恶精灵故意欺骗我们,向我们灌输错误观念,我们就无法对看似确知的知识抱持信心了。"邪恶精灵假设"听起来无厘头,但却是个严肃的形而上学的问题,自毕达哥拉斯以来,哲学家们一直在追问:数的观念从哪里来?有无外部原因?有无客观的实在与之相对应?只要这些问题还没有确定性的答案，我们就无法肯定数学的观念是确定无疑的。

"怀疑"这把剑的威力是惊人的，笛卡儿挥舞这柄利剑，几个回合便将人类的知识世界清空了。他排除了人类既有知识的可靠性，排除了感觉经验的可靠性，排除了数学观念的可靠性。事已至此，世界上似乎没有什么东西可以通过他四条箴规的检验，被确定为是可信的。但是，笛卡儿发现，即使他怀疑一切，他也无法怀疑"怀疑本身"，即使他怀疑"怀疑本身"，他还是在怀疑。终于，笛卡儿发现了一个毋庸置疑的东西，我在怀疑，我在思想，我存在。他将其表述为"我思故我在"，这就是笛卡儿哲学的第一原理。需要注意的是，这里的"我思"不涉及思想的内容，是指纯粹的思维活动，如果涉及具体内容，它就是可疑的了。

我思故我在：奥古斯丁也有份

笛卡儿苦思冥想出来的哲学第一原理，并非他的首创。早在笛卡儿之前一千两百年，公元400年左右，奥古斯丁就曾表达过"我思故我在"的思想。作为基督教早期教父哲学的集大成者，奥古斯丁在《反学园派》一书中反驳古代怀疑论者提出的"感官并不提供确定性的知识"时说，感官的确可能会欺骗我们，但当对感官表示怀疑的时候，我，作为怀疑者，是不能被怀疑的，也就是说，我必然是存在的。于是就有了一个不可驳斥的真理，怀疑者本身，是超越任何怀疑内容而确实存在的。

笛卡儿是独立思考，还是受奥古斯丁的启发不得而知。不过从他接受传统经院哲学的教育经历来看，他对奥古斯丁的这一观点一无所知的可能性比较小。"我思故我在"被归入笛卡儿名下，是因为这句话在新旧知识的转折期被笛卡儿赋予了新的时代内涵。

在《哲学史演讲录》中黑格尔评价道："笛卡儿是近代哲学的

真正创始人,因为近代哲学是以思维为原则的。独立的思维在这里与进行哲学论证的神学分开了。他是第一位以非学院身份开始哲学讨论的独立思想者。他抛开一切公式、假定,开门见山、十分坦率地诉说自己的思想过程,改变了整个哲学文化的气氛。"在黑格尔看来,笛卡儿不仅是一位重建哲学的英雄人物,而且标识了一个哲学新时代的到来。尽管笛卡儿更愿意视自己为数学家、物理学家或自然科学家,但他却是一位不折不扣的伟大的哲学家。

一不留神成了伟大的哲学家

笛卡儿生命中的大部分时间都花在了自然科学的研究上。他是杰出的数学家,是解析几何的创始人,是他发明了用 x、y 和 z 表示方程中的未知量,用 a、b 和 c 表示已知量,创立了表示数字的立方和高次幂的标准符号。他对物理学、光学、气象学、天文学都有重大贡献,甚至已经着手撰写一本名为《世界》的书,他宣扬地动说,但得知伽利略被宗教裁判所判为异端后,放弃了该书的出版。

在笛卡儿的时代做科学研究并不容易,需要小心翼翼,避免在求真的道路上踩雷触怒教会,但仍然有许多勇敢而智慧的人前赴后继,造就了一个伟大发现层出不穷的伟大时代:尼古拉·哥白尼(Nicolaus Copernicus,1473—1543)提出日心说;约翰内斯·开普勒(Johannes Kepler,1571—1630)提出行星运动三大定律,修正了日心说;伽利略·伽利莱(Galileo Galilei,1564—1642)发明了天体观测望远镜,解构了亚里士多德统治世界两千年的宇宙观,一种等级的有限的宇宙被另一种开放的无限的宇宙所取代;威廉·哈维(William Harvey,1578—1657)建立起人体的血液循环理论,将医学引入现代科学的门槛;艾萨克·牛顿(Isaac Newton,

1642—1727）以万有引力和三大运动定律，奠定了随后三个世纪物理世界的基础。

与上述伟大科学家的成就相比，笛卡儿尽管才思敏捷，也只能算"二流"科学家。他去世后不过数十年，他在自然科学领域最具特色的猜想就被逐渐淘汰了，真正成就笛卡儿一世英名的是他的哲学贡献。"我思故我在"对后世产生了深刻影响，延续至今，堪称笛卡儿思想中最具生命力的部分。然而，形而上学的思考只是笛卡儿为了阐述自己以数学为基础的物理学扫清障碍。

笛卡儿试图将彼此不相关的各门学科统一起来，数学就是他串起散落珍珠的那根线，因为数学提供了一种普遍适用的研究方法。在《谈谈方法》中，他写道："我逐渐认识到，数学能解释关于顺序和量度的一切问题，无论其具体内容是什么，这门学科应当命名为'普遍数学'。"他甚至声称，数学的认知方式与上帝的思维相似，如果人类以数学的方式去理解物质世界，就能进入确信无疑的状态。以数学为基础建立认知框架，即使笛卡儿给出的理由不够雄辩也没关系，17世纪以来，数学作为工具为物理学等学科的研究做出了巨大贡献，就是最好的补充证明。笛卡儿不是鼓吹以数学为基础进行物理学研究的第一人，伽利略更早，但笛卡儿认为伽利略不够严谨，说他"还没打地基就开始盖楼了"。

笛卡儿所指的地基是什么呢？《哲学原理》的序言中，笛卡儿把人类知识的整体比喻为一棵树，哲学是根，物理学（自然哲学）是干，其他学科是枝。人类知识的果实是由树枝贡献的，但哲学是根，是人类"最高层次的智慧"。万丈高楼平地起，盖楼必须先打好地基。笛卡儿认为，研究任何学科都要从哲学开始，从建立毋庸置疑的哲学前提开始。他开始怀疑，开始寻找确定性的基础，于是就有了"我思故我在"。

反击与挑战：来自经院哲学家

笛卡儿在《谈谈方法》中阐述了四条箴规，宣称这四条箴规用新方法取代了亚里士多德的旧逻辑。这在一些经院哲学家看来是离经叛道。为了不让传统的经院哲学受到"污染"，他们对笛卡儿发起攻击，认为他的新方法"会自然引申出或者会被年轻人作为根据，轻率地推导出种种荒谬无稽的观点，这些观点都与其他学科，尤其是正统神学相冲突"。对此，笛卡儿反驳道："在任何与宗教有关的问题上，我的这些原则都可以提供与目前通行的理论一样有说服力的解释，甚至能做得更好。"

比较有杀伤力的指控是巴黎耶稣会学院布尔丹的批评，他撰文指控笛卡儿是哲学上的怀疑主义者，并决心把怀疑推到极致。关于怀疑主义，我们来复习一下高尔吉亚的三个命题：1.无物存在；2.如果有物存在，也不可知；3.即使可知，也不能把这样的知识告诉别人。总之，人无法认识任何东西。笛卡儿与古代的怀疑主义者不同。对怀疑主义者而言，怀疑本身就是目的，而笛卡儿的怀疑是一种手段，真正的目的是找出不容怀疑的东西。用笛卡儿自己的话说："去掉沙子和浮土，找出坚实的磐石。"

还有人质疑他的私德，说笛卡儿有一个私生子。可惜他们把孩子的性别搞错了，笛卡儿理直气壮地回应，自己从来没有过私生子。

笛卡儿的上帝：哲学家的上帝

笛卡儿坚称，他的哲学没有触动正统神学的教义，甚至比当时被普遍接受的经院哲学为上帝存在提供了更有力的支撑。他果然证明了上帝的存在。他证明上帝存在，不仅仅是为了回应有人质疑他是无神论者，更重要的是笛卡儿在确立了"我思故我在"这个哲学的第一原则之后，自己也面临着巨大的理论困境，因为除了"思"和与思同在的"我"之外，他已经把所有的一切都怀疑掉了，这个"我"如何走出孤独，进入更广阔的知识领域？只能求助于上帝。

上帝从哪里来？他的论证是这样展开的：当我在怀疑的时候，我意识到自己是不完满的，因为我在怀疑，怀疑相对于确定就是不完满。而我之所以意识到自己不完满，是因为我心中有一个完满的观念存在。这个完满的观念不可能来自不完满的我（因为结果不可能大于原因，否则就会有东西从虚无中产生，无中生有是不可能的），它只能来自一个完满的存在。这个完满的存在就是上帝。因此，上帝存在，这就是笛卡儿哲学的第二原理。现在，"我"不再孤独，还有上帝与我同在。

笛卡儿相信，人类具备一种可以称之为心智或灵魂或理性的东西，虽然它的某些思想要依赖感官，但它也拥有一些独立于感官的知识，这些独立的知识只有"在上帝之光的照耀下"才能显现。上帝在创造我们的同时，将一些知识置于我们的心中，就好像工匠将标志印在产品上一样。作为全知全能全善的缔造者，上帝不会欺骗我们，这些清楚明白的知识必定是值得信赖的，他称之为"天赋观念"。

笛卡儿把人的观念分为三类：虚构的、外来的、天赋的。虚构的观念，是思想制造出来的，是可错的；外来的观念，是可感事物造成的，是可错的；天赋的观念，是上帝造出来的，必定真实，是可信的、不证自明的。"天赋观念"并不多，主要是几何学的公理、逻辑的基本规则，以及有关上帝的观念，它们是我们运用理性进行推演获得更多知识进而构建知识论大厦的原则和前提。"由于上帝包含着科学和智慧的全部宝藏，顺着这条道路我们就能从深思真实

的上帝，走向认识宇宙间的其他事物。"(《形而上学的沉思》)

如何判断某一种观念是不是天赋观念呢？就看它是不是清楚明白的。在笛卡儿看来，"清楚明白"是判断天赋观念的一条绝对标准。但这里笛卡儿留下了一个理论漏洞，"清楚明白"是一个主观标准，不是客观标准，对笛卡儿是清楚明白的观念，对其他人不一定是清楚明白的。因此，笛卡儿为我们呈现的不证自明的"天赋观念"并非无可置疑。

"我"是思维的主体，"思"是一个单纯的思维活动，"上帝"为"我思"提供了内容，并对这个内容的真实性做了担保。就这样，笛卡儿通过上帝的恩赐，以不证自明的"天赋观念"为出发点，以普遍的"数学逻辑"为规则，一步步推演出确定性知识，建立起他的哲学大厦。这种知识论观点被称为"唯理论"。

"唯理论"和"经验论"的最大区别在于知识的来源，唯理论认为知识来自先验的天赋观念，经验论认为知识来自客观世界的感觉经验。

"唯理论"与"唯心论"也不是一回事。唯心论是把人的心灵（主观意识）作为真理的来源。正相反，笛卡儿认为人的心灵产生的观念是不可靠的，真理来源于上帝（即天赋观念），是心灵以外的原因造成的。可见，唯理论与唯心论的基本立场并不一致。

笛卡儿的上帝不同于《圣经》中的上帝，他的上帝是一块跳板，帮助他实现从孤独的"我"到广阔的知识世界的过渡。没有这个上帝，笛卡儿建立新知识体系的梦想将在唯我论中孤寂而死。笛卡儿的上帝是哲学家的上帝，而不是神学家的上帝。

灵与肉：笛卡儿的"心物二元论"

笛卡儿的上帝是一个绝对的实体。所谓实体，就是不依赖于别的东西,而别的东西却要依赖于它而存在的东西。换言之,实体就是具有独立实在性的东西。上帝创造了两个世界,精神世界和物质世界。精神,只有意识而没有广延(长宽高);物质,只有广延而没有意识。笛卡儿认为,精神和物质彼此独立、互不依赖,但它们都需要依赖上帝而存在。这个立场被称为"心物二元论"。"心物二元论"将心灵排除在物质世界之外,让自然科学获得了自己的独立领域。物理学可以昂首挺胸走自己的路,再也不用理会亚里士多德的"目的"或"第一因"。笛卡儿在灵与肉之间、神学与自然科学之间,画了一条清晰的线。这也是经院哲学家们视笛卡儿哲学为威胁的原因之一。

但是笛卡儿的心物二元论面临一个难题:人的身体是物质的,人的思想是精神的,如何解释人的身体和思想之间存在着明显的关联呢?笛卡儿认为,人的大脑中有一个叫松果腺的器官,是灵魂的栖居地,身体受到外部刺激通过中枢神经传到松果腺,灵魂就接收到了身体的信号;而灵魂做出某种决定,也是通过中枢神经把信号传递给身体,人体便会做出相应的反应。这样一来身体与心灵就产生了交感作用。这就是笛卡儿的"身心交感说"。

笛卡儿的"心物二元论"认为,物质和精神各行其道,互不干扰;"身心交感说"又承认二者可以相互影响。这其中的矛盾显而易见。前辈哲学家的矛盾常常是后世哲学家的理论突破口,伽桑狄、马勒伯朗士、斯宾诺莎、莱布尼茨都从不同的角度试图解决这一问题。一代代哲学家就是在不断修正前人观点的道路上越走越远,将哲学大厦越筑越高。

我思故我在:真的毋庸置疑吗?

我思故我在,建立在这样一种假设之上,即凡有思想,必有一个思想者存在。从思想存在，向前推导出思想者"我"的存在。这一推论遭到后世哲学家的普遍质疑，包括休谟、康德、胡塞尔、罗素、萨特等都对此进行了批判。他们把火力集中于"我"是什么，从哪里来。

在休谟看来，所谓的"我"就是一系列心理活动的集合，并不存在一个实体的"我"。康德表示赞同，认为笛卡儿的"我"，准确地说是一个逻辑主体，而笛卡儿后来将这个逻辑主体偷换成了实在的主体，在逻辑上偷换了概念。萨特进一步指出，笛卡儿的命题应该更精确地表述为"思故（思）在"，而不是"我思故我在"，"我"的存在是缺乏依据的。

后世哲学家们对笛卡儿的批判并不是很好理解，反倒是笛卡儿将"我"和"思"统一起来，更贴合普通人的习惯性思维。美剧《上载新生》可以帮助我们理解为什么"我思，不一定我在"。剧中的人类在临终前可以选择"数字永生"，即上传自己的思维数据到虚拟世界中继续生活。思想还在，肉身已荡然无存。尽管这只是科幻剧的桥段，但在逻辑上这是可能的。而在现实生活中，美国人工智能研发公司OpenAI开发的ChatGPT通过大数据学习逝者的用语习惯，配合语音、图像合成技术，便可以实现逝者与生者的"视频即时对话"。

无论是笛卡儿，还是他的批评者，身上都散发出强烈的逻辑理性的味道。这正是中西方哲学之间最显著的差异。西哲严谨，如同数学公式；中哲玄妙，见仁见智。

老子说："人法地，地法天，天法道，道法自然。"

笛卡儿请教："请定义一下'人''地''天''道''自然'，还请说明一下什么叫'法'。请给出可靠的证据，证明各定义之间的关联。"

老子回答:"此中深意,只可意会。上善若水,不与人争。"

笛卡儿提问:"……'上善若水'……为什么?……依据是什么?……"

被苏格拉底附体的笛卡儿和苏格拉底一样,让被提问者很恼火。

思想在,笛卡儿已不在

1650 年,笛卡儿病逝。

1663 年,罗马天主教会把他的书列入了官方禁书目录。

1691 年,法王下令禁止所有学校讲授笛卡儿哲学的任何观点。

但笛卡儿的思想并没有在教会和王权的封杀中销声匿迹,正相反,许多哲学家都试图解决笛卡儿形而上学中的诸多难题,他们继续写着长篇大论,质疑笛卡儿的心物二元论、不证自明的天赋原则和"我思故我在"。

毋庸置疑的是,用一句简单的"我思故我在",笛卡儿与此前的一切晦涩难懂与模棱两可划清界限,为理性时代制定了新规则。数百年来,在质疑和超越中,笛卡儿哲学的力量愈发彰显。他与他的批评者们共同完成了一项任务:证明了以数学为基础比以感官经验为基础更能客观地认识物理世界,并且人类理性具备这种能力。继笛卡儿之后,17 世纪中期的斯宾诺莎、17 至 18 世纪之交的莱布尼茨又建立起唯理论的另外两个体系,近代唯理论哲学的发展日益成熟。

斯宾诺莎的镜片

每一个人都是孤独的，如何摆脱孤独？每一个人都渴望自由，如何获得自由？斯宾诺莎的解答前所未有，斯宾诺莎解答问题的方式与众不同。这位道德上堪比苏格拉底的哲学家为我们展现了一幅关于神、关于自然、关于人、关于此三者之间关系的全景图。

斯宾诺莎的镜片（AI图）

巴鲁赫·斯宾诺莎（Baruch de Spinoza，1632—1677），生于17世纪的荷兰。荷兰，在西方哲学史上是个神奇的存在，特别是17世纪，被称为荷兰的"黄金时代"，许多哲学家、科学家、艺术家被吸引到那里，笛卡儿、洛克、莱布尼茨等都曾前往荷兰，人们在那里著书立说、开宗立派。相比郁金香、风车和橙色军团，更让荷兰人骄傲的是梵高、伦勃朗和斯宾诺莎。一个弹丸之地，如何能在17世纪成为雄霸一时的海上马车夫？如何能成为世界上最聪明人的汇聚之地？荷兰，魅力何在？

黄金时代：荷兰的崛起

　　中世纪的荷兰叫尼德兰（意为"低地"），是莱茵河下游一方水草肥美的土地，归属于神圣罗马帝国。1556年，神圣罗马帝国皇帝查理五世退位，将西班牙和尼德兰分给了儿子腓力二世。西班牙在南欧，信奉正统天主教；尼德兰在北欧，周围的各种新教势力很快渗透到尼德兰各省份。腓力二世对自己属地内新教泛滥很恼火，派出军队对尼德兰的异教徒进行残酷镇压。尼德兰人民奋起反抗，1588年尼德兰北方七省宣布独立，建立起联省共和国，对外简称"荷兰"。1609年，腓力三世签订休战协定，承认联省共和国不再隶属于西班牙，荷兰成为独立的国家。

　　荷兰共和国的建立源于争取宗教自由，因此宗教宽容成为这个新兴共和国最显著的特征。欧洲各国受到天主教迫害的新教徒纷纷逃往荷兰。他们节俭的美德、纯熟的技艺、卓越的智慧助推荷兰在17世纪快速发展。

　　独立后的百年间，荷兰逐步发展成为海上贸易强国。在波罗的海、里加海湾、地中海，荷兰商船穿梭往来，运送着但泽的麦子、芬兰的木材、瑞典的金属、俄罗斯的皮毛、土耳其的地毯等。当时荷兰的商船数量超过所有其他欧洲商船的总数，占全世界商船总数的三分之一，被称为"海上马车夫"。商船通常配有大炮，这让荷兰的海上实力足以对抗英法。

　　1602年成立的荷兰东印度公司挫败了英国的同名公司，征服了马六甲和锡兰岛，甚至在日本和中国台湾设立了商行。1621年成立的荷兰西印度公司在南美殖民地从事贩卖黑奴的业务。东西印度公司帮助荷兰在海外聚敛了巨额财富。在国内，荷兰拥有当时世界上最大的纺织业，英国输出的羊毛十之八九运到荷兰加工。马克思在《资本论》第一卷评价17世纪的荷兰:"它几乎垄断了东印度的贸易及欧洲西南部和东北部之间的商业往来。它的捕渔业、海运业、手工制造业,都远胜任何其他国家。共和国的资本也许比欧洲所有其他国家的资本总和还要多。"

荷兰的莱顿大学(Leiden University)创立于1575年,是欧洲第一所新教大学,17世纪成为欧洲人文主义思潮的诞生地。在学术自由和信仰自由的感召下,各国科学家和思想家汇聚于荷兰。

英国的霍布斯来了,他在阿姆斯特丹出版了英国审查官员拒绝他在英国出版的著作。

法国的笛卡儿来了,他的科学和哲学研究的主要成就几乎都是在荷兰取得的。在给朋友巴尔扎克的信中,笛卡儿写道:"请选择阿姆斯特丹为足下的避难所……这样完全自由的乐土,在哪个国家能找到呢?"

德国的莱布尼茨来了,他在荷兰做过短期学术访问。这个天才的兴趣点很多,其中之一是设计风车。

法国的培尔来了,这位启蒙运动理论家的政论活动都是在荷兰展开的。

英国的洛克也来了,在荷兰侨居多年间,他完成了最著名的《人类认识论》(又名《人类理解论》)。

……

斯宾诺莎在《神学政治论》中对自己祖国的黄金时代发出由衷的赞美:"阿姆斯特丹,在其繁盛及他人的景仰中收获了自由的果实。在这个最繁荣的国家、最壮丽的城市中,各个国家、各个宗教的人们融洽相处。"他感叹自己生于其中是幸运的:"人人思想自由,没有拘束,人人都可以随心之所安崇奉上帝。"

"希伯来之光"：幻影破灭

在天主教与新教百年交战的背景下，自由宽容的荷兰是欧洲版图上最温暖的一抹亮色，是科学家、哲学家和宗教异端分子的心灵家园。然而讽刺的是，斯宾诺莎生于荷兰，长于荷兰，却在荷兰被教会驱逐，被亲人唾弃，除了他捍卫的思想自由，他失去了亲人，失去了朋友，失去了财产，失去了几乎一切。

斯宾诺莎的家庭信仰犹太教，先辈生活在葡萄牙。当时的葡萄牙在西班牙统治之下，崇奉天主教，对异教徒进行残酷迫害。斯宾诺莎的先辈饱受苦难，终于在1592年乘船逃到荷兰。斯宾诺莎就出生在这个蓬勃新生的共和国。他的家庭也在荷兰犹太教会大家庭中找到了归属感，开始了新生活。

斯宾诺莎早年就读于阿姆斯特丹一所犹太教会学校。这所学校的任务是培养拉比（地位尊崇的犹太教牧师），课程主要是希伯来文、旧约《圣经》和犹太典籍。斯宾诺莎聪颖过人，善于思考和提问，不仅熟读经典，还广泛阅读了哥白尼、布鲁诺、伽利略、开普勒、培根、霍布斯、笛卡儿等人的著作。这个品学兼优的青年被教会领袖看中，重点培养，视其为犹太教未来的希望，被称为"希伯来之光"。

这一切如此美好，会是个美丽的故事，有不错的结局。然而，真实的历史往往比虚构的故事更富有戏剧性，斯宾诺莎并没有如家人和教会领袖所愿成为拉比，把犹太教发扬光大。他放弃坦途，踏上了一条艰辛的人生路。问题在于斯宾诺莎骨子里不是一位拉比，而是一位哲学家。历代哲学家都从苏格拉底身上继承了怀疑的基因，斯宾诺莎也不例外。宗教需要的是虔信，怀疑是宗教的死敌。冲突就这样产生了。

道德典范：堪比苏格拉底

走出中世纪，理性主义回归。16世纪，弗兰西斯·培根将感觉经验作为通往真理的新工具；17世纪，笛卡儿提出"清楚明白"的真理标准，他们都强调怀疑，强调理性。此时的欧洲大陆上空，理性主义云朵缭绕，降下雨水，滋润着反宗教教条的土壤。斯宾诺莎就是这片土壤中破土而出的一株倔强的小草。随着思想逐步成熟，斯宾诺莎发现自己与犹太教教义越来越格格不入。他质疑《圣经》的权威，提醒人们记得它撰写的年代，建议人们批判性阅读。他甚至相信上帝是被创造的，否认灵魂不灭，否认天使的存在。

毫无疑问，在犹太教会看来，这是异端邪说，是离经叛道，是渎神，为了捍卫信仰他们必须碾碎这株"毒草"。第一招，金钱收买。教会许诺每年给他一笔津贴，条件是必须绝对恪守教规，斯宾诺莎拒绝了。第二招，"小开除"。短期开除他的教籍，一个月内禁止同他人发生任何往来。这招也没能奏效，斯宾诺莎和犹太教会更加疏远了。第三招，斩草除根，谋杀。结果以失败告终。第四招，"大开除"。这是犹太教会最高等级的惩罚。1656年7月27日，斯宾诺莎被永久开除教籍，并被施以诅咒。任何人都不得以口头或书面的方式与他交往，不得对他表示任何好感，不得与他同住一屋，不得与他同处于两米距离之内，不得读他著述和书写的任何东西。斯宾诺莎时年二十四岁。面对教会的终极惩罚，斯宾诺莎从容答复："很好，这样他们就不能强迫我去做我不愿做的任何事情了。我将愉快地走我自己的路，带着宽慰的心情离去，比早年离开埃及的希伯来人更无辜。我不拿任何人一点东西，并且，无论将有什么样的不公正落在我身上，没有人可以指责我，我以此而自豪。"（沃尔夫编《斯宾诺莎最早期传记》，转引自洪汉鼎《斯宾诺莎哲学

研究》)

逃亡到荷兰的犹太人是为了躲避宗教迫害,而不知不觉中,他们却变成了自己曾经最厌憎的人,极尽所能迫害一个有独立思想的年轻人。从那时起,曾经的教友躲避他,家人也不肯收留他。父亲去世后,姐姐要霸占遗产。斯宾诺莎和姐姐打官司,虽然赢了官司,但还是把赢得的财产送给了姐姐。随后他移居乡间,彻底隐遁起来,靠磨光学镜片为生。这一系列的遭遇足以让一个温厚之人变得暴戾厌世,甚至彻底将他摧毁,但如果这个人在哲学中找到了自己的处事箴言和精神信仰,则将拥有别样的人生境界。

斯宾诺莎的隐居生活中有一个很小的朋友圈,他的思想主张很快通过这个圈子传播开来,吸引了一大批粉丝,声名鹊起。他的人生中,至少有两次改变生活境遇的大好机会被错过了。一次是1673年2月,普鲁士选帝侯卡尔·路德维希(Karl Ludwig)希望聘请他到海德堡大学任哲学教授,允许他自由讲学,不过"相信他不会滥用这种自由去触犯大家所信奉的宗教"。他回复说:"我不知道应该把这种自由限制在多大范围内,才不至于被认为触犯大家所信奉的宗教……希望您理解,我并不指望交上什么好运。"另一次是同年5月,法王路易十四请人捎话,只要他愿意写一本书献给路易十四,就能得到一笔数额可观的年金。斯宾诺莎回答:"我的确需要钱,但我的著作只献给真理。"

1677年,因吸入过多的镜片粉尘得了肺病,斯宾诺莎病逝,年仅四十五岁。斯宾诺莎深爱真理、追求自由,任何世俗权贵和宗教权威都无法撼动他的信念。在西方哲学史上,他的道德境界堪比苏格拉底,成为哲学家心中的道德楷模。在罗素眼中,"他是哲学家中最高尚、最温和的一位,也许有人才华上能超越他,但道德方面没有人能超越他"(《西方哲学史》)。诗人海涅甚至把他看作圣人:"斯宾诺莎的生涯没有丝毫可非议的余地,这是可以肯定的。它纯洁、无疵,如同耶稣基督表兄的生涯。而且犹如基督,他也曾为了自己的学说而受苦,并像基督那样戴上了荆冠。"(《论德国宗教和哲学的历史》,转引自张志伟《西方哲学十五讲》)海涅还有一句名言:"我们所有的哲学家,往往并不自觉,却都是通过巴鲁赫·斯宾诺莎磨制的镜片在观看世界。"斯宾诺莎的镜片,是哲学史上的一个著名象征,象征一种观察世界的视角。哲学家为人们提供各色镜片,帮助人们认识世界,认识自我。

神,即自然

和笛卡儿一样,斯宾诺莎是唯理论学派的代表人物之一,也在找寻哲学的不可置疑的出发点,然而,斯宾诺莎的哲学却开始于对笛卡儿哲学的批判。他写了一本书《笛卡儿哲学原理》。书中斯宾诺莎认为,笛卡儿将"清楚明白"作为真理标准没问题,然而将"我思"作为哲学不可置疑的出发点却有问题,因为"我思"是在一系列怀疑之后得出的,而清楚明白的东西应该没有任何含糊,直接呈现。

斯宾诺莎指出了四条获取知识的路径:

第一,通过传闻获得的知识,不可靠。

第二,通过经验获得的知识,也不可靠。

第三,借助逻辑推理,从命题中推导出的知识,是否可靠取决于预设命题的真伪。

第四,直接的直觉洞见,可靠。这是把我们引向事物本质的唯一道路。

那么,直觉洞见来自何处?斯宾诺莎认为,来自神。真正的、不可置疑的哲学出发点就是"神"。神,赋予人天赋观念,天赋观念不需要其他观念来证明它的真理性,相反,它是其他观念达到真理性的工具和前提。他说:"理智凭借天赋的力量,自己制造理智的工具,再借助这种工具制作新的理智作品,再由这种理智作品探寻更新的工具或更深的力量,如此一步一步进展,一直达到智慧的顶点。"(斯宾诺莎《知性改进论》)

需要特别指出的是,斯宾诺莎的神跟犹太教或基督教的神不是一回事,他明确否认有超越世界的人格神。那么,他的神究竟是什么呢?神,即自然。斯宾诺莎的这一主张通常被称为泛神论,指神内在于大自然之中,每一个自然之物都体现着神性。神就是自然本身。"神是一个内因,而不是一个外因,因为神是在其自身之中而不是在其自身之外产生一切,因为在它之外,根本就不存在任何东西。"(斯宾诺莎《神、人及其幸福简论》)

"泛神论"有别于"自然神论"。自然神论认为,自然有一个创造者,这个创造者在创造了自然之后,便任由自然按照规律自行运转,不再做额外的干预。无论是犹太教还是基督教,有可能容忍自然神论,但却绝不能容忍泛神论。在他们眼中,泛神论等同于无神论。

在《西方哲学史》中罗素认为,斯宾诺莎对神的认识受到了斯多葛学派的影响。斯多葛学派的创始人芝诺认为,自然界严格受到法则的支配,其运行所遵循的法则来自某个至高无上的权威。这个无上的权威,并非存在于自然之外,而是像潮气渗透沙子一样,充斥于整个自然世界。因此,神是一种存在于宇宙万物之内的力量,包括存在于每个人的体内。斯宾诺莎继承了芝诺的泛神论,并用严密的逻辑推理来证明"神,即自然"。这涉及一个重要的概念——实体。

实体，独立存在的东西

斯宾诺莎和笛卡儿一样，在找到哲学不可置疑的出发点后，都将数学逻辑作为规则，一步步推演出确定性知识，建立起知识论大厦。斯宾诺莎最著名的《伦理学——按几何顺序证明的理论》就完全是按照几何学的推演方式展开的。该书读起来很枯燥，先定义概念，再设立公理，随后从八个定义和七个公理入手，经过层层逻辑推演，得到若干伦理学的命题结论。

在斯宾诺莎定义的概念中，"实体"最重要，是斯宾诺莎哲学的基础和核心。《伦理学》开篇就提到了"实体"。什么是"实体"？笛卡儿告诉我们，世界上有三个实体。上帝是一个绝对的实体，上帝还创造了两个相对的实体——思维和广延（精神和物质），这两个相对的实体彼此独立、互不依赖。亚里士多德告诉我们，实体就是独立存在的东西，比如一扇门、一匹马、一个人。斯宾诺莎的实体在亚里士多德定义的基础上做了极端化抽象："我把实体理解为在自身内并通过自身而被认识的东西。换言之，形成实体的概念可以无需借助于别的事物的概念……实体是独自存在、绝对地独自存在的东西，是被独自理解、绝对独自理解的东西。"（《伦理学》）

斯宾诺莎的实体必定只有一个，因为如果存在第二个实体，则两个实体之间的关系就违背了绝对独自存在的要求；实体必定是无限的，包括在时间上是永恒的，在空间上是无限的，否则在有限性之外存在的东西也违背绝对独自存在这一要求。一扇门的存在意味着有制作它的人，有门框，有门闩，不是绝对的独自存在，因此一扇门不符合斯宾诺莎对实体的定义。在他看来，一匹马也不是实体，一个人也不是，因为他们的存在暗示着有父母，有维持生存所需的食物、空气、水、群体等。世上万物似乎没有任何一个具体的东西符合斯宾诺莎对实体的定义。

唯一的、永恒的、无限的,斯宾诺莎对实体的限定让人很自然地联想到了——神,所以斯宾诺莎认为,如果有神的话,神不可能是有别于实体的东西,神就是实体。实体也不可能是有别于自然的东西,自然就是实体。实体只有一个,因此,实体、神、自然三者完全重合。神,即自然。这就是著名的斯宾诺莎泛神论。

斯宾诺莎的这一论证中并没有神秘主义色彩,整个过程严格遵循逻辑演绎方式进行。尽管他仅从定义、公理出发就推导出整个宇宙和全部人生的本质,并认为任何事物包括未来都是逻辑演绎的必然结果,似乎很难令人信服,但是在《伦理学》枯燥、抽象的形式背后,代表着一种完整的、统一的哲学体系的建立。笛卡儿是唯理论的开创者,而斯宾诺莎才是那个真正把唯理论思想系统化、体系化的人。罗素认为,斯宾诺莎的哲学演绎体系堪称哲学史上最杰出的体系结构的典范。

属性,思维与广延

斯宾诺莎的实体究竟是什么样子的呢?换言之,它具有怎样的属性呢?所谓属性,是构成实体的本质的东西。在亚里士多德看来,一扇木门和一扇铁窗的属性分别是木质和铁质。但斯宾诺莎的实体是自然,是神。这样的实体具有怎样的本质属性呢?斯宾诺莎回答说,实体是无限的,因此具有无限的属性,但是有限的人类只能认识其中的两种,一种是思维(精神),另一种是广延(物质)。这两种属性以不同的样式呈现在我们面前,让我们借以感知实体的存在。

"样式",斯宾诺莎把它理解为实体的特殊状态。简单地说,样式就是世间万物,人可以通过样式认识实体。样式(世间万物)千差万别、瞬息万变，它们是有限的、短暂的，它们相互联系、互相制约，都可归入思维和广延两种属性，比如，思想、情绪等归入思维，花鸟山川等归入广延，构成了一幅宏大而统一的自然图景。

思维和广延，是两种属性，而不是两个实体。斯宾诺莎用"属性二元论"取代了笛卡儿的"实体二元论"，从而完美解决了笛卡儿心物关系的棘手问题。笛卡儿将思维和广延（精神和物质）视为彼此互不关联的两个实体，但人是物质和精神的集合体，身体是物质的，思想是精神的，人的身体和思想之间为什么存在着明显关联呢？现在用斯宾诺莎的理论来回答这个问题就很简单了。思想和身体分属于思维和广延，是同一个实体的两种属性，因此它们之间理所当然具有某种内在的协调一致性。每当身体发生变化时，思想也会发生相应的变化，反之亦然。根据这一身心同步协调关系，斯宾诺莎认为："发生于身体内的东西无一不被心灵所知觉。"这被称为斯宾诺莎的"心物平行论"。

自由，是对必然的认识

在斯宾诺莎的哲学中，实体、神、自然三者完全重合。在自然这一实体中，任何组成部分都不能独自存在，都是相互关联的。人和世间万物，都是这个实体的组成部分，因此人与万物的背后都有着某种内在的必然性关联。

"认识你自己"，是古希腊以来一代代哲学家探究的终极目标。在斯宾诺莎看来，作为个体的人，认识自我，首先要认识自己的本性。这个本性就是："人是自然整体的一部分。"因此，认识自我，就必须超越狭隘的自我，去认识更多的东西，去认识我们生活于其中的那些关联，反省自己如何与自然相协调。

人是自然整体的一部分，斯宾诺莎的这一观点我们听来倍感亲切，这不就是道家"天人合一"的境界吗？庄子《齐物论》有曰："天地与我并生，而万物与我为一。"

斯宾诺莎的自然体系遵循严格的决定论，正如在几何证明中，一个命题是另一命题的必然结果，在自然中，每一个事物都是其他事物的必然结果。自然这个整体是一个相互关联的系统，这个系统中的所有组成部分都有其必然的位置。他认为，自然中没有任何偶然的事情，当人们说一件事情是偶然的，那只不过是缺乏足够的领悟力和洞察力，让残缺混淆的观念掺杂其中。既然人是自然的一部分，那么无论你是否愿意，是否接受，发生在你身上的一切就都是自然因果系列之中的必然结果。这样的人如何能获得自由和幸福呢？

在他看来，如果一个人无知无觉，被动地成为整体的一部分，被别的事物所决定，就是被奴役的、没有自由的；但只要他理解了整体的唯一实在性，自觉地按照自然的本性而为，就获得了自由。因为当我们把万事万物纳入其中，不再局限于狭小的自我，就不再会为孤立事件的短暂、易变而感到困惑。

"自由，是对必然的认识"，这是斯宾诺莎阐发的人类获得解放和得救的真理。虽然这一见解不免偏狭，但它和斯多葛主义的处世箴言一样，在人类极为有限的改变境遇的能力面前，具有强大的可操作性。与万物融为一体，甚至人就是神的一部分，这样的设想可以帮助渺小无助的人类个体获得安全感，保持冷静与平和，避免焦虑和恐惧。即使遇到天大的灾难，斯宾诺莎告诉你，不要让自己孤独地沉浸于悲伤，不妨把灾难视为自然力的组成部分，你会发现，对宇宙而言，灾难、邪恶虽然令人痛恨，但它们都只是至善的神的一部分，是为了最终的善的目的而存在的。因此，无论多么大的灾难、多么丑恶的现象，我们都应该宽容接受。

在饱受迫害、穷困潦倒的人生境遇中，斯宾诺莎就是这样安抚自己，并获得了慰藉。这种处世箴言用于无助的个体无可非议，但若被权力拥有者利用则潜藏凶险，因为它有可能成为制造悲剧与灾难的借口。灾难就是灾难，无论它指向的未来如何美好，对身处灾难中的个体而言，都不是幸事。

哲学史上，"斯宾诺莎式的幸福"和"柏拉图式的爱情"一样，因其超凡脱俗和不切实际，代表着形而上的精神追求，被称为精神幸福和精神爱情。诺贝尔文学奖得主、美国作家I.B.辛格的短篇小说《市场街的斯宾诺莎》以斯宾诺莎式的幸福为讽刺对象，男主研读斯宾诺莎的《伦理学》长达三十年，虽然他生活的环境嘈杂混乱，但他却沉浸在自己营造的斯宾诺莎式的幸福中，直到他爱上了一个姑娘，并从中体会到了另一种更真实的幸福，他忏悔道："神圣的斯宾诺莎，请原谅我，我成了一个傻瓜。"斯宾诺莎并不会在意自己被作家揶揄，被世人否定，他经历过更糟的，被亲人抛弃，被教会诅咒，他洞穿了人与自然的关系，看破了红尘罪恶，用自己的哲学倔强对抗着人生苦难。

斯宾诺莎的哲学，无论如何不是世人能够轻易理解的。他运用严密的逻辑，对神、实体、属性、样式、自由、拯救、幸福等传统哲学主题进行了全新的理性阐释。他的哲学被后世哲学家接纳、吸收，黑格尔在《自然辩证法》中对"自由是对必然性的认识"做了进一步阐释，继而影响到马恩哲学对自由与必然关系的认识。

人，自由与秩序

在泛神论的理论外衣下，斯宾诺莎哲学的真正主题是人，他努力寻求人与自然的关系、人与人的关系，寻求人的自由和解放。斯宾诺莎的政治观点集中于《神学政治论》。他强调宽容，强调人的信仰自由、思想自由和言论自由。他反对霍布斯的专制主义论调，认为在一个专制的反动时代，与其专注于形而上的认识论，徒然增加这个世界的知识积累，不如投身现实，捍卫人民主权的生命力。他悲叹："哀鸿遍野，或为激情所缚，或为教士所役，或为国王所驱；民不聊生，哲学家既无心论道，亦无意玉食。"

与此同时，他并不认为大众就是神圣完美的，他清醒地认识到大众的非理性特征："那些见识过大众变化无常脾气的人，几乎是处于绝望之中的。因为，大众不是由理性，而是由情感支配的，大众在任何事情上都是轻率的，都是很容易被贪婪和奢侈腐蚀的。而人的情感和欲望是沦为奴役状态的根源。"面对这样的人类同伴，斯宾诺莎并没有流露出嘲弄、哀叹的情绪，他努力理解他们，面对他们，努力帮助他们寻找克服情感冲动、获得理性、摆脱奴役状态的可能性。

他发现理性与本性抗争是没有意义的，他主张理性不需要任何违背自然本性的东西。人的本性包括欲望、冲动、激情等，这些情绪本身只是"混乱的思想"。理性不是混乱思想的主宰，而是把各种混乱思想协调为一个整体，厘清不同混乱思想之间的关联。理性，是混乱思想的澄清。获得理性，意味着摆脱情感和欲望的支配，基于自己的意志生活。这就是摆脱奴役，获得自由。人们渴望获得理性，"因为没有一样东西比一个以理性为指导的人更优秀。因此，没有什么比教育人们，并使他们最终生活在理性的直接权威之下更能人尽其才了"。如何能做到呢？斯宾诺莎强调，思想必须绝对自由。

"推崇自由，反对集权"是斯宾诺莎政治论的核心，这在当时是一种激进的政治主张，在17世纪还没有得到普遍认同。在《神学政治论》中，他写道："即使是最危险的异端邪说，也应该被包容,因为其必定对我们有所教益。"当时的时代背景对这样的言论可一点都不友好,伽利略在宗教裁判所的拷打威胁之下放弃了日心说,笛卡儿为了避免教会的怒火尽力修饰他的哲学。《神学政治论》于1670年匿名出版,但人们很快就知道了作者是谁,四年后这本书被以宽容著称的荷兰当局列为禁书。尽管如此,斯宾诺莎倡导自由的声音仍然在欧洲上空回荡:应该赋予人民言论自由,必须赋予人民言论自由。如果不允许人们在公共场合批评他们的统治者,他们就会私下谋反。如果没有言论自由,精神和社会发展的道路就会被堵塞,生活就不值得继续。

  自由很重要,但是该如何协调自由与秩序之间的关系呢?毕竟人的本性是利己的,如果人人都只追求个人利益,不顾他人,岂不是要陷入霍布斯所谓的"自然状态",人们彼此虎视眈眈,无人能摆脱恐惧?斯宾诺莎并不否认人性中的自私自利,理性不要求任何违背自然本性的东西,因此他主张每个人都应该追求自己的利益,这是人之为人的重要价值。他甚至将追求个人利益与美德相提并论:"对我们来说,绝对按照美德行事,就是为追求我们自己的利益而行动、生活和维护自身的存在,此三者有相同的含义。"(《伦理学》)每一个生命都努力维护自身的存在,这一努力就是美德。美德就是力量,是来自神(自然)的力量,驱动人们去追求。所有倾向于增加身体或心灵力量的东西都是快乐的,是好的。

  斯宾诺莎提醒人们不要曲解快乐的含义。他认为,资财、荣誉和感官快乐,这些非但不能使人获得长久的快乐,相反,会迷乱人心,使人陷溺于欲壑难填的痛苦之中,不值得追求。快乐是从较不完善到较为完善的转变,而悲伤则是从较为完善到较不完善的转变。快乐并不是某一种结果,如果一个人天生完善,他根本不会体会到快乐。换言之,获得快乐,就是不断提升和完善自我的过程。

自私自利的人们天生不适合成为公民，但又必须成为公民，因为没有人希望生活在恐惧中，国家和法律就此获得了意义："让注定受激情支配、变化无常的人，可以安全地生活在一起，信任彼此的忠诚。从恐惧中解脱出来，自由地生活，安居乐业，人尽其才……国家的最终目的，就是真正的自由。"（《神学政治论》）大约在《神学政治论》出版前二十年，霍布斯从相同的前提出发，得出了截然相反的结论。斯宾诺莎批判霍布斯的集权主张，认为多数人无知带来的危险比自私自利的少数人的集权带来的危险少得多，自由带来的不安全感远胜于束缚带来的安全感。

斯宾诺莎和霍布斯一样，主张社会契约论，但他认为，人们签订社会契约放弃自然状态的自由，是为了获得社会状态下的自由。人们让渡自己天赋权利是为了建立一个民主共和国，而不是一个专制政体。民主制是最自然的政体，人们没有义务为主权者放弃所有权利、政见和言论方面的自由，这很重要。

斯宾诺莎极为珍视自由，他在《神学政治论》的序言中写道："自由比任何事物都为珍贵。我有鉴于此，欲证明容纳自由，不但于社会的治安没有妨害，而且，若无此自由，则敬神之心无由而兴，社会治安也不巩固。"但是，斯宾诺莎把自由限制在思想和言论范围内，在实践中，他号召人们为维护国家的安宁而放弃自由行动的权利，认为这才是最明智的。他确信，当人们在追求各自利益的过程中发生冲突时，即使因个人利益受到挑战感到沮丧，他也终究会明白合作的价值；当他逐渐了解到自己和同伴之间错综复杂的关联时，他终究会明白："人人为我，我为人人，对彼此是最有利的。"

有了这样的有缺陷的、自私自利的、认识到个人与群体利益关系的人，民主就会随之而来。这样的民主将是一种成就，而不是一个陷阱。时至今日，斯宾诺莎有关自由和民主的见解仍具有激励和启示意义。

和苏格拉底一样，斯宾诺莎认为无知是万恶之源，知识有助于人们采取明智的、恰当的行动，因此他强调教育，强调知识的传播。黑格尔、叔本华、尼采、罗素、弗洛伊德都从他那里汲取到了养分，爱因斯坦、海涅、

斯宾诺莎像

歌德、艾略特也都对他推崇备至。他像水手一样，凝视星空，让永恒的星座指引方向，如今他也如同夜空中的星座，引导更多的心灵穿越时空，探究真理和必然。

莱布尼茨：最好的世界

如果说斯宾诺莎坚持极端的一元论，认为世界上只有一个实体，那么莱布尼茨则走向了另一个极端，他假设实体的数量无限多。他们的生活方式也截然相反，斯宾诺莎过着隐居生活，而莱布尼茨则是一位公众人物，生活在政治精英和学术精英的圈子里。

天才少年

戈特弗里德·威廉·莱布尼茨（Gottfried Wilhelm Leibniz，1646—1716）生于德国莱比锡，父亲是莱比锡大学的伦理学教授，母亲是虔诚的天主教徒。莱布尼茨两岁的时候，因宗教改革而起的欧洲三十年战争（1618—1648）终于结束了。当时，英国已经有了莎士比亚、培根、弥尔顿和洛克，法国出现了蒙田、高乃依、拉辛、莫里哀、帕斯卡尔和笛卡儿，而宗教改革的发源地德国则处于文化低谷。

随着战后德国分裂为众多独立公国，德国人的

莱布尼茨：单子没有窗户（AI 图）

民族意识衰落，上层说法语，学术界用拉丁语，只有底层民众说德语。莱布尼茨从不用德语写作，他的著作都是用拉丁语和法语书写的，然而他的著作表达的却是典型的德国思想。

莱布尼茨六岁时父亲去世，给他留下了丰富的藏书，这对他而言是一笔巨大的财富。也许与大量阅读有关，莱布尼茨很快从同龄人中脱颖而出，被公认为是个少年天才，他天才到什么程度呢？十二岁凭借一本拉丁文历史辞典和一本李维的《罗马史》自学拉丁文。这相当于汉字还认不大全的一个小学生读《史记》。老师发现后上门找家长，反对他读那些不适合他这个年龄的艰深著作，认为读些启蒙性的初级读物才好。此时碰巧一位邻居路过，不赞同老师的观点，鼓励莱布尼茨凭兴趣阅读，并对他开放了自己的大量藏书。

莱布尼茨十五岁进入莱比锡大学学习法律，与中科大少年班同学的入学年龄相当。十七岁他完成所有功课，获得学士学位。同年，前往魏玛城，在耶拿大学跟随魏格尔学习欧氏几何。魏格尔颇具神秘色彩的四进位制算术理论，对莱布尼茨日后创立二进位制产生影响。十八岁获得硕士学位。此外，大学期间他还广泛涉猎哲学、神学、自然科学等各个领域的知识。二十岁申请博士学位时，莱布尼茨遭遇到了挫折，莱比锡大学以他太年轻为由拒绝了他的申请。如果是论文质量不够格也就认了，但因为太年轻不给学位，这算什么理由？莱布尼茨一气之下离开莱比锡，前往自由之都纽伦堡，向阿尔多夫大学提交了同一篇论文，博得教授们的一致赞赏，二十一岁获得博士学位。这在现代通常是本科在读的年龄。

拿到博士学位后，莱布尼茨来到了人生的十字路口，或在大学任教，或投身社会生活。当时的德国大学学术气息僵化，莱布尼茨不想同前辈教授们一样终生过一种沉闷的学术生活，他认为那会使人的创造力窒息，于是放弃教职投身社会，成为美因兹大主教（神圣罗马帝国选帝侯）的宫廷幕僚，担任律师并协助其从事外交工作。而这并不意味着莱布尼茨学术生涯的结束，他日后众多的科学创见、伟大思想，都是在工作之余完成的。

政客与哲学家：双重身份合体

走出校园，莱布尼茨前往巴黎从事外交工作，后来又访问英国，游历欧洲，结识了许多杰出的哲学家和科学家，如马勒伯朗士、阿尔诺特、波义耳、惠更斯、奥尔登伯格等，其中最著名的是斯宾诺莎。莱布尼茨一生留下了与各界人士交往的大约一万五千封书信，探讨的话题几乎遍及所有学科，哲学、神学、法律、物理、数学、历史、医学等。有人认为莱布尼茨的精神气质与苏格拉底很像，都热衷于跟人谈话，像马虻一样刺痛那些自以为真理在握的人。腓特烈大帝对莱布尼茨的博学大加赞赏，称他一个人就是一所科学院。

莱布尼茨与斯宾诺莎相识于海牙，此后保持书信往来。在完成外交使命后，他专程去荷兰拜访了斯宾诺莎，与斯宾诺莎深入交流长达一个月之久，甚至还得到了斯宾诺莎的部分原稿。尽管在对实体的认识上，他们走上了两个极端，但在莱布尼茨的哲学中，始终能看到斯宾诺莎的影子。黑格尔说："斯宾诺莎思想的伟大之处在于舍弃一切确定的、特殊的东西，仅仅以唯一的实体为归依；这是一种宏大的思想，但只能是一切见解的基础……而莱布尼茨的个体化原则（单子论）成全了斯宾诺莎。"（黑格尔《哲学史讲演录》第四卷）

莱布尼茨是可以比肩斯宾诺莎的伟大哲学家，但在人品方面却颇受诟病。他一生结交权贵，衣食无忧，晚年撰写的《神正论》被指明显有粉饰现实、讨好权贵的色彩。罗素在《西方哲学史》中说，有两个莱布尼茨，一个是充满智慧的哲学家，另一个是庸俗谄媚的政客。在我看来，政客是职业选择，是谋生的手段，甚至是莱布尼茨从事哲学和科学研究的必要前提。事实上，莱布尼茨的生活支出和研究经费绝大部分都出自权贵的资助供养，而哲学和科学是他内心的渴望、真正的热爱。同样热爱哲学、投身哲学，斯宾诺莎不屈从于权贵，一生潦倒，四十五岁英年早逝；莱布尼茨结交权贵，衣食无忧，七十而终。斯宾诺莎毫无疑问值得敬佩，而说莱布尼茨庸俗谄媚也许过于苛刻。

游历欧洲归来，莱布尼茨担任汉诺威公国王室图书馆馆长，后来又创立了柏林科学院，出任首任院长。他热爱科学，也热衷于推进科学事业的发展，不遗余力地给各国君主写信，建议他们建立科学院和图书馆。有些国家的统治者，如俄国、波兰等，接受了他的建议，但当时大多数君主并不具备此等眼光。据说莱布尼茨还给康熙皇帝写过信，建议康熙建立科学院，可惜没有被采纳。此外，莱布尼茨对中国文化也很感兴趣，他与法国传教士白晋频繁通信，了解到一些中国的哲学思想，认为中国的阴阳八卦模式与他创立的二进制系统不谋而合。

莱布尼茨与牛顿：谁是微积分的创立者？

如果人间真的有"神仙打架"，那只能是莱布尼茨和牛顿。这两位欧洲学术界的大神及其各自拥趸，拉开架势，形成了支持牛顿的英国派与支持莱布尼茨的欧洲大陆派两大阵营，为微积分创立者身份之争展开了一场对峙四十余载的学术界"世界大战"。当时的结果看似牛顿获胜，但三百年后的今天，人们使用的却是莱布尼茨更简单易懂的微积分符号和方法。这桩公案如今公认的结论是：莱

莱布尼茨（左）与牛顿（右）

布尼茨和牛顿分别独立地在德国和英国创立了微积分。

莱布尼茨和牛顿有很多共同点，他们都是世界级的天才，也都是世界级的数学家。牛顿的一位传记作家（Frank E. Manuel）甚至说："他们两人是全欧洲最了不起的天才，不只是在他们所处的时代，甚至包括历史长河中的各个时代。"（*A Portrait of Isaac Newton*, New York：Da Capo，1968）

莱布尼茨在巴黎担任外交官之余，动手做了一台二进制手摇计算机器，不仅可以加减乘除，还可以进行开方运算。这让他在1673年（时年二十七岁）游历伦敦时被推荐为英国皇家学会院士（当时牛顿是学会主席），也被后世视为计算机的先驱之一。

回到巴黎后，1673至1675年间莱布尼茨创建了一种无穷级数的运算技巧。通过英国皇家学会秘书奥尔登伯格的介绍，他结识了英国出版家柯林斯，并把自己的研究成果寄给他。柯林斯鼓励莱布尼茨的研究，并寄给他一些皇家学会内部的研究目录，包括牛顿等人有关无穷级数的研究进展，其中没有一个数学公式，而且是在莱布尼茨建立起自己的方法之后才寄给他的，但是这些书信后来成为牛顿指责莱布尼茨抄袭和舞弊的重要证据。

的确，牛顿在17世纪60年代就发展过一些无穷级数的算法和微积分，虽然莱布尼茨使用的是不同的符号，但二者的工作基本是一样的。奥尔登伯格和柯林斯早就建议牛顿发表相关研究，但牛顿不肯。牛顿对于发表研究成果总是很忌惮，这是一件有趣的事。据说早年间牛顿向《哲学会刊》投论文《光与颜色的新理论》，其中的观点与时任皇家学会实验主任的胡克相左，被胡克狠狠批评了一通。年轻学者牛顿被激怒了，为了避免被攻击、被"窥视"，他索性闭紧嘴巴，再也不发论文了。但学术界认定首创者通常以研究成果公开发表的时间为依据。

牛顿并没有见过莱布尼茨，他大约是在1675年才听奥尔登伯格说起有一位年轻的德国数学家想向他请教一些问题。牛顿与莱布尼茨之间有过短暂的通信，牛顿在信中阐述了自己的一些数学观点，并说明多年前已获得无穷级数的方法，但并没有进一步解释。此后多年，牛顿醉心于炼金术，那位来路不明的德国数学家早被他抛诸脑后，直到1684年10月莱布尼茨在莱比锡大学的学术刊物《学问记述》上刊发了他讨论微积分的第一篇论文。

牛顿感到错愕震惊，他将莱布尼茨视为窃取知识的小偷，而且还胆敢向全世界展示他的赃物。于是一场纠缠四十多年的学术界世界大战打响了。开始时，争的不过是谁先发明了微积分，而随着论战逐步升级，英国和欧洲大陆在哲学思想和数学应用两方面都陷入长期分裂状态。由于莱布尼茨的记号更便于理解和使用，很快在全欧洲普及开来，成为标准数学语言的一部分，至今仍被使用，但当时却被英国数学家漠视。牛顿时期的英国数学家领先于全世界，但他们拒绝使用莱布尼茨的符号后，便在接下来的一个世纪失去了优势。

就在双方激战、难分胜负之时,牛顿亲自出马了。根据迈克尔·怀特所著《牛顿传》的记载,作为英国皇家学会主席,他决定成立一个委员会调查真相。名义上,委员会由"国内几位公正的人士组成",事实上十一位委员中至少一半是牛顿的忠实追随者。牛顿还亲自监督调查过程中的每一个阶段,并撰写委员会报告。委员会在成立六个月时(1713年1月)发表了报告,其中三位最后任命的委员上任不过一周。这些委员的身份直到19世纪学会相关档案曝光,才被世人知晓。报告详细记载了牛顿的陈述和理由,对莱布尼茨的贡献则声称证据不实,结论是:"依照这些理由,我们认为牛顿先生是微积分的首位发明者。"这是对莱布尼茨学术贡献的"权威否定",而且还补了一刀:"第二位发明者无效。"这份报告并没有说服欧洲大陆的学者,甚至历经几个世纪,他们仍拒绝接受牛顿是微积分的发明者。直到19世纪中叶,双方才达成形式上的妥协,微积分被认定为牛顿和莱布尼茨各自独立发明的成就。

单子:没有窗户

莱布尼茨是德国人,德国哲学的特点是晦涩难懂,莱布尼茨就是一个典型代表。他的哲学著作主要包括《形而上学谈话》(1686)、《新系统》(1695)、《人类认识新论》(又名《人类理智新论》,1704年定稿,1765年首版)、《神正论》(1710)、《单子论》(1714)等。

"单子"这个词是莱布尼茨发明的,指构成世界的最基本单元、不可分割的东西。关于不可分割的东西,古希腊哲学家早有思考,德谟克利特两千多年前就提出了原子论。德谟克利特的原子并非现代物理学的原子概念,而是一个哲学概念,指不可再分割的物质微粒。"原子"这个词在古希腊语中的意思就是"不可分割的东西"。

莱布尼茨认为,德谟克利特的原子并非不可分割,因为原子是物质实体，具有广延（物质的空间属性，即长宽高），凡是有广延的东西，哪怕再小，甚至看不见，在理论上也是可以分割的。他要找到那个真正的不可分割的东西，并以此作为构建世界的基本单元。由于物质都是有广延的，所以莱布尼茨设想了一种精神原子，只有形式而没有广延，他称之为"单子"。单子，不是物质性的实体，而是精神性的实体，是一个真正的不可分割的点。

单子不仅不可分割，而且还有能动性。德谟克利特的原子就具有能动性，不需要外力的作用，自己就可以运动。莱布尼茨的单子保留了德谟克利特原子的这一特征。单子的能动性来自它内在的感觉和欲望。在《单子论》中他写道："它们自身之内具有一种自足性，使它们成为它们内在活动的源泉，也可以说，使它们成为无形体的自动机。"

莱布尼茨说，整个世界就是由无穷多的单子构成的。问题是，没有广延的单子如何能构成拥有广延的世界呢？常识告诉我们，再多个零相加也不会得到一。这个看似无解的问题，莱布尼茨却给出了一个极为巧妙的答案。他是如何解答的暂且不论，先通过三个小问题来进一步认识莱布尼茨的单子。

第一个问题，单子从哪里来？是上帝瞬息之间造出来的。上帝是怎么在瞬息之间造出单子来的呢？莱布尼茨没具体说，也许是打了个喷嚏，也许是不小心把气球戳破了，反正上帝就是在瞬间创造了单子。这有点像宇宙大爆炸理论。上帝是创造一切单子的单子。莱布尼茨称上帝为"太上单子"。单子永不消亡，除非被上帝消灭。

第二个问题，单子之间是如何互动的？它们之间没有互动。莱布尼茨说"单子没有窗户"，也就是说，每一个单子都是独立的、自我封闭的，只依靠自身的力量推动自己运动。

第三个问题，单子之间的差别是什么？每个单子的内在感知能力不同。最低级的单子只有微弱的感知能力,莱布尼茨以一颗露珠为例,露珠可以折射世界,但它们折射出的世界太模糊,因为它们的感知能力很微弱。动物感知到的世界要比露珠清晰得多,而人类不仅可以感知世界,还可以对感知到的世界进行反思,因此构成人类的单子感知能力高于构成动物的单子。当然,还有比人类单子更高级的单子,那就是天使和上帝。拥有不同感知能力的单子形成了一个具有等级序列的世界。对于具有不同感知能力的单子来说,世界各不相同,这不是由客观世界决定的,而是由主观感知能力决定的。

我们通常所说的物质世界,在莱布尼茨看来,只不过是单子感知到的现象世界,是一种主观表象,而不是物理学意义上的广延世界。就如同我们看到了彩虹,但彩虹只是光学现象,并非具有广延的存在。我们眼中具有广延的物质世界,在"太上单子"上帝的眼中,就是一堆无广延的单子罢了。换言之,世界是什么样子的,取决于每个个体的主观感知。这样一来,莱布尼茨就把本体论问题转化为认识论问题,巧妙地回答了那个看似无解的问题。

需要注意的是,古代德谟克利特的原子论被认为是唯物论最早、最重要的代表。虽然莱布尼茨的单子论看起来和德谟克利特的原子论很像,但却有着非唯物主义的、目的论的底色,与原子论有着本质区别。

世界上没有两片完全相同的树叶

关于单子之间的差异,莱布尼茨还有两条重要论述。

第一,差异律。莱布尼茨的表述为:"世界上没有两片完全相同的树叶。"莱布尼茨在和一位贵族夫人探讨这个问题时,夫人去花园里寻找,果然找不到两片完全相同的树叶。同理,世界上没有两个完全相同的单子。这与我们的经验相吻合,世界上没有完全相同的两个人，即使是同卵双胞胎。从政治学角度来看，没有窗户、独一无二的单子，代表了一种毫不含糊的个人主义。单子之间不是君臣、主仆的从属关系，不是宗族、帮派的附庸关系，每一个单子都是一个拥有内生动力的行动主体，在自身感知和欲望的驱使下行动。这种赋予个体的自由，在莱布尼茨研究学者陈修斋看来，是一种"反对抽象的和普遍的自由观，突出和强调具体的和个体的人的自由"（陈修斋《莱布尼茨》）。从经济学角度来看，单子的特征与市场行为主体的特征也相吻合，每一个个体都是从内化了的市场经济原则出发来做行为选择的。

第二，连续律。当这位贵族夫人对莱布尼茨的"差异律"敬佩之至，深以为然之时，莱布尼茨又抛出了第二个论断："世界上也没有两片树叶是完全不同的。"用莱布尼茨的话说"自然不作飞跃"，也就是说，任何两个单子之间都保持有连续性，它们之间可以插入无数个中间态的单子。

差异律保证了单子的独特性，连续律保证了单子之间的连续性。我们可以把单子想象成一个个点，从具有微感知能力的低级单子到明察秋毫的太上单子，这些点可以连成一条没有断点的线。由于单子没有广延，这条线只存在于我们的想象中。

在《神正论》中，莱布尼茨告诉读者，人的思维领域有两大迷宫，常常让人的理性误入歧途：第一个迷宫是不可分割的点与连续性之间的矛盾问题，莱布尼茨的单子论试图引领人们走出这个迷宫；第二个迷宫是自由与必然的矛盾问题，由此引出自由意志和恶的起源问题，莱布尼茨尝试用"最好世界理论"进行阐释。

现实世界是所有可能世界中最好的世界

绝大多数人很难接受这个观点：现实世界是最好的世界。我们宁愿用"平凡"来形容它，因为我们更熟悉路遥描绘的《平凡的世界》，现实世界有喜有悲、有哭有笑、有勇气有卑微、有努力有挫折、有阳光有阴霾，而最好的世界，应该是一个完美的天堂世界，没有灾难、没有悲伤、没有黑暗、没有痛苦，现实世界与之相去甚远。当然，我们愿意相信，现实世界会变得更好，会在科技不断发展、政治日益清明、人类积极进取中变得更好。

当莱布尼茨在《神正论》中宣称，虽然现实世界存在无数罪恶，但它仍然是所有可能世界中最好的世界，我们究竟是感到宽慰，还是感到失落呢？我们向莱布尼茨先生提问，希望他给出令人信服的理由——

问：为什么说现实世界是所有可能世界中最好的世界？

答：因为全善全能的上帝创造了这个世界。

问：这令人联想到伊壁鸠鲁之问：如果神愿意消除罪恶，但没有能力，那么他不是全能的；如果神有能力消除罪恶，但不愿意，那么他不是全善的；如果神既有能力，又愿意消除罪恶，为什么世间还有如此多的罪恶？伊壁鸠鲁的神并不是指基督教的上帝（他生活的年代耶稣还没出生），但任何宣称全能全善的神都需要经受伊壁鸠鲁之问。

答：是的。要知道，所有可能的世界都不完美，因为由上帝创造的世界都不可能如上帝般完善。这种不完美可称之为"形而上学的恶"（metaphysical evil），也就是说世上万物都有缺陷。上帝从所有有缺陷的世界中，选择了一个尽可能好的世界。

问：除了"形而上学的恶"，现实世界还有很多恶，比如人之恶，暴力、欺诈、愚蠢等。这些恶难道不能避免吗？

答：除了形而上学的恶，现实世界中的确还存在着其他罪恶，人之恶可称其为"道德的恶"（moral evil）。这种罪恶的产生在于人滥用了上帝赋予人类的自由意志。如果想要消灭"道德的恶",上帝就必须收回赋予人类的自由意志。

提问者:这不行。

答:这正是上帝的考量,上帝宁愿承受产生罪恶的风险,也仍然要把自由意志赋予人类。

提问者:上帝把自由意志看得比道德与否更重要,把自由的价值看得高于一切。

答:正是。

问:除了"形而上学的恶"和"道德的恶",世界上还有许多人力不可及的苦难,生老病死之类,难道这些恶也有存在的必要吗?

答:这种恶可称之为"形体的恶"(physical evil),是上帝对人类"道德的恶"的惩罚。因为道德的恶无法避免,形体的恶也就必然存在。

问:这么说来,只能接受这个充满罪恶的世界?难道和谐完美的世界只能是一个幻想?

答:一个拥有罪恶的世界也许比一个没有罪恶的世界更加和谐。

问:此话怎讲?

答:来想象一下伦勃朗的作品,如果那上面只有明,没有暗,就绝不会是一件伟大的艺术作品。明要以暗来衬托和凸显,因此有人说伦勃朗以黑暗绘成光明。同理,乐曲有高有低才成为旋律,日月交替才成就光阴。善与恶共存的世界也因此比只有善的世界更和谐。

提问者:您的见解富有哲理。因为罪恶,我们才知道善良的美好;因为疾病,我们才知道健康的可贵;因为死亡,我们才懂得珍惜生命。

答：正是如此。全能全善的上帝在所有可能的世界中为我们选择了一个最好的世界，它是一个保证善能得到最大表现、自由得以最大发挥的世界。在一个没有自由、没有罪恶的世界里，一切都是上帝给予的必然性安排，又有谁会愿意生活在其中呢？

莱布尼茨的最好世界理论并不能说服所有人。大部分反对者将矛头指向了最好世界理论为现实世界中的罪恶提供了正当理由，为现存的社会形态及社会权力提供了合法性，从而视其为对现实世界的一种辩护。罗素认为莱布尼茨讨好权贵、庸俗谄媚；黑格尔认为莱布尼茨为现实社会歌功颂德、涂脂抹粉；伏尔泰嘲笑莱布尼茨的最好世界理论就是媚俗之作，质问道："面对无辜受难者的时候，有什么理由相信存在一个公正的、赏罚分明的上帝？"

联想到奥斯威辛集中营里犹太人的遭遇，伏尔泰的质问尤能引发人们的共鸣。对此，卢梭有不同的观点，他并不全然赞同莱布尼茨的最好世界理论，但他认为，相信上帝的存在恰恰可以抚慰遭受苦难的心灵。人可以没有幸福，却不能没有希望。信仰告诉人们，此生遭受的苦难正是走向另一个美好世界的必要考验。英国神学教授约翰·希克将我们的世界称为"成灵谷"，也就是成就灵性生活的山谷，它的所有意义在于引导我们的灵魂走向彼岸。如果站在卢梭和希克的视角上看问题，人生的一切苦难就变成了通向幸福的必由之路。

不可否认，莱布尼茨的最好世界理论提供了一个全新视角（上帝视角，而不是凡人视角），来重新审视世间的善恶美丑。超越人类中心主义，突破以人类利益为中心的标准，善恶美丑被赋予了全新的内涵。最好世界理论引发了后续启蒙思想家的思考与争论，康德和黑格尔由此进一步思考自由对人的重要意义。

无限实体与前定和谐的世界

关于莱布尼茨由单子构成的世界,我们还有一些疑问。世界由无数单子构成,单子没有窗户,彼此间无法互动,这样的世界会不会乱成一锅粥?事实上我们的世界井然有序,这是如何做到的呢?莱布尼茨的解释是,这一切都是万能的上帝在创造单子的时候就设计好的,如同事先编好了程序,单子是前定的和谐的组成部分,只要按照上帝的设计运行就可以了。他举了个例子,一个庞大的交响乐团,乐手们各司其职,都按照谱子演奏,呈现的是美妙的乐曲。上帝就是那个写谱子的人。

至此,我们得到了三种有关实体理论与和谐世界的学说,分别是笛卡儿的"身心交感说"、斯宾诺莎的"心物平行论"和莱布尼茨的"前定和谐理论"。来回顾一下实体的概念,实体就是不依赖于别的东西而存在,具有独立实在性的东西。

笛卡儿的"身心交感说":世界有三个实体,上帝是一个绝对的实体,上帝又创造了物质(身)和精神(心)两个相对的实体。实体不依赖任何别的东西而存在,那么身心是如何彼此独立又协调一致的呢?笛卡儿认为,人的大脑中有一个叫松果腺的器官,接受心灵信号并传输给身体,使二者协调一致。

斯宾诺莎的"心物平行论":世界只有一个实体,物质和精神只不过是这一个实体的两种属性,它们之间理所当然具有某种内在的协调一致性。

莱布尼茨的"前定和谐理论":莱布尼茨的单子符合实体的定义,每一个单子都是一个实体,因此莱布尼茨的世界中有无数个实体。上帝的先验安排确保每一个单子在独立运动的同时世界秩序井然。

接受莱布尼茨的前定和谐理论需要一个前提，那就是信仰一个全能的上帝，对于无神论者或其他信仰者而言，这很难说得通。而这个理论本身也隐含着不少矛盾。比如，上帝也是单子，应该也是没有窗户的，他又如何影响其他单子，安排其他单子组成和谐世界呢？每一个单子都是自由的、能动的，但它们的一切却都是被上帝前定好了的，单子的自由和能动岂不成了假象？黑格尔后来嘲讽道："上帝仿佛是一条大阴沟，所有的矛盾都汇聚于此。"所有无解的问题都推给万能的上帝，这倒是个解决问题的简单方法。

人的心灵是一块有纹路的大理石

关于"人的心灵到底是什么"的问题，经验论的代表人物之一洛克提出著名的"白板说"，认为心灵就是一块白板，最初上面什么都没有，后来的一切都是通过经验写上去的，根本不存在笛卡儿所说的什么清楚明白的"天赋观念"。

莱布尼茨企图调和唯理论与经验论的思路，提出了一种折中的观点，认为人的心灵是一块"有纹路的大理石"。这些纹路是先天就有的，但只是一些潜在的禀赋、倾向和习性，它们需要经过外在的刺激，也就是在感觉经验中复苏，才能成为清楚明白的观念。这很像柏拉图的"回忆说"。柏拉图认为灵魂在进入人体前就具备了理念，只不过人在出生的时候忘记了，后来通过经验的刺激才慢慢回忆起来。

洛克认为，人的观念有两个来源，经验和反省。莱布尼茨反驳道，反省不正是对内心已有的东西的重新审视吗？这相当于承认了天赋观念的存在。在经验和反省中，这些天赋观念由模糊变得清晰，这个过程就是理性提升的过程，也称启蒙的过程。在他看来，认识论问题说到底就是人的理性借助经验提升的问题。

莱布尼茨在强调天赋观念存在的同时，承认了感觉经验的重要性。表面上看，莱布尼茨向经验论做了妥协，但实际上，他强调的仍然是理性的自我提升，并没有从唯理论的立场有所后退。在他的理论中，理性与经验之间明显具有高下之别。

莱布尼茨在《人类认识新论》一书中详细阐述了自己的认识论观点。事实上这本书就是针对洛克的《人类认识论》做出的反驳。但书稿完成时洛克已经去世，当时欧洲学术界有一种约定俗成的绅士规矩，对于逝者不发起学术论争，因为对方已经无法回应，所以莱布尼茨的这本书生前并没有出版，去世后才面世。这本书后来对康德的批判哲学产生了很大的影响。

约翰·洛克：知识道路上的清扫工

科学与民主的理念，是近代西方对人类的巨大贡献。20世纪初被介绍到中国时，陈独秀将其译为"赛先生"（Science）与"德先生"（Democracy）。而这两位"先生"的源头就在17世纪的英国。"赛先生"对应的是牛顿，他所揭示的自然科学普遍规律颠覆了亚里士多德的权威，改变了人们对自然界的看法；而"德先生"对应的就是约翰·洛克（John Locke，1632—1704），他所描绘的国家制度图景否定了君权神授，刷新了人们对人类社会的认知。

宽容与革命

16世纪的欧洲处于血雨腥风之中，宗教改革运动使欧洲陷入政治与宗教的双重分裂。偏执与仇恨导致战争。17世纪中叶，几乎所有欧洲国家卷入其中的"三十年战争"（1618—1648）令整个欧洲精疲力尽。1648年《威斯特伐利亚和约》签署，标志着战争的停止和宽容时代的到来。信仰与理性、教会与国家、保守与激进、古典与现代，许多以往尖锐对立的阵营在旷日持久的血腥战争之后都柔和下来，尽管分歧仍在，但协调共生逐渐成为时代的主旋律。科学与民主正是在这种普遍宽容的氛围中成长起来。

洛克就生于这个重要的历史转折期，是倡导宽容精神的代表人物之一。1685年，他在给友人菲力·范·林堡格的信中写道："任何人都无权因他人属于另一个教派或宗教，而以任何方式危害其公

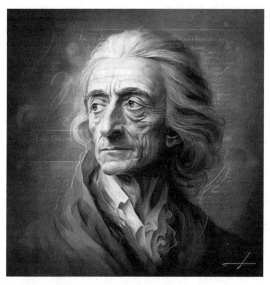

约翰·洛克：人类认识论（AI 图）

民权利的享受。他享有作为一个人和一个公民的一切权利，神圣不可侵犯。"（洛克《论宗教宽容》）

约翰·洛克，出生于英国萨默塞特郡一个商人之家。父亲是小土地所有者，做过乡村律师，是一个彻底的革命派，1642 年英国内战爆发时站在国会一边，参加了克伦威尔的军队，同国王军作战。母亲是制革匠的女儿，在洛克咿呀学语时就离开了他。双亲都是清教徒。洛克天资聪颖，入读著名的伦敦威斯敏斯特中学，成绩优异。当时英国内战正酣，国会军最终击败国王军，执掌政权。1652 年，二十岁的洛克进入牛津大学基督教会学院读书，该院院长兼副校长约翰·欧文（John Owen）也是一位清教徒。当时主持牛津大学的都是英国最早主张宗教宽容的一群人。洛克的家庭熏陶和教育影响，在他的思想中都有体现。

大学里，洛克深受笛卡儿影响，反感经院哲学。他曾说，是笛卡儿第一个把他从经院哲学莫名其妙的谈话方式中拯救出来，尽管洛克后来批判笛卡儿的观点，但毫无疑问，他从笛卡儿那里深受启发。除了哲学，洛克在大学里对自然科学，尤其是医学和化学，也投入了很大的热情。牛津毕业后，洛克留校任教，教授希腊语，并从事医学和实验科学研究。其间与当时著名的科学家如波义耳、牛顿等人交往甚密，1668年被选为英国皇家学会会员，1675年获得医学学士学位。虽然洛克从没有挂牌行医，但他医术精湛在朋友圈子里是很有名的。

1665年三十三岁的洛克离开牛津，投身政治生活。首先作为驻外使馆秘书，到德国和法国工作了两年。回国后，1666年，他结识了政治活动家、辉格党创始人之一阿什利勋爵（1672年被封为沙夫茨伯里伯爵），医好了勋爵的痼疾。勋爵感激之余，邀请洛克做他的家庭医生兼秘书，二人从此结下了不解之缘。1682年沙夫茨伯里伯爵策划反对约克公爵（后来的詹姆士二世）继承王位的密谋败露，逃亡荷兰。作为伯爵的死党，洛克被牵连，1683年也逃到荷兰。流亡期间，洛克完成了《政府论》和《人类认识论》（又名《人类理解论》）。他的主要著作回国后相继出版，包括《政府论》（1689—1690）、《人类认识论》（1690）、《论宗教宽容》（1689—1692）、《论教育》（1693）、《基督教的合理性》（1695）。

1688年11月，英国爆发了"光荣革命"。这是一场不流血的革命，贵族与新兴资产阶级达成妥协，其结果是建立了英国的君主立宪制。而发动"光荣革命"的正是沙夫茨伯里伯爵领导的反对扩张君权的辉格党。革命成功后，流亡的辉格党人纷纷回国，其中就有他们重要的理论家——时年五十七岁的约翰·洛克。17、18世纪，君主立宪制成为欧洲各国进步知识分子心中理想的政体，他们认为这种体制很完善，君主、贵族、新兴资产者、平民都能在其中享有权力。洛克在《政府论》中表达的政治思想，恰是对君主立宪制的理论辩护，恩格斯因此称洛克为"1688年阶级妥协的产儿"。

洛克与《政府论》

洛克的《政府论》被称为西方自由主义的"圣经",分上下两篇,上篇对鼓吹君权神授说的罗伯特·菲尔默(Robert Filmer)爵士进行抨击,下篇提出自己对国家和自然权利的主张,为现代西方政治理论奠定了基础。

美国《独立宣言》和法国《人权宣言》开篇都声称:人具有神圣不可侵犯的天赋权利,包括生命权、安全权和私有财产权等,而政府存在的合法性在于更好地保障人的基本权利,否则人们就有权推翻它。这正是洛克《政府论》的基本观点。洛克的政治学说主要涉及两个问题:第一,人们为什么需要一个政府?第二,这个政府应该是什么样子的?

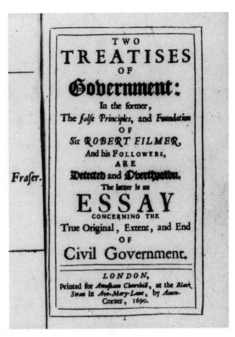

《政府论》1690年版

政府的目的:保护私有财产

人们为什么需要一个政府?这要从人类的自然状态说起。霍布斯认为,自然状态是一种冲突和战争的状态,人与人彼此虎视眈眈,充满恐惧,因此自然状态中的生命是"孤独的、贫穷的、肮脏的、残忍的、短暂的"。为了摆脱恐惧,过上和平安宁的生活,霍布斯认为,每个人都有必要放弃一部分自然权利,将其交给一个核心权威，由这个权威来制定法律，并严惩违法者。霍布斯还同时赋予这个权威（统治者）以绝对权力，对人民实施专制统治。

相比之下，洛克的自然状态要温和美好得多。在洛克看来，自然状态是一种个人拥有无限制自由的生活形式，具有三个特点：第一，人人自由平等；第二，这种平等意味着人人只服从于"自然法"，即只要不伤害他人，就可以做我们自己的主人，自由地支配自己的身体和私有财产；第三，私有财产神圣不可侵犯。洛克认为，自然状态中，如果一个人把自己的劳动放进了某个自然物之中，这个自然物就成了这个人的私有财产，比如将一棵树做成一只独木舟，播种小麦的种子从而收获小麦，驯养一头羊，那么这只独木舟、这些小麦的出产、这头羊就是他的私有财产。

洛克设想的自然状态如此美好，人们为什么要放弃这种自由平等的自然状态呢？因为并不是人人都自觉地遵从自然法，有人不仅觊觎邻居家的美食美女，甚至还明目张胆地入侵抢夺。这就是战争，美好安宁的自然状态因此不复存在了。人们意识到，只有在一个有政治秩序的社会中才能更好地抵御外敌，保护自身安全和财产安全，于是通过订立契约，把一部分权利让渡给政府。需要强调的是，人们只让渡了一部分自然权利，而那些最重要的，如生命权、财产权等"天赋人权"并没有让渡。

政府的形成：社会契约论

在霍布斯的社会契约论中，人们为了摆脱恐惧，自愿地通过契约赋予君主权力。由于君主不是缔约方，因此没有履约义务，契约对他没有约束力，便成为一个拥有绝对权力的君主。霍布斯的《利维坦》出版约二十年后，洛克修正了其中的理论漏洞。洛克指出，霍布斯的理论不合逻辑，因为自然状态对人的伤害是偶然的，而如果社会契约所建立的政府是专制的，那么对人的伤害则会大得多。

人何至愚蠢到舍小害而取大害呢？人的理性选择应该是得到更大的利益，而不是失去自由的权利。

洛克要订立一个更加合理、更有逻辑说服力的社会契约。他指出，政府必须是缔约的一方，不能置身契约之外，更不能侵害人们的自然权利。人们订立契约组建政府的目的很明确：更好地保障人们的自然权利。如果这个政府违背了契约宗旨，侵害了人们的基本权利，那么人们就有权推翻它，重新订立契约，重新组建政府。这一政治思想具有明显的革命色彩，被美、法等国资产阶级革命奉为理论依据。

在亚里士多德的国家理论中，国家的首要任务不是保护私有财产，而是使善的生活成为可能，因为在亚里士多德看来，人天生是一种政治动物，只有在城邦共同体中，通过理智的政治活动，才能实现人的真正潜能，完成人性化，因此"脱离城邦者，非神即兽"。亚里士多德理论中的城邦当然也保护私有财产，但并没有帮助人们完成自我实现来得重要。两千多年后，洛克将国家职能的重点转向保护私有财产，无他，时势异也。17世纪末的英国，对新兴资产阶级而言，保护私有财产是头等大事，洛克道出了那个时代主流人群的主流观点。

需要指出的是，洛克主张的人人平等，并非真正意义上的所有人的平等。在说明自然状态下的私有财产时，洛克举例道："我的马吃的草、我的仆人割的草，以及我在同他人共同享有开采权的地方挖掘的矿石，都是我的财产，毋需任何人的让与或同意。"显然，这其中的"仆人"并非一个拥有平等权利的人，因为他的劳动成果不归他自己所有，而是归他的主人。在洛克的时代，仆人并非政治共同体中拥有平等政治权利的成员，当洛克谈论人民、谈论公民的时候，他所指的一般是中产阶级和贵族。

此外，洛克主张的民主也并非真正意义上的所有人参与的民主。他并不主张人人拥有投票权，这也是光荣革命之后英国的政治现实。1688年后的英国投票权仅限于有产者，即中产阶级和贵族。他辩护道："那些投票和行使政治权利的人应该是具有理性的人，那些拥有财产的人就是把社会中的理性付诸实践的人。"这意味着投票权和其他政治权利是专门留给有产者的，与此同时，无产者的理性能力被忽略了，而他们通过政治实践改善生活的可能性也因此被剥夺了。

政府的架构：三权分立

立法、行政、司法三权分立的原则是如今许多西方国家的基本政治架构。这一原则的源头就是洛克的《政府论》，但当时洛克提出的三权分立中的三权指的是立法权、行政权和外交权，后来孟德斯鸠把这三权改为立法权、行政权、司法权。

洛克的三权中，立法权是核心，由民选的议会掌握，负责制定和公布法律，"立法权是国家的最高权力，如果没有经公众选举和委派的立法机关的批准，任何人的任何命令，无论采取什么形式或以任何权力做后盾，都不具有法律效力和强制性"。行政权是执行法律的权力，而外交权则是与外交有关的宣战、媾和和订约等权力。

三权分立是为了相互制衡，这基于基督教的预设：人性恶。从亚当和夏娃偷吃禁果开始，人性之恶就种下了，成了所有人的原罪，无人幸免。由于相信人性是恶的，面对权力，人将不可避免地变得腐败，所以权力必须分立，才能实现权力之间的相互制约、相互监督、相互制衡，以确保政治的良性运作。

资本主义发展到17世纪，废除绝对君主制，直接支配政府，成为市民社会的共同期待。洛克政治理论呼应了这种期待。

洛克与《人类认识论》

《人类认识论》是洛克最著名的哲学著作,也是人类历史上最重要的思想经典之一,被称为"思想编年史上伟大的独立宣言",洛克于1671年开始撰写,1690年出版该书,第一次对人类认知的局限性进行阐述。从1690年该书出版到1704年洛克去世,洛克晚年的大部分时间用于该书的后续完善,并且忙于应付该书引发的一系列论战。可惜莱布尼茨反驳《人类认识论》所著的《人类认识新论》完稿时洛克已经去世,后人只能在这两部著作中一窥经验论与唯理论二位顶尖高手之间的理论交锋。

伏尔泰早年流亡英国,对洛克的《人类认识论》推崇备至,他认为许多理论家写下了灵魂的故事,却只有洛克写下了灵魂的史实:"只有洛克才可以算是我们时代胜似希腊最辉煌的时代的伟大榜样。从柏拉图到洛克,其间什么也没有。"(伏尔泰《哲学通信》)伏尔泰的评价有些过激,但却反映出洛克思想对欧洲启蒙运动的巨大影响。

关于书名

《人类认识论》(*An Essay Concerning Human Understanding*),依据该书的英文名,大多数中文译本翻译为《人类理解论》,而莱布尼茨针对这本书所撰写的反驳著作,中文译名为《人类理智新论》。看得出,译者们各有考量,彼此没有商量过,但书名的这一错位,令笔者觉得很别扭。2012年上海人民出版社出版了该书的胡景钊译本,名为《论人类的认识:校勘全译本》,胡先生开篇在"几点说明"中提及:洛克的这本书国内学界通常译为"人类理解(或理智)论",容易使人联系到运用思想的理性认识,但洛克的著作却是探讨发端于感觉的从感性到理性的整个人类认识过程,所以译为

"论人类的认识"较为名副其实。

我认同胡先生的这个观点。尽管书名中"understand"为人熟知的意思是"理解",但在牛津词典中,该词除了"to know or realize the meaning of sth."即"理解"之外,还释为"to know or realize why or how sth. happens",即"认识""明了"。

在本书开篇"致读者"部分,洛克自述:"有一次有五六个朋友在我的房间聚会,讨论一个离这很远的题目,很快便发现我们因多个方面产生的困难而停滞不前。我们在迷惑了一阵之后,没有更接近解决困扰我们的疑难,因此我在想,我们是走错了路。在我们从事探索那本性之前,应检查我们自己的能力,看看什么对象是我们的认识适合或不适合于处理的。我向同伴提出这个建议,大家立刻同意,一致认为这是我们应当首先研究的问题。"于是洛克便着手研究,花了二十年时间,这本伟大的哲学著作诞生了。

该书是洛克认识论哲学思想的集中体现,从通篇内容来看,洛克试图探究人类的认识能够取得什么,限度在哪里。通过发现这些限度,帮助人们摆脱那些看似真实却经不起检验的东西。洛克的"understanding"所代表的不仅仅是理解某物,而是探究 why(为何)以及 how(如何)的过程,因此译为"认识"更符合作者本意。综上本人认为,该书较理想的中译名为"人类认识论",尽管目前国内还没有以此为书名的译本,但本文暂且这样为其命名,并建议莱布尼茨的相关著作译为《人类认识新论》。

知识道路上的清扫工

苏格拉底把自己比作"思想的接生婆",通过对话帮助人们生出真知、真理和真正的智慧。洛克和苏格拉底一样热爱真理,但热爱真理和热爱那些号称真理的学说不同,洛克致力于当一名"清扫工",帮助人们清除通向知识道路上的垃圾。在《人类认识论》开篇"致读者"部分，洛克谦虚地称自己所做的工作无法比拟同时代的大师，如波义耳、西德纳姆、惠更斯，以及举世无双的牛顿，"能充当一名扫地的小工，清除通向知识道路上的垃圾，就算是抱负不小了"。

洛克的清扫工作并没有停留于哲学认识的理论层面，他追求的不仅仅是知识本身，还要推进知识的获取。因为哲学不是一门高高在上的科学，通过澄清概念、揭露虚假见解，它有能力促进知识的增长。在传统的哲学语境中，"实体""天赋观念""无限性"等概念通常被视为深刻的智慧，但在洛克看来它们实则含糊不清，因此洛克认识论关注的第一个问题就是澄清这些概念，使人们摆脱成见，消除误解。

希尔贝克先生认为，洛克的这一清扫工作具有浓郁的启蒙味道，有助于推动公共探讨向着科学理性的方向发展，因为"做一个理性的人，包含两层意思，一是有意愿追求真理，二是有诚意检验自己的观点"。在追求真理的过程中，其实已经预设了某种思想的自由和宽容，也就是说，在公开的自由讨论中（包括科学、政治等一切问题的讨论），应该以一种非独断的、开放的态度聆听各方观点。"承认自己是可错的"是理性讨论的重要前提，因为从他人那里我们可能会学到些什么，甚至纠正我们可能的错误或偏见。洛克致力于做一名"清扫工"，倡导以理性主导的新科学文化，是启蒙运动的重要组成部分。

"白板说"挑战"天赋观念"

洛克著名的"白板说"针对的是笛卡儿的"天赋观念"。"天赋观念"在洛克看来，不仅经不起理论拷问，而且在实践上也是有害的，因为它容易被人利用，一些独裁者会把自己的教条说成是天赋的，使人们放弃自己的理性和判断，盲目地信仰和追随，对思想自由、学术自由造成威胁和伤害。

来复习一下笛卡儿的天赋观念。笛卡儿认为，有一部分观念是上帝造出来预置在人头脑中的，它们是真实的、可信的、不证自明的，这就是"天赋观念"，包括几何学的公理、逻辑的基本规则，以及有关上帝的观念。有什么理由认为这些观念是天赋的呢？笛卡儿回答，因为它们是"清楚明白的"和被"普遍认同的"。

洛克认为，世上没有什么东西是天赋的"清楚明白的"和被"普遍认同的"。儿童在没有受教育前就根本不知道逻辑学的基本原理，无神论者心中也没有上帝的观念。那些所谓的"清楚明白"的东西只不过是后天习得并被认可的。而一些看似被"普遍认同"的道德标准，也不见得就是天赋的，完全可以通过其他途径获得，比如信用、良心、怜悯等，它们只是历史和习俗的产物，因时因地而异。有的族群将尊老爱幼视为美德，但也有的族群抛弃老人、杀死婴儿，并没有不道德感。

洛克既然认为没有天赋观念，那么就必须回答以下两个问题：

第一，人的知识是从哪里来的呢？洛克回答，一切知识都来自经验。

第二，在没有这些知识之前，人的心灵是什么样子的呢？洛克回答，人心灵的初始状态如同一块白板，所有的知识都是通过后天经验写上去的。这就是洛克著名的"白板说"。

早在13世纪的英国，经验原则就受到哲学家们的普遍关注。罗吉尔·培根大力提倡科学实验，尽管他的实验活动还多少带有一点中世纪炼金术的色彩，但是近代的科学实验正是从这里发轫。本书《奥卡姆的威廉篇》中提及的"方济各修会三杰"，即罗吉尔·培根、邓斯·司各脱、奥卡姆的威廉，都反对通过抽象的逻辑演绎来获取知识，坚持认为真正的知识从感觉经验开始。近代经验主义哲学实际上已经从这里起步。到了17世纪,英国的哲学和科学思想都具有明显的经验主义色彩。弗兰西斯·培根作为英国经验主义的创始人,确立了通过经验归纳获得真理性知识的认识论路线。后来的英国哲学家和科学家几乎都是沿着这条路线前进,洛克就是其中之一。

知识的来源:感觉与反省

洛克在书中写道:"我们假定心灵是一块白板(tabula rasa),上面没有任何记号,没有任何观念。那么,心灵是怎样得到那些观念的呢?它(人心)是从哪里得到理性和知识的全部材料的呢?我用一句话来回答这个问题:是从经验得来。我们的全部知识都是建立在经验上面的,知识归根到底都是导源于经验的。"

洛克对人类知识的起源进行了深入研究,他指出,我们的知识有两个来源。

一是外在经验,即感觉。是指通过我们的感官,如眼睛、耳朵、鼻子、皮肤等感受外部事物,从而形成关于外部事物的观念。人大部分观念都来源于此。

二是内在经验,即反省。是指对于内心活动的关注,也就是对我们的知觉、思维、怀疑、信仰、推理、情绪等内在状态进行认识。比如,我们意识到自己不高兴,这个"不高兴"不是外物的性质,而是人的自我情感。对于内在经验,洛克认为:"我们意识到这些活动,在心中观察它们,以此获得的观念与从外在感觉获得的观念一样清晰。"

洛克认为,通过感觉和反省这两种经验活动,人们就获得了知识,而且认为,"(感觉和反省)乃是产生我们全部观念的仅有的来源"。由此得出结论:一切知识都源于经验,经验包括外在经验(感觉)与内在经验(反省)。由经验得来的东西洛克给了它们一个名字——观念。而观念又被洛克分为"简单观念"和"复杂观念"。

知识的构成：简单观念和复杂观念

简单观念，是由外在经验（感觉）与内在经验（反省）得来的观念。它们是一些结构简单、不可再分的观念。比如，人感觉到冰块是冷的，百合花是香的，这些观念显而易见、清晰明了，每一个都只包含了一种现象或心中的概念，不可再分。简单观念虽然简单，却是我们构筑知识大厦的材料。有了简单观念，通过心灵加工，就可以构造出各种复杂观念，由此构筑起庞大的知识体系。正所谓，万丈高楼平地起，简单观念就是建造万丈高楼的一砖一瓦。

复杂观念，是借助心灵的加工，把从感觉和反省得来的一些简单观念复合在一起组成的观念。比如，采摘了十二朵百合花，我们就有了一个复杂观念"一打"。简单观念与复杂观念结合，或者复杂观念与复杂观念结合，还可以形成更复杂的观念，比如，房屋、亲人、生活可以组成一个新的复杂观念"家庭生活"。复杂观念的丰富多样性就是这样产生的。

在此，我们要向提出"一切知识都源于经验"的洛克先生提出一个重要的问题：人类的知识仅仅是通过内在经验和外在经验获得的简单观念的总和呢，还是包括经过心灵加工之后的复杂观念呢？洛克承认，人的心灵在知识的形成中发挥着重要作用，也就是说，来自外部经验的简单观念是构成知识的必要条件，但并不是充分条件。洛克以"无限"这个概念为例，人从未经验过"无限"，我们的经验只停留在一条线段向两端延长一点，再延长一点，至于延长到"无限"的状态，那只能依靠心灵的想象。所以，如果我们坚持经验是获得知识的唯一条件，那么"无限"这个概念就无法存在了。因此，单纯靠感觉经验获取知识是不够的，还需要心灵的介入。霍布斯以钟表为例也解答过这个问题。他认为，钟表与钟表的所有零部件相加的总和，有质的差别。其差别在于，这些零部件需要在钟表匠的加工下被组装在一起，才能称其为一只钟表。钟表匠的加工在其中起着关键性的作用。

洛克认为，人类的知识是由简单观念和复杂观念共同构成的。然而，在复杂观念形成的过程中，心灵起着不可或缺的作用。洛克认为，心灵具有一种能力，那就是对简单观念进行加工、组合、归类、推演的能力。洛克承认心灵作用的同时，也间接承认了心灵具有一种天赋的能力，正是这种天赋的能力使我们可以对简单观念进行加工组合，形成复杂观念。莱布尼茨正是敏锐地发现了洛克经验论哲学中的这种不彻底性，以此作为火力点，对洛克的"白板说"进行批判，提出人的心灵是"有纹路的大理石"（参见本书《莱布尼茨篇》）。

实体·样式·关系

通过心灵对简单观念进行加工而形成的复杂观念多如夜空中的星辰，不可胜数。然而，它们并非杂乱无章，洛克将其分成三大类：实体、样式、关系。其中的"实体"最难理解。

"实体"这个词，我们听来并不陌生，它是哲学的一个重要概念，指不依赖于别的东西，具有独立实在性的存在。洛克继承了对实体的这一基本定义，但与前辈哲学家对实体的解读不同。亚里士多德的实体是世间万物，一花一木都是实体；笛卡儿的实体有三个，上帝是绝对实体，上帝还创造出物质和精神两个彼此独立的实体；斯宾诺莎的实体只有一个，神，即自然；莱布尼茨的实体有无数个，每一个单子都是一个实体。

洛克的实体又是什么呢？举例来说，有一个物体是球形的、红的、硬的、咬一口是脆甜的，这个物体我们称之为苹果。然而苹果并不仅仅是上述属性的堆砌集合体，这其中有一种像强力胶一样把苹果的所有属性牢牢粘在一起的东西，有一种基质，这种东西就是洛克所谓的实体。虽然实体看不见、摸不着，但它才是物体存在的真正依托,若没有它的存在,所有的可感性状就无以附着。

而叫作"样式"的复杂观念,就是种种实体的附属物或性质,比如美、可口等。叫作"关系"的复杂观念,就是对两个以上简单观念加以考察和比较后得到的观念,比如父子、因果等。

洛克的三种复杂观念——实体、样式、关系,如同"三原色",构成丰富多彩的复杂观念。而复杂观念和简单观念一起构筑起人类的知识世界。

知识世界的边界

在《人类认识论》开篇"致读者"中,洛克写道:"认识如同眼睛,在判断对象时,只凭它自己的视力,所以只能喜欢它所发现的,很少关心它看不到的,因为对这它一无所知。"以往,人们只是用眼睛去探究外部世界,却很少关心眼睛自身的功能缺陷及其带来的后果。对看不到的东西一无所知,其结果是使一些人相信自己可以无所不知。洛克对此提出异议,并提醒人们正视自己认知的局限性。

对于人类认知的能力和范围,洛克持悲观态度:首先,一切知识的来源是经验,而感觉(外在经验)和反省(内在经验),这两个经验的"入口"太狭窄了,与无垠的宇宙相比,太微不足道;其次,由经验而形成的观念,只能比经验的范围更狭窄,而且我们没有能力洞悉全部观念及其之间的关系;最后,知识是对观念的认识,那么,知识就不可能抵达观念之外,人获得知识的范围比观念更狭窄。可见,从经验到观念再到知识,人的认知范围越来越窄。这使洛克感叹:"知识的穷尽终究是可望而不可即的。"

这一结论稍加引申,就不难导致怀疑论,但洛克没走那么远,他止步于人类认知的边界,并在此范围内努力求知:"如果我们能发现我们的理智视野能扩展多远,它达到确实性的能力有多大,在什么情形下它只能裁决和猜想,那么我们便会安于我们可以达到的。"洛克劝说忙碌的人心安于认识能力可及的范围，对超出它认识能力的事物要保持谨慎，"这样我们也许就不会为了装作具有完备的知识而放肆地提出各种问题，争辩那些不适合我们理智的事物来烦扰自己和别人。安坐于对经考察发现是我们的能力达不到的事物的沉默无知之中。"

伊壁鸠鲁的快乐哲学认为，获得快乐避免痛苦的关键在于保持心灵的宁静，宁静的心态是快乐的重要特征。斯多葛学派的哲学家们也建议人们把时间精力花在我们能够控制的事情上，避免焦虑，进而获得安宁。而洛克主张"安坐于认识能力的范围之内，不被能力不可及的事物烦扰"，也是一剂获得心灵宁静的药方。然而事实上，洛克并没有停留于"安坐"，他在认识能力的范围之内努力探索真知并获得快乐，他写道："它（认知）之追求真理，是一种追捕狩猎，正是在追求中，产生快乐。心灵在趋向知识进程的每一步，都有发现，这不但是新的，而且是最好的。"

洛克经验论的内在矛盾

洛克是思想史上的过渡性人物，他的思想中有不少矛盾。首先，他的政治论思想源于早期的自然权利，强调"天赋人权"，但他却反对笛卡儿的"天赋观念"，而"人权"如何不是一种观念呢？其次，洛克的认识论思想扎根于唯名论（奥卡姆的威廉），承袭培根的经验主义路径，认为一切知识都源于经验，但与此同时，他承认心灵在知识的构成中起着重要作用。第三，洛克对"实体"的解读，令人联想到两千多年前柏拉图提出的"理念"。柏拉图的理念就是"现象世界"背后的"抽象实在"，理念无法感知，必须依靠理性才能触及。洛克也明确表示，实体不是经验的结果，而是人对可感物进行组合抽象得到的。不能因为感觉不到就否认它的存在，相反，必须假定实体作为物质的基质是真实存在的，否则物质的那些可感性状就无以附着。事实上，在做出上述表述的同时，洛克就已经陷入了一种深刻的矛盾，即到底有没有脱离人的经验而独立存在的实体？换言之，是否存在形而上的实体？对柏拉图而言，形而上的实体当然是存在的，那就是理念，但从经验论的角度而言，超越感知经验的实体，如何能证明它的存在呢？

说到底，洛克的矛盾是经验论原则与唯物主义和唯心主义之间的矛盾。

唯物主义者讲究实践，实践从哪里开始？自然是从感觉经验开始，而且最后要回到感觉经验中去。实践其实就是一种能动的感性活动。由此看来，经验论与唯物主义彼此契合，是天生的一对。但是，唯物主义者同时强调，物质不依赖人的感觉经验而存在，无论你是否看得到、摸得到、感觉得到，物质世界就在那里。这就与经验论原则有矛盾了，因为经验论不承认存在感觉经验以外的东西，因此坚持经验论原则就不可能成为一个真正的唯物主义者。

洛克承认实体是独立存在的，也就是说，他是唯心主义的同道者。然而，唯心主义立场与经验论原则同样相互冲突，因为承认实体的先验存在，同承认某种物质的先验存在一样，都违背"我们的一切知识都来自感觉经验"这条经验论的基本原则。因此，一个人如果把经验论原则贯彻到底，那么他既不能是唯物主义者，也不能是唯心主义者，最终只能成为休谟那样的怀疑主义者。

当经验论发展到贝克莱和休谟那里时，经验论的基本原则被彻底贯彻，内在的逻辑矛盾也似乎被克服了，但是经验论的普遍必然性知识却被彻底颠覆，剩下的只是一堆杂乱无章的观念和印象。换言之，经验论抵达无矛盾的完美境界之时，也将是经验论知识大厦轰然倒塌之际。

洛克与经验主义的再审视

难道经验主义的最终结局只能是给自己挖坑式的自我毁灭吗？依照希尔贝克先生在《西方哲学史》中表达的观点，经验主义表达了对于经验科学的一种肯定态度，以及对逻辑上不清晰、经验上无法证实的思辨体系的一种怀疑态度。正是这种怀疑的、开放的态度，加之对概念澄清和经验控制的追求，后来成为18世纪英国精神生活的一大特征，至今仍然是现代科学文明的重要组成部分。

约翰·洛克像

如果以上述态度来定义经验主义，那么毫无疑问，洛克是一名经验主义者。他的认识论探索以批判性的眼光审视唯理论者的乐观学说（完善的知识最终是可以取得的），指出人类认识的范围和局限性。这不仅标志着逻辑实证主义传统的开始（由贝克莱、休谟和J.S.穆勒所推动），也标志着康德批判性哲学的开始。洛克的理论中的确存在矛盾之处，但罗素认为："与洛克明显有错误和矛盾的哲学体系相比，一个自称能够圆满解释的哲学体系未必比他包含更多的真理。"（罗素《西方哲学史》）

洛克的思想成为后来许多思想学派的出发点。他的《政府论》观点在孟德斯鸠《论法的精神》和卢梭《社会契约论》中被加以详述，为启蒙运动积蓄力量。马克思主义的科学特色也是在洛克的影响下形成的。约翰·洛克成功地将独立、批判、平等、民主等当代精神刻入人心，并书写在人类社会制度的基石上。

贝克莱：假如一棵树在森林中倒下

现象和现实

我去看眼科，透过仪器医生让我辨识十字交叉线条。起初，我很自信地告诉医生自己看得很清楚，横线是黑色单线条，竖线是绿色双线条，中间还有黄色夹心。医生不断调整仪器参数，直到我看清横竖都是黑色单线条，并告诉我那是线条真实的样子。我承认自己有点震惊，因为我刚才非常自信且肯定，甚至对自己眼睛辨识细节的能力有点得意，但医生最终粉碎了我的自信和得意，"眼见为实"这件事好像真的不太靠谱。

再来做个小实验。目视一个较远的目标，可以是窗口的一片树叶或书架上的一个小摆件，盯住它目光不要移动，然后将一根手指移到鼻子前方，好了，现在你看到的必定是两根手指。你伸出的是一根手指，这毫无疑问，它叫"现实"；而经过我们的眼睛和大脑，我们看到了两根手指，它们叫"现象"。谁说哲学只是书斋里的学问，没有科学实验作依据？我们刚才就通过一次实验，解释了两个哲学概念——现实和现象。

如果我们把外物叫作"现实"，那么通过我们的感官和大脑加工之后，我们感知到的外物就叫作"现象"。用约翰·洛克的话说，我们只是通过感官获得的现象间接地认识了现实。请注意，现象和现实并非完全重叠，我们已经证明了这一点。这一点很重要，是哲学认识论的一个关键点，哲学家们喜欢通过这个点不断深挖和追问人类认识现实世界的能力。

洛克对此抱怀疑态度。因为经验论的基本原则是人类的一切知识都来自感觉经验，我们只能通过感官获得的观念间接地认识外部世界，而我们的感官获得的观念通常与现实并不重叠，因此人类认识现实世界的能力是有限的。

同为经验论者的贝克莱不同意洛克的观点，他们的分歧并非在于人类认识现实世界的能力究竟如何，而在于是否存在现实世界。贝克莱彻底否定现实世界的存在，他认为，人们坚信的所谓客观存在只是"被感知"。这一严重背离常识的观点惊掉了无数人的下巴，但许多哲学家发现，想要在逻辑上驳倒它，很难。

他很酷：用名字命名一座城市和两所大学

乔治·贝克莱（George Berkeley，1685—1753），生于爱尔兰一个乡村绅士之家，天资聪慧，勤奋好学。他十五岁进入都柏林圣

乔治·贝克莱：存在就是被感知（AI图）

三一学院读书，成绩突出，当时正是牛顿的科学和洛克的哲学日盛之时，自然神论随之兴起。1707年，二十二岁的贝克莱成为三一学院研究员，随后六年间发表的著作奠定了他的哲学声誉，也就是说，不到三十岁贝克莱就已经声名卓著。

1713年到1721年间（二十八至三十六岁），贝克莱在英国和欧洲大陆间旅行，回到三一学院后出任高级研究员。1724年（三十九岁）他成为德利（Derry）教区的负责人。

1724年至1731年间（三十九至四十六岁），在说服英国政府提供资金支持的情况下，贝克莱怀揣梦想跑到北美英属百慕大群岛，准备在当地建立一所教会学校，试图"改进美洲文明"。然而政府承诺的资金迟迟不到位，贝克莱只得忍痛放弃这个计划，并将已经筹集到的捐款赠予哈佛大学和耶鲁大学等教育机构。贝克莱的教育理想未能实现，但他的努力仍被后人铭记，耶鲁大学有一所以贝克莱的名字命名的神学院（Berkeley Divinity School），加州大学伯克利分校（University of California, Berkeley）也是以他的名字命名的，这所世界上最著名的理工大学，截至2024年5月，拥有一百一十四位诺贝尔奖得主。

在北美期间，贝克莱写下著名诗句"帝国的路线取道向西方"，其中的"帝国"是指英帝国，而英帝国的"西方"则是北美。因这个缘故，加利福尼亚州以他的名字命名了一座城市，就是如今的贝克莱城（Berkeley City）。

贝克莱1732年回到伦敦，时年四十七岁。两年后晋升为克罗因（Cloyne）地区主教，并终身担任这个职位，人称"贝克莱大主教"。1752年，贝克莱举家迁往牛津，翌年初逝世，时年六十八岁。

贝克莱的哲学著作中最著名的是二十五岁时出版的《人类知识原理》(1710)，全面阐述了他的主观唯心主义思想；二十四岁时出版的《视觉新论》(1709)是他的第一本著作，从心理学角度谈视觉与触觉的关系，其中有一些观点甚是高明；二十八岁出版的《希勒斯和斐洛诺斯三篇对话》(1713)表达了令他声名远播的否定物质存在的见解。1732年从北美回到英国后，贝克莱的热情不再放在哲学思考上，转而投向焦油实验，认为焦油是一种很神奇的东西，既可以使人感受到快乐，又没有酒精的危害，他还写了一本相关著作。

贝克莱大主教：哲学为信仰服务

约翰·洛克、乔治·贝克莱、大卫·休谟，被称为英国近代经验主义的"三驾马车"。然而，贝克莱并不是在接受洛克哲学的基础上发展经验主义的，正相反，他以批判的姿态审视洛克哲学中的矛盾。作为英国国教主教，在贝克莱看来，洛克哲学中的矛盾成为自然神论的温床，为怀疑主义和无神论留下了可乘之机，对宗教和科学都造成了极大的威胁。

自然神论（Deism），是新兴的理性精神对传统宗教信仰的突破，其思想源头在英国。首先，自然神论助推理性的发展，因为它将上帝描述为一个理性的创世者，一个高明的数学家，或者一个伟大的钟表匠。上帝按照理性的法则创造了世界，让这个世界充满了理性的规则。这样一来，自然世界就变成了科学研究的对象。其次，自然神论倡导宽容，因为它将基督耶稣视为道德楷模，认为基督对人的救赎主要表现为道德启示，信仰基督的主要意义就在于提高自己的道德水平，而一个恪守基督美德的人就是一个真正的基督徒，无论他属于哪个教派。正是在这种理性、宽容的氛围中，科学（以牛顿的世界观为代表）和民主（以洛克的宪政思想为代表）在英国深深扎根，推动了英国社会的现代转型，并从英国传播到全欧洲,从而引发了启蒙运动。

在自然神论者的眼中,上帝作为创世者,在创世之时就一劳永逸地为自然界制定了法则,创世之后就不再干预世界的运行了。这样一来,人们只需通过感觉经验来认识客观世界,掌握自然规律,从而驾驭和利用它为人类造福。然而在自然神论的氛围中,理性与科学日益昌盛,渐有取代宗教统治地位的趋势,甚至鼓吹无神论者也大有人在。爱尔兰人约翰·托兰德(John Toland)在《基督教并不神秘》(1720)一书中就论证了自然界的物质性和能动性,否认上帝干预世界和制造奇迹的非理性力量。

作为虔诚的基督徒,贝克莱大主教无法接受自然神论,更无法接受无神论。他年轻的时候就参与了对自然神论的批判,并决心在哲学上一劳永逸地驳倒无神论。可见,贝克莱与洛克的哲学目标并不相同,贝克莱的经验论并不指望为人类提供认识论基础,而是为宗教信仰服务。他目标明确,要清除洛克哲学中的唯物主义因素,也就是,否定物质的存在。在《人类知识原理》中,贝克莱写道:"物质的实体从来就是无神论者的挚友,他们的一切古怪体系,都明显地、必然地依靠它;所以,一旦把这块基石去掉,整个建筑物就不能不垮台。"因此,贝克莱集中攻击唯物主义和无神论的理论基石,他的论证非常巧妙。

存在就是被感知:那棵树存在过吗?

在英国经验主义的大家庭里,培根、霍布斯和洛克都承认物质的客观存在,也就是说,承认有一个不依赖人的感觉而独立存在的客观世界,这是唯物主义的立场。但是贝克莱的经验论转向了,从唯物主义转向了唯心主义,否认物质的客观存在。

唯物与唯心根本的区别是什么呢?我们来举例说明,一个苹果,红的、圆的、香甜的,人类通过感觉器官感知到苹果的这些可感性质,在心中形成了观念。这其中有三个关键词:事物、事物的可感性质、人的感觉观念。人类认识事物的顺序,此三者孰先孰后,就是唯物与唯心的根本区别。

按照唯物主义的逻辑,客观存在的"事物"排第一,事物的"可感性"排第二,人的"感觉观念"排第三。这里有一个苹果,它的可感性质是红的、圆的、香甜的,人感知到这些可感性质形成观念,于是完成了对苹果的认知。因此,唯物主义认识事物的顺序为:事物—可感性—感觉观念。事物是因,在前;感觉观念是果,在后。

那么问题来了,唯物主义在还没有感觉到事物之前就认定了事物的先验存在,认为事物的存在是不以人的意志为转移的。这与经验论所坚持的"人类的一切知识都来源于感觉经验"的原则相违背。贝克莱认识到了这一矛盾,他在《人类知识原理》中尝试修正它。从经验论的立场出发,贝克莱解决问题的办法其实很简单,感觉经验是认识的先导,当然要在最前面,于是人类认识事物的顺序变为:感觉观念—可感性—事物。感觉观念是因,在先;事物是果,在后。也就是说,人类的感觉观念通过事物的可感性质决定了事物的存在。至此,他得出了第一个重要命题:物是观念的集合。

什么叫"物是观念的集合"?依据经验主义的逻辑,人通过感觉经验认识外物,贝克莱说,感觉经验告诉我,面前有一个东西是红的、圆的、香甜的,结论是这里有一个苹果。太阳就是天空中的、发光的、白亮的、东升西落等观念的集合,牛排就是一片牛肉、肥瘦相间、烤熟了香喷喷的等观念的集合。由于每一个事物都是一系列可感性质的观念的集合体,而所有的观念都离不开人的心灵感知。他由此得出了第二个重要命题:存在就是被感知。

那么，来思考一个问题：假如一棵树在森林中倒下，没有被任何人感知，化为泥土，它存在过吗？

一架发疯的钢琴：针对唯我论的辩护

贝克莱的两个命题："物是观念的集合""存在就是被感知"，很容易导致"唯我论"，也就是说，整个世界都离不开我的感知。这种"唯我论"立场令人很难接受，主要是因为它会推导出许多荒谬的结论。如果说"存在就是被感知"，那么不被感知的东西就不存在吗？比如，我从未见到过我的高祖父，即我爷爷的爷爷，因此我无法感知到他的存在，但是我的高祖父难道就不曾存在过吗？再比如，这个世界上有数十亿人，一个人在一生中可以结识约两千人，就算通过网络、电视等渠道我们感知到了更多人的存在，但与数十亿相比也是微不足道的。那些我们感知不到的人，都不存在吗？

贝克莱的命题也令哲学家们抓狂，因为它们不仅与常识相违背，而且逻辑上很难被驳倒。与贝克莱同时代的唯物主义者狄德罗将他比喻为"一架发疯的钢琴"，同时不得不承认："这种体系荒谬之至，可是最难驳倒，说起来真是人类智慧的耻辱，哲学的耻辱。"狄德罗的痛心疾首是可以理解的，"他明明是错的，怎么就驳不倒呢！"其实驳不倒也没什么，现在驳不倒，并不代表日后驳不倒，更没必要视之为人类智慧的耻辱和哲学的耻辱。美国宪法诞生的过程中就始终存在一群反对者，正是他们的百般挑剔使宪法更趋完善。不同的观点、错误的观点、甚至看起来荒谬之至的观点，都有可能引人深思，促使我们检视自己观点的错漏之处。从这个意义上来说，异见者并非敌人，而是队友。当我们把贝克莱视为队友，就更容易听他诉说，了解他如何为自己看起来错得离谱的观点进行辩护。

贝克莱随后在他的著作《希勒斯和斐洛诺斯三篇对话》中为自己辩护。他强调，自己并没有否定客观事物的存在，只是说事物其实就是观念。至于"存在就是被感知"，并不是说事物一定要被"我"感知，只要被任何人感知，就是存在的。即使全世界没有一个人感知到，但还有上帝在感知它，只要上帝在感知，它就是存在的。

现在再来思考那个问题：假如一棵树在森林中倒下，没有被任何人感知，化为泥土，它存在过吗？

上帝：万物的支撑者

提出"存在就是被感知"的时候，贝克莱否认了物质的存在，他的世界里除了意识和观念，一片虚无。而当贝克莱请出万能的上帝，如阳光照亮了一切，万物又重新被赋予了客观实在性。事物的存在并非依赖"我"的感知，或任何人的感知，而是上帝在感知，只要被上帝感知，事物就具有客观实在性。在贝克莱的哲学体系中，上帝是万物的支撑者，因此"存在就是被感知"，意味着万物由于被上帝所感知而存在。

贝克莱强调，上帝的观念一方面保证了世界万物的客观实在性，另一方面也保证了我们的观念与这些事物之间的同一性，也就是，保证了我们的观念是对这些客观事物的正确反映。这一观点与斯宾诺莎的心物平行论和莱布尼茨的前定和谐论有相似之处，都是靠上帝来确保世界的和谐。

贝克莱虽然承认了事物的客观实在性，但仍然坚持否认"物质实体"的存在。物质实体，在洛克看来，是一种基质，一种把物质的可感性状凝聚在一起的东西，尽管它看不见摸不着，但没有物质实体的存在，可感性状就无以附着，而作为精神实体的"我"，也是喜怒哀乐等精神性状的附着物。

贝克莱否认物质实体的存在，依据的是经验论原则。人可以感知具体事物的可感性状，比如一个苹果是红的、圆的、香甜的，但是洛克所谓的独立于可感性状的物质实体是无法被感知的，只是思想的虚构。

虽然否认了物质实体，但贝克莱却保留了精神实体，因为"物是观念的集合"，而观念又离不开心灵，所以必定有一个东西支撑那些观念，这个东西就是"我"，也就是洛克所谓的精神实体。贝克莱认为，我们必须承认精神实体的存在，否则就无法进行感知活动。贝克莱对精神实体的妥协，与他的基督教信仰有关，因为除了作为观念的承担者的"我"之外，上帝也是一个精神性的实体。贝克莱大主教无论如何也不能否认上帝这个精神实体的存在。但事实上，这个精神实体也是不可感知的，以贝克莱否认物质实体的理由，精神实体"我"也同样可以被否认，甚至包括上帝。可见，与洛克一样，贝克莱的理论中也存在矛盾之处，他的经验论贯彻得并不彻底。真正将经验论贯彻到底的是即将出场的大卫·休谟。

贝克莱悖论：第二次数学危机

因为否认物质的存在，贝克莱在哲学领域一时间引发了一片混乱；而在数学领域，也曾因他的介入，引发过一场危机，史称第二次数学危机。

第一次数学危机，大约发生在公元前 500 年，毕达哥拉斯门派的弟子希帕索斯发现了无理数——$\sqrt{2}$。它既不是整数，也无法用整数之比来表达，因此动摇了毕达哥拉斯学派所追求的逻辑完美。史称第一次数学危机（参见本书《毕达哥拉斯篇》）。

两千两百多年后，牛顿和莱布尼茨这两位天才各自独立发明了微积分，其理论基础是无穷小的概念。然而，他们对于无穷小概念的理解和运用却并不严谨，这遭到了一些人的攻击，其中最猛烈的火力就来自贝克莱大主教。1734年，贝克莱发表了一篇标题很长的文章《一篇致一位不信神数学家的论文，其中审查一下近代分析学的对象、原则及论断是否比宗教的神秘、信仰的要点有更清晰的表达或更明显的推理》，文中贝克莱对牛顿进行了攻击，因为牛顿一会儿说无穷小是零，一会儿又说不是零，他嘲笑牛顿的无穷小是"已死量的幽灵"。

尽管贝克莱的攻击是为了维护宗教信仰，但却真正抓住了牛顿理论的缺陷，切中了要害。贝克莱提出的问题史称"贝克莱悖论"，可表述为"无穷小是否为零"。就当时的应用而言，无穷小必须既是零又不是零，因此成为悖论，这在数学界引发混乱，导致了第二次数学危机。

牛顿和莱布尼茨都曾试图通过完善理论来解决这个问题，但都没有成功。这就尴尬了，一方面微积分在应用中大获成功，另一方面其自身存在着逻辑矛盾。转机在百年后出现，随着数学分析工具的发展，法国数学家柯西（Augustin Louis Cauchy）使无穷运算化为一系列不等式的推导。一代代数学家沿着柯西开辟的道路前进，直到19世纪末，严谨的极限理论与实数理论建立，宣告微积分终于获得了牢固的理论基础。第二次数学危机就此化解。

贝克莱大主教是博学的、敏锐的，否则也没这么大本事在哲学和数学领域都能引发混乱和危机。混乱和危机的产生，其实源于人类认识的局限性，在某一历史阶段不可避免。而在理顺混乱、化解危机的过程中，人们获得了反思的机会，不断完善知识体系。尽管贝克莱是混乱和危机的制造者，我仍然建议视之为队友，因为在他的助推下，人类又向着真理迈进了一步。

大卫·休谟：经验论终结者

大卫·休谟质疑物质实体的存在，质疑精神实体的存在，甚至质疑上帝的存在。更重要的是，他颠覆了传统因果关系，并给出自己的解释。约翰·洛克和贝克莱都没有做到的事情休谟做到了，他将经验论原则贯彻到底，但同时充分暴露出经验论自身的理论困境。罗素称休谟为英国经验论的"逻辑终局者"（罗素《西方哲学史》）。康德则认为："自从有形而上学以来，对于这一科学的命运来说，它所遭受的打击没有比休谟所给予的更为致命了。"（康德《未来形而上学导论》）

追随哲学的召唤

大卫·休谟：经验论终结者（AI 图）

大卫·休谟（David Hume，1711—1776），生于苏格兰首府爱丁堡，时值启蒙运动时期，是伏尔泰和卢梭的同时代人。休谟的父亲是律师，在他两岁的时候就去世了，母亲心疼儿子终身没有再嫁。小休谟聪颖好学，成绩优异,十二岁进入著名的爱丁堡大学学习希腊语和哲学,三年后因健康和家庭等原因辍学,在家中自学。母亲希望子承父业,让休谟学法律做律师。休谟顺从了母亲,但十八岁时他放弃了法律,投身自己热爱的哲学。但是"哲学不能烤面包"(美国哲学家詹姆士语),也就是说,学哲学没办法赚钱养家糊口、安身立命。加之没有祖产可以继承,为了生计,二十三岁时休谟不得不放下哲学跟随几个商人去经商。几个月后,他又放弃了经商,因为实在不喜欢。心中召唤着他的仍然是哲学。1734年,休谟离开英国,前往法国小城拉弗莱什(La Fleche),那里有一所著名的耶稣会学校,是笛卡儿的母校。此后四年间,休谟定居于此,过着俭朴的生活,并完成了他的第一部著作《人性论》。

在《人性论》中,休谟解释了自己为什么痴迷哲学:"当我倦于娱乐,在房间或在河边独自散步时肆意沉思,我发现自己的心灵集中内向。有关道德上的善恶原则,有关政府的基础与本性,有关支配与推动我的那些倾向与情感的原因,我都禁不住有一种对其加以认识的兴趣和好奇心。倘若我不清楚我是依据了什么原则,赞同一个对象,却不赞同另一个,称一种物体为美,称另一种为丑,判断其虚妄与真实、愚蠢与理性,那么我便觉得不安。我觉得自己雄心勃勃,想对人类的教诲有所贡献,并借我的发现与发明获得声誉。如果此时我转到其他事情或者娱乐上,借以消除这些感想,那么我就会损失快乐。这便是我的哲学起源。"

二十七岁的休谟深信《人性论》是一部杰作,自己必定能凭借此书一举扬名天下。现实沉重打击了这位年轻人,起初他甚至找不到愿意合作的出版商。经过一年努力,1739年1月《人性论》终于出版了,起印一千册,合同中他的版税收入是五十英镑,外加十二本赠书。休谟期待的轰动效应并没有出现,《人性论》出版后没有引起任何反响,用他自己的话说:"这本书在印刷机上就已经死掉了。"

这样说也许并不准确,书中的怀疑主义倾向和对经院哲学的批判,使休谟遭受了神学家们的强烈反对。1744年他在申请爱丁堡大学哲学教授职位的时候,《人性论》中的观点被一一罗列,成为他宣扬怀疑主义和无神论的有力证据。休谟的教授梦想就此落空。虽然《人性论》出版后没有获得预期中的反响,但休谟并没有消沉,不久便完成了另一部著作《论道德和政治》(1741)。随后又将《人性论》改写为相对通俗的小册子《人类认知研究》(又译《人类理解研究》)(1748),结果大受欢迎,为休谟赢得了十年前就该有的声名。

休谟最初对《人性论》的自信并非自我膨胀,当他降低门槛,用大多数人能够接受的文笔和听得懂的语言复述自己观点时,才赢得了人们的赞誉。这说明,畅销与滞销并不全然在于作品思想价值的高低,也受制于读者的能力和品位。遗憾的是,那些最伟大的、最智慧的人们的所思所想不大可能引发大众的共鸣;欣慰的是,假以时日,他们金子般的思想,终有一日闪闪发光。

享誉欧洲的历史学家

1746年前后,休谟跟随远亲克莱尔将军出征,同法军作战。虽然无功而返,但翌年作为将军的副官,休谟在奥地利结识了皇帝、皇后、太后等一众皇亲贵胄。更重要的是,1747年回到英国时,他已经赚足了够他一辈子安心做学问的钱。

1752年,休谟受聘成为爱丁堡苏格兰律师协会图书馆馆长,工资不高,但工作环境正合心意。休谟利用丰富的馆藏文献,十余年间完成了鸿篇巨制《英国史》(六卷六册),记述了从公元前55

1796年版《英国史》中的大卫·休谟画像

年恺撒侵入不列颠至 1688 年英国光荣革命的历史。这令他名利双收。相比《人性论》的五十英镑,《英国史》为他赚了三千英镑的巨额版税。此外,休谟还成为名噪一时的欧洲著名历史学家。1763 年,休谟应驻法公使赫特福德勋爵的邀请前往法国担任使馆秘书,此后两年多,休谟因其著作在法国备受尊崇。

据说休谟去凡尔赛宫觐见法国皇太子的时候，皇太子的三个儿子，也就是三个王孙，其年龄分别是十岁、七岁、五岁，都向他表达了敬意。大王孙（后来的路易十六）对他说："先生，您在这个国家非常有名，非常受敬仰，能够欢迎您是我莫大的荣幸。"二王孙说："先生，我们的国家迫不及待地渴望见到您，当我拜读您杰出的历史大作时，期待从中获得莫大的乐趣。"小王孙话还说不清楚，也发表了演说，表达了对休谟的赞美。

事实上，当时的休谟享誉整个法国社会，"王公贵族奉承他，风雅女士崇拜他，哲学家把他奉若神明"。在休谟结交的朋友中，包括许多哲学界、思想界的大人物，如狄德罗、卢梭、霍尔巴赫、爱尔维修、杜尔阁等。

谁没受过些委屈呢？

1765年休谟从法国回英国时，大名鼎鼎的思想家让-雅克·卢梭与他同行。当时卢梭正遭受政治迫害，休谟邀请他去英国避难。休谟是一位真诚友善的朋友，在晚年的自述中，他这样评价自己："平和而能自制，坦白而又和蔼，愉快而善与人亲昵，最不易发生仇恨，一切感情都十分中和。"休谟不仅将卢梭带入自己的英国朋友圈子，还帮助卢梭申请到了英王乔治三世颁发的二百镑年金。这笔钱可以确保卢梭在英国舒适地生活。但不知谁写了一篇文章讽刺卢梭，敏感多疑的卢梭以为是休谟在背后唆使，年金也不要了，愤而离开。休谟满心善意，却遭受了友人的误解和背弃，委屈可想而知，但谁没受过些委屈呢？

休谟一生中没有什么惊天动地的事迹，虽然在思想上他是个怀疑论者，但在行动上他始终是一位循规蹈矩的好公民，为人谦和恭谨，是位典型的英国绅士。他本人也承认，怀疑论只限于理论，哲学的怀疑不应该,也不可能,改变人们的日常生活。因此,实践中,人们应该遵循习惯,习惯是人生的伟大指南。

1776年8月25日,休谟于爱丁堡去世,终年六十五岁,终身未娶。休谟委托好友亚当·斯密处理出版自己的遗著。在斯密的帮助下,休谟写作时间长达二十年之久的《自然宗教对话录》终于在1779年出版。讣告中,斯密写下这样一句话:"总之,无论休谟生前还是死后,我始终认为,他在人的天性弱点所允许的范围内已经近乎一个全智全德之人。"

人性:一切哲学问题的核心

休谟的哲学思想主要体现在《人性论》(*A Treatise of Human Nature*)一书中。他想要探究的问题是人性,包含认知、情感、道德等。我们区分真理与谬误、罪恶与德性、美好与丑陋的根源是什么呢?休谟认为是人性。在他看来,哲学的核心是人,人很复杂,无论是生理层面,还是社会层面,但人最复杂的是人性。哲学问题的关键在于理解人性。在引言部分,休谟写道:"在哲学研究中,能够获胜的唯一途径就是摒弃迂回曲折的旧办法,直击人性本身。只要掌握了人性,我们就有可能在其他各方面轻易地获胜。"

休谟希望探索普遍的人性,探索人思想的范围和局限性。与此同时,他认为:"这相当于提出一个几乎是建立于全新基础之上的完备的科学体系,而这个基础恰恰是一切科学(哲学)唯一牢固的基础。"这种建立完备体系的雄心深受欧洲大陆唯理论的影响,笛卡儿、斯宾诺莎、莱布尼茨等都致力于建立庞大的知识体系。

然而,休谟的研究方法却完全不同于欧洲大陆的唯理论,而是延续自培根以来,经洛克、贝克莱进一步发展的英国经验主义路径。他认为:"人性的科学是其他一切科学唯一牢固的基础,而经

位于英国爱丁堡的休谟塑像

验与观察又是研究人性科学的唯一牢固的基础。"这意味着人性是哲学的核心,经验是人性的核心,也就是说,经验是核心的核心。

虽然休谟致力于走经验主义道路,但他承认,感官容易犯错,经验无法解决一切问题,特别是所谓的终极真理:"凡是自命发现人性终极原始性质的一切假设,都应该被认为一定是狂妄和虚幻,予以弃之。"既然如此,我们的研究为什么要坚持以经验为基础呢?休谟认为,因为人类无法超越经验,这是基于人的有限性做出的不得已的选择。尽管人天生具有想象力,但是人类的想象力是留给诗人来润饰诗文的,是留给政治家来虚张声势的。正确的知识与之相反,其来源必须仅限于实践和经验。而哲学家的结论只是对经验的反省,一旦超越经验,我们就没有任何可以判定为正确的知识。

印象和观念:无法超越经验

经验论强调我们的一切知识来源于感觉经验。休谟把通过感觉经验获得的东西叫作知觉。知觉由两部分组成:印象和观念。

印象,是强烈的、活跃的知觉,包括外部知觉和内部知觉。外部知觉是指感官直接感受到的,比如看到的、听到的;内部知觉是指内心的感受,如喜怒哀乐。站在阳光下,看云朵飘过,感受到微风拂面,内心充满了宁静。阳光、云朵、微风、内心的宁静,都是印象。

观念,是建立在印象基础之上,经过我们心灵的加工创造出的心灵图像。与印象相比,观念的生动性和逼真程度都略逊一筹,像是印象的复制品。比如我经常想念家乡的酸菜炖粉条,那美妙的滋味想想就让人垂涎,但回忆中的只是酸菜炖粉条这道菜的观念,相比把冒着热气的酸菜炖粉条真正吞下肚(印象),观念带来的幸福感逊色太多。再比如,年少时经历的情感伤痛曾是那么锥心刺骨,令人要死要活,多年后再想起却已了无痕迹,云淡风轻。休谟告诉我们,这是因为"最强烈、最生动的观念也比不上最迟钝的印象"。

心灵在思考的时候,就会伴生出观念,比如有关云的观念,云是由悬浮在空中的水汽凝结而成的东西,比如房屋、法律、自由、国家等都是观念。休谟强调，观念的来源是印象，那些无法回溯到印象的观念都是站不住脚的。

在洛克那里，观念有两个来源，感觉经验是外在来源，心灵反省是内在来源。而休谟坚称，观念只有一个来源，那就是感觉经验。休谟在此修正了洛克哲学中的不彻底之处，在休谟看来，通过反省获得的观念脱离了感觉经验，是可疑的，比如物质实体。

在贝克莱那里，物质实体已经被否定了。因为我们感觉到的仅仅是事物的各种可感性状，我们感觉不到这些可感性状背后的任何物质实体，比如桌上的杯子是玻璃的、硬的、透明的，但这些性状背后的所谓"依托"和"承载者"，也就是洛克所谓的"物质实体"，我们无法感受到，因此是站不住脚的，是形而上学的幻想，是人的主观臆想。休谟接受了贝克莱的上述分析，但与贝克莱不同的是，休谟并没有否定物质实体的存在。他只是说，由于无法被感知，所以我们不知道它是否存在。这是一种更为严谨的学术态度，也是怀疑主义的态度，有点儿古代怀疑论者"悬搁判断"的味道（参见本书《皮浪篇》）。

在思想史上，怀疑主义具有重要意义。怀疑是哲学思考的原动力，推至极端便是怀疑主义。某种意义上说，怀疑主义是新的哲学思想产生的契机和前奏。休谟不置可否的怀疑主义立场为知识的进一步拓展留出了空间，比如目前我们不知道外星人是否存在，因为我们从来没有感知到他们的存在，如果未来某天他们就站在我们面前，或者科学发展到一定程度我们获得了外星人存在的确实证据，那么我们就可以说外星人的确存在。

我，存在吗？上帝，存在吗？

贝克莱否定了物质实体，但却保留了精神实体，也就是喜怒哀乐等各种情绪的承载者"我"。他认为,没有"我"这个精神实体的存在,人就无法进行感知活动。笛卡儿在怀疑了一切之后,终于发现了一个毋庸置疑的东西——我,我在怀疑,我在思想,我存在。"我思故我在"成为笛卡儿建立哲学体系的根基。

被贝克莱和笛卡儿确认为毋庸置疑的"我",在休谟这里却变得很可疑。休谟认为,作为精神实体的这个"我",同样超越了感觉经验,我们对其同样一无所知。所谓"心灵"或"我",我们从未经验过,我们经验到的只是不同时刻构成我们人格的瞬息万变的意识状态和一个个具体的情绪,如爱恨、苦乐、焦虑、愉悦、愤怒等。离开了这些具体的情绪或状态,我们什么都觉察不到,因此这个"我"也是一种虚构,是形而上学的幻觉,既不能被经验证实,也不能被经验证伪。所谓的"我",就像一个剧场,喜怒哀乐等意识状态在那里逐一露面,出现、滑过、消失、再现,并在无限多的姿态和情境中混合。"剧场中不存在同一时刻的单纯性,也没有不同(时刻)的同一性。"(《人性论》)这令人联想到佛陀的一个基本观念,即世界必须被看作过程,而不是事物或实体。

对于精神实体,后来的康德也认为,"我"不是一个实在的主体,最多是一个逻辑主体。所谓逻辑主体,就是在逻辑上必须假定它存在,因为它构成了可感性状的逻辑根据(支撑者或依托者),但它并不是一个实在的主体。实在的主体必须是可以经验到的印象和观念。

上帝,也是如此。有关上帝的观念是从有限的观念中推演出来的,如托马斯·阿奎那的五路证明(参见本书《托马斯·阿奎那篇》)。而我们很多人从来没有经验过上帝,我们不能证明有关上帝之本质的任何问题,比如他的属性、他的存在,探究这些问题已经远远超出了人类的理性能力范围,因此理性神学是不可能的。休谟在《宗教的自然史》中进一步指出，形成"上帝"观念的心理根源是无知和幻想。人们把希望和恐惧的对象拟人化，作为崇拜的对象，产生了多神教。后来又把"上帝"的观念当作幸福的目标，形成了无限完善的观念。

休谟对有关上帝存在的各种证明进行了批判，比如"目的论证明"（阿奎那的第五路证明）。目的论证明的逻辑是：这个秩序井然、结构良好的宇宙不是偶然的、随意的，而是有预谋的、有设计的，其背后存在一个伟大的设计者，在创造世界的时候就把某种目的性赋予了万物。这个世界的总设计师，就是上帝。休谟反驳称，所谓"上帝是伟大的设计者"，只是运用了一种类比推理，充其量不过是一个相似因的猜想、揣测、假设而已。这种揣测与从动物的血液循环推出植物的血液循环，或从一根头发的生长推出一个人的生长一样可笑，都没有充分的经验作为依据。尽管休谟的批判无情且尖锐，但是他的动机并不是颠覆宗教信仰，只是要反驳理性神学为宗教信仰提供的所谓论证，从而将宗教信仰的根基建立在人的良知和情感之上。他强调，一个怀疑主义者并不怀疑上帝的存在，只是怀疑关于上帝存在的各种理性证明，怀疑人们凭借有限的理性对上帝的性质妄加臆断。可惜这种自我辩白，教会并不买账，罗马教会于1761年将休谟的全部著作列为禁书。

休谟怀疑一切实体，包括物质实体、精神实体、上帝。他的世界里只剩下了通过感觉经验而获得的印象和观念。知识论的危机正在此中酝酿。

知识与伪知识，如何区分？

在休谟的知识体系中，可靠的知识分为两种，一种是事实的知识，即依赖经验对事实所做的或然推理；另一种是观念之间关系的知识,即对观念的关系所做的必然性推理,主要是指数字和逻辑,如数学、几何学知识。关于事实的知识,只能通过外在知觉获得。这类知识能够扩大我们的经验范围,对生活最有用处。而关于观念关系的知识,休谟写道:"这类命题,只凭思想,就能获得。纵然自然界没有绝对的圆形或三角形,欧几里得证明的真理仍然保持着它的可靠性和自明性。"(《人类认知研究》)除此两种之外,没有任何知识是可靠的。

若以此为原则,休谟写道:"当我们巡行于图书馆时,拿起一本书,比如神学或经院哲学的书,我们就可以自问,其中包含着数或量的任何抽象推理吗?没有。其中包含着任何有关事实与存在的经验性推理吗?没有。那么,我们就可以把它投入烈火,因为它所包含的没有别的,只有诡辩和幻想。"(《人类认知研究》)

这是一个惊世骇俗的结论。它不仅认定经验知识和数学知识是唯二可靠的知识,而且把根深蒂固的传统经院哲学明确地排除在知识范围之外。后来英美哲学中拒斥形而上学的倾向,就是以休谟的上述主张作为判断知识与伪知识的标准的。若以此来衡量古代中国智慧,如"道可道非常道""一阴一阳之谓道""大智若愚""上善若水"等,大约都难逃投入烈火的命运。事实上,所有的玄学都被休谟排斥在知识系统之外。

因果关系:既非客观,也非必然

《人性论》中最重要的部分是"关于知识和或然推断的论述"部分。在其中,休谟颠覆了传统因果关系中的客观性和必然性。休谟和洛克一样,把知识看成由简单到复杂的过程。他认为,简单知觉(包括简单印象和简单观念)可以结合为复合观念,知识体现在对观念之间关系的推理和判断之中。

休谟依据观念之间的关系将其细分为七种类型：相似关系、同一关系、时空关系、数的关系、性质差异关系、对立关系和因果关系。这其中，前六种关系都取决于观念之间的相互比较，是建立在主观联想基础上的，是人的主观联想把本没有关系的观念联系在了一起。比如：相似关系，即观念之间具有某种相似性。位于上海陆家嘴的金茂大厦、上海中心和环球金融中心，被戏称为"厨房"三件套（注射器、开瓶器、打蛋器），就是由于外形相似产生了联想；时空关系，即在时空上一些观念彼此接近。每年中秋节离乡的游子都会思念家乡和亲人。今天走到池塘边，我想起前几日在这里遇见两个捉鱼的小男孩。

七种关系中，只有因果关系最特殊，通常被当作具有客观性和必然性。休谟质疑的正是因果关系的这种客观性和必然性。因果关系，即某些观念构成了其他观念的原因或结果，比如起风了，有浪了，由于这两件事总是先后发生，起风在先，有浪在后，因此我们认为它们之间存在着某种客观的、必然的联系，"起风"和"有浪"之间存在着因果关系，它们必定永远如此发生。人类的一切知识都来自感觉经验，这是经验论的基本原则。基于此，休谟指出，我们的感觉经验只能告诉我们存在着两个基本事件，"起风"和"有浪"，没有任何感觉经验告诉我们这两者间存在着客观性和必然性的联系。我们只是一次次看到这两个基本事件相伴而来，起风在先，有浪在后，于是习惯性地把起风看作是有浪的原因，似乎"起风"必然就会"有浪"，视它们为因果关系。休谟认为，这种根据经验而来的所谓因果关系推论完全是习惯的结果，是人的主观判断，并不存在客观性和必然性。

唯理论捍卫者莱布尼茨曾经嘲笑经验论者说，人和禽兽的区别在于人能得出必然性的命题，而禽兽只能通过经验，知道过去发生的事情，未来总能发生。而休谟的回应是，人总是自以为是地认为他们能够得出必然性的命题，人和禽兽都错误地认为那个结果会必然发生。

太阳明天是否会照常升起？

休谟否认了因果关系中的客观性和必然性，这让人陷入了困惑，我们习惯上视为理所当然的那些因果现象之间，到底是什么关系？为什么它们总是相伴而来呢？要解答上述问题涉及一个词——或然，也就是"可能但不必然"。

举个例子，一位爱心奶奶常年投喂一只流浪猫，天长日久，这只猫通过观察发现，只要这位奶奶一出现就会有食物，于是，猫把这位奶奶的出现和食物之间确认为因果关系。"奶奶来"必定永远跟随着"有食物"，这其中存在着客观必然性。

事实是怎样的呢？休谟认为，首先，因果关系的客观性很可疑，我们所拥有的只是习惯性联想。由于一次次看到奶奶来了，随后有食物了，所以猫在主观上形成一种习惯性联想，并把这种主观联想当作了客观现象。这种习惯性联想可归入心理学范畴，当两种现象一而再、再而三地先后发生，我们就形成了预期，预期未来它们也会以相同的方式发生。创造因果客观性的正是这种预期。其次，因果关系的必然性更可疑，所谓的必然性只是具有高度的或然性。我们能够经验到的只是过去和现在，我们对未来一无所知，因此不能百分之百断定同样的情况未来一定发生。休谟并没有否认必然性，只是说我们不知道存在这样一种必然性。即使那只猫已经一千次看到奶奶来了随后就有食物了，但是奶奶被城管说服了，认识到流浪猫大量繁殖的危害，于是同意与城管合作捉它去做绝育。第一千零一次，跟随奶奶而来的，不是食物，而是捉猫的城管。

可见，或然性的归纳无法得出普遍性知识，也就是说，归纳推理无法完成从个别到一般的逻辑证明。相对的、个别的、偶然的经验无论重复多少次，永远是相对的、个别的、偶然的，我们不可能从中得出必然性的结论。这就是"归纳问题"，被称为"休谟问题"（Humean Problem）。

"休谟问题"带来的不确定性令人惶恐，我们熟悉的、深信不疑的一切，明天都有可能改变。我们生命中的每一天早晨都看到太阳升起，在有人类观察的每一天早晨，太阳都照常升起，但即使千年万年太阳照常升起，但这并不意味着太阳明天一定会照常升起。如果太阳明天不再升起，那岂不是世界末日？这种惶恐怎么化解？休谟的建议是，不要去想它，让我们回归常识，以常识抵御哲学思考带来的惶恐。太阳明天是否会照常升起，虽然是个或然性问题，而不是必然性问题，但我们还是要依循生活习惯，该如何就如何。用休谟的话说，"习惯是人生的伟大指南"。

客观规律 vs 主观规则

传统的因果关系就这样被休谟颠覆，并重新解构。他否定了因果关系中的客观性和必然性，取而代之的是孤立的事实和主观的习惯性联想。而现实世界中充斥着这种主观的习惯性联想，即主观普遍性。

因果关系一直被看作探寻自然规律和科学研究的重要组成部分。如果因果关系只是一种习惯性联想，必然性成为主观虚构，那么，发现自然规律就成了一句空话，这是否意味着休谟动摇了科学的根基呢？

休谟其实并没有否定因果关系，他只是质疑因果关系的客观性和必然性。说到底，休谟是将因果关系从客观规律变成了主观规则,也就是,从探究自然界的客观规律,变为向自然界颁布主观规则。然而,无论依据的是"客观规律",还是"主观规则",从因果关系中探究事物之间关系的科学探究本质并没有改变,具有高度或然性的因果关系仍然是科学研究的伟大指南。

在唯物主义教育的氛围中,我们通常把认识世界看作从自然界中寻找客观规律,很难接受人类向自然颁布主观规则,因为后者具有唯心主义色彩,即用怎样的方式思考世界,世界就呈现出怎样的规则和面貌。然而,这种具有唯心主义色彩的思维方式却对现代科学和近代西方哲学产生了极为深刻的影响,甚至现代量子力学的测不准原理也为此提供了支持证据。

康德将休谟主张的习惯性联想,也就是主观普遍性,视为一种客观性,也就是说,除了主观普遍性之外,不存在一种完全脱离人的绝对的客观性。即使存在绝对的客观性,在认识论上也毫无意义,因为它无法成为我们认识的对象。尽管后来康德嘲笑休谟的世界里只剩下一堆杂乱无章的印象和观念,但毫无疑问,康德深受休谟怀疑论的影响,尤其是休谟对因果关系的重构。

别把对世界的无知当美德

在道德判断(也就是价值判断)面前,休谟也充分展现出一位经验主义者的坚守。

是非判断,与客观事实相关联,可以通过外在的直接经验获得,通常用"是"或"否"来做陈述,比如黄连是苦的,要想知道这个陈述是真是假,只要尝一尝就可以了。

道德判断,与主观价值倾向相关联,比如善恶。不同于是非判断,道德判断无法通过经验直接获得,因为它们来自人的内在情感。在做道德判断时,通常用"应该"或"不应该"来做陈述,比如休谟应该听从母亲的建议当个律师，不应该坚持从事哲学研究。当我们对上述陈述做判断的时候，无法求助于感觉经验，只能依据内心的情感倾向，由于情感因人而异，因此永远没有标准答案。

虽然人的情感因人而异，但是休谟承认，生活在相同文化传统和风俗习惯中的人们往往拥有相同的情感和道德标准，比如尊老爱幼、诚实守信、正义勇敢。这些在社会文化的浸润中深埋于我们头脑中的情感，自然而然地成为我们道德判断的标准。休谟认为，若情感、习惯和约定有助于提供稳定的社会秩序，有助于增进人民福祉，就是好的。这一观点具有道德功利主义色彩。

事实的归事实，价值的归价值。休谟严格区分事实与道德，将"是"与"应该"归入各自领域，这一主张的现实意义在于，它提醒我们，那些加诸我们身上的"应该"，是否真的如此应该？那些教导他人"应该如何如何"的人们是站在怎样的价值立场上？那些所谓的"应该"是否已经侵害到了他人的基本权利？只要你拔一根毫毛就可以拯救全世界，所以你应该拔一根毫毛。即使前半句成立，也不能成为你应该拔一根毫毛的理由，因为拔不拔完全取决于这根毫毛的所有者的自由选择，这是约翰·洛克坚决捍卫的天赋人权之一，即人可以自由支配自己的身体和私有财产。上述观点，与两千年前中国战国时期的杨朱不谋而合："拔一毛而利天下，不为也。"(《孟子·尽心上》)

休谟给道德哲学家们上了一课——别把对世界的无知当美德。

经验论的尽头是什么？

认识论追求的最高目标是具有普遍必然性的知识。休谟将经验论原则贯彻到底，对所有的实体都采取怀疑论的态度，客观性被质疑，必然性被解释为一种或然的习惯思维。这样一来，一切具有普遍必然性的知识都被他否定了。休谟将世界拆解为一堆建立在经验基础上的杂乱无章的印象和观念。

完成了这一切，休谟蓦然回首，他并没有如自己预期的那样，在全新的基础之上建立起完备的科学（哲学）体系。正相反，整个知识论大厦在他的眼前轰然崩塌，尘埃落定，剩下的只是一个没有实体、没有客观规律的混沌世界。因坚持经验论原则而成为经验论的终结者，这是休谟怎么都没有预料到的结果。看着眼前的这一切，他作何感想，我们不得而知。

我们知道的是罗素对休谟的评价："大卫·休谟将经验主义哲学发展到逻辑终点，他的努力使经验主义哲学成为一种令人难以置信的科学。这意味着他已经走到了路的尽头，此后，人们已经无法踏着他的足迹继续前进了。"（《西方哲学史》）

大卫·休谟，曾在法国沙龙里被称为"好人大卫"，在家乡苏格兰被称为"圣人大卫"，而在经院哲学维护者的眼中他是"可怕的大卫"。而今，他被公认为英国有史以来最伟大的哲学家，这一称谓他当之无愧。休谟以缜密、细致、滴水不漏的思维方式，将经验论原则推向极致，成为经验论的集大成者，也启发了康德。他质疑因果关系的客观必

大卫·休谟像，艾伦·拉姆齐作品，1766年作

然性，对宗教和形而上学给予沉重打击。他的哲学代表着贯穿整个18世纪重理精神的破灭。他的每一个主张都对后世哲学产生了深远影响。

最后，让我们再来回看休谟所坚持的经验论原则：一切知识都来源于感觉经验。如果用经验论原则来衡量这一命题，似乎哪里不太对劲。这一命题本身是建立在感觉经验基础上的吗？不是。经验论真正的终结者恐怕并非休谟，而是深埋在经验论原则中的悖谬。

休谟告诉我们，一味坚持经验论原则，完全摒弃理性，行不通。然而，如若走向另一个极端，过分强调理性，完全摒弃经验，欧洲大陆的唯理论哲学家们也同样证实，那无法真正建立起知识论大厦。只有将理性和经验有机结合，才能完成近代知识论的崇高使命，这项使命将由康德接棒完成。

主要参考文献

1. 奎纳尔·希尔贝克、尼尔斯·吉列尔《西方哲学史——从古希腊到当下》，童世骏、郁振华、刘进译，上海译文出版社，2016年3月。

2. 赵林《西方哲学史讲演录》，高等教育出版社，2009年11月。

3.《西方哲学原著选读》(上卷)，北京大学哲学系、外国哲学史教研室编译，商务印书馆，2016年11月。

4. 伯特兰·罗素《哲学简史》，伯庸译，台海出版社，2017年3月。

5. 伯特兰·罗素《西方哲学简史》，文利译，陕西师范大学出版社，2010年12月。

6. 罗素《西方哲学史》(古代哲学)，何兆武译，天津人民出版社，2014年10月。

7. 赵敦华《西方哲学简史》(修订版)，北京大学出版社，2019年6月。

8. 邓晓芒、赵林《西方哲学史》，高等教育出版社，2014年6月。

9. 张志伟《西方哲学十五讲》，北京大学出版社，2004年6月。

10. 弗兰克·梯利《西方哲学史》，光明日报出版社，贾辰阳、解本远译，2014年1月。

11. 周濂《打开：周濂的100堂西方哲学课》，上海三联书店，2019年4月。

12. 文聘元《西方哲学通史》，江西美术出版社，2019年6月。

13. 林欣浩《哲学家都干了什么》，辽宁教育出版社，2011年5月。

14. 詹姆斯·加维《伟大的哲学书：20本》，张雁译，上海远东出版社，2020年8月。

15. 威尔·杜兰特《哲学家》，刘军译，中信出版社，2021年6月。

16. 罗伯特·C.所罗门、凯瑟琳·M.希金斯《世界哲学简史》，梅岚译，江西人民出版社，2017年8月。

17. 布莱恩·麦基《哲学的故事》，季桂保译，生活·读书·新知三联书店，2015年7月。

18. 以赛亚·柏林《反潮流：观念史论文集》，冯克利译，译林出版社，2011年1月。

19. 赵林《基督教与西方文化》，商务印书馆，2019年3月。

20. 杰瑞米·斯坦格鲁、詹姆斯·加维《极简西方哲学史》，钱峰译，北京联合出版公司，2018年11月。

21. 聂敏里《西方思想的起源：古希腊哲学史论》，中国人民大学出版社，2017年5月。

22. 斯蒂芬·茨威格《人类群星闪耀时》，梁锡红译，江苏凤凰文艺出版社，2019年4月。

23. 约翰·马歇尔《希腊哲学简史》，陆炎译，世界图书出版公司，2016年12月。

24. 威廉·B.欧文《像哲学家一样生活：斯多葛哲学的生活艺术》，胡晓阳、芮欣译，上海社会科学院出版社，2018年1月。

25. 阿兰·德波顿《哲学的慰藉》，资中筠译，上海译文出版社，2010年1月。

26. 乔斯坦·贾德《苏菲的世界》，萧宝森译，作家出版社，2007年10月。

27. 冯契《中国古代哲学的逻辑发展》（上），东方出版中心，2009年9月。

28. 尤瓦尔·赫拉利《今日简史》，林俊宏译，中信出版社，2018年8月。

29. 胡传胜《高尔吉亚与古希腊修辞术的开端》，《东南大学学报》（哲学社会科学版），2018年11月。

30. 宋继杰《海伦是祸水吗——高尔吉亚〈海伦颂〉中的修辞术与伦理学》，《道德与文明》，2016年第一期。

31. 易中天《易中天中华史：奠基者》，浙江文艺出版社，2013年7月。

32. 肖巍《人择原理的基本思想》，《复旦学报》（社会科学版），1987年第二期。

33. 高达声《人择原理及其哲学意义》，《科学技术与辩证法》，1991年第四期。

34. 《图解天下名人丛书》编委会，《苏格拉底》，世界图书出版公司，2010年7月。

35. 沃尔特·李普曼《幻影公众》，林牧茵译，复旦大学出版社，2016年11月。

36. 柏拉图《理想国》，吴松林、林国敬译，北京理工大学出版社，2015年7月。

37. 保罗·埃尔默·摩尔《柏拉图十讲》，苏隆编译，中国言实出版社，2003年8月。

38. 王志民《世界教育史上的双子星座——稷下学宫与柏拉图学园比较论纲》，《山东师范大学学报》（人文社会科学版），2019年

第六十四卷第五期。

39. 唐小云《从柏拉图的〈理想国〉看莫尔的〈乌托邦〉》，《西南民族大学学报》（人文社会科学版），2003年11月。

40. 亚里士多德《政治学》，外语教学与研究出版社，电子版图书，外研阅读网站。

41. 理查德·克劳特《布莱克威尔〈尼各马可伦理学〉指南》，刘玮、陈玮译，北京大学出版社，2014年10月。

42. 理查德·德威特《世界观：现代人必须要懂的科学哲学和科学史》，孙天译，机械工业出版社，2018年10月。

43. 莫提默·艾德勒《每个人的亚里士多德》，刘洋译，中信出版社，2019年5月。

44. 玛丽·瑞瑙特《亚历山大三部曲》，郑远涛译，上海人民出版社，2015年1月。

45. 宿景祥《柏拉图与大战略的历史源起》，国际安全研究，2013年第四期。

46. 闫咏梅《孔子中庸德性与亚里士多德中道德性之异同比较》，《思想政治教育研究》，2019年10月第五期。

47. 尤瓦尔·赫拉利《未来简史》，林俊宏译，中信出版集团，2017年2月。

48. 丁智琼《塞涅卡哲学中的理性主义——从〈论发怒〉谈起》，《安徽大学学报》（哲学社会科学版），2002年第六期。

49. 丁智琼《哲学是一个诊所——谈塞涅卡对发怒的哲学治疗法》，《西南交通大学学报》（社会科学版），2004年第三期。

50. 武永江《塞涅卡论恩惠与忘恩负义》，《科学·经济·社会》，2010年第四期。

51. 方环非、徐婧超《塞涅卡宗教倾向的伦理学及其意义》，

《西南石油大学学报》(社会科学版)，2014 年第一期。

52. 肖剑《西方古典思想中的"死亡"意识——从苏格拉底、伊壁鸠鲁到塞涅卡》，《思想战线》，2009 年第二期。

53. 吉尔伯特·海特《第欧根尼与亚历山大》(Diogenes and Alexander)。

54. 伊丽莎白·罗森《西塞罗传》，王乃新、王悦、范秀琳译，商务印书馆，2015 年 8 月。

55. 玛丽·比尔德《罗马元老院与人民：一部古罗马史》，王晨译，后浪出版社，2018 年 11 月。

56. 栾爽《西塞罗》，陕西师范大学出版社，2017 年 1 月。

57. 夏洞奇《何谓"共和国"——两种罗马的回答》，《华东师范大学学报》(哲学社会科学版)，2008 年第一期。

58. 马可·奥勒留《沉思录》，梁实秋译，万卷出版公司，2013 年 6 月。

59. 亨利·德怀特·塞奇威克《马可·奥勒留传》，刘招静译，上海人民出版社，2018 年 4 月。

60. 威廉·B.欧文《像哲学家一样生活：斯多葛哲学的生活艺术》，胡晓阳、芮欣译，上海社会科学院出版社，2018 年 1 月。

61. 黄俊维《怀疑论者何以处世》，《福建论坛·人文社会科学版》，2019 年第四期。

62. 崔延强《怀疑及探究：论希腊怀疑主义的意义》，《哲学研究》，1995 年第二期。

63. 严国红、刘占峰《论皮浪怀疑主义的人生哲学意蕴》，《广西大学学报》(哲学社会科学版)，2007 年 6 月。

64. 普罗提诺《九章集》，石敏敏译，中国社会科学出版社，2009 年 10 月。

65. 希波克拉底《医学原本》，李梁译，江苏人民出版社，2011年5月。

66. 刘荣跃编译《西方医学奠基人：希波克拉底经典》，上海远东出版社，2002年6月。

67. 张轩辞《身体的医术与灵魂的医术——论古希腊医学与哲学的相互影响》，《现代哲学》，2009年第五期。

68. 赵新宇《希波克拉底"体液"论哲学观念及其对古典幽默概念的影响》，《天津大学学报》（社会科学版），2011年7月。

69. 修昔底德《伯罗奔尼撒战争史》，徐岩松译注，上海人民出版社，2017年8月。

70. 熊璩《〈伯罗奔尼撒战争史〉，你看懂了吗？》，2018年12月27日刊发于搜狐网。

71. 邵红能《科海回眸：史上记载的首位女数学家——希帕蒂娅》，《科普研究》，2016年第六期。

72. 林聚任《科学界性别分化研究介绍》，《妇女研究论丛》，1997年第二期。

73. 游识猷《"你不能拔掉我的獠牙，再指责我没有攻击性"》，2021年3月10日发布于"简单心理"微信公众号。

74. 加里·威尔斯《圣奥古斯丁》，刘靖译，生活·读书·新知三联书店，2019年10月。

75. 奥古斯丁《忏悔录》，许丽华译，陕西师范大学出版社，2008年12月。

76. 理查德·道金斯《上帝的错觉》，陈蓉霞译，阎勇校订，海南出版社，2017年9月。

77. 罗伦培登《这是我的立场——马丁·路德传记》，陆中石、古乐人译，译林出版社，2003年6月。

78. 保尔·霍尔巴赫《袖珍神学》，单志澄、周以宁译，商务印书馆，1972年。

79. 德·梅列日科夫斯基《诸神的复活：列奥纳多·达·芬奇》，刁绍华、赵静男译，北方文艺出版社，2017年7月。

80. 马基雅维利《君主论》(拿破仑批注版)，杨小雪译，中央编译出版社，2017年4月。

81. 昆廷·斯金纳《牛津通识读本：马基雅维里》，李永毅译，译林出版社，2014年11月。

82. 西塞罗《论义务》，张竹明、龙莉译，译林出版社，2015年1月。

83. 盐野七生《我的朋友马基雅维利：佛罗伦萨的兴亡》，田建华、田建国译，中信出版社，2016年3月。

84. 托马斯·霍布斯《利维坦》，黎思复、黎廷弼译，商务印书馆，1986年。

85. 托马斯·霍布斯《贝希摩斯：英国内战缘由史》，李石译，北京大学出版社，2019年4月。

86. 弗兰西斯·培根《新工具》，外语教学与研究出版社，2020年6月。

87. 笛卡尔《第一哲学沉思集》，商务印书馆，2011年5月。

88. 汤姆·索雷尔《牛津通识读本：笛卡尔》，李永毅译，译林出版社，2014年8月。

89. 洪汉鼎《斯宾诺莎哲学研究》，中国人民大学出版社，2013年3月。

90. 莱布尼茨《神正论》，段德智译，商务印书馆，2016年8月。

91. 迈克尔·怀特《牛顿传》(修订版)，陈可岗译，中信出版社，2020年1月。

92. 约翰·洛克《政府论》，瞿菊农、叶启芳译，商务印书馆，2020年11月。

93. 约翰·洛克《论人类的认识：校勘全译本》，胡景钊译，上海人民出版社，2017年6月。

94. 乔治·贝克莱《人类知识原理》，关文运译，商务印书馆，2011年5月。

95. 大卫·休谟《人性论》，贾广来译，万卷出版公司，2015年10月。